Sociología y política

EL MONO DEL DESENCANTO

Una crítica cultural
de la transición española
(1973-1993)

por

Teresa M. Vilarós

siglo
veintiuno
editores

MÉXICO
ESPAÑA

siglo veintiuno editores, sa
CERRO DEL AGUA, 248. 04310 MÉXICO, D.F.

siglo veintiuno de españa editores, sa
PRÍNCIPE DE VERGARA, 78. 28006 MADRID. ESPAÑA

Primera edición, mayo de 1998

© SIGLO XXI DE ESPAÑA EDITORES, S. A.
  Príncipe de Vergara, 78. 28006 Madrid

© Teresa M. Vilarós

DERECHOS RESERVADOS CONFORME A LA LEY

Impreso y hecho en España
Printed and made in Spain

Diseño de la cubierta: Pedro Arjona

ISBN: 84-323-0960-5
Depósito legal: M. 20.129-1998

Fotocomposición: EFCA, S. A.
Parque Industrial «Las Monjas»
28850 Torrejón de Ardoz (Madrid)

Impreso en Closas-Orcoyen, S. L. Polígono Igarsa
Paracuellos de Jarama (Madrid)

Para Alberto, Alejandro y Camila, siempre

ÍNDICE

AGRADECIMIENTOS

Este libro no hubiera podido escribirse sin contar con la generosa ayuda recibida en diferentes momentos de su composición por diversas instituciones. Quiero agradecer al Programa de Cooperación entre el Ministerio Español de Cultura y las universidades de Estados Unidos, la concesión de una beca que me facilitó iniciar la investigación; a la Universidad de Duke, por permitirme disfrutar de una Research Leave Grant que me proporcionó tiempo para escribir; y al Programa de Estudios Latinoamericanos de Duke University, por las becas Tinker y Mellon que hicieron posible algunos de mis viajes a España.

Muchas y queridas personas creyeron en este libro cuando era simplemente un borrador y me brindaron su ayuda. En primer lugar quiero agradecer a Elena Moreiras y a Adrián Gallero el continuo apoyo ofrecido al dejarme compartir con ellos mis muchas y ajetreadas semanas en Madrid. Sin las largas charlas con Elena en la cocina de su apartamento a altas horas de la madrugada, sin la generosidad de Adrián que aceptó encantado con sus minúsculos cinco años el ajetreo que mi inserción en su vida cotidiana supuso, e, incluso, sin la preciosa mesa de trabajo que Elena construyó y en la que varios capítulos de este libro se formaron, nunca hubiera llegado esta obra a su destino en la forma presente.

Quiero dar también las gracias a todos aquéllos y aquéllas que en Barcelona, Durham, Madrid, Murcia y Vigo dedicaron tiempo, ganas y

Partes de diversos capítulos de este libro han aparecido en forma de artículos en las revistas siguientes: «*La fea burguesía* de Miguel Espinosa: el pre- y el post- del desencanto español», en Victorino Polo (comp.), *Miguel Espinosa. Congreso*, Murcia: Editora Regional, 1994, pp. 675-684. También en Francisco Díez de Revenga y Mariano de Paco (comps.), *Literatura de Levante*, Murcia: Fundación Cultural CAM, 1993, pp. 161-168; «Textos de la fisura: Miguel Espinosa en la transición española», *Revista de Estudios Hispánicos,* núm. 28 (1994), pp. 395-417; «Los monos del desencanto español», *MLN* (1994), pp. 217-235; «Revuelo de plumas en la España de la transición», *Revista de Crítica Cultural,* núm. 8 (mayo de 1994), pp. 20-25. Agradecemos el permiso dado para su uso en este estudio. Respecto a las traducciones, todas son mías, a no ser que se especifique lo contrario.

energía a hablar conmigo y a proporcionarme datos y materiales diversos. Entre ellos y sobre todo:

Del grupo de Barcelona, a todos los que, presentes y ausentes, compartieron conmigo la escritura de una vivencia y memoria anterior que también incluye a Alberto: a Antonio Caballero, Toni Catany, Antonio Díaz, Toni Moreno, Juan Francisco Ruiz y Elisa Torné; y a Alex, Agustí, Julián, Pepe, y otros y otras siempre presentes en mi memoria. Y también a Nazario y Alejandro, que me invitaron a su entrañable apartamento de la Plaza Real (tan cambiado ahora) y con quienes recordé a Ocaña, a Camilo y el Café de la Ópera. A Ventura Pons, que me dio una copia de la película *Ocaña*. A Marcel Ferrer, que me regaló montones de TBOs y me habló de cómics.

Del grupo de Madrid que con tanta elegancia dio cuerpo a la merecida reputación de ciudad acogedora: a Borja Casani, quien ofreció sus memorias de *La Luna de Madrid*; a José Ángel Ezcurra, con quien tuve la inmensa suerte de engarzarme en largas horas de conversación en su despacho de la calle del Conde del Valle Suchill; a José Luis Gallero, quien con esplendidez me dio acceso a gente y a material relacionado con la Movida, y sin el cual definitivamente no habría podido sacar adelante el proyecto; a José María Parreño, que sin conocerme previamente me dejó durante varios días su colección completa de *La Luna* y que, más tarde, en Estados Unidos con Leonor Blázquez, y convertidos ambos en amigos y colegas entrañables, tuvo la paciencia de leer y comentarme el manuscrito y de ofrecerme nueva información; a Manuel Vázquez Montalbán, quien, desplazado por unos días de Barcelona, graciosamente me atendió, a pesar de sus múltiples compromisos; y a Javier Utray por facilitarme información y material.

Del grupo de Murcia, espléndido —como el de Madrid— en su generosidad: a Juan Espinosa, quien me posibilitó acceso al mundo y material de su padre, Miguel Espinosa; José Belmonte Serrano, quien me introdujo a Juan Espinosa y me presentó una preciosa e inusitada ciudad de Murcia; a Brian Dendle, hijo adoptivo de la ciudad y entrañable colega, que me puso en contacto con todos ellos; a José López Martí, Pedro García Montalbo y Eloy Rosillo que charlaron largo y tendido conmigo; y a Marta, quien me habló con inusitada lucidez y franqueza de su experiencia como "Damiana".

Del grupo de colegas y amigos de fuera y dentro de Durham, que con su amistad, ejemplo, materiales y/o escritura me ayudaron de una forma u otra a elaborar teóricamente la mía para este libro: a Marc Brudzinski, Ramón Buckley, Ariel Dorfman, Brad Epps, Luis Fernández-Cifuentes, Tatjana Gajic, David Gies, Eric Hercshberg, Marta Hernández, Debby Jakubs, Fredric Jameson, Jo Labanyi, Linda Levine, Tabea Linhard, Ángel Loureiro, Alison Maginn, Walter Mignolo, Antonio Monegal, Cristina Moreiras-Menor, Gabriela Nouzeilles, Gustavo Pérez-Firmat, Randolph Pope, Vicente Sánchez-Biosca, Stephanie Sieburth, Paul Julian Smith, Noël Valis, Gareth Williams y Susan Willis. Y a Lynn DiPietro, Angélica Dorfman, Danny James, Jim Roberts y Josefina y Edward Tiryakian.

A mi familia de Vigo, Cristina Menor Montero-Ríos, *in memoriam*, y Ramón Moreiras Álvarez. Y a Moncho Moreiras Menor que me enseñó lo que es la entereza.

A mis padres, Antoni Vilarós y Cari Soler, que siempre tuvieron y tienen sus puertas abiertas.

Y a Alberto, Alejandro y Camila, siempre.

TERESA M. VILARÓS
Durham, marzo de 1997

1. GRADO CERO: REFORMA Y RUPTURA

INTRODUCCIÓN

Este estudio se presenta a sí mismo como un análisis de crítica cultural de los años de la llamada transición, aquellos años ahora levemente lejanos en los que España pasó del régimen militar dictatorial de Francisco Franco a una democracia establecida. El período cubierto abarca los veinte años comprendidos entre 1973, año del asesinato del entonces presidente del Gobierno almirante Luis Carrero Blanco, y 1993, que señala con la firma del tratado de Maastricht la definitiva y efectiva inserción de España en la nueva constelación europea[1].

Aunque reconozco la arbitrariedad que todo tipo de datación implica, creo conveniente delimitar la época de la transición política en España en dos segmentos generales. El primero, comprendido más o menos

---

[1] Aunque la fecha del 23 de diciembre de 1973, día del asesinato de Carrero, se considera a menudo como el inicio del período propiamente transicional (Josep Clemente o Victoria Prego, por ejemplo), el momento terminal propuesto para tal período varía. Se han propuesto la fecha del 15 de junio de 1977, día en que las Cortes «celebran su primera sesión solemne y conjunta» (Prego, p. 677), o los años de la redacción de la Constitución española (1978), del atentado del teniente-coronel Antonio Tejero (23 de febrero de 1981), de la victoria del PSOE (1982) e incluso, alargándolo, de 1992. Ninguna proposición tiene en cuenta, que yo sepa, la fecha del tratado de Maastricht (año 1993). Pero el razonamiento por el que incluyo yo en este estudio la firma del pacto de Maastricht como simbólica fecha terminal de la transición, es coherente con la voluntad de integración europea seguida por la sociedad española en estos veinte años posdictatoriales, y motor principal del cambio político básicamente no violento seguido después de la muerte del general Franco. La afirmación europeísta seguida en la posdictadura enlaza con la anterior eliminación de Carrero en 1973 en tanto figura política imposibilitadora de tal integración. Por otra parte, la voluntad de integración europea española que Maastricht ratifica concuerda tanto con el programa del gobierno socialista de Felipe González, como con los eventos culturales de 1992 (Exposición Universal de Sevilla, Juegos Olímpicos de Barcelona, Madrid como Capital Cultural de Europa, la entrega de llaves de Sepharad a la comunidad judía, o incluso la desafortunada "celebración del descubrimiento de América", entre otros), sucesos simbólicamente continuadores de tal programa y diseñados con y desde la autoconciencia política dedicada a conseguir una España plenamente integrada en Europa.

entre los años 1973 y 1982, enmarcaría el período de la transición propiamente dicha y tiene en cuenta sobre todo tres fechas claves: la del 23 de diciembre de 1973, día del atentado contra Carrero Blanco; la del 20 de noviembre de 1975, fecha de la muerte de Francisco Franco; y por último la del 23 de febrero de 1981, momento en que el fallido golpe militar del teniente-coronel Antonio Tejero consolida en España una democracia hasta aquel momento no del todo afirmada en la psicología nacional. Aunque otras dos fechas decisivas en este período podrían tomarse, como se han tomado, como referencias históricas que dan término a la transición —la del 15 de junio de 1977 (jornada en que se celebran las primeras elecciones libres en 41 años); o la del 22 de junio de este mismo año, en que las Cortes celebran su primera sesión conjunta y solemne con representación de todos los partido elegidos [2]— no es hasta la feliz resolución del fallido intento del teniente-coronel Tejero el 23 de febrero de 1981 y la consecuente y firme posición del Rey ante el golpe, que el inconsciente colectivo del país hace suyo el fin de la transición política propiamente dicha, asentándose de forma definitiva el proceso democrático. Ayudó este proceso desde luego para estabilizar la monarquía, todavía entonces en equilibrio precario, y asentó la figura de Juan Carlos como monarca legitimado. Después del 23 de febrero de 1981, y de nuevo en los ficheros los papeles y documentos comprometedores que los varios partidos y sindicatos precipitadamente escondieron o quemaron aquella mala y larga noche del 22 al 23 de febrero, la democracia se siente por fin en el país como la estructura viable y propiciadora para un gobierno estable [3].

---

[2] Para Victoria Prego, por ejemplo, son estos dos momentos los que marcan el fin del camino transicional. Su fascinante relato de la transición termina precisamente con la celebración de la primera sesión conjunta de las Cortes en junio de 1977, y hace suyas las palabras empleadas por el Rey en su discurso de apertura: «Las dos Españas se ponen en pie para recibir al hombre que ha logrado cumplir su sueño [....]: el Rey» (p. 677), escribe Prego; y anota a continuación un fragmento del discurso real en que se enfatiza precisamente el fin del camino y la llegada al buen puerto de la libertad. Dice el Rey: «No voy, por supuesto, a exaltar ahora el esfuerzo que nos permitió llegar a esta meta, pero sí quiero decirles que entre todos hemos construido los cimientos de una estructura sólida para la convivencia en libertad, justica y paz» (citado por Prego, p. 678).

[3] Quizá el mejor relato divulgativo de los abundantes sucesos históricos que marcan el primer tramo transicional sea el dado por Victoria Prego desde el año 1973 hasta 1977, tanto con la serie documental rodada para la televisión española, *La transición española (1973-1977)* como con su libro *Así se hizo la transición*. La ingente documentación que Prego aporta viene complementada por las numerosas entrevistas dedicadas a los participantes políticos más destacados en el proceso de cambio. Otros y diversos estudios especializados que abarcan diversos tramos de la transición son documentos imprescindibles

La segunda época, considerada como de afianzamiento democrático, sigue la década que va desde 1982, año del triunfo electoral del gobierno socialista, hasta 1993, en que se firma el tratado de Maastricht y se consolida en el mapa europeo y global la política internacionalista seguida por el gobierno socialista de Felipe González[4]. Apoyado por la mayoría de los partidos del país, centrales y periféricos, el tratado de Maastricht supone tanto en el imaginario colectivo español como en el consenso político del momento el cierre de la política cultural y económica de expansión española en Europa seguida en la época de la transición.

Aunque ya desde el tardofranquismo buscó España alianzas, reconocimiento e integración en las nuevas geografías y demarcaciones políticas, no es hasta después de la muerte de Franco y sobre todo durante el gobierno socialista de Felipe González cuando las nuevas estrategias pueden desplegarse. Maastricht representa pues el toque final, la guinda al pastel que a nivel nacional supusieron el año anterior (1992) la celebración de los Juegos Olímpicos en Barcelona, la designación de Madrid como Capital Cultural de Europa y la inauguración de la Exposición Universal de Sevilla, efemérides todas que en cierto modo dan por terminado en la psicología nacional el sentimiento de "cambio" y transición de los primeros veinte años de la España posfranquista[5].

Pero en un sentido local es el fin de los acontecimientos culturales del 92, y no el tratado de 1993, el que da término a la fiesta transicional y pone la euforia pasada en perspectiva. El año 1992 marcará por otra parte el inicio de la incertidumbre económica, que contrasta con el crecimiento avasallador de la renta per cápita y con el potencial inversor de la época de los ochenta. En otoño de 1992, la sensación popular de que un momento histórico, caracterizado sobre todo por el exceso económi-

---

para su entendimiento y reflexión. Entre ellos, y desde diversas disciplinas e ideologías, tomo nota, de entre los consultados, de Raymond Carr, Elías Díaz, Juan Pablo Fusi, Richard Gillespie, Richard Gunther, Pedro Montes, Stanley Payne, Paul Preston, Ángel Rodríguez Díaz. Fuera de la disciplina histórica, hay que anotar aquí la pequeña novela de Eduardo Mendicutti *Una mala noche la tiene cualquiera* que, al enfocarse en el barroco mundo del travestismo (de las llamadas "locas"), con singular intuición expresa la vasta extensión psicológica que el intento de golpe del teniente-coronel Tejero tuvo en todos los sectores, y que confirma desde una crítica cultural el término de la primera etapa transicional.

[4] Véase *La integración a Europa*, de Pedro Montes.

[5] Para un estudio sobre las implicaciones político-culturales que generaron la puesta en marcha de la Exposición de Sevilla, véase el libro de Penelope Harvey, *Hybrids of Modernity: Anthropology, the Nation State, and the Universal Exhibition*.

co y libidinal, acababa con el año quedó bien reflejada en un anuncio gigante de El Corte Inglés, la conocida empresa de galerías comerciales. El anuncio, impreso en grandes lienzos, se descolgaba desde lo alto de los edificios de la empresa proclamando en grandes letras de colores la continuación de la presunta buena calidad y precios del comercio para después del 92. La implicación del anuncio era que, a diferencia de todo lo demás, después de 1992 El Corte Inglés seguiría en su sitio.

La necesidad de revisión de tal momento histórico es evidente. Coincidiendo con el aniversario de los veinte años de la muerte de Franco, empezaron ya a ser abundantes los escritos que desde la narrativa de ficción o del ensayo histórico y crítico toman el pasado reciente histórico español como objeto de reflexión. El espectro crítico que tales escritos ofrecen sobre el tardo y el posfranquismo es ciertamente variado y las declaraciones se multiplican en diferentes géneros y direcciones, algunas opuestas. Tanto desde la narrativa de ficción como desde la histórica o autobiográfica, el mercado pone a nuestra disposición una multitud de visiones, recuerdos y repasos históricos[6]. Pocos, sin embargo, se han dedicado a ofrecer una reflexión teórica de los años vividos, esperando este estudio avanzar el somero trabajo indicado en este sentido.

La insistencia construccionista presente tanto en las diversas prácticas y especificidades políticas como en los discursos y retóricas de la época de la transición es desde luego comprensible. A partir de 1975 España tiene mucho que recorrer y mucho que arreglar: desde la legitimización de partidos a la apertura empresarial transnacional, desde la negociación de las autonomías a la renovación comunicativa y tecnológica, desde la diseminación y promoción del capital cultural a la distribución del capital económico, un sinfín de demandas apremiantes esperan al país[7].

---

[6] Entre otros muchos textos aparecidos después de 1993 podemos mencionar desde la literatura a Bernardo Atxaga *(Esos cielos);* Félix de Azúa *(Demasiadas preguntas);* Manuel Vázquez Montalbán *(Autobiografía de Franco);* José Antonio Zorrilla («El rey de la movida», novela manuscrita). Desde el cine, curiosamente el género que mejor ofreció una narración alternativa de la transición, pocos ejemplos tenemos en este sentido; aparte de la estupenda *Madregilda*, de Francisco Regueiro, es quizá, y de forma lateral, el Pedro Almodóvar de la *La flor de mi secreto* el mejor representante de la posibilidad de una nueva reflexión temporalmente distanciada.

[7] Véanse Richard Gunther *et al.*, *Spain after Franco. The Making of a Competitive Party System*; Richard Gillespie, *The Spanish Socialist Party*; Andrea Bonime-Blanc, *Spain's Transition to Democracy*; o, desde el lado de los nacionalismos, *Los catalanes y el poder*, compilado por Xavier Vidal-Folch; *ETA. Historia política de una lucha armada*, de Luigi Bruni; *Contre el nacionalisme espanyol*, de Joan Fuster; y *Auto de Terminación*, de Juan Aranzadi *et al.*, entre otros muchos.

A pesar de las múltiples cuestiones por solucionar, el término que mejor cualifica este período es aparentemente el de "euforia" y "celebración" y las razones para tal sentimiento colectivo son obvias en una primera mirada atrás. Los primeros años del posfranquismo celebran la muerte del dictador. Marcan el fin de un régimen autoritario y represivo, el fin de la tiranía, de la censura social, ideológica y política y la llegada, tan esperada, de la democratización, que se aúna de manera amplia en lo social y en lo político con una voluntad de integración europea. En el imaginario colectivo el fin del franquismo representa la posibilidad de que el resto de Europa "descubra" lo que los cuarenta años de dictadura habían impedido: el hecho, obvio de pronto para los que por tanto tiempo se habían sentido injusta, servil y despectivamente tratados, de que España era tan europea como cualquier otro país perteneciente a aquel Mercado Común de mediados de los sesenta y setenta.

Ya a partir de los años sesenta, en pleno auge franquista, se hace públicamente evidente la voluntad de integración de España en el llamado entonces Mercado Común europeo, así como evidentes se hicieron también el dolor y despecho con que fueron recibidas las continuas negativas del entonces «grupo de los seis» países integrantes, a la solicitación española. El sistemático rechazo del consejo europeo se tradujo de forma opuesta a lo largo del espectro político. Desde la derecha, la exclusión española se presentó como la conocida y característica incomprensión de los países del norte de Europa hacia los valores espirituales (y económicos) de la que la España franquista se decía portadora. Desde la izquierda, la amarga medicina del rechazo se asimiló y significó como un gesto político de solidaridad por parte de la admirada Europa liberal y democrática, obvio y esperado resultado ante el arcaico y vergonzante régimen dictatorial[8]. Y sin embargo, aunque claramente opuestas, las racionalizaciones de la derecha y de la izquierda ante la continua marginación española por parte de la Europa del Mercado Común partieron de presupuestos no tan distintos. Sólo así podemos entender el aplastante consenso político que permitió poner en marcha en la posdictadura el masivo proceso de "europeización" de España promovido por el gobierno socialista de Felipe González, apoyado desde estamentos y sectores provenientes tanto de la derecha como de la izquierda de la época franquista, y estimulado por el colectivo social. Como bien ha dicho James Petras, «la modernización de la economía española entre 1982 y 1995 comprendió básicamente tres estrategias interrelacionadas:

---

[8] Consúltese el artículo «La oposición política» de Pedro Vega.

liberalizar la economía, insertar más a España en la división internacional del trabajo (integrarla en la CE) y configurar un nuevo "régimen regulador"»[9].

El proceso construccionista emprendido en estos años queda amparado por la peculiar conceptualización generacional de la historia de larga tradición en España, firme y legendariamente apoyada a partir de las teorizaciones de José Ortega y Gasset en el primer cuarto de siglo. No sorprende, por tanto, que también el presente histórico español de los años de la transición se entienda como una serie de eventos políticos, económicos y sociales que encuentran el origen de su suceder en otra serie de hechos anteriores, los cuales a su vez habrían sido determinados por otra serie eventual precedente[10]. La historiografía en la España de nuestros días sigue en general la tradición generacional y estructura una narrativa lineal que inscribe la muerte de Franco como punto final de una era y principio esperado de otra nueva señalada por la posmodernidad, la europeización de España, las nuevas tecnologías comunicativas y la globalización. Desde esta concepción, el cuerpo histórico parece que va creciendo según los años pasan y las generaciones se suceden. Convertido en un gran paquidermo, queda configurado en una narración lineal que se estructura generacionalmente. A ella ha tendido y tiende el colectivo social español en su racionalización histórico-lingüística: cada evento histórico continúa la línea narrativa y confirma la narración. Vamos de la independencia de las colonias al desastre político del siglo XIX; del caos de fin de siglo nos arrastramos hasta la proclamación de la II República, y desde las elecciones del Frente Popular en el 36 hasta la guerra civil y el advenimiento del franquismo. Franco nos lleva de la autarquía nacionalcatolicista de los años cuarenta y cincuenta a la "apertura" política de los sesenta, desde donde ya, en pasos cada vez más rápidos y acelerados, seguimos por la vía del tardofranquismo, del fin de la dictadura y de la transición política a la democracia para llegar final-

---

[9] James Petras, «Qué ha pasado en España», *Ajoblanco. Especial Fin de Régimen*, p. 42.

[10] Es en este sentido interesante comprobar cómo durante 1995, el año que marca el aniversario de la muerte de Franco, y coincidente a su vez con la voluntad de cambio gubernamental de la sociedad española después de los escándalos de corrupción interna del PSOE, expresada ya en las elecciones generales de 1993 y confirmadas en las de 1996, los partidos izquierdistas de tradición histórica, y entre ellos naturalmente el PSOE, se engarzan en una retórica preelectoral que enfatiza la lucha oposicional antifranquista en la dictadura. Ésta es la estrategia seguida, por ejemplo, en el número 12 de *Temas para el Debate* (noviembre de 1995), voz semioficial del partido socialista.

mente a nuestro destino: los peculiares y posmodernos años socialistas de Felipe González que caracterizaron el segundo tramo transicional[11].

La línea histórica que va del pasado al presente queda nítidamente delimitada. Al mirarlos retrospectivamente, los eventos aparecen causalmente explicados, racionalizados y ordenados por una narración firme y sin fisuras en la que, desde luego, se inscribe el fin del franquismo, el paso a la democracia y la integración en el mercado europeo. Desde esta posición, aunque la muerte de Franco se vive como un momento de cambio paradigmático, la narración histórica del fin del franquismo no marca ninguna discontinuidad narrativa. El paso de un paradigma (el franquismo) a otro (el posfranquismo) se entiende empíricamente como un "suceder" histórico consecuente y coherente con lo anterior y que no produce por tanto corte radical ninguno. O dicho de otra manera: ya que *a posteriori* la limpieza del cambio político no se percibe como traumática, es lógico suponer que las bases ideológicas, económicas y sociales que posibilitaron la tranquila transición política española estaban ya incubándose en los años del tardofranquismo.

Sin embargo, si nos permitimos un descanso y nos sentamos en la acera de la ancha avenida que tal tipo de narración propone, el fluir de los sucesos no se nos presenta tan continuo como podríamos esperar. Antes al contrario, vistos desde el margen el flujo histórico toma de pronto circuitos inesperados y formas sorprendentes: la línea recta de la historia se torna quebrada y aparecen extrañas fisuras y agujeros narrativos. De hecho son esas roturas de lo lineal, esos puntos de quiebre, los que nos muestran nuevas formas y figuras al proporcionarnos una segunda, tercera y aun cuarta dimensión. Son estos puntos desplazados los que con su desvío rompen necesariamente el trazado rectilíneo. Con los nuevos márgenes que marcan los puntos, un espacio imprevisto aparece, un espacio que se relacionará aquí con las rupturas de la narrativa histórica o «lapsus de la sintaxis» señaladas por Michel de Certeau[12].

En este espacio fisural el "suceder" histórico lineal y empírico se nos aparece de pronto como un "suceder de nuevo", siniestro monstruo recurrente que no es línea sino figura, que no es recto sino quebrado. En palabras de De Certeau, los lapsus sintácticos presentes en lo que él llama la «escritura de la historia» simbolizan un retorno de lo reprimido,

---

[11] El vínculo entre el partido socialista, la "movida institucionalizada" y la voluntad de integración europea está muy bien estudiada por el que fue corresponsal del diario *Le Monde* en Madrid durante nueve años, Thierry Maliniak (*Les espagnols: de la Movida à l'Europe*).

[12] Michel de Certeau, *The Writing of History*, p. 4.

«un retorno de lo que en un momento dado se hizo impensable para que una nueva identidad pudiera pensarse»[13]. En el caso de España, y más específicamente en el caso de la escritura de la historia del fin del franquismo, lo impensable reprimido toma la forma de un Mono colgado a la espalda. Un mono —o monos— que vive, respira y se hace presente en esta intersección fisural, en este espacio negro, lapso, punto o pasaje que va del tardo al posfranquismo.

Mi lectura del momento histórico de la transición española quiere enfatizar este lapso. Es en ese sentido que hago mías las palabras de Gabriel Albiac cuando, respecto a los movimientos sociopolíticos de fines de los sesenta, dice que a veinticinco años de distancia se afianza «cada vez más en la convicción de que, contra lo que pudiéramos soñar entonces, el 68 fue más el cierre de una época ya condenada a no tener continuidad que la apertura de un ciclo histórico nuevo»[14].

Durante los casi cuarenta años de gobierno dictatorial de Francisco Franco el pensamiento de una parte importante de la intelectualidad española de izquierdas se estructuró alrededor de un proyecto utópico de recuperación. Parecería que la muerte del dictador en 1975 debería de haber dejado en principio vía libre a una práctica de realización de signo más o menos marxista pero, como bien sabemos, no ocurrió así. El colapso de los grandes proyectos utópicos de izquierda forma parte del gran pacto del olvido, siendo el momento de la muerte de Franco el que inicia de forma radical un presente nuevo: después del 75, españolas y españoles nos dedicamos con pasión desesperada a borrar, a no mencionar. Por consiguiente, en el período de la transición política de la dictadura a la democracia la sociedad española, aun votando masivamente al partido socialista, rechazó los presupuestos ideológicos dolorosa y pacientemente incubados en la era franquista por los sectores izquierdistas.

El rechazo al pasado reciente del franquismo fue un fenómeno colectivo porque colectiva es también la memoria histórica. Si la memoria no se entiende solamente como un reducto personal, si ésta por el contrario, en palabras de Manuel Quintana, también «pertenece a la colectividad y, sobre todo, es algo que forma parte de nuestro pasado y como tal pasado corresponde a la realidad que hoy por hoy tenemos entre las manos»[15]; o, si preferimos utilizar el concepto freudiano, si el proceso

---

[13] *Ibíd.*

[14] Gabriel Albiac, *Mayo del 68*, p. 177.

[15] Manuel Quintana, «Introducción» a *Paracuellos*, de Carlos Giménez, p. 8.

de represión de la memoria es, según Freud, no sólo «individual, sino en alto grado móvil» [16], todos y cada uno de nosotros y nosotras contribuimos colectivamente en esos años a deshacernos de ella. A un lado quisimos dejar la memoria del franquismo y con ella, incómoda, la memoria de la guerra civil que a su vez borraría, en caída de dominó, la memoria de las dos Españas siempre antagonistas. En parte, desde luego, lo conseguimos. Pero sólo en parte, ya que como escribía Freud, «lo reprimido ejerce una presión [*Druck*] continua en dirección a lo consciente, a raíz de la cual el equilibrio tiene que mantenerse por medio de una contrapresión [*Gegendruck*] incesante» [17].

A esta llamada colectiva del cuerpo social, a esta demanda represiva, respondieron rápidas tanto la izquierda como la derecha políticas. La política de reforma de aquellos años, ratificada en diciembre de 1976 en un referéndum político que recogió el 94,2% de los votos emitidos, fue claramente una política de borradura, de no cuestionamiento del pasado. Preocupados con llegar a un consenso público, en los primeros años del posfranquismo se quiso olvidar con rapidez el juramento del rey Juan Carlos en noviembre de 1975 en la ceremonia de su coronación: «Juro a Dios y sobre los Santos Evangelios cumplir las Leyes Fundamentales del Reino y guardar lealtad a los principios que informan el Movimiento Nacional» [18]. Del mismo modo se minimiza también la directa participación de Adolfo Suárez, elegido segundo presidente del recién establecido Gobierno del Rey en julio de 1976, como secretario general del Movimiento Nacional en el gabinete ministerial de Franco [19], o se esconde como se puede el pasado "rojo" de los recién llegados a la esfera política pública [20]. La izquierda y la derecha aceptan silenciar su

---

[16] Sigmund Freud, «La represión», p. 146.

[17] *Ibid.*

[18] Victoria Prego nos recuerda que éste «es el juramento al que la ley franquista obliga al futuro Rey de España: el juramento de cumplir y hacer cumplir las Leyes Fundamentales del Reino y guardar la lealtad a los principios del Movimiento Nacional. Éste es el juramento que ya hizo don Juan Carlos en 1969 cuando fue designado por Franco como su sucesor a título de Rey» (p. 334); y a pesar de cuales fueran en su momento las intenciones del Rey para la nueva era que acaba de empezar, en aquel momento solemne, como dice Prego, lo que consta «es que acaba de jurar solemnemente, y por segunda vez en su vida, defender las Leyes Fundamentales y los Principios del Movimiento, exactamente todo lo que la oposición aspira a derribar» (p. 335).

[19] Para un repaso de los sucesos que llevaron a Adolfo Suárez a ser propuesto y confirmado por el Rey como presidente del Gobierno, véanse, sobre todo, en Victoria Prego, los capítulos XIX y XX de *Así se hizo la transición*.

[20] En Victoria Prego encontramos de nuevo referencias a los vaivenes entre reforma y ruptura en los primeros años del posfranquismo. Las primeras oposiciones de la izquier-

pasado a cambio de la legalización de los partidos y de la convivencia política. En abril de 1977 por ejemplo, Adolfo Suárez legaliza el Partido Comunista y aparte de la dimisión del ministro de Marina, almirante Pita da Veiga, nadie desde la derecha protesta. Al contrario, apoyándose en un pacto de silencio, tanto los medios de comunicación como los políticos de la derecha no terrorista, el centro liberal y los sectores situados a su izquierda prefieren no mencionar el pasado histórico del partido. De las gestas y hechos (buenos o malos) de Santiago Carrillo, su presidente, o de la mítica Dolores Ibárruri, *Pasionaria*, tampoco se dice nada. Carrillo, por su parte, en el IX Congreso del PCE celebrado en abril de 1978 anuncia el abandono del leninismo, mientras que a su vez el partido socialista renuncia al marxismo en el XXVIII Congreso del PSOE en mayo del año siguiente. En un proceso político que anticipa en más de una década las posteriores renuncias marxistas de la izquierda europea y la debacle ideológica de la Unión Soviética, la izquierda española abandona sus señas de identidad y con ellas su pasado. La derecha no extremista, por su parte, ejecuta un proceso similar produciéndose como resultado la espectacular e incruenta reforma política de la transición[21].

El éxito de la dinámica de consenso, admiración en su momento de propios y extraños, paga sin embargo el precio de tener que enquistar la herida producida por la guerra civil. Gregorio Morán exploró precisamente la cuestión del olvido en los años de la transición y explicita lo que para mí es también de importancia capital:

[En los primeros años del posfranquismo] hubo que admitir una falacia tan burda como la de que en aquella pelea política no había vencedores ni vencidos, sino que todos, hermanados ante el altar de la Patria, se ofrecían ufanos para arrinconar a los irreductibles del viejo régimen. De la Secretaría General del Movimiento y del Partido Comunista, líderes responsables sellaban un pacto de honor, no exento de características sicilianas, *para un futuro común y un pasado inexistente* [las cursivas son mías][22].

---

da a una política de talante reformista se transforman más adelante hacia un consenso, por ejemplo en la incorporación en el lenguaje del PCE de una «ruptura pactada» (Prego, p. 404). Principio de consenso que llevará más tarde a la adopción definitiva de un programa de "reforma" por los partidos no extremistas en lugar de uno de "ruptura" que hubiera posiblemente resultado catastrófico.

[21] Escribe, por ejemplo, Gregorio Morán en *El precio de la transición*: «Había que garantizar que nadie pudiera utilizar el pasado para desentrañar el presente» (p. 87).

[22] *Ibid.*, p. 24.

Que la táctica del consenso, de la reforma y del olvido funcionó en el caso español a la vista está. España pasó nítidamente de la dictadura a la democracia de un modo ciertamente ejemplar y no es mi propósito discutir lo evidente. Pero sí hay que insistir, sin embargo, en la voluntad de olvido, quizás necesidad, que tuvieron los años de la transición y que parecen retraer aquellos versos de Antonio Machado que no parecen en esos momentos lejanos: «Hombre de España, ni está el pasado muerto/ni está el mañana —ni el ayer— escrito»[23].

Entre este mañana que no puede escribirse y el ayer borrado se encripta el fantasma del pasado, convirtiéndose para el inconsciente colectivo en eco de lo que Jacques Lacan denominó la "Cosa", evocación de un algo ominoso al que es difícil acceder porque queda siempre fuera del significado[24]. Una "Cosa" que, aunque actúa sobre nosotros, no puede expresarse y que, en el sentido que le da Julia Kristeva, «se inscribe en nosotros sin recuerdo, cómplice subterráneo de nuestras angustias indecibles»[25]. Si la "Cosa" es una "caída", según la terminología de Kristeva, un recipiente formado de aquello que rechazamos y desechamos; si es "un *cadere*" en el que todos y todas aparecemos "desechos", en el que todos somos "cadáveres"[26], en la España de la transición "la Cosa" puede pensarse como la representación de la caída de nuestro pasado en el silencio y el olvido[27].

Aunque el fin del franquismo señalado por la enfermedad, agonía y muerte de Franco debería haber indicado el inicio de un espacio de reflexión y análisis del pasado inmediato, el cuerpo social español entra por el contrario en un proceso enquistatorio de un pasado que hemos convertido en desecho. Son reveladoras en este aspecto las palabras de Morán cuando dice que «existió una especie de agujero negro en la actividad antifranquista durante la agonía del dictador»[28]. El momento de la transición es el espacio donde se procesa el olvido, agujero negro que chupa, hace caer y encripta los desechos de nuestro pasado histórico,

---

[23] Antonio Machado en *El Dios ibero*. En *Campos de Castilla*, p. 140.

[24] Véase Julia Kristeva, *Soleil noir*, p. 25.

[25] *Ibid.*

[26] *Ibid.*

[27] Esta "Cosa" que "cae", en términos lacanianos y de Kristeva, es por otra parte lo que siempre acecha en forma de "Monstruo" de lo reprimido; un monstruo, por tanto, que quiere salir a la luz, desvelarse, y que mucho podría parecerse a aquél imaginado ominosamente por el pintor Miquel Barceló en su cuadro *Desnudo subiendo una escalera*, 1981 (en *Artistas en Madrid. Años 80*, p. 47). Consúltese en Jacques Lacan el capítulo sobre «La Cosa freudiana o sentido de retorno a Freud en psicoanálisis», en *Escritos I*.

[28] Gregorio Morán, ob. cit., p. 50.

aquella nuestra historia maloliente que todos nos apresuramos a repudiar y que en gran parte todavía seguimos» ocultando.

Otro de los intelectuales que ha pensado la historia reciente de España, Eduardo Subirats, escribe al respecto:

Se ha olvidado que la democracia española desciende directamente del franquismo. No se recuerda que sus espacios, sus signos y sus actores han sido formados por las escuelas y las formas de vida de aquellos sombríos años, por sus mismos cuadros políticos y élites intelectuales [...]. Y sobre todo, hemos cerrado los ojos a lo más evidente: a la opaca herencia social, cultural y política que aquella larga noche de mentiras y represión ha dejado precisamente como herencia profunda a la generación de la transición democrática[29].

Subirats, como Morán, hace referencia al olvido histórico. El primero, además, lúcidamente señala algo fundamental: el retorno de lo reprimido en nuestra historia actual como el sentido último de este olvido. Y escribe: «Este retorno de lo reprimido comienza a aflorar hoy por doquier: leyes restrictivas de libertades civiles, monopolización de los medios de comunicación bajo la tutela de los grupos políticos en el poder, disfuncionamiento del aparato judicial»[30]. Subirats penosamente lista muchos de los demonios y males sociales de esta España de fin de siglo y milenio —y hay más, entre ellos el del racismo— y ofrece esta lista como el retorno de lo reprimido. No se equivoca. La "Cosa" encriptada, el quiste inscrito durante veinte años en lo más profundo ha empezado ahora a reventar. Ante el avance purulento de este agujero abierto Subirats se defiende con un gesto casi desesperado reclamando una esencia y autenticidad perdida: «la transformación icónica de las imágenes de España no se ha detenido tampoco ante lo que en otro tiempo y en otro lugar pudiera haber sido el centro sagrado de una auténtica renovación de la realidad de España: su memoria histórica»[31].

Pero la memoria no es una esencia, como quiere Subirats, ni un centro inmóvil emplazado en un lugar sagrado. No lo puede ser porque la memoria se escribe en movimiento, en proceso, así como también se escribe el olvido; y ambos, memoria y olvido, toman forma y sentido en el proceso mismo de la escritura de la historia. La memoria, como el olvido, precisa de la pluma que la evoca y la retrae o que la retira y borra, y forma con ésta una sola entidad. Subirats, aunque quiere desde luego

---

[29] Eduardo Subirats, «Contra todo simulacro», *Quimera*, p. 27.
[30] *Ibid.*, p. 28.
[31] Eduardo Subirats, *Después de la lluvia*, pp. 40-41.

señalar distancias entre él y el objeto de su crítica, no se deshace de aquello de lo que quiere alejarse; y no puede hacerlo porque él también quiere y añora una historia progresiva y entera, sin quiebras ni fisuras. Aunque lo narrado sería en su caso otra cosa y tomaría un sentido diametralmente opuesto, su propuesta se implica sin embargo de nuevo en una narración sin fisuras, en una narración que mostrara las lacras españolas sin el amenazante retorno de lo reprimido. Y sin embargo, para protegernos en lo que podamos de su retorno, ¿no deberíamos aceptar y pensar la presencia/ausencia de lo reprimido en lugar de negarlo? Lo reprimido retorna como fantasma precisamente porque siempre está, porque nunca muere, nunca desaparece. Lo reprimido retorna porque se había, en primer lugar, enquistado, encriptado y aunque no podemos evitar los quistes, sí podemos (parcialmente) pensarlos.

La narración histórica requiere de una sintaxis —es sintaxis, como nos dice Michel de Certeau— y toda sintaxis tiene lapsus y fisuras que son precisamente el espacio de lo reprimido. España, desde luego, duele. Pero hay que abrazar la línea quebrada, la línea partida discutida anteriormente si queremos pensar su historia. Por mucho que lo queramos no podremos escapar ni de la linealidad de la narración histórica ni de las fisuras de su quiebre, ya que son precisamente esos espacios fisurales donde habita la Cosa, esos quistes y tumores que incuban lo reprimido —o en la terminolgía de De Certeau, esos lapsus sintácticos de la narración histórica— los que, aunque posibilitan el retorno de lo reprimido, reprimen por otro lado «aquello que debe permanecer impensado para que una nueva identidad se haga pensable»[32]. Lo reprimido retorna no sólo porque nunca ha cesado de estar sino también porque ofrece en su retirada un nuevo espacio de reflexión.

Esto explica en parte la presencia del fuerte sentimiento de desencanto presente en la transición. El fin del franquismo produce en el fino tejido de la psicología nacional un peculiar desgarro, una grieta irreparable en la frágil e inestable construcción sociopolítica elaborada a lo largo de la dictadura. Coincidente con la muerte del dictador, a la vez que propiciada por ella, una rotura, una profunda fisura recorre los cimientos del precario edificio franquista dejando al descubierto encontradas y contrapuestas tensiones: la alegría y el desencanto se dan en estos años la mano, y van del brazo el duelo y la celebración. Desgarro psíquico y político difícil de entender, quizás nos ayude a conceptualizar el período de la transición política española si lo representamos como fi-

---

[32] Michel de Certeau, *The Writing of History*, p. 4.

sura sin fondo, boca y agujero negro que tal como vomita sus entrañas en los primeros momentos del fin de la dictadura pasa muy pronto a invertir la dirección del flujo de desecho. De la expulsión a la aspiración, del vómito a la succión, la transición española se instala en el cuerpo español, en nuestro cuerpo, como quiste canceroso e invasivo, como ancestral serpiente o antiguo vampiro que en un eterno retorno de lo mismo, regurgita y chupa, chupa y regurgita.

Si el purulento quiste transicional surge y se reproduce en un momento de fisura, si el tumor de la transición evoca y representa de alguna forma lo reprimido que retorna, si son los lapsos de la escritura de la historia los que proporcionan y posibilitan el hábitat de lo reprimido retornado, no deben sorprendernos entonces los esfuerzos, conscientes o no, que la esfera pública dedicó para evitar en lo posible la evidencia de esa ruptura histórica. Es de todos y todas conocida la pasión con que la política oficial se lanzó a lo que en aquel momento se llamó «la reforma política». De nuevo desde la derecha y desde la izquierda se aunaron fuerzas para llegar a un consenso sociopolítico, a un modo de entendimiento que, aunque precario, evitara precisamente el desmembramiento, la rotura del cuerpo nacional[33].

La reforma política y social iniciada en España responde por otra parte, como veremos, tanto al proceso psíquico descrito como a las demandas que el capitalismo tardío y las nuevas geopolíticas globales piden ya a partir de los años sesenta. Las nuevas exigencias de recomposición y reubicación política, económica y cultural de España en Europa hacen que la necesidad psíquica de olvido del feo pasado dictatorial español se aúne a una necesidad política que no puede darse respiro en un mercado global que compite, según ha remarcado David Harvey, en «la producción activa de lugares con cualidades especiales»[34]. Dentro de la constelación española de la posdictadura, la urgencia impuesta por el mercado impide sin embargo, y por causa de la inestable negociación con el sector militar todavía prepotente en aquellos años, la posición de ruptura total reclamada en principio por algunos de los sectores radicales[35]. Desde la demanda inescapable del capital, la ruptura fue inviable. Si en aquel momento "ruptura" significaba, como afirma Victoria Prego, «el desmantelamiento de las estructuras jurídicas y políticas del régimen, la destrucción no violenta pero sí total del aparato del estado fran-

---

[33] Véase Victoria Prego, ob. cit., capítulos XXI y XXII.
[34] David Harvey, *The Condition of Postmodernity*, p. 295.
[35] Véase Victoria Prego, ob. cit., capítulo XXI.

quista para, partiendo de cero y desde las cenizas del viejo orden, iniciar la construcción de un nuevo estado democrático» [36], no sorprende que ésta fuera desbancada por la posición reformista.

Pero en un proceso que sigue un modelo foucaultiano, el reformismo en España genera a su vez una ruptura con el pasado, una retórica del olvido. En la cartografía del imaginario colectivo se inscribe el período transicional como un "Punto Cero" que, aunque se presenta en lo político como reforma, en el inconsciente colectivo y en la práctica social se escribe sobre todo como ruptura. El precario equilibrio que tal proceso impuso tuvo consecuencias capitales, siendo quizá la más importante el adelantado abandono español, respecto del resto de Europa, de los proyectos utópicos de base marxista. Ligada a éstos, tal abandono se produce en España con diez años de adelanto precisamente por causa de la peculiar posición a la vez aislacionista y central que tanto en lo psíquico como en lo político ocuparon Franco y el franquismo. El fuerte aislamiento impuesto por el régimen dictatorial franquista a la sociedad española no la hizo a ésta impermeable e impenetrable al espíritu de cambio que produjo el 68 francés o americano e inmune a sus consecuencias. Las distintas manifestaciones socioculturales producidas en el país en los años inmediatamente posteriores a la muerte de Franco forman parte del más vasto proceso de disolución de toda historia centralizada en que está implicado el pensamiento actual. Aun aislada, la España de los años franquistas compartía la visión unitaria de la historia, creía en el progreso y construyó un pensamiento utópico. El colapso español es precisamente el de un pensamiento fuertemente fundacional estructurado en modelos de izquierda y derecha arrastrado a lo largo del período franquista y no sería, no es, en principio distinto del proceso general de descentralización seguido por el pensamiento occidental en el fin de la modernidad.

Pero, en el momento español, la muerte de Franco coincide con la por demás inevitable abertura de España a un universo político exterior abocado ya entonces a un proceso global de transnacionalización [37]. Me parece, pues, de imperiosa necesidad que nos detengamos en ese preciso momento en que coincide en España el fin del franquismo con el auge ya imparable del capitalismo tardío en el mercado global. La intersección en España de dos procesos a la vez independientes y relacionados como fueron, por un lado, las tensiones que el país, como cuerpo

---

[36] *Ibid.*, p. 215.
[37] Véase Pedro Montes, *La integración a Europa*.

social, mantuvo en la larga dictadura con una figura como Franco y, por otro, las nuevas estrategias económicas y políticas impulsadas por y desde el capital internacional, marcan el momento de la transición política como un momento fisural. Debido a esta coincidencia, el "pacto del olvido" surgió no como explicitación de una estrategia sociopolítica, sino como gesto a la vez visceral y necesario que, y aquí está una de las claves para entender el fascinante proceso español, permitió a la sociedad española pasar de una brutal dictadura lateralmente moderna y, por tanto, políticamente aislada y obsoleta, al circuito económico, cultural y político que caracteriza al paradigma posmoderno que nos ha tocado vivir.

La ruptura psíquica con la historia reciente junto a la reforma política que tal proceso exigió es lo que está en el corazón de la transición. Aunque "reforma", y no "ruptura", fuera el estribillo político de la transición española, tal reforma se construyó con la eliminación súbita de toda referencia al pasado inmediato franquista, con un "Pacto del Olvido" al que fervorosamente se aferró el imaginario colectivo español. Un pacto que fue, siguiendo a Paul Preston, «el que apuntaló una transición a la democracia relativamente incruenta»[38], y el que en un gesto de borrón y cuenta nueva aseguró la «ausencia de una memoria popular duradera del caudillo»[39].

No es solamente la figura del Caudillo lo que la población quiere olvidar. Cuando Franco muere, la sociedad española abandona también de forma súbita el discurso político estructurado hasta entonces en modelos de izquierda y derecha y polarizado en torno a la figura de Francisco Franco. Si durante los largos años de dictadura Franco había sido para unos y otros el punto central, bien aquel contra quien había que luchar o bien aquel con quien había que pactar, muerto el dictador, España contempla y experimenta la disolución de un centro alrededor del cual se reunían y ordenaban los acontecimientos. Con la desaparición de Franco terminan a la vez la vida de una figura singular y el fin de una concepción unitaria de la historia[40]. Si, de acuerdo con Gabriel Albiac, aceptamos que el 68 debe entenderse sobre todo como el fin de un paradigma —aun cuando muchas de las estructuras políticas que lo hicieron posible sobrevivieron en el resto de Europa hasta la debacle de los grandes sistemas socialistas representados con la caída del muro de Berlín en 1989—, también de forma similar y desde luego estrechamente conecta-

---

[38] Paul Preston, «La trayectoria política de Franco», p. 19.
[39] *Ibid.*, p. 20.
[40] Véase Giacomo Vattimo, *La sociedad transparente*.

da con los sucesos de mayo del 68, la muerte de Franco se vivió como *el final* de una estructura política, simbólica y social específica. Final que paradójicamente, tal como ocurrió con el proyecto utópico promovido por o hasta el mayo francés, no abrió camino futuro en la dirección por tanto tiempo deseada y esperada.

De ese modo, aun resonando sus estertores moribundos en ondas concéntricas que se expanden desde un indeterminado tardofranquismo a un no menos inespecífico posfranquismo, aun teniendo en cuenta hechos indudables e innegables —como, y son sólo ejemplos entre otros, el auge de la industria turística en la España de los sesenta que introdujo en el mercado tanto divisas como intercambio de cuerpos, ideas y modos, o la lejana y leve apertura de la férrea censura de los medios de comunicación impulsada en 1963 por el entonces ministro de Información y Turismo, Manuel Fraga Iribarne, y directamente relacionada con la entrada de turistas en España—, la muerte del dictador quedó representada en nuestro imaginario como definitivo punto final, como total ruptura y fin de camino, y no, o no tanto como queremos suponer, como nueva etapa renovada, producto y resultado de los buenos y perspicaces oficios de políticas anteriores.

Punto final que nos deja de pronto ante la precariedad de la continuidad histórica. El largo año que va desde el primer anuncio oficial de la flebitis de Franco, hecho público en el verano de 1974, hasta su fallecimiento en noviembre del siguiente año se vive sobre todo en el país como término. Ante el magno suceso, ante la realidad absoluta de la muerte de este "padre" simultánea y divisivamente amado y odiado con pasión durante lo que ahora, de pronto, ya no es una eternidad, el país revienta, como pústula infectada, en explosión encontrada de alegría y duelo.

La primera reacción ante esta muerte principal es, a un nivel básico y muy primario, una reacción visceral ante la muerte del "padre" y que simplemente atenderá a ideologías para decidir el carácter de su expresión: de alegría para la izquierda, de dolor para la derecha. Resultado obvio, la nítida división de afectos no es ni ha sido en España cuestionada. Y sin embargo, a veinte años de distancia empieza a hacerse evidente que, aunque nos sorprenda, las primeras expresiones ante la realidad de esta muerte, si bien opuestas, responden a una misma etiología. Alegría y tristeza, placer y dolor no son, como bien sabe la psicología desde hace tiempo, afectos y sentimientos excluyentes; y si atendemos a los síntomas e indicaciones del cuerpo social español del momento, es evidente también hasta casi la banalidad que ambas expresiones comparten un mismo origen: Franco, o si se prefiere, el régimen político por él instaurado y a él directamente ligado y significado.

Franco y/o el franquismo alimentaron el cuerpo del país, fueron fuente única, surtidor que de forma inescapable y minuciosa, perversa si se quiere, de año en año, de mes en mes y de día a día dirigió el fluido vital de la sociedad española. En cierta forma entonces, Franco y/o el franquismo no fueron únicamente un régimen político; fueron también y quizá sobre todo, para nuestro mal y nuestro bien, una adicción, un enganche simbólico y real, una monumental cogida que produjo a su término encontradas y conflictivas reacciones que son precisamente las que este estudio quiere atender.

Gianni Vattimo hablaba en su prefacio a la edición española de *La sociedad transparente* de la existencia de

un pasaje que franquea la modernidad y que se delinea ya en la lógica misma de nuestra sociedad mediatizada [... Un pasaje que)] puede asignar un papel central a aquellas culturas que, hasta ahora, han compartido menos el programa de la modernización y la empresa de racionalización rigurosa impuesta tanto a la economía como a la vida social y a la misma existencia individual[41].

Este pasaje tiene en su discurso un impulso eminentemente constructivo ya que, al dar voz a culturas "otras", inauguraría una posmodernidad en que, siempre según el filósofo italiano, fuera de nuevo posible pensar en una «utopía capaz de estimular también nuestro empeño ético-político»[42].

Vattimo es optimista y lo es precisamente a causa de la entrada en el mapa historiográfico posmoderno de esas otras culturas y etnias hasta ahora marginalizadas por la historia y en las que el filósofo incluye la España silenciada por Franco. Pero si bien se pueden cargar positivamente las posibilidades que esas culturas ofrecen (y que en el caso de España son bien evidentes en la exuberante producción cultural alternativa de estos años), el "pasaje" que la muestra no puede tomarse exclusivamente como un lugar de afirmación y celebración[43].

El caso español es revelador al respecto. En España, el pasaje en que la modernidad se torna posmodernidad se abre en el momento de la de-

---

[41] *Ibid.*, p. 69.
[42] *Ibid.*, p. 71.
[43] No hay más que pensar en el fuerte "desencanto" con el que se caracteriza a menudo también este período.

cadencia, agonía y muerte de Francisco Franco. Es un momento de intervalo, un espacio transicional que tiene sentido celebratorio porque
todavía se creía entonces en la inmediata posibilidad de una práctica
utópica, pero que no contiene la celebración como sentimiento único.
Los años del tardofranquismo fueron para la izquierda democrática
años estructurados tanto alrededor de una esperanza de muerte —la de
Franco— como de una de vida —una nueva organización social de factura más menos marxista que sería la que nos hubiera permitido la realización utópica. Como bien sabemos ahora, ésta no ocurrió. El tiempo
de las utopías se desmoronó, herido él mismo de muerte, una vez desaparecido Franco. Para quienes creyeron en la posibilidad de la revolución, como dice Gabriel Albiac, «hubo sólo el tiempo de sus vísperas.
Sin desenlace. El 68 fue eso: preludio de una revolución que jamás tuvo
lugar, que sólo dejó abierto el largo desierto de esperanzas traicionadas
que iba a apoderarse de inmediato»[44].

Lugar desgarrado, el "largo desierto" del que habla Albiac puede
tomarse como referencia también de este pasaje-intervalo de la transición, espacio simultáneo de significación y desafío en el que queda arti-
culado tanto un impulso de destrucción como uno de construcción.
Evento de dos caras entonces, el intervalo suspendido de la transición
española podría bien interpretarse ya como el espacio productivo y generador de Vattimo, ya como el estéril "largo desierto" de Albiac. Así
como también podría tomarse en el sentido híbrido que Homi Bhabha
da a lo que él denomina *time-lag* y que traduzco aquí como «tiempo lapsado»: una *hybrid betweenness* en la que la resituación y la reinscripción
son posibles[45].

No hay más que pensar en la inmensa productividad, la fantástica
exuberancia popular cultural de la España de estos años para dar la razón a Vattimo. Pero, y a ello apunta Bhabha sin referirse al caso español
con su noción de *time-lag*, el intervalo de la transición española puede
ser considerado, asimismo, en un sentido lacaniano, como el espacio
donde la "Cosa" habita: esa "Cosa" indecible que en España hace referencia constante a esa marioneta agónica en que quedó convertido el general Franco en los últimos meses de su vida. La imagen de un decrépito
Franco mecánicamente insertado a tubos y conexiones vitales queda
como metáfora esperpéntica del fin del franquismo[46]. Suspendido entre

---

[44] Gabriel Albiac, *Mayo del 68*, p. 19.
[45] Véase *The Location of Culture*, de Homi Bhabha.
[46] Véase la descripción que hace Stanley Payne sobre los últimos días del generalísimo en *Franco. El perfil de la Historia*: «Durante las dos últimas semanas Franco se mantu-

la vida y la muerte, el espectro de Franco y del franquismo marcará el período de la transición política como el espacio de lo Real lacaniano, el lugar ominoso donde se «proyecta algo más, algo que está en el origen de la cadena significante» pero fuera del significado[47].

Propongo, pues, pensar el período de la transición española como un espacio/tiempo colgado entre dos paradigmas históricos que a su vez, y debido a las características sociopolíticas del particular momento español, se dirime también en el imaginario social como el momento de negociación psíquica con una brutal y totalitaria estructura patriarcal y represora (Franco y el franquismo) a la que nos habíamos hecho adictos. El momento transicional, tensado por diferentes y opuestas fuerzas, se revela como un agujero negro, una fisura o quiebre en la sintaxis histórica que si bien permite por un lado iniciar en el posfranquismo una nueva escritura, agazapa en su seno todo un pasado conflictivo que el colectivo "pacto del olvido" reprimió.

Este libro intenta acercarse precisamente a este pasado reprimido. Pretende escarbar en este agujero histórico y ofrecer una teorización de los procesos ocurridos. No debe buscarse aquí una fuente de información de datos, ya que se dan por supuestos. Para acceder a ellos, la persona interesada debe acercarse a los muchos y bien informados libros que en estos momentos están apareciendo en el mercado. Contando con ellos, mi trabajo se ofrece como su subtexto, como una entrada al otro lado del espejo histórico que, frente a la resurgencia en Europa de los demonios del racismo, de las intolerancias de los nacionalismos extremos y de las nuevas configuraciones geopolíticas, me parece imperativo no posponer. Propongo pues leer el pasaje que la transición española textualiza como ruptura a través de varios textos seleccionados en los que claramente se escribe la cara oscura de la fisura transicional, la profunda herida sufrida por el inconsciente colectivo español del momento. No se espere tampoco aquí una lista exhaustiva de textos, ni siquiera una lista larga. No pretendo que lo sea. Al contrario, ya desde esta introducción afirmo mi elección como totalmente personal: todos y cada uno de los textos escogidos formaron parte de forma muy especial de una *petite histoire* (la mía) y pretendo con este gesto intelectual rescatarlos, en lo posible, para mí. No lo hace ello rechazables, sin embargo, ya que si bien pertenecen a una pequeña historia son parte inevitable e inexcusa-

---

vo suspendido entre la vida y la muerte como una especie de hombre mecánico lleno de tubos fijados a máquinas médicas» (p. 254).

[47] Jacques Lacan, «The Death Drive», p. 214.

ble de la "Gran Historia" de la España reciente. Sin ellos y sin otros similares y con ellos conectados, no me parece posible la reflexión y honesto examen de conciencia de nuestro pasado reciente.

La pregunta de la que este estudio parte, la de si podemos leer históricamente el momento de la transición española como un espacio fisural o tiempo lapsado, como un intervalo entre un antes imaginado y un después no realizado, como un fantasmal enclave de lo Real lacaniano en el que la celebración y el infierno quedaron forzados a convivir, sólo puede encontrar respuesta al final de esta andadura. Si la línea de mi razonamiento a lo largo de este libro se revela coherente, podremos afirmar que sí: que la transición se escribió en conflicto inconsciente como un estado de pasaje al que los españoles y españolas, adictos sin saberlo al régimen dictatorial, llegamos de forma brusca y que quedó colgado entre la modernidad y su pos, entre el duelo y la celebración, entre la producción y la destrucción, entre la esperanza y el desencanto.

2. EL MONO DEL DESENCANTO ESPAÑOL

> «A la puerta de ese edificio, que es en sí mismo
> un enigma, se encuentra otro enigma mayor: El
> Viejo Mono Guardián de las Palabras».
>
> Eduardo HARO IBARS

EL MONO EN NUESTRA HISTORIA

Algunas lenguas occidentales parecen darle la razón a Jean-François Lyotard cuando dice que asumir que un mundo puede ser tratado en términos narrativos es declararlo histórico[1]. Mi historia aquí no puede, sin embargo, pretender ser Historia, por razones esenciales. En primer lugar, por mi propio compromiso autobiográfico con lo que tengo que decir, y en segundo lugar porque me falta todavía la distancia necesaria, la fisura u olvido temporal que me permita realmente entender lo que a mí no me concierne directamente y acordarlo con lo que sí es, o puedo pretender que sea, mío. En otro sentido, sin embargo, mi historia sí es Historia, mi historia se escribe ahora y aquí porque es para mí absolutamente preciso que se cuente, y por lo tanto está tocada de esa verdad de urgencia, de esa compulsión de decir, que puede ser ya la única forma de reconocer que algo es verdadero, y que así debe ser registrado en los anales del archivo.

Este trabajo está irremisiblemente en progreso. Hacerlo incluye desencriptar, desocultar, muchos modos de silencio, muchas rupturas de la representación, muchos desastres de la expresión. Mi título, *El mono del desencanto español,* hace alusión a esos silencios en fondo negro, a esas catástrofes y rupturas de la palabra y de la imagen. El mono es, en la jerga española contemporánea, el síndrome de abstinencia: el conjunto de efectos ocasionados por la retirada de lo que en algún momento nos invadió para comer lo que teníamos, pero que, haciéndolo, nos incorporó, nos hizo o nos rehizo como cuerpos para quienes la ilusión de autonomía, de sutura, de suficiencia, sería ya para siempre imposible. El cuerpo del adicto es un cuerpo sin órganos conectado a la Cosa que lo alimenta y lo envenena. El síndrome de retirada, el conjunto de efectos causado por la privación de la Cosa, eso es lo que se llama el Mono. Hay

---

[1] Jean-François Lyotard, «Universal History and Cultural Differences», p. 314.

en España una popular marca de anís en cuya etiqueta un mono siniestro nos dice que él no miente; y si el mono no miente, la cifra de su escritura, la verdad que el mono ofrece es lo que debe ser entendido, lo que reclama comprensión.

Desencanto, como bien sabemos, es el término aplicado al peculiar efecto político-cultural causado en España, más que por la transición a un régimen democrático-liberal, por el mismo hecho del fin de la dictadura franquista. Fue la película de Jaime Chávarri, *El desencanto* (1976), la que le dio al término carta de naturaleza. Este trabajo es un intento de comprender el fenómeno del desencanto durante la posdictadura española. Capítulo de la historia de las mentalidades, pues, pero también, más modestamente, un esfuerzo personal para llegar a una comprensión del ambiente que por diversas razones yo misma abandoné en 1980 para venir a Estados Unidos. Este estudio del síndrome de retirada de ellos, de los míos, se dobla entonces, no sé con qué efectos, con un estudio más secreto, más indecible, que es el de mi propio síndrome de retirada con respecto de la escena que ahora ya sé que nunca volveré a recuperar.

A principios de los años setenta, la clase intelectual española estaba todavía necesariamente marcada y afectada por una utopía de transformación social revolucionaria y radical. Muchos de los intelectuales y universitarios de este período mantenían una orientación de izquierdas de signo marxista que, en la medida en que el marxismo había llegado a identificarse con la única posibilidad viable de praxis de cambio social, les permitía operar e incidir críticamente tanto a un nivel macropolítico como a uno cotidiano. El fin de la dictadura en España enfrenta a los intelectuales con el problema de tener que reconocer que su antiguo papel histórico de conciencia crítica del país tiene que ser radicalmente revisado. Después de 1975, pensadores y escritores implicados hasta entonces en proyectos totalizadores de crítica y de renovación social se refugian en una estética introspectiva, cuando no buscan simplemente la aceptación social general mediante el cultivo asiduo de los medios de comunicación de masas hasta entonces desdeñados, como por ejemplo la televisión.

Si revisamos la reciente historia española, dentro de la arena política el fenómeno de rechazo a las grandes metanarrativas queda representado con la renuncia del partido socialista —PSOE— a autopresentarse como partido revolucionario o incluso como partido marxista. A fines de 1979, el PSOE se declara «no ideológico» y gana con espectacular mayoría las elecciones de 1982. Por su parte, el partido comunista —PC— entra en un período de "decadencia" que se traduce en aquel momento en la obtención de un insignificante 3,8% de los votos electorales en estas mismas elecciones. A esta debacle sigue una etapa de fragmentación y desorientación que pasa desde la creación en 1986 de Izquierda Unida, la coalición de partidos encabezada por el PC, hasta los debates sobre la viabilidad y/o futura existencia del partido[2]. Habría que añadir a este rápido repaso histórico el resultado de las elecciones de junio de 1993. La estrecha victoria de un PSOE centrista frente a la derecha política representada por José María Aznar y el Partido Popular expresa por sí sola el distanciamiento de la sociedad española respecto de los grandes ideales izquierdistas de los años anteriores a la muerte de Franco. Tal distanciamiento, acompañado de las acusaciones y evidencias de corrupción presentadas contra el gobierno de Felipe González en los últimos años de su gobierno, señaló en las elecciones de marzo de 1996 el fin del mandato socialista y la entrada del Partido Popular de Aznar, autodefinido ahora como centrista[3].

La evolución del pensamiento político en España encuentra extraordinario paralelismo en lo literario en estos años de transición. Los antiguos proyectos literarios, profundamente conectados a cuestiones sociopolíticas en la época franquista, pasaron en España a un drástico rechazo de las metanarrativas globalizadoras. En literatura los géneros desbordaron. En estos años las novelas de serie negra, eróticas, de ciencia ficción y la literatura del cómic inundaron los quioscos y las librerías. Escritores y escritoras antiguamente comprometidos políticamente, como el caso de Ana Rossetti, se pasaron a la narración erótica o ligera y escritores y escritoras noveles deslumbraron con primeros libros y novelas a caballo entre el subgénero popular y la "gran literatura" como es el caso de María Jaén, Jesús Ferrero o Almudena Grandes, por ejemplo[4].

---

[2] Consúltense el libro de Richard Gillespie, *The Spanish Socialist Party* y el estudio de Eric Hershberg, «Notes on the Crisis of Communism(s)», por ejemplo.

[3] Las denuncias de corrupción hacia el PSOE entraron en su momento álgido a partir de 1993, momento en que también empiezan a hacerse públicos los rumores de la implicación del partido de Felipe González con el grupo antiterrorista GAL.

[4] A partir de los ochenta —en el segundo tramo de la transición que es el que provee los mejores canales de diseminación para la literatura y/o otras producciones culturales *lights* de alguna forma relacionadas con el fenómeno psicosocial de la movida—, también en literatura las líneas divisorias entre el "Gran arte" y el arte de la cultura popular se borran, o al menos se difuminan. El premio de narración erótica La Sonrisa Vertical, patrocinado por la editorial Tusquets bajo la dirección de Luis García Berlanga empieza su andadura en esta década, de la que resultan ganadoras, entre otros, Almudena Grandes con *Las edades de Lulú* (1989) y Ana Rossetti con *Alevosías* (1991). Dentro también de la lite-

Parto de la hipótesis de que en España la escritura de la posdictadura debe ser leída desde y contra los escritos literarios y teóricos de finales de los sesenta y principios de los setenta, y desde una perspectiva histórica que tenga en cuenta la progresiva globalización de la economía mundial. Dentro de ese marco, sin embargo, no hay que olvidar que en España la posmodernidad coincide y se hace posible con la muerte de Francisco Franco. Fueron el fin del franquismo y el fin de una posibilidad utópica que el franquismo había paradójicamente creado los sucesos que dieron paso a la España de ahora irremediablemente conectada con Europa y con el capital internacional. Entre la España franquista y la España europea tenemos la España de la transición, término quizá inútil pero que engloba al menos parcialmente un período de explosiones sociales, artísticas, literarias y políticas. Años de conductas excesivas y exuberantes que quiero presentar aquí como fenómenos de respuesta a un síndrome de abstinencia.

En Barcelona, los movimientos de vanguardia asociables con el posmodernismo empiezan ya antes del 75. Son minorías subterráneas, marginales, compuestas de gente joven que no estaba abrumada por ningún compromiso intelectual contraído previamente a la muerte de Franco. Es sobre todo la Barcelona gay de los cómics sadomasoquistas de Nazario, de las exposiciones y exhibiciones perversas del pintor Ocaña (muerto en su estudio de trabajo en un incendio en 1984), de las representaciones teatrales del Saló Diana, ocupado por un colectivo de actores y actrices libertarios, y de los "excesos" de la sala de baile Jazz Colón, hoy desaparecida [5]. En Madrid, la nueva generación que se quiere a sí

ratura *light*, Lourdes Ortiz, por ejemplo, publica *Camas* en 1989; y la misma Rossetti, interesada en el tardofranquismo en la escritura militante, publica la estupenda y fresquísima colección de poemas *Indicios vehementes* y la excelente novela *Plumas de España* (publicada en 1988, pero escrita en los primeros años de la transición). En el *boom* de autores noveles, Jesús Ferrero se da a conocer en 1986 con una interesante obra, *Belver Yin* y María Jaén, autora que escribe en catalán, saca las estupendas y brevísimas novelas eróticas *Amorrada al piló* y *Sauna*, ambas de gran éxito comercial. Las novelas de detectives invaden el mercado, desde las desternillantes de Eduardo Mendoza ubicadas en Barcelona (*El misterio de la cripta embrujada* y *El laberinto de las aceitunas*), hasta las madrileñas de Juan Madrid (*Un beso de amigo, Regalo de la casa* y *Las apariencias no engañan*) y Lourdes Ortiz (*Picadura mortal*), que tiene el mérito de presentar, en 1979, a una de las primeras mujeres detectives de la posdictadura, Bárbara Arenas. Para un estudio detallado, consultar la tesis doctoral de Alison Maginn, «Exploding Genres: Spain in the Eighties», y los detallados estudios de Joan Ramon Resina y Francisco Colmeiro sobre las novelas de detectives en el posfranquismo.
[5] El Saló Diana pasó por una serie de transformaciones en los años ochenta, hasta

misma vanguardista surge sobre todo en los últimos años setenta y pone
en marcha lo que más adelante se llamó la "movida madrileña", que
no casualmente fue inmediatamente succionada por la oficialidad institucional promovida por el legendario y añorado "viejo profesor" y
socialista renovado, Enrique Tierno Galván. La "movida de Madrid",
término subterráneo adjudicado a la capital por causa del ajetreo cultural y vital de la ciudad en aquellos años, no cae en absoluto —ni lo
quería— en la categoría de "gran experiencia artístico-literaria" o en un
glamour de círculo íntimo "neovanguardista". La grandilocuencia exagerada y el crédito de alta calidad otorgado a ella son posteriores y pertenecen a la institucionalización y capitalización de un proceso simbólico que se identifica prontamente como producto mercantilizable. El
capital cultural y simbólico, o lo que Antonio Holguín llama «el renacimiento artístico español» fue rápidamente acogido por la administra-
ción socialista bajo el impulso del alcalde Tierno Galván. Se lanza el
lema «España está de moda» y se aprovecha el impulso de la movida
«para lanzar una imagen de España moderna, para que se olvidase para
siempre la España de "charanga y pandereta" que había exportado el
régimen franquista»[6]. La movida de Madrid —así como también, en
menor escala, las movidas de Vigo, de Murcia, de Sevilla, etc., de los
mismos años— recoge el espíritu de urgencia, de poesía práctica y del
momento del movimiento de Barcelona. A la manera de Madrid, como
explica Holguín, «las ciudades españolas más populosas intentaron
también hacer sus propias "movidas", incluso acuñando su propia terminología. Así surgió en Sevilla el "neocateto", en un intento de emular
la eclosión madrileña, pero quedó en agua de borrajas, y como la madrileña terminó por disociarse»[7].

El mimetismo periférico no es sin embargo tal, aun a pesar de la innegable institucionalización y mercantilización del producto "movida".
Madrid, como los demás centros urbanos, grandes y pequeños, incorpora, expande y lleva a su término un germen que, aunque localizado en
el tardofranquismo en Barcelona, estaba ya en el aire y nos pertenecía a
todos y a todas. La movida se convierte así en un fenómeno social *popu-*

---

quedar al final convertido en sala cinematográfica. El salón de baile Jazz Colón, decaído y
decadente antro portuario que recogía por las noches a muchos de los *undergrounds* bar-
celoneses, desapareció a finales de los ochenta, víctima de la renovación urbanística y de
limpieza puesta en práctica por el Ayuntamiento de Barcelona de cara a las Olimpíadas
del 92.

[6] Antonio Holguín, *Pedro Almodóvar*, p. 41.
[7] *Ibid.*

lar sin precedentes que, a diferencia de lo que propone Holguín, poco tiene que ver con la manera en que «los surrealistas en Francia o los de la Bloomsday en Inglaterra aglutinaron a los cerebros más interesantes de la época»[8]. Así, uno de sus participantes, Jorge Berlanga, si bien caracteriza la movida como «[l]a eclosión repentina de una sorprendente cantidad de músicos, pintores, fotógrafos, diseñadores, cineastas, etc.»[9], añade con intuición que ésta fue consecuencia sobre todo «de una necesidad visceral y espontánea, producto más quizás de un requerimiento inconsciente de la época que de una reflexión intelectual»[10].

La inconsciencia del requerimiento y la organicidad de la necesidad explicitadas por Berlanga remiten a una adicción, real o metafórica, que viene de antes de 1975. Quiero proponer aquí la adicción como metáfora para la utopía más o menos marxista que alimentó a la izquierda española desde el final de la guerra civil. La utopía fue la droga de adicción de las generaciones que vivieron el franquismo. La muerte de Franco señala la retirada de la utopía y la eclosión de un síndrome de abstinencia, un mono que obedece a un «requerimiento inconsciente» y a una «necesidad visceral» según las palabras de Berlanga. 1975 representó el fin de la utopía, la constatación del desencanto y el advenimiento del mono.

Es casi obvio señalar que, hasta la muerte del dictador, los hechos del franquismo fueron sentidos siempre como algo ajeno por los intelectuales de izquierda. El presente franquista en el que vivían y contra el que luchaban era interpretado como directo resultado de las acciones de Franco y consecuencia de la guerra civil. Ese presente no podía ser aceptado como suyo ya que *su* presente quedaba ubicado en un futuro utópico. El intelectual español que vivió de niño o de joven la guerra rechazó de forma clara y tajante toda responsabilidad histórica en el quehacer sociopolítico franquista. Franco era el padre odiado que posee y torna en madrastra a una madre España adorada y perdida. La repulsa y horror que los intelectuales de entonces sentían contra el daño físico y espiritual que Franco y el franquismo infligieron al cuerpo de la tierra madre reaparece todavía en 1993 en la película de Francisco Regueiro *Madregilda*, la cual retoma, actualizados y reincorporados, aquellos antiguos versos de Blas de Otero: «Madre y madrastra mía / España miserable y hermosa»[11]. No casualmente es Regueiro un cineasta de "los de antes", un intelectual de la vieja guardia, según la percepción de la movi-

---

[8] *Ibid.*, p. 40.
[9] En José Luis Gallero, *Sólo se vive una vez*, p. 62.
[10] Citado por Gallero, *ibid.*
[11] En José Luis Cano, *Lírica española de hoy*, p. 78.

da, que reclama como suya no la historia presente, sino una historia anterior o posterior al franquismo y que le hermana en cierta forma, aunque no por edad, con la generación de Otero y Celaya.

Toda la literatura social española de aquella generación es ejemplo de ello. Dentro y fuera de la península, el escritor y el poeta reclamaron en aquellos años un nuevo nacimiento, una nueva salida utérica y utópica desde la que fuera posible imaginar un futuro "limpio". Gabriel Celaya por ejemplo, nos gritaba desde «España en marcha»: «¡Basta de historia y de cuentos! [...] Ni vivimos del pasado, / ni damos cuerda al recuerdo.[...] No reniego de mi origen / pero digo que seremos / mucho más que lo sabido, / los factores de un comienzo»[12] (*Lírica española de hoy,* pp. 56-57); mientras que Blas de Otero le hablaba a España de esta forma en «Por venir»: «[T]oda / mi vida o muerte en ti fue derramada / a fin de que tus días / por venir / rasguen la sombra que abatió tu rostro»[13]. Incluso el desengañado y solitario Luis Cernuda que en «Díptico español» nos decía «[s]oy español sin ganas / que vive como puede bien lejos de su tierra /sin pesar ni nostalgia», afirma más adelante en el mismo poema: «[H]ablo [...] para aquellos pocos que me escuchen / con bien dispuesto entendimiento [...] ¿Qué herencia sino ésa recibimos? / ¿Qué herencia sino ésa dejaremos?»[14].

El mensaje de ánimo para las futuras generaciones que evocan las palabras de Celaya, Otero y Cernuda es recogido con fervor en los años cincuenta y sesenta por los escritores de la siguiente generación. Recordemos que Jaime Gil de Biedma y Juan Goytisolo empezaron su recorrido literario como figuras política y literariamente comprometidas. En 1959 Biedma titula una de sus primeras colecciones de versos *Compañeros de viaje* —compañeros entre los que, como es bien sabido, se contaban Otero y Celaya entre otros. Sin embargo, si bien en lectura aislada el grupo de poemas políticos de Gil de Biedma podría agruparse doctrinalmente con los de los poetas mayores, en estos poemas resuena cierta voz que, como dice Javier Alfaya en su prólogo a la *Antología poética* de Biedma, es la misma voz de otro tipo de poemas suyos, más personales[15]; y esta voz es, en Biedma, decididamente escéptica en sus últimos poemas. Respecto a Goytisolo, la ruptura que se establece en su obra a partir de *Señas de identidad* es bien conocida, asentándose sobre todo su escritura en un proyecto autobiográfico que refleja, en palabras de

---

[12] *Ibid.,* pp. 56-57.
[13] *Ibid.,* p. 78.
[14] Luis Cernuda, *La realidad y el deseo,* pp. 338-339.
[15] Javier Alfaya, en Jaime Gil de Biedma, *Antología poética,* p. 8.

Cristina Moreiras-Menor, «los cambios políticos y sociales que el país está viviendo en los últimos veinte años»[16]. En Goytisolo, la posterior resituación estratégica de su proyecto autobiográfico «se significa primordialmente como un proyecto político de reevaluación cuyo objetivo manifiesta la necesidad de articular, tras el "asesinato" afectivo del dictador, una identidad, o identidades, construidas en y por un discurso libre»[17]. Como bien entiende Moreiras-Menor, la voluntad construccionista de Goytisolo —así también, como veremos, la opuesta voluntad de disolución de otros escritores y artistas en la posdictadura— se significa «fundamentalmente como la representación y el intento de elaboración de [un] proceso de duelo»[18]. A partir de las novelas árabes, pero sobre todo a partir de *Las virtudes del pájaro solitario*—, halla Goytisolo fuera de las problematizadas alianzas y simpatías marxistas y fuera de las grandes narrativas, la ansiada solidaridad; una solidaridad que, cada vez de forma más intensa a partir de *Coto vedado*, y por causa de la epidemia de sida que explota públicamente en los años ochenta, se encuentra por fin de vuelta, ahora desde el paradigma de la infección, en el espacio disolutorio-místico siempre afín a su escritura. Su andadura en los últimos años recorre el espacio de lo que Linda Gould Levine ha caracterizado como «escritura infecciosa» y que le acerca tanto a las víctimas del sida como a los cuerpos rotos de Sarajevo o a la devastación argelina[19]. El compromiso de Goytisolo con la causa de Sarajevo o con la de los afectados por el sida, sigue un proceso de duelo (y, por tanto, de abstinencia) que Goytisolo finalmente entiende ligado no sólo a la cuarentena política que el país vivió bajo la dictadura, sino también al proceso infeccioso (y de adicción) que marca tal experiencia vivencial en el cuerpo colectivo social español (y, por tanto, potencialmente, en el suyo propio).

En España, a finales de los años sesenta y principio de los setenta, la inviabilidad de la utopía de la izquierda española de la época franquista está ya explicitada por algunos escritores y artistas. En 1975, Barral Editores saca a la calle *Las personas del verbo*, volumen que recoge la poesía

---

[16] Cristina Moreiras-Menor, «Juan Goytisolo, FFB...», p. 328.

[17] *Ibid.*

[18] *Ibid.*, p. 333.

[19] Sobre todo en *La cuarentena*. Linda Gould Levine escribe que en determinado momento Goytisolo expresa «directamente esta teoría de la literatura como "foco de contagio" [*Contracorrientes* 142] al declarar jubilosamente "¡Cuarentena del autor, cuarentena del lector, cuarentena del libro, indispensables a la acción energética, transformativa, de la palabra escrita!"». En «La escritura infecciosa de Juan Goytisolo», p. 96. Goytisolo publicará en 1997 su experiencia en Argel en *Argelia en el vendaval*.

completa de Jaime Gil de Biedma del año 1953 al 1974. En 1982, la colección se reedita ampliada. Es en este volumen donde Biedma nos ofrece su colección *Poemas póstumos*, libro espléndido que se señalaría más tarde como el testamento poético del poeta, y del que destaco ahora el poema «De vita beata» [20]:

> *En un viejo país ineficiente*
> *algo así como España entre dos guerras*
> *civiles, en un pueblo junto al mar,*
> *poseer una casa y poca hacienda*
> *y memoria ninguna. No leer,*
> *no sufrir, no escribir, no pagar cuentas,*
> *y vivir como un noble arruinado*
> *entre las ruinas de mi inteligencia.*

¿Qué ha pasado en España o qué le ha pasado al poeta que le ha determinado a cometer tal suicidio escritural, tal renuncia a la memoria, reflejo a su vez de la renuncia y desencanto de toda una generación comprometida políticamente? Biedma, al contrario que sus predecesores, no cree ya en un "empezar de nuevo". Del antifranquismo, como de la heroína, del alcohol o del sexo, no se puede salir fácil o simplemente con una terapia. El tóxico se incorpora al cuerpo del adicto, le exige, se torna uno con él y le destruye, tal como en «Contra Jaime Gil de Biedma» el poeta se dice a sí mismo: «A duras penas te llevaré a la cama, como quien va al infierno para dormir contigo. Muriendo a cada paso de impotencia, tropezando con muebles a tientas, cruzaremos el piso torpemente abrazados, vacilando de alcohol y de sollozos reprimidos» [21].

Después de la experiencia de Franco no hay escapatoria, no hay una *vita beata* a la que podamos retirarnos a no ser que pase por la destrucción de la memoria, a no ser que se sitúe ésta después de la historia. No leer, no sufrir, no escribir, no pagar cuentas no nos es suficiente. Ni siquiera la muerte nos sirve para destruir lo que nos posee —aquello que es parte ya de nuestro propio cuerpo—, y así lo susurra arrebatadamente, y desde otro contexto, Gabriel Ferrater, otro gran poeta innecesaria pero irremediablemente muerto: «*Quan el cucs faran un sopar fred amb al meu cos, trobaran un regust de tu*» [Cuando los gusanos hagan una cena fría con mi cuerpo, encontrarán un regusto a ti] [22].

---

[20] Jaime Gil de Biedma, *Las personas del verbo*, p. 173.
[21] *Ibid.*, p. 145.
[22] Gabriel Ferrater, «Posseït», *Les dones i els dies*, p. 62.

Lo queramos o no, cuando muramos todos aquellos que vivimos la etapa franquista, los gusanos encontrarán en nuestro cuerpo el sabor del pasado, este mismo pasado que se nos ha quedado incorporado ahora como cáncer destructor y como una deuda que hay que pagar. Gabriel Ferrater, de obra breve como Biedma y amigo de éste, lo sabía. Se suicida en 1972, dejando tras de sí la espléndida colección en catalán *Les dones i els dies* [Las mujeres y los días], de la que recojo ahora un irónico poema-comentario, «Sobre la catarsis»[23]. Traduzco libremente del catalán:

De qué sirve ser buen padre, si Maragall, que lo era pero era además poeta, imaginó que el conde Arnaldo, viejo lujurioso, sería redimido cuando una joven pura, muy simbólicamente pura, cantara la canción de los hechos impuros del conde. Poseída [...] poéticamente poseída, aquella joven pararrayos, absorbería el ensueño de Maragall, estallido de impureza, dentro de la tierra de su instinto, desde entonces difícilmente puro. Redentora. En ella, la carne del conde se tornaba verbo, en la creencia de que el verbo, el de Maragall, y no el del conde, se haría carne, la de la joven. Total, un juego perverso. La más pura carne ya sueña. Quiere carne, sin el injerto de la memoria de otra carne, senil. No quiere más verbo.

La joven de Ferrater, poética representación de los problemas lingüísticos y culturales de la Cataluña de su tiempo, se torna metáfora extensiva para una problemática nacional y para una época posterior. En los años inmediatos al fin de la guerra civil española, no es únicamente la cultura y lengua catalanas las que entran en conflicto con una tradición que a su vez está mediatizada por el franquismo. En la España "unificada" de la dictadura también los intelectuales de las viejas generaciones necesitaban a los entonces más jóvenes, a los de la generación de los años cincuenta, para que éstos cantaran, en una lengua nueva y no contaminada, los hechos impuros ahora no de un conde, sino de un Caudillo. Así lo hicieron éstos, y vimos como consecuencia el florecimiento de toda la literatura social española de posguerra. El canto y la palabra de esta generación debió ser, desde la esperanza de los que perdieron la guerra, el pararrayos absorbente del estallido franquista, el sujeto catártico que haría posible la restauración de un estado anterior de bonanza. Pero así como en su poema Ferrater, tan lúcido como Biedma, declara fallido el proceso catártico y nos muestra cómo en éste la joven incorpora —es decir, la hace parte de su propio cuerpo, de su propio ser— la carne impura del conde, a la vez que rechaza terminantemente el «injer-

---

[23] *Ibid.*, p. 41.

to de otra memoria, senil», también esta generación va a quedar contaminada por la impureza franquista. El verbo de las generaciones viejas no se incorporará como carne nueva y pura. No puede hacerlo. Quisiéranlo ellos o no, y tuvo que morir Franco para que la mayoría de los intelectuales se dieran cuenta de ello, la "impureza franquista", el legado franquista, iba tornándose parte de ellos mismos, día a día, semana a semana y año tras año.

En el poema de Gabriel Ferrater el intento vicario fracasa. La joven simbólicamente pura (la utópica *llengua* del futuro, fresca y sin impurezas) no queda contaminada por la carne del viejo escritor pero sí por la del conde. El escritor no encuentra en ella redención. No hay catarsis para él porque no puede vivir de lo que no tiene, sino solamente de lo que tiene; y lo que tiene es senilidad. Siguiendo el paralelismo entre la cuestión local que preocupaba a Ferrater y la cuestión nacional, nos damos cuenta de que toda la generación que vivió el franquismo desde la izquierda, no podía vivir ni ser tampoco "lo que no hay", sino lo que había. Como expresaba otro poema de Biedma, en «Compañeros de viaje», los que eran jóvenes en los años sesenta sentían la presión de sus mayores: «Las grandes esperanzas están todas / puestas sobre vosotros, así dicen / los señores solemnes»[24]. Pero las esperanzas, bien se da cuenta el poeta, no pueden estar basadas en un pasado inexistente. Biedma y los suyos van viviendo e incorporando día a día lo que *hay* en la España de Franco, no lo que *no hay*: «Cada mañana vengo, / cada mañana vengo para ver/ lo que ayer no existía / cómo el Nombre del Padre se ha dispuesto, / y cómo cada fecha libre fue entregada, / dada en aval, suscrita por / los padres nuestros de cada día»[25].

«Lo que ayer no existía» es precisamente lo que se va a recibir definitivamente en forma de deuda y herencia a la muerte del Caudillo. El «Nombre del Padre» se había dispuesto en la época franquista en forma de entregas a plazos que acarreaban consigo un recibo pendiente de pago. Nuestros padres de entonces, nuestros padres de cada día, los avalaron. Pero muertos ellos, muerto Franco en 1975, muerto el franquismo definitivamente en 1978 con la promulgación de la Constitución —o más dramáticamente, el 23 de febrero de 1981 con el golpe militar fallido dirigido por el teniente-coronel Tejero— la deuda ha pasado pendiente, íntegra e incorporada como memoria reprimida y como cán-

---

[24] Jaime Gil de Biedma, «Las grandes esperanzas», en «Compañeros de viaje.» *Las personas del verbo*, p. 57.
[25] *Ibid.*

cer, a las futuras generaciones. En palabras del historiador José Carlos Mainer, «poco antes del 20 de noviembre de 1975 [la generación conocida como la de los "niños de la guerra"] descubrieron en ellos, como un cáncer escondido, el fuerte poder del pasado»[26].

Pocos o ningún escritor de la llamada generación o promoción de los cincuenta pudieron liquidar la deuda, extirpar la memoria. En el caso de Biedma y Ferrater, el primero escribiría otro poema después de la muerte de Franco, «De senectute» (1980), en el que se reafirma en el silencio y marca distancias y diferencias definitivas entre él y el tiempo que le rodea: «No es el mío este tiempo», empieza el desolador poema. Y termina: «De la vida me acuerdo, pero dónde está»[27]. A partir de 1980, Biedma intensifica la exploración de la carne y muere de sida a principios de los noventa. Por su parte, Gabriel Ferrater, que se enfrentó desde el año 1966 a una drástica fisura esquizoide entre verbo y carne, da pronto por terminada su búsqueda escritural. A partir de entonces, se dedica ya únicamente a una amarga búsqueda del cuerpo, en su caso femenino, hasta que se suicida en 1972.

¿Qué pasa, sin embargo, con la mayoría de los escritores en estos años finales de la década de los setenta, que no se deciden, antes al contrario, por el silencio? Pocos intelectuales han seguido, al menos en apariencia, el drástico ejemplo de silencio de Biedma o Ferrater. Al contrario, después de la muerte de Franco, España se desborda en un marasmo artístico: la pintura, el teatro, el cine y la arquitectura florecen entre un sentimiento y estado eufórico. La *intelligentsia* española no sólo no se calla, sino que charla más que nunca. Los filósofos escriben novelas, como por ejemplo José Ferrater o Fernando Savater, y los novelistas "filosofan" o se tornan reflexivos como vemos, también por ejemplo, en muchas de las obras de la llamada «novela generacional»[28]. Hay un sentimiento de inquieta actividad, de exceso y de maravilla, que puede percibirse bien en estas palabras que el arquitecto catalán Albert Vilaplana dirigió a una periodista de la revista *Newsweek*, en un reportaje sobre la Barcelona de las olimpiadas: «Los nuevos tiempos en Catalunya

---

[26] José Carlos Mainer, «1975-1985: The Powers of the Past», p. 20.

[27] Jaime Gil de Biedma, «De senectute», en *Las personas del verbo*, p. 172.

[28] José Ferrater, quien ya había intentado la narración creativa en 1982 con *Claudia, mi Claudia*, queda finalista en el premio Nadal de 1987 con *El juego de la verdad*. Fernando Savater, por su parte, sacó a la luz en 1981 la novela *Caronte aguarda*; y como ejemplo de la narrativa reflexiva, podemos referirnos a José María Merino con las excelentes novelas *El centro del aire* o *La orilla oscura*; a Julio Llamazares con *La lluvia amarilla*; y a Antonio Muñoz Molina con *Beatus Ille*, entre otros muchos.

[y, podemos añadir los lectores, de España en general] permiten [en arquitectura] construir incluso a gente tan *avant-garde* como nosotros» [*This time in Catalonia allows even us, so avant-garde, to build*][29].

Dejando aparte el provincianismo de tal afirmación («gente *tan* avant-garde *como nosotros*»), el arquitecto catalán expresa muy bien el generalizado optimismo español (catalán) de estar en el momento y lugar adecuados. Vilaplana habla para *Newsweek* desde 1991, a una distancia ya considerable desde la defunción más o menos oficial de la movida y de la desintegración de la utopía. La movida en el Madrid y la Barcelona de los años inmediatos a la muerte de Franco, la movida del "mono", no tenía que ver con "construcción". Tenía que ver con el exceso, con la ruina, con la alucinación y con la muerte, con el espasmo del éxtasis y con la alegría del reconocimiento.

El mono, naturalmente, no construye y la movida tampoco produce obras en el sentido tradicional. Su apasionada y dinámica producción cultural, si así la queremos denominar, tiene que ver con la poesía práctica de la que le gusta hablar a Octavio Paz. Es, por tanto, extremadamente difícil de evaluar y de determinar, incluso de identificar. Es un *happening* que, como tal, no ofrece obras artísticas tradicionalmente identificables como tales. Al final del período transicional, en 1992 por ejemplo, de la movida no quedaba entonces, como ahora, más que un "olor", un rastro que aunque invisible, resultaba evidente a toda aquella persona que visitara España en esos días.

Pero no han quedado tras ella, desde luego, "grandes obras", ya que la vivencia poética practicada por muchas y muchos en aquellos años es paradigmáticamente distinta de la concebida por Octavio Paz. Para el escritor y poeta mexicano, la poesía práctica es un momento de total reconciliación de palabra y sentido, o de signo y significado. Paz tiende a asimilar este momento al momento de plenitud utópica en el que la sociedad, liquidando sus contradicciones, llega al fin de ellas. La poesía entonces no tiene ya la misión de guardar el recuerdo misterioso de un estado de satisfacción como memoria de futuro. La poesía se hace práctica, lo cual es tanto como decir que la poesía desaparece, por fin encarnada en la historia, ella misma llegada a su fin[30]. En los años de la movida española, sin embargo, el fin de la obra, el fin de la poesía, tiene un sentido muy distinto. Lo que se celebra en la movida es, efectivamente, un estado de expansión; pero el estado de expansión es de otro género,

---

[29] Cathleen McGuigan, «The Barcelona Way», p. 70.

[30] Resumo aquí, algo rápidamente, las ideas de Octavio Paz expresadas en *El arco y la lira*.

heterogéneo al intimado por Paz. La expansión de la movida parte del reconocimiento fundamental de que no hay satisfacción futura. Palabra y sentido, gesto y sentido, signo y sentido se encuentran en una gélida región del silencio, porque se ha recóñocido ya que no hay nada que entender, nada que esperar, nada que pueda asegurar recompensa una vez diferida la satisfacción del deseo. La poesía práctica que totaliza la experiencia intelectual y artística de la movida es de carácter apotropaico, entendido este término como el mecanismo consistente en utilizar una parte del peligro que amenaza para conjurar el peligro mismo.

La expansión extática de la movida —criada en alcohol, hachís, "poppers", cocaína y caballo— tiene el sentido de conjurar el efecto monumental de la resaca producida por la pérdida del contenido utópico de la superestructura cultural de resistencia a la dictadura. La poesía práctica de la movida, resistente ella misma a la producción de obras, a la producción de ideologías, consiste en hacer coincidir la negación del espíritu con la dosis necesaria del espíritu para que la vida prosiga, para que la juerga pueda renovarse. Al mismo tiempo, en el insomnio plagado de muerte, en la actitud altiva y elegante con la que muchos encararon la noche, puede verse que la juerga no es precisamente el juego fácil que una interpretación superficial de las primeras películas de Pedro Almodóvar, por ejemplo, podría querer suponer[31]. La poesía práctica de la movida es en el fondo un tratamiento de metadona.

Una obra sólo puede afirmarse como "obra de arte" desde ciertos presupuestos de los que la movida se aparta. La ausencia en este período de "obras de arte" es coherente con una interpretación de la movida como fenómeno insertado en la posmodernidad, el cual, si se aferraba a algún principio, era precisamente el de huir de un corpus teórico, de toda "teorización." Como ejemplo tomemos las siguientes palabras de José Manuel Costa respecto a la revista *La Luna de Madrid*, alrededor de la cual se aglutinaba el movimiento vanguardista madrileño:

La Luna huía siempre de un corpus teórico [...] era una representación muy acabada de que la globalidad como tal no existe, no se puede formular. La globalidad se presenta, pero se presenta en forma fragmentaria. Eso era *La Luna*, todo tipo de cosas variadas, que no tenían nada que ver entre sí, y con puntos de vista radicalmente distintos[32].

---

[31] Véanse por ejemplo, *Pepi, Luci, Bom y otras chicas del montón*, *La ley del deseo* y *Mujeres al borde de un ataque de nervios. Mujeres* marcará precisamente el apogeo y fin de una época, y el inicio de otra.
[32] En José Luis Gallero, *Sólo se vive una vez*, p. 73.

También la producción cultural que ofrecía la movida era una mezcla, variedad y acumulación de "cosas" que respondían a puntos de vista diferentes. La valoración de la movida, como nos dice Nanye Blázquez, otro de sus participantes, no puede hacerse por sus productos culturales ya que, según él, no hay trazo *escrito* de ella. Blázquez la compara al *Diario* de Colón y explica lo siguiente en una entrevista:

> [E]l 12 de octubre [Colón] no escribió nada, puedes analizar el texto, *la producción cultural*, y ves que el 12 de octubre se caracteriza por su ausencia biográfica [...]. Esto puede pasar con la movida madrileña. ¿Se puede contar la historia de España hasta el año 75? Más o menos, porque el destino era bastante colectivo. A medida que vamos avanzando llega un momento, el 12 de octubre, en el que no hay elementos para contar lo que pasó[33].

La comparación establecida por Blázquez entre la movida y el *Diario* es particularmente interesante. Hasta el día 11, el proceso de espera pudo ir escribiéndose en el diario de Colón porque se trataba de una escritura anticipativa; escritura que, aunque toma en préstamo el futuro, se escribe desde el presente y el pasado. La escritura de anticipo crece y se perfecciona a lo largo de días y meses, alimentándose siempre de lo conocido y anterior. El día 12, sin embargo, Colón no escribe, no puede escribir, porque el "contacto" o "impacto" de la llegada se lo impide. El día 12 pone en manos de Colón algo de lo que éste anticipaba, las Indias, y algo con lo que éste no contaba, unas Indias que no son tales, sino otras.

Así, en cierto modo, ocurre con la movida. Antes de 1975, antes de la muerte de Franco, la historia de España se puede contar en escritura anticipativa y de espera. Pensando ahora en literatura, muchos de los textos escritos en España desde 1939 hasta 1975, o al menos muchos de los más significativos, responden a este tipo de escritura. La anticipación —en este caso la anticipación de la muerte de Franco, el fin del franquismo y la ansiada democratización de España— soporta la historia literaria de los años franquistas, trátese ya de ejemplos de la llamada literatura social (una Carmen Martín Gaite o un Juan Goytisolo de la primera época, así como Carmen Laforet, Camilo José Cela o Ignacio Aldecoa, entre otros muchos), trátese de textos posteriores no tan directamente comprometidos en el realismo social como la novela *Tiempo de silencio*, de Luis Martín-Santos. Entendida en este sentido, la escritura

---

[33] *Ibid.*, pp. 43-44.

anticipativa procede de un discurso cohesivo y colectivo, que en el caso español podía identificarse, amplia aunque no específicamente en muchos casos, como marxista.

Pero así como la anticipación genera escritura, por el contrario, el impacto de la llegada la fragmenta, la lleva a su proliferación incontrolable. En España en 1975, la llegada no se refiere únicamente a la muerte de Franco o al fin del franquismo. Como en el caso del diario de Colón en el día 12 de octubre, el día de la muerte de Franco nos enfrenta a algo que todos anticipábamos, la desaparición del franquismo, y con algo con lo que no contábamos, su herencia. El día 12 de octubre de 1492, Colón no escribe porque está ocupado. En el largo día 20 de noviembre que se extiende en España desde 1975 hasta mediados de los ochenta, parece ser que tampoco se escribe (de forma ortodoxa) porque también se está ocupado.

El carácter de la ocupación, sin embargo, es diferente. La comparación del silencio de Colón al llegar al Nuevo Mundo con el silencio de la movida al encontrarse en el punto de coincidencia de deseo y fin del deseo tiene un límite. La movida no está realmente ocupada por la alegría y la anticipación de la llegada que lleva a Colón y a los suyos a tomar brutalmente posesión del Nuevo Mundo y a desplazar trágicamente a los que allí moraban. La ocupación de la movida es una ocupación fantasmática: la movida está ocupada por el cuerpo muerto del pasado, por las proyecciones que habían formado el entramado contextual español en los años previos al fin de la dictadura. Esas proyecciones murieron con el dictador, pero su existencia es meramente póstuma, espectral. La movida está ocupada por el trauma de un vacío que no tiene sentido porque ha tomado el lugar de un cuerpo pleno. La movida es el lugar de una retirada que, si algo tiene, es solamente un "regusto" en la expresión formidable de Ferrater. La movida es, a pesar del ruido que produce, un silencio especial: el silencio de un pasmo. De ahí la siguiente afirmación de Herminio Molero: «En la movida hay siempre un problema de vacío. Es inverosímil. Por donde tires te encuentras con la nada, con eslabones que ya no existen. Es la historia de un vacío. Todo estaba a punto de ser y no ha sido» [34].

Hay en las palabras de Molero una simple y franca constatación del "cómo fue aquello". Pero hay en ellas también un grave desencanto, nostalgia por lo que pudo ser y no fue. Molero está hablando en este momento, sin embargo, desde el año 1990, a cierta distancia ya del mo-

---

[34] *Ibid.*, p. 225.

vimiento. El eco desencantado que resuena en su afirmación es nuevo, es decir, no se expresaba en esa forma en los primeros ochenta, y responde, aunque de forma todavía vaga, a un sentimiento de anticipación retrospectivo que recoloca —o descoloca— la movida. En Molero la voluntad anticipativa está presente porque va unida a una voluntad de escritura, aunque se exprese ésta como resistencia a la misma escritura. No es por tanto hasta los noventa cuando empieza un movimiento de recuperación y reescritura de lo que fue la movida por parte de los sobrevivientes a ella. El mismo texto de José Luis Gallero, de 1991 y del que me he servido para las citas anteriores, es ejemplo de ello tal como refiere el autor en su presentación: «[Hemos] confeccionado un libro que [...] es una *cinta sin fin* —de conversaciones [...] una colección de fragmentos vibrantes y desordenados»[35]. Aunque Gallero presenta *Sólo se vive una vez. Esplendor y ruina de la movida madrileña* como una sucesión desordenada de fragmentos, las entrevistas, por el hecho de haber sido coleccionadas —y coleccionadas sabiamente— se cohesionan para contar una historia. El libro es un intento narrativo, aunque la historia que se cuenta, paradójicamente, es la historia de un vacío, es la historia de "nada".

Historia de nada que los participantes de la movida pueden empezar a contar en los noventa, pero que ya plasmó en los ochenta otro escritor de la generación de Biedma, Ferrater y Juan Goytisolo: Miguel Espinosa. Espinosa, un escritor de la periferia —nació y vivió en Murcia— se atreve a dar el paso que Biedma y Ferrater, con todo su pasado literario a cuestas, no pudieron dar. Escribe la novela *Tríbada. Theologiae Tractatus*, espléndido texto de derrota que se hace y se deshace en comentarios sobre un hecho banal y su movida (en este caso murciana) como se hacen y se deshacen sus personajes, como se hacen y deshacen también todos los españoles y españolas que participaron en ella.

Como algunos de los personajes de *Tríbada*, los españoles de la movida cambiaron sin miedo el pensar por el peinar, el libro por el cómic, la poesía por la canción, el cine por la televisión, la política por la droga. La movida, como su nombre indica, se desplazaba de continuo, sin dejarse atrapar. Espinosa, un escritor moderno, pudo escribir sobre ella porque, por generación, no le pertenecía, le era de hecho ajena (Espinosa, además, como Biedma y como Ferrater, es una voz sin continuidad posible ya que muere de un ataque al corazón en 1982). A diferencia del

---

[35] *Ibid.*, pp. 10-11.

escritor murciano, los que participaban de la movida, ni querían ni podían pensarla, escribirla, atraparla.

Esto es precisamente a lo que se resisten ahora, al menos en parte, algunos de sus ex participantes. Paloma Chamorro, por ejemplo, realizadora en los ochenta de uno de los programas musicales más interesantes de TVE en toda su andadura, *La edad de oro*, y una de las personas más sobresalientes de aquellos años afirma en su entrevista con Gallero:

[L]o que no es público, no existe [...] [Hay] programas míos [de la época] que TVE ni siquiera sabe dónde están [...]. He hecho [...] toneladas de material. Y yo tengo que seguirle la pista todavía a eso. Y seguirle la pista quiere decir intentar que no sea destruido, que no desaparezca[36].

Terminado el *happening*, resuena de nuevo en las palabras de Chamorro el eco desencantado que constata la ausencia de una obra.

Esta resistencia es compartida también por aquellos dedicados a la literatura. A pesar de la profusión de obras literarias publicadas en los ochenta (obras por tanto que cuentan con una "existencia", a diferencia de los múltiples conciertos, exhibiciones, etc., definitivamente desaparecidos), a pesar de que es cierto, como ha dicho Randolph Pope, de que «la lenta llegada de la democracia resultó en España en un cambio en la novela [y de que] este cambio es sorprendentemente radical y de consecuencias fundamentales en todos los aspectos de lectura y escritura de la novela más reciente»[37], fue general la creencia, como dijo José María Merino en un panel sobre «Novela y pensamiento en la España actual» (University of Wisconsin-Madison, abril de 1991), de que la gran novela, la gran obra literaria que muchos esperaban ver salir una vez muerto Franco, no se había escrito[38].

El desencanto de la generación de la movida no es, sin embargo, el mismo desencanto del de las generaciones mayores. Hay entre ambas un enfrentamiento total, apasionado e irreconciliable. Borja Casani, director y fundador de la revista *La Luna de Madrid*, identifica al enemigo principal como «los viejos, los que salían cotidianamente en *El País*.

---

[36] *Ibid.*, p. 182.
[37] Randolph Pope, «Writing after the Battle...», p. 58.
[38] Aunque en realidad esta "Gran Novela" sí apareció: *Tríbada. Theologiae Tractatus*, último gran ejemplo revolucionario de la escritura moderna. Para las espectaculares y maravillosas oscilaciones del texto de Espinosa entre la modernidad y la posmodernidad, véase mi artículo «Yuxtaposición y fricación: *Tríbada. Theologiae Tractatus*, de Miguel Espinosa».

De alguna manera, el adversario ideológico era el viejo progre, que en música equivalía al cantautor»[39]. Las quejas de Casani salen directamente de una concepción enteramente distinta de la del intelectual de la época franquista, no sólo del hecho artístico sino también de la vida. Así como el intelectual de izquierdas de antes de 1975 se alimentaba de un corpus teórico en general marxista, bien definido y colectivamente cohesivo, el posmoderno español, en cambio, huye de éste u otro corpus.

La evidente y dispar postura existente entre el grupo al que perteneció Casani y aquellos "viejos" identificados como enemigos responde a mucho más que a un simple conflicto generacional. El ataque furibundo a la posmodernidad española iniciada por generaciones no tan mayores ya desde el mismo inicio de la movida proviene de una muy diferente actitud y gesto de ciertos grupos ante lo que supuso la llegada histórica de la sociedad española, en el sentido expresado más arriba, al fin del franquismo. En este sentido es revelador acercarse, desde el mundo de la música, al perplejo y dolorido escrito introductorio de Francisco López Barrios a una antología de la nueva canción castellana aparecida en 1976, que con nombres como los de Luis Eduardo Aute, Julia León, Elisa Serna o Paco Ibáñez, estaba abocada con ellos, todavía entonces sin saberlo, a la total indiferencia de una audiencia que hasta aquel momento se había entusiasmado con estos cantautores. Escribe Barrios:

Existe de manera inevitable la otra cara de la moneda. La otra cara de la moneda musical —también la otra cara de la literatura, la otra cara del cine, la otra cara de todo lo demás—, la otra cara primero en las voces ya míticas de un Raimon o de un Paco Ibáñez. O de un Lerxundti o de un Laboa. O de una Elisa Serna o de un Luis Pastor. Voces que en ocasiones, como en el caso de la Nova Cançó Catalana actuaron con un gran sentido de la coherencia[40].

La irreconciliabilidad de pensamientos de unos y otros (la "coherencia" que se escapa y todavía se desea; la "incoherencia" que nos avasalló a todos, incluidos aquellos que hacía muy poco protestaban) está, como hemos visto, irremediablemente unida al fin del franquismo, en tanto que la muerte de Franco significó el traspaso de un patrimonio, de una herencia de un pasado de casi cuarenta años marcado por la guerra civil. José Carlos Mainer escribe que entre los años 1973 y 1975 un artista tenía que enfrentarse a tres tareas inacabadas:

---

[39] En José Luis Gallero, ob. cit., p. 67.
[40] Francisco López Barrios, *La nueva canción en castellano*, p. 11.

La necesidad de aprender a vivir con el pasado propio de español que vivía en un período todavía denominado sintomáticamente como de posguerra; la urgencia a tomar partido frente a la confusa atmósfera de miedo, decepción y egocentrismo que rodeó la segunda mitad de los setenta; y la obligación de continuar escribiendo, pintando o filmando dentro de un marco cultural que parecía haber agotado todas las fuentes de originalidad y que parecía estar condenado a la hipocresía comercial de la sociedad de consumo[41].

Pero el intelectual o el artista al que se refiere Mainer no es, no fue, el que se integró en la movida. El artista o el intelectual, tal como es descrito por Mainer, la vio desde fuera, desconcertado y sin entenderla. Y aunque no fue éste el que directamente pagó la deuda, sufrió en el cuerpo de sus hijos sus consecuencias. El intelectual de antes vio cómo eran sus hijos, los que la hicieron y formaron, los que se herían en la gran movida posfranquista. Hijos como Eduardo Haro Ibars o como Michi y Leopoldo María Panero, o los menos públicos pero igualmente queridos Pepe, Alex, Antonio, María y tantos más. El sexo, el exceso, el alcohol, la adicción a la heroína —que entró en España y causó estragos enormes precisamente a partir de 1975, y que, como vehículo de infección del sida, da un término medio de quince años de vida— se llevó y se está llevando a muchos cuya influencia en la movida fue determinante pero que ya no podrá trascender el círculo de amigos que ellos afectaron. Y ante los cuerpos rotos o desaparecidos de los hijos que consideraron al intelectual "de antes" como a su enemigo, los padres a veces no pueden más que escribir, con pausa, intimidad y respeto, su profunda perplejidad.

PADRES E HIJOS

A diferencia de las propuestas generacionales tan al uso en la tradición historiográfica española, no entiendo en este estudio la relación entre generaciones a la manera orteguiana. Instalado este texto mío en la fisura, la explicación causal, genealógica, se hace de alguna forma impracticable. No se trata de explicar los hechos de los hijos como resultado o derivación de la actuación de los padres. Aspirados ambos por el agujero negro de la transición, unos y otros compartieron y sufrieron la vorágine del Mono, el dolor físico (y político) del síndrome de abstinencia.

---

[41] José Carlos Mainer, ob. cit., p. 21.

No se trata tampoco de escribir un melodrama: muchos de ellos (de nosotros) escaparon (escapamos) a sus tentáculos y pudieron y pudimos escribir y retomar la historia. Otros, sin embargo, quedaron para siempre o para largo atrapados en la feroz cogida del Mono que los agarró, y padres e hijos sufrieron, sufren todavía algunos, los desgarros de aquel abrazo mortal.

Bien lo sabe por ejemplo Eduardo Haro Tecglen quien de vez en cuando y de forma casi inaudible nos deja alguna frase o un párrafo semiescondido entre el flujo desbordado de sus comentarios diarios lanzados desde la tribuna de su columna de *El País*, el periódico que en España mejor ha representado el hacer y el quehacer de la transición. Bien lo supieron también algunos de sus hijos, cuerpos jóvenes que sucumbieron a un estado de cosas que borró por un momento las diferencias entre práctica y política. Como lo supieron también los hijos del poeta Leopoldo Panero quienes, textualmente recogidos por la cámara de Jaime Chávarri, nos han dejado con el *El desencanto*, el más sobrecogedor documental de los últimos años, este diálogo mudo entre generaciones característico del momento transicional.

EL ODIO AL FÚTBOL DE LA IZQUIERDA: EDUARDO HARO TECGLEN

Eduardo Haro Tecglen escribe para *El País* en 1988 un pequeño comentario desde el que aparentemente nos transmite su opinión personal de un fenómeno público, en este caso el fútbol, pero que es en realidad una honda y sentida reflexión sobre el destino que siguieron algunos de sus hijos. Como es habitual en él, Haro salta a la arena de la escritura comprometiéndose con el cuerpo en un buceo que asemeja o refleja el compromiso físico en el que quedaron envueltos sus propios hijos desaparecidos en la vorágine de la transición. No hay mediador. Haro habla directamente y en primera persona, sin salvavidas que le proteja. Su pluma recoge su experiencia privada, sus miedos, odios e incomprensiones y escribe a saltos una narración que refleja sobre todo su profundo desencanto ante los nuevos tiempos. Haro, como hicieran también Espinosa y Gil de Biedma, parece querer decirnos que este tiempo no es el suyo. Pero a diferencia de aquéllos, la pluma de Haro no se calla. Con tesón dolorido, casi arrastrándose, el texto fragmentado que compone su narración sigue día tras día intentado comprender lo que ya no le pertenece. Semiescondidos entre la colectividad pública de sus comentarios, de su escritura brotan de pronto ráfagas doloridas, frases, pensamientos casi íntimos, recuerdo herido y esforzado en honor y memoria de los hijos perdidos. Monólogos formados casi en privado, que no parecen siquiera dirigidos a la amplia audiencia que diariamente ha seguido y sigue su escritura, estas líneas aisladas, pofundamente personales, se retraen y nos retraen hacia un espacio parcelado, casi inaccesible ya para la nueva España del postsocialismo y de la Unión Europea. Las cálidas, suaves, discretas palabras que de pronto brotan de la a menudo perpleja escritura de Haro Tecglen no son para todos los oídos. O mejor dicho, sólo pueden ser comprendidas por aquellos que "entienden", aquellos (y aquellas) que de alguna forma han estado allí con él como padres y madres o como hijos e hijas, por aquellos y aquellas que compartieron y sufrieron en su cuerpo un mismo espacio de retirada, de ausencia y de abstinencia.

Su artículo «El odio al fútbol» es ejemplar en este sentido [42]. El yo del periodista y comentarista que es Haro se compromete valerosamente en un pequeño e íntimo análisis revisionista que sabe que le puede llevar a la propia disolución: «La época es de revisionismos —nos dice— y hay que practicarlos con uno mismo: hasta disolverse del todo, si se puede conseguir» [43]. Lo que el periodista revisa en este artículo es una postura periclitada de antagonismo, la suya, ante el actual fenómeno mediático que es el deporte del fútbol. Haro se sabe y considera todavía un intelectual de los que ya no existen, perteneciente a la misma especie que Miguel Espinosa declaró fenecida en *La fea burguesía* con el personaje de Godínez. Como tal, como especie antediluviana, como *rara avis* solitaria, ese intelectual anacrónico que es Haro mira en este pequeño ensayo a su alrededor, a sus coetáneos, a través del fenómeno del fútbol; y lo que ve y constata es, ante todo, una diferencia. Para lo que en sus contemporáneos es simple excusa para el regocijo, una diversión colectiva y apolítica, para Haro es representación acusatoria. El juego del fútbol en el que aquéllos se sumergen disueltos en el no pensar, persigue por el contrario a Haro como némesis cognoscitiva y como recuerdo político de lo que no fue, como fantasma del pasado que viene de nuevo, implacable a pasar cuentas.

La cuenta pendiente, como sabemos, es larga. Haro la contempla, la repasa, la revisa con moroso y privado detalle a lo largo de este desen-

---

[42] Eduardo Haro Tecglen, «El odio al fútbol», *El País*, 1988.
[43] *Ibid.*, p. 14.

cantado artículo. «Hubo un tiempo en que se nos inscribieron algunos tatuajes que perduran» escribe [44]; y sigue:

El deporte, entonces —cuando fui tatuado—, aparecía para muchos como lo opuesto a la inteligencia [...]. Pequeños tontos, renunciábamos a la pelota que los otros pateaban con fruición [...]. Después vino la política a corroborar lo que nos estaba sucediendo. Se decía que el fútbol era de derechas y la intelectualidad de izquierdas [45].

En aquellos lejanos tiempos, nos dice Haro, la demarcación política parecía clara. Y el fútbol, uno de los instrumentos favoritos para la apolitización masiva utilizado por el aparato franquista, nítidamente se situaba para Haro y los suyos en el lado de lo impropio, de lo no intelectual, de la falta de militancia o simpatía política dedicada a combatir el régimen: es decir, de la derecha.

La pedagogía y la práctica política que de ello derivaba la izquierda podía también sentirse, por tanto, libre y limpia de ambigüedades. De un bando estaban aquellos seducidos por el fútbol: el pueblo o el obrero, manipulado, se decía, por el sistema represor; del otro, los que por él sentían odio: los intelectuales de izquierda. Galantes caballeros de otra época, los izquierdistas comprometidos crecieron en el *underground* del franquismo y en el franquismo procrearon y dieron a luz a sus hijos a los que se dedicaron con devoción. A ellos y en ellos instalaron sus esperanzas y su futuro; y junto al desprecio por el fútbol, a ellos les dieron y pasaron sus libros, sus escritos y sus prácticas de resistencia para que fueran continuadas. Para que fueran ellos, los hijos, los que hicieran la España del futuro.

Lo que también pasó a su descendencia sin embargo fue algo con lo que no contaban: sus libros y su historia, quizá, pero también y sobre todo sus hábitos y su adicción que fueron precisamente lo que decidió a los hijos a deshacerse del pasado de los padres.

Estamos ante una herencia y por tanto situados claramente ante una economía patriarcal, ante un estado de cosas que se dirime sobre todo entre padres e hijos y no, al menos de momento, entre padres e hijas, o entre madres e hijas aunque ellas también estén implicadas y resulten afectadas. El capital intelectual y de resistencia política, la herencia legitimizada en los anales de la historia española y secuestrada además durante cuarenta años por una figura patriarcal totalitaria como la del general

[44] *Ibid.*
[45] *Ibid.*

Franco, lleva por los cuatro costados la firma del padre. Y de acuerdo con esta historia y con esta narración eran los hijos, y no las hijas, los responsables de su continuación, los cuerpos en los que esta herencia se depositó.

Sin embargo, en el momento en que Franco muere, la herencia se desintegra. Desaparecen los libros y los anales, al mismo tiempo que los cuerpos de los hijos se rompen y/o se confunden con los de las hijas. No hay en este momento fisural una historia lineal a la que agarrarse, ninguna genealogía ni historia generacional, ninguna narración histórica continuada que permita a padres e hijos tenderse la mano. Desde las fisuras y los lapsos narrativos que estos nuevos tiempos nos presentan con violencia, otra historia nos asalta de forma esporádica. La pobre y precaria identidad española dolorosamente acuñada en el metal de la militancia antifranquista se desmorona a la muerte del dictador sin hijos que la reemplace. Franco muere y con él se da fin tanto al franquismo como al antifranquismo. Pero con su desaparición también se va aquella parte de nuestra identidad fatalmente con él implicada tanto desde la izquierda como desde la derecha, y ninguna otra hay disponible para reemplazarla a no ser echando la historia al olvido.

La identidad personal o nacional, como la social y la política, se escribe. La identidad nacional está íntimamente ligada a la escritura de su historia. Necesita, nace y depende de una narrativa. Y cuando Franco muere y se quiebra con él definitivamente la narrativa oficial, aparecen ominosas las fisuras y grietas de un discurso obsoleto que ya no puede protegernos. De pronto, son los "lapsus sintácticos" de los que hablaba Michel de Certeau los que saltan a la palestra y los que nos amenazan de forma quebrada y fragmentada, salpicándonos con el color de una tinta que no esperábamos utilizar en nuestra escritura. Es la tinta utilizada por la escritura de la adicción, tinta ominosa que gotea loca e indiscriminadamente desde las plumas lanzadas al aire en la frenética celebración del posfranquismo.

Desde estos lapsus precisamente sale el grito sordo, profundo, inesperado e íntimo de Eduardo Haro Tecglen. Así se entiende inusitadamente y cobra sentido el párrafo final que cierra su artículo sobre el fútbol, y prestamos oídos a la voz queda con la que Haro nos habla de sus hijos y de su historia:

Y pienso que no debía haber transmitido a nadie el odio estúpido al fútbol. Alguna tarde cerrada pienso en que mis hijos deberían haber sido entusiastas del fútbol, haber preparado una carrerita corta y hecho unas buenas oposiciones.

Pero eso es sólo una debilidad pasajera. Cuando todo está más sereno, estoy con ellos como son, o como han sido[46].

La queja dolorida de Haro es de doble signo. Por un lado querría volver atrás, rehacer la historia. O, dicho de otra manera, no haber transmitido esta historia, no haber dejado a sus hijos esta herencia dolorosa que les mató, ni haber cedido los libros. O, según sus crípticas palabras, no haber transmitido nunca a sus hijos el odio al fútbol. Un circunstancial imposible le asalta en un presente que le es a la vez repulsivo y fascinador. Repulsivo porque no es eso lo que se esperaba. Fascinador, porque al fin y al cabo eso es ahora precisamente lo que *no* hay: "si" los hijos (sus hijos, nosotros, nosotras) no hubieran recibido la carga de los padres; "si" a estos hijos desaparecidos se les hubiera inculcado el placer obnubilador por el fútbol en lugar de su odio, podrían quizá ahora asistir con los suyos, complacidos y más o menos satisfechos, a los encuentros actuales; "si" estos hijos hubieran seguido una carrera corta, en lugar de la tortuosa que les formó con el ejemplo de estos padres, estarían tal vez todavía vivos, o enteros, y compartirían hijos, nietos y abuelos la cotidianidad.

Por otro lado, el deseo imposible de reescritura es rechazado porque eso legitimizaría, de forma definitiva, el abandono en que los padres dejaron a los hijos. Terrible el dilema de esta generación. Terrible porque son ellos, los que quedan, a los que la historia asigna el papel de testigos inútiles. Después de la lluvia, ellos son los que quedan en tierra con el tatuaje en el cuerpo cuando, por el contrario, debería haber sido su descendencia la encargada de transmitir la memoria y la historia. Ellos, los intelectuales de otra época, son los que deben encontrar la fuerza que, sobreponiéndose a la muerte, les pueda hacer solidarios con esos hijos desaparecidos no como hubieran sido, sino como fueron. El esfuerzo desesperado de Haro por salvar el vacío, por buscar el puente que le permita pasar de aquel antes lejano al ahora desconocido sólo puede hacerse, marginalmente, por la vía misma de la fisura. Al fin y al cabo, ambos, hijos y padres, escribieron estos años con el cuerpo una historia invisible pero no por ello menos cierta. Ambos, padres e hijos, llevan en su cuerpo un tatuaje peculiar que nos habla de una historia escrita con la tinta blanca de la adicción, y que sólo puede reproducirse ahora atendiendo al abismo que le sirvió de pantalla.

---

[46] *Ibid.*

LA DERECHA Y SUS FANTASMAS: JAIME CHÁVARRI, *EL DESENCANTO*
Y LA FAMILIA PANERO

Si la figura intelectual de Eduardo Haro Tecglen frente a la desaparición
de sus hijos puede tomarse como la figura del padre emplazado en la izquierda, la figura ausente del poeta Leopoldo Panero ante los suyos
puede ser la representación emblemática de aquél que quedó situado a
la derecha. Esta última es, colectivamente, mucho más poderosa que la
proyectada por el primero. No sólo lo que Panero representó ejerce su
ominosa fascinación en el imaginario colectivo desde un espacio encriptado, sino que debido al insólito documental cinematográfico que sobre
la familia realizó Jaime Chávarri en 1976, se identificará su áura peculiar
en la formación de un cuerpo fantasmático único estrechamente asociado con la figura de Franco. Se puede decir sin exagerar que los textos
del desencanto de la transición española asumen en variantes la voz primera de este legendario film documental. *El desencanto* se exhibió en
1976 con sorprendente aunque fugaz éxito en las pequeñas salas de cine
alternativo. Película casi mítica, recoge con formidable intuición no sólo
el calificativo que caracteriza a todo un momento histórico, sino la angustia soterrada de un época que por otra parte se quiso y se anunció
celebratoria.

El desencanto es una película emblema de aquellos primerísimos
años del posfranquismo que de pronto representó en su propio cuerpo
textual las heridas, tumores, purulencias y virulencias del largo desencuentro entre padres e hijos que fue también la transición. *El desencanto*
apunta por primera vez al legado de una ausencia, al peso que supone
para los hijos la transmisión de una herencia que de pronto es "nada" y
pone por tanto por primera vez en la mesa la liquidación de la cuestión
generacional en estos primerísimos años *post mortem*. No a la periclitada manera orteguiana. Ni siquiera desde la retórica del Edipo, aunque
sea *El desencanto* uno de los textos más fuertemente edípicos en la muy
edípica narrativa española [47]. Rehusando la linealidad freudiana, la película de Chávarri no pretende escarbar o tratar de "pensar" el inconsciente. Por el contrario, la escritura cinematográfica de Chávarri —y así
también, como veremos, la escritura de Manuel Gutiérrez Aragón, pero

---

[47] Para un ensayo sobre la fuerte narrativización edípica que en general detecta el
cine español, véase sobre todo la segunda parte (capítulos 3 y 4) del libro de Marsha Kinder, *Blood Cinema*.

de otra manera— utiliza la cámara como un punzón con el que incidir en ese absceso tumefacto en el que nuestra historia contemporánea ha quedado encriptada. El ojo de la cámara pincha sin vacilar la protuberancia infectada y por la incisión, por el límpido tajo, desborda incontrolable, a borbotones, una narrativa ominosa, una historia familiar extendida que reconocemos y que, como el pus de aquellas heridas malamente infectadas, no puede dejar de supurar.

El fuerte poder visual de la película de Chávarri descansa precisamente en no pretender limpiar el líquido viscoso generado con la incisión. Con frialdad y distancia científica, anota pero no comenta. Mira y escucha presentándonos lo que ve y lo que oye sin intento de enmendar, suturar o arreglar. La película se asienta radicalmente en la realidad de la total y definitiva separación entre padres e hijos y la presenta de forma brutal. No de forma simbólica, como hicieran en momentos diferentes Manuel Gutiérrez Aragón o Francisco Regueiro, sino de manera absolutamente real, absolutamente cotidiana y por tanto absoluta y espeluznantemente histórica. La realidad de Chávarri —como lo fuera también la realidad de Espinosa— es sin embargo tanto o más pavorosa que el simbolismo de Gutiérrez Aragón o Regueiro, tan terrible o más que la pesadilla soñada de aquéllos. Tanto o más desoladora porque la instala, o la revela, como espacio vacío, como especulación del agujero dejado por una historia que ya no es la nuestra y por una herencia que ha desaparecido. La realidad del texto de Chávarri, como la realidad de los textos de Espinosa, apuntan directamente a lo Real, al Monstruo, a la Cosa. Y como ellos, son historia, o reflejo, de la evidencia de una Ausencia.

La realidad brutal de la Ausencia paterna que Chávarri presenta en el microcosmos familiar de los Panero, explota y nos inunda con su verdad aterradora. La ausencia vivida por los hijos Panero es nuestra ausencia, su realidad vacía es nuestra realidad, su descomposición es nuestra descomposición. Representados todos y todas como Padres e Hijos, formamos con ellos un mismo texto que si es algo es descomposición y reflejo de un vacío histórico. Los Hijos buscamos en el espejo la figura del padre. Y el espejo nos devuelve, espectral, una figura fantasma. En la película, ese espectro, ese remanente de lo que el Padre fue, queda visualizado con la imagen de la estatua conmemorativa de Leopoldo Panero padre. Esta imagen que a la vez está y no está, ya que en ningún momento la cámara nos muestra la estatua descubierta del poeta, es una imagen especialmente perturbadora. Sobrecogidos y anonadados por la fuerza de una narración privada de lo familiar que sentimos como narración colectiva, intuimos esa narración compulsiva, histórica e histérica como a la vez protegida, impulsada y desgarrada por la presencia ominosa de esa figura cubierta. De nuevo estamos en presencia de una forma en tránsito, de un hálito o fantasma en estasis, simultáneamente presente y ausente y eternamente vivo y muerto. Una figura que ante todo y sobre todo parece acechar con ojos ciegos, incesante, la narrativa desesperada de los hijos, la búsqueda imposible de éstos para entender y anotar lo inexplicable y lo inenarrable.

Imagen perturbadora, el cuerpo de piedra, la estatua cubierta del poeta Padre nos persigue (a su familia y a nosotros) a lo largo de toda la película. Con la imagen de la estatua tapada empieza Chávarri su exploración documental y con ella la termina, dejándonos como resultado simplemente la conciencia de la permanencia de la transitoriedad. Su texto queda colgado entre fantasma y fantasma, en tránsito de nada a nada, documento de un momento de la vida de España que queda precariamente instalado entre esa imagen paterna capicuada de sí misma, siempre a punto de desvelarse, pero siempre al fin y al cabo cubierta. Resto de nuestra historia, ese padre a la vez presente y ausente nos asalta ahora no desde el espacio de lo simbólico sino desde el espacio de lo Real.

El referente inmediato de la película está circunscrito a la viuda y a los tres hijos de uno de los poetas más glorificados y ambiguos del régimen franquista: Leopoldo Panero. Pero el valor y el éxito del documental de Chávarri, la total e inmediata fascinación e identificación del público con una película que se rodó y propuso casi de forma privada, tuvo que ver con el sabio acercamiento de Chávarri a las relaciones que el poeta mantuvo con su familia. Chávarri entiende con fría ferocidad que éstas no están simplemente reservadas a la dinámica familiar de los Panero. Por el contrario, esta dinámica se proyecta de forma profunda al resto de la sociedad española, se encarna en todos nosotros. La fascinación del público por la película tiene que ver no tanto con la morbosa curiosidad proporcionada por lo que muy bien podría haber sido un anticipo de nuestros actuales *reality shows* frente a una de las más disfuncionales familias españolas, sino con el especial desplazamiento de referente que el texto propone. El balbuceo fragmentado y disperso de los miembros de la familia Panero captado por la magnífica cámara de Chávarri pone de manifiesto ante españolas y españoles algo con lo que no contábamos: la fisura producida de pronto en la narración histórica oficial, el agujero negro en la que nuestra historia contemporánea, y nuestro cuerpo con ella, se desintegra. El final de la saga de los Panero es también el nuestro así como también nos es propio su discurso deshilvanado, esquizofrénico, delirante y patético. Sus llagas son las nuestras, y nuestra es su desgarrada confesión ante la cámara. El peso opresor de la ausencia del padre nos corresponde, y asimismo, por tanto, también su sufrimiento. El ojo mecánico ante el que se desnudan y confiesan es nuestro ojo social y el objeto de nuestra mirada el alucinante callejón sin salida de nuestro propio cuerpo histórico. La historia de los Panero en el fin del franquismo es la dolorosa y acuciante confirmación de nuestra propia devastación y desencanto, de la muy real constatación de los nuevos tiempos y las nuevas ausencias.

Si algún fragmento o retazo del film de Chávarri pudiera resumir la problemática resituación española del tardo y posfranquismo, sería éste el cáustico comentario del hijo segundo, Leopoldo María, quien, agitado y nervioso, confiesa ante la cámara con desapego afectado: «Después de la muerte de mi padre [en 1962] la historia de los Panero es una sucesión de ventas. Se vendió todo descaradamente, sin vergüenza». La venta del patrimonio familiar de los Panero nos remite en picado a la macroventa nacional iniciada en el tardofranquismo y definitivamente propiciada en la posdictadura, así como a las cuentas impagadas que angustiaban a Jaime Gil de Biedma. Deudas y obligaciones históricas que ni siquiera la liquidación total de un patrimonio podrá compensar ni cubrir. En la película la cámara confirma poéticamente la ruina de la familia que es también nuestra ruina y nuestra familia. Implacable, realista, su ojo nos muestra uno a uno y en forma de *travelling* lento los salones vacíos y las paredes descarnadas para confirmar que nada o casi nada está allí ya.

El vacío dejado por cuadros y jarrones, alacenas, muebles y sillones queda sin embargo templado al lado de la privación más importante, de la ausencia más radical: la de los libros. La pérdida de la biblioteca del padre, o lo que sus hijos llaman en la película su «herencia literaria», es tanto más significativa porque nos habla de otra Ausencia con mayúsculas: la repentina Ausencia del pasado escrito (y por tanto de historia) que la falta súbita de libros evidencia. Anonadados ante la presencia de la nada con la que les enfrenta la muerte del padre, perplejos y pasmados ante la evidencia de que no está lo que había y de que ya nada es lo que era, los vástagos sólo pueden carraspear, angustiados, lo evidente: «La muerte de papá nos dejó en una situación penosa».

Penosa no tanto por la penuria económica que obliga a la venta, sino porque esa venta les deja (nos deja) sin historia. Despojados de los libros, de sus libros, pierden con ellos los Panero sus señas de identidad.

Pero pierden además más que eso. De pronto se dan cuenta con dolor de que la historia que la escritura del padre legitimizaba, la historia de los Panero que los libros garantizaban, no era más que, en sus palabras, «la historia de la sordidez». Sórdida o no, esta historia caduca (historia oficial, historia franquista) era la única que ellos y nosotros poseíamos, la única que de alguna forma les proporcionaba su identidad familiar; y sin ella, muerto el padre y perdido el pasado y los libros, los hijos no alcanzarán ningún futuro.

Ya lo sabe Michi Panero, el hijo más joven y más vulnerable, aunque en cierta forma quizá el más sabio, quien despacio y sin aspavientos confirma: «Me temo que no tendremos descendencia. Somos un fin de raza». No hay continuación, explicándose así la presencia de una familia-resto, un grupo de ausentes evocados tal como aparecen. La saga de la familia, como la saga del franquismo, no tiene ya continuación: Leopoldo María, el hermano mediano, no escapó de su esquizofrenia y de su adicción y siguió recluido en un sanatorio mental: curiosa y coincidentemente, Leopoldo María Panero no sale del sanatorio de Mondragón hasta noviembre de 1997, definitivamente liquidada la transición y Juan Luis, el mayor de los hermanos poetas, precaria y solitariamente continúa insistiendo en ocupar el imposible lugar del padre. En la película, arropado en una capa española tan anacrónica como el cuerpo poético y político al que querría suplantar, Juan Luis Panero sigue en el empeño que su posición de hijo mayor le confiere: en llevar la carga de un nombre, una historia y un tiempo, que como le dirían a gritos Jaime Gil de Biedma, Espinosa, Ferrater y Haro Tecglen, no son, ni serán ya nunca, los suyos.

De la falacia del intento, de los tres intentos de los hijos, así como de la devastadora y ruinosa ausencia del padre, es testigo la figura de la madre, Felicidad Blanch. De pelo luminosamente blanco, de piel casi translúcida, elegante y finamente hermosa, imbuida por su conocimiento de clase y condición de ser la serena y gran dama blanca con la que su nombre la marca, los ojos claros de la madre miran sin comprender el desastre que el Padre ha hecho de sus hijos. Ultrajada por un marido infiel, inconstante e impredecible, herida también por el abandono y soledad intelectual y sentimental en que éste la dejaba para compartir su camaradería y amistad, en cambio, con el amigo íntimo, el poeta Luis Rosales, Felicidad Blanch queda enlazada desde el blanco y negro del texto de Chávarri con la constante y recurrente figura de la Madre España, la misma o parecida figura atormentada que una y otra vez reaparece en la representación artística de las diversas historias de la patria. Desde la madre/madrastra de Blas de Otero a la Madregilda de Francisco Regueiro, desde el brutal personaje de otra "Blanca", la de Gutiérrez Aragón en *Camada negra*, a la no menos brutal figura materna de la película *Furtivos*, de José Luis Borau; desde la entereza de Amparo en *El corazón del bosque*, también de Gutiérrez Aragón, a la alegría y generosidad de Rosa en *Camada negra* —y sin citar los incontables personajes que aquí sí y allá también nos ha dejado el cine y la literatura española—, la figura materna buena o mala, cruel o comprensiva, es la blanca pantalla que recoge en su falda la conflictiva relación histórica entre padres e hijos.

No la hace ello más accesible, sin embargo. En *El desencanto*, aliada con el Padre, su marido, por lazos que van más allá de las alianzas franquistas de Leopoldo Panero, pero resentida con él por relaciones que desbordan las específicas de sus infidelidades maritales, Felicidad Blanch no puede responder a las demandas imposibles de los hijos —Juan Luis, Leopoldo María y Michi. Definitivamente ausente el padre, las recriminaciones hacia ella por parte de los hijos se intensifican en el documental en un crescendo alucinado que explota a veces sin embargo en declaraciones de amor imposible. Por mucho que atormente a los hijos, Felicidad Blanch no fue nunca depositaria de la herencia del poeta-padre, Panero. Colocada en una posición marginal a causa de su género, es sin embargo esta misma marginalidad la que la salva de la debacle espiritual, intelectual y política en la que van a perecer sus hijos.

En su doble papel de mujer y madre, Felicidad Blanch no podrá darles nunca a sus hijos lo que éstos en realidad le están pidiendo al padre ausente: una identidad, un nombre, una herencia. El litigio es entre los Panero, de los que tiene Felicidad Blanch los apellidos. Y eso lo saben también los hijos, a pesar de las recriminaciones, y es por ello por lo que tratarán de encontrar en la escritura, una escritura firmada por el nombre "Panero", la identidad de las historias perdidas. Intentando desesperadamente sobrevivir al naufragio, el hijo segundo, Leopoldo María, se aferrará a la creencia de que la escritura (la suya y no la de su padre) pueda sacarle adelante. Situado en las antípodas de su hermano mayor, Juan Luis, que cree que su voz y misión como escritor pasa por la preservación de la escritura paterna, la escritura de Leopoldo María (la suya, no la del padre) sólo sirve sin embargo para dejarnos grabada la aterradora verdad: una vez muerto el Padre (una vez muerto Franco), una vez muerto el General (o el Comandante freudiano), o una vez desaparecidos los militares, como escribe él mismo, el "yo" se disuelve. Así, Leopoldo María Panero exclamará aterrado desde lo más profundo de su locura y paranoia que es al mismo tiempo el más íntimo reducto

de su lucidez: «No no sé quién soy, ni quién los militares»[48]. Desaparecidos los militares, desaparecido el padre, inaccesible la madre, y sin libros con los que asentar su pasada realidad, desaparece también su "yo"
(mi "yo", nuestro "yo") engullido en una vorágine disolutoria.

El «no sé quién soy, ni quién los militares» lanzado por Leopoldo
María desde su cárcel mental a raíz del intento de golpe orquestado por
los militares el 23 de febrero de 1981, es el grito que nos define como
cuerpo social en esta época. Un grito fantasmático que choca ominosamente con la profusa realidad visual registrada y documentada para la
historia del intento de golpe[49], ya que a pesar de la innúmera constatación documental grabada del acto de Tejero, como bien entiende Panero
«quedó sólo hoy, de aquel 23 F., /la espuma de la boca y de la noche»[50].
Deslegitimizado, arrastrando la pesada carga de un nombre que no
quiere, y un cuerpo que no comparte, la transmisión televisiva —grabada en cintas de vídeo por los ciudadanos y ciudadanas que asistieron de
pronto e inesperadamente al espectáculo del golpe— revienta en los es-
tremecedores versos de Panero. A la vez virtual y real, el golpe del comando que a las órdenes del teniente-coronel Antonio Tejero asalta el
parlamento el 23 de febrero de 1981, queda encriptado en la conciencia
histórica española. Y es a esta fantasmática posición a la que Leopoldo
María Panero responde en su desencantado poema «Edgar Allan Poe, o
el rostro del fascismo»[51]. El grito de Panero es un angustiado grito colectivo que debemos atender. Exclamación aterrada de pasmo que de
pronto se torna verdad inmediata e imperiosa y que inunda en zigzag
tanto el presente al que está referido el poema (año 1981), como el pasado de donde sale (años del franquismo, guerra civil) o al futuro al que
apunta (la nueva España posmoderna y sin memoria).

La pobre identidad española dolorosamente acuñada en el metal
del militarismo anti o profranquista se desmorona a la muerte del dictador. Franco muere y con él se da fin al franquismo. Pero con él también
se va nuestra identidad y ninguna otra hay en aquel momento disponi-

---

[48] El verso pertenece al poema «Edgar Allan Poe, o el rostro del fascismo», en *Contra
España y otros poemas no de amor*, pp. 13-14.

[49] El intento fallido y la entrada en el salón plenario de las Cortes españolas del teniente-coronel Antonio Tejero y su compañía, quedó curiosamente grabado en las cintas
de vídeo que desde innumerables casas españolas seguían el desarrollo de la votación que
iba a derivar en la denominación del siguiente presidente.

[50] Con estos dos versos termina Panero el poema «Edgar Allan Poe, o el rostro del
fascismo», en *Contra España...*, ob. cit., p. 14.

[51] *Ibid.*

ble para reemplazarla. La identidad, personal o nacional, como la social
y la política, se escribe. Necesita, nace y depende de una narrativa histórica. Cuando Franco muere, o cuando Panero padre muere, se quiebra
la narrativa oficial y aparecen, ominosas, las fisuras y grietas de un discurso obsoleto que ya no puede protegernos. La sintaxis histórica se
rompe y desde las fisuras narrativas saltan a la palestra viejos gritos y dolorosas ausencias.

Cuando en la película Michi Panero lúcidamente se señala como fin
de raza, apunta al fin y límite de un espacio anterior que no sólo no tiene
continuidad posible sino que va a intentar ser, a partir de este momento,
activamente borrado de nuestra memoria colectiva. En el documental de
Chávarri, ese gesto de olvido parece recogerse en los planos cinematográficos dedicados a señalar la presencia de la estatua cubierta dedicada
al poeta en el aniversario de su muerte. Espectro alucinante, la estatua
tapada de Leopoldo Panero es muda y siniestra presencia de un no menos ominoso pasado, un recuerdo inconveniente para los nuevos procesos y direcciones políticas a las que el país se encamina, pero que no acaba sin embargo, para nuestro pesar, de desaparecer. Antes al contrario,
la figura en piedra del poeta, como el pasado al que hace referencia,
quedará presente de forma encriptada. Referente siempre sumergido en
un pasado incómodo, permanecerá soterrado desde este momento en el
tejido psíquico español como una sombra sin cuerpo, como un vampiro
a la espera.

LOS OJOS VENDADOS: CUANDO EL SUEÑO DE LA MEMORIA PRODUCE
MONSTRUOS

Al argumento de un "olvido de la memoria" al que apunto con esta lectura de la película parecerían oponérsele sin embargo no sólo la propia
existencia de *El desencanto* (ya que al fin y al cabo este texto quiere y
exige una reflexión de nuestro pasado inmediato) sino también el innu-
merable número de películas más o menos históricas producidas entre
la década que va del 72 al 82. Títulos como *Furtivos* (José Luis Borau,
1975); *Pim, pam, pum, fuego* (Pedro Olea, 1975); *La vieja memoria* (Jaime Camino, 1975); *La ciutat cremada* (Antoni Ribas, 1976); *Mi hija Hildegarde* (Fernando Fernán Gómez, 1977); *Companys, procès a Catalunya* (Josep María Forn, 1978); *El proceso de Burgos* (Imanol Uribe, 1979);
y otras tantas películas entre las que desde luego se cuentan los filmes de

Manuel Gutiérrez Aragón, parecen desmentir tal borradura. No obstante, como asegura por ejemplo Enrique Alberich,

pese al surgimiento de todos estos films, es importante remarcar la presencia de un fenómeno que, paulatinamente y conforme van transcurriendo los años, se va tornando en evidencia. Me refiero a la progresiva pérdida de interés por parte del público con respecto a esta clase de cintas [...]. Efectivamente, el gradual descenso en el número de documentales y films históricos va acompañado por un trasvase de sus mismos realizadores al campo de la ficción enclavada preferentemente en tiempo presente[52].

El público pierde interés, los directores pierden interés, todos perdimos interés. Pedro Almodóvar, por ejemplo, insistía (de forma inconscientemente errónea) en sus declaraciones a la prensa del momento en que sus películas no contenían referencias al pasado franquista. Muchas de las películas de los años de la transición, y sobre todas ellas las de Pedro Almodóvar, no quieren explícitamente indagar en la desesperación terminal presente en los textos de Chávarri y Gutiérrez Aragón (y también de Iván Zulueta). Pero aunque pretenden alejarse de ella y se zambullen en la frenética euforia y alegría del momento, también estos textos celebratorios (sobre todo los de Almodóvar) remiten a su pesar a una práctica poética de presente a menudo abocada irremediablemente a su propia destrucción.

El surco y fisura en la que estos textos alternativos cabalgaron es, se quiera o no, el del momento. No salió de la nada y corresponde a un proceso de borradura colectivo que se inició ya al fin de la guerra civil, con un acto de desplazamiento de la memoria histórica. A ello aludía precisamente la película *La caza*, de Carlos Saura, en 1965 y de ella precisamente se hacen eco *Camada negra* y *El corazón del bosque* trece años más tarde. También a ello hace referencia, aunque aquí de forma implícita, la película de Almodóvar *Tacones lejanos*, película de su segunda época que impone ya, de forma irreversible, la definitiva distancia que es la que nos permite ahora por fin escarbar en los restos y detritus de una historia que no por escondida ha dejado nunca de ser nuestra.

Hay cuatro escenas pertenecientes a tres de las películas mencionadas que deben citarse aquí en conexión con la estatua cubierta de Panero. La primera corresponde al final de *La caza*, con un medio plano del entonces muy joven Emilio Gutiérrez Caba corriendo desesperado

---

[52] Enrique Alberich en su dossier sobre el cine español, «Diez años de cine español (1972-1982)», en *Dirigido por...*, núm. 100 (1982), p. 27.

en este momento final hacia un espacio situado ya para la espectadora fuera del marco del objetivo de la cámara. El medio plano se reduce a un casi primer plano de la cara del chico y se congela inmediatamente la imagen en un fotograma final en que éste aparece con los ojos cerrados.

La segunda y tercera escenas corresponden al principio y final de *Camada negra* (1978) de Manuel Gutiérrez Aragón. Al comienzo de la película la cámara inicia un *travelling* inverso que va desde un primer plano de los ojos vendados tomados de la serigrafía de 1975 de Equipo Crónica *(Pistoleros con sombrero),* hasta la presentación visual del encuadre completo del cuadro. *Pistoleros con sombrero* es una representación hiperrealista de cuatro hombres de indumentaria evocadoramente mafiosa que, al presentarse con un recuadro negro que oculta los ojos, parecen ser ominosamente las inminentes víctimas de una ejecución. El tercer episodio, del final de *Camada negra*, nos presenta de manera muy similar a la presentada por *La caza* en su escena final, a la figura del joven protagonista, después de asesinar a su novia Rosa, interpretada por Ángela Molina, en plano corto corriendo hacia un espacio imaginario situado fuera de cámara. Como en la película de Saura, el joven en *Camada negra* tiene los ojos cerrados; pero a diferencia de *La caza*, un ominoso futuro vacío (representado por la fuga del niño de Rosa del auto en que se quedó esperando) aguarda al cachorro no inocente de la película de Gutiérrez Aragón.

La cuarta escena evocada aquí es el final de la película *Arrebato* (1978), de Iván Zulueta, en la que el protagonista, Eusebio Poncela, sentado en un catre con un fondo blanco que evoca una celda, se venda los ojos con un trapo negro. También como si fuera la víctima de una ejecución, oímos en *off* el tecleteo de una ametralladora mientras que ante nuestros ojos el torso del "ejecutado" se retuerce. El fotograma final queda congelado en una fotografía de un plano corto con el protagonista evocadoramente "muerto" y con los ojos vendados.

¿A qué final de camino, a qué borradura histórica hacen referencia los ojos ciegos de estas películas? La similaridad, coincidencia o evocación de estas escenas citadas va más allá de una simple relación intertextual. Sin desechar ésta, sin embargo, el referente sumergido al que todos estos textos fílmicos apuntan es al de la España oficialmente impresentable, la España de la guerra civil o, más lejos aún, la España "negra" de la intransigencia y del fanatismo señalados ya por las pinturas de Francisco de Goya, de quien especialmente el cuadro sobre los fusilamientos de mayo estas escenas parecen evocar de alguna forma.

Pero a diferencia de las representaciones de Goya en el cuadro del 3 de mayo que a su vez pueden interpretarse como realidad histórica de aquello evocado en su famoso grabado *El sueño de la razón produce monstruos*, en el momento transicional no es la pesadilla la que escapa incontrolada en un descuido de la razón y produce la muerte. En el arrebato, en la fisura producida por la transición, la muerte (o la Ausencia) está ya parcialmente instalada como parcialmente instalada está también la vida. Y es con los ojos velados desde la que se semiobserva al objeto. La historia en tránsito, la historia de la transición no puede ser percibida sino desde ese espacio fisural dominado, acechado u observado por la Muerte, el Monstruo o la Cosa: ya desde los ciegos ojos de piedra de la estatua de Panero padre; ya desde los ojos definitivamente cerrados de los hijos perdidos de la generación de Haro Tecglen; o desde los ojos de una cámara ominosa situada en un "más allá" especial. Los ojos ciegos que aparecen en estos textos son la última representación del esfuerzo imposible que hizo toda una época que quiso afrontar la muerte y la historia de frente. Pero en la posmodernidad tecnologizada en que se inserta la posdictadura, tal intento se revela ominosamente ilusorio. En el tiempo sin tiempo del Mono, y evoco aquí la teorización propuesta por Paul Virilio, es el objeto Muerte (o el Mono, o la Cosa) el que percibe a su sujeto; es el que lo define, lo dibuja y lo engulle y no en cambio, como esperaríamos desde una narración sin grietas ni fisuras, el sujeto el que percibe al objeto[53].

Desorganizados ya definitivamente los ojos, en terminología de Virilio, para la búsqueda de una verdad que se instalará en el pasado, en las postrimerías del siglo lo que queda de la movida es pasto para la curiosidad, ya de coleccionistas (caso de las primeras ediciones de los discos de la cantante Alaska), ya de estudiosas y estudiosos. ¿Y no somos unos y otras más que usureros? Al fin y al cabo somos nosotros ahora los que capitalizamos la deuda que tuvo que ser pagada.

Este capítulo debe concluir con varias consideraciones sobre lo que

---

[53] Consúltese sobre todo de Paul Virilio, *La machine de vision*. Es interesante en este sentido comprobar cómo la lectura que Paul Julian Smith, siguiendo a Virilio, hace de la película *Kika* de Pedro Almodóvar se instala en un momento posterior al ocupado por los textos de mi comentario. Con *Kika*, texto ya claramente fuera de la transición, Smith explica perceptivamente cómo «lo comético se ha hecho ya indestinguible de lo orgánico» y cómo la «con/fusión entre vida y muerte es también la inversión de un orden perceptivo» que en *Kika* sigue muy de cerca las palabras de Virilio: «el ojo humano no busca ya señales de reconocimiento, ya no organiza [perceptivamente] la búsqueda de una verdad». En Paul Julian Smith, *Vision Machines*, p. 40.

a mi juicio está en juego y que se irán reencontrando a lo largo de los siguientes. Con ello hablo fundamentalmente del futuro y en ello incurro en cierto riesgo. El futuro, en este momento de crisis de toda utopía, de desastre colectivo, de xenofobia y racismo, asume más que nunca el carácter de esfinge muda. Pero no puedo evitar el responder a su interrogación. Hablar del futuro, para mí que en cierto sentido he perdido el pasado que pudo haber sido y no fue, es una necesidad autojustificatoria.

En España la resaca terminó. Se acostó el mono y el síndrome de retirada tiene manifestaciones cada vez más nimias. Es hora entonces de hacer borrón y cuenta nueva, de verbalizar por fin el *shock* de la muerte de Franco, reconstruir la esperanza que esos años medios y desencantados enterraron quizá prematuramente. Pero cómo hacerlo posible, cuando ya mi relación de problemas suena vacía: primero la tesis, luego la antítesis, y al final una bonita síntesis que liquidara el insomnio y que nos permitiera entrar en una nueva época de autocomplacencia europeísta, sólida y eminentemente decente.

Ésa es sin duda la más fuerte tentación de la generación que, entrando en la media edad y ya con hijos a los que proteger de los excesos de sus padres, tiene mucho que justificar y mucho que esconder. Ahora bien, ¿es eso posible ante los acontecimientos de la antigua Yugoslavia, de Argelia, o ante el resurgimiento de los demonios del racismo en Europa?

La movida quiso el fin de la representación y buscó el silencio de la palabra para que el cuerpo hablara. Si la movida precisó de una absoluta resistencia a la simbolización, del simulacro estético, si la movida quiso fundamentalmente literalizar y desmetaforizar la existencia en un esfuerzo casi desgarrado de alcanzar un grado cero de práctica cultural, ¿cómo ahora pretender representarla, simbolizarla, constituirla en una más entre otras prácticas posibles, someterla a la trampa dialéctica?

Pensar la posdictadura y el violento movimiento de radicalización antipolítica que supuso en España es necesariamente resistir toda complacencia intelectual. Eso supone, preliminarmente, no hacer gestiones de futuro. Pero igual que la antipolítica de la movida no se pretendía apolítica, sino que tenía un obvio sentido de respuesta a la visión de lo político entregada por la tradición, negarse ahora al futuro es también rehusar las visiones de futuro que parecen ofrecerse en la contemporaneidad europea. La movida como síndrome de retirada encuentra continuidad necesaria en la perpleja, y compleja, parálisis de la posmovida. Los tiempos de hoy deben todavía pensar la retirada, porque la retirada no ha dejado de ser anuncio ominoso del futuro que está viniendo; y tanto más cuanto más lejana, más retirada, más apartada parezca de nuestras preocupaciones cotidianas.

Ofrecido aquí el período de la transición como un espacio fisural, los próximos capítulos se muestran como un recorrido simultáneo por variadas expresiones culturales que comparten entre sí el horror del Mono. Son todas ellas distintas y de generaciones dispares. Provenientes de personas nacidas en diferentes momentos, y que responden por tanto a presiones históricas, políticas y culturales distintas, responden todas, sin embargo, a la Gran Ausencia y corporalizan de formas diversas, pero igualmente dolorosas, la retirada del cuerpo político abandonado. Desde la celebración acompañada de infierno que nos han dejado textos como los de Sisa o Nazario, o Jorge Rueda; desde las barrocas plumas de Pedro Almodóvar y Ana Rossetti a las jeringuillas de Gallardo, Leopoldo María Panero y Eduardo Haro Ibars; desde los cuerpos expuestos de Almudena Grandes y Ocaña a los demonios e infiernos de Jaime Chávarri, Manuel Gutiérrez Aragón y Carlos Giménez; desde los arrebatos de Iván Zulueta y Juan Goytisolo al pasmo de Miguel Espinosa; desde la caída de la revista *Triunfo* al colapso ideólogico narrado por Lidia Falcón o Manuel Vázquez Montalbán, todos y cada uno de estos textos quedaron atrapados en el *aleph* de la transición. Revueltos en un baile de los infiernos, forman todos un caleidoscopio borgiano que alucina, desde el otro lado del espejo, la pujante y cohesiva imagen ofrecida durante estos años por la España oficial. Con el cuerpo roto, descompuesto y desbaratado pero mostrando con la cara alta la profunda herida del fin de una historia, sus orificios y roturas, sus desapariciones y balbuceos dejan a nuestros pies una forma que no por encriptada nos es desconocida. Una sombra ominosa que, como Némesis implacable, nos exige el pago de la deuda desechada de la que sin embargo no tenemos memoria. Ésta en ellos se cobró su parte. A nosotras y a nosotros nos toca ahora poner el resto.

3. PRIMER MONO: DETENCIONES

«Fueron las revoluciones imaginarias».

EDUARDO HARO TECGLEN

TRIUNFO, MANUEL VÁZQUEZ MONTALBÁN Y JUAN MARSÉ

Cuando en octubre de 1992 la Casa de Velázquez decide acoger unas jornadas de trabajo sobre la revista *Triunfo*, treinta años cruciales han transcurrido en España desde la aparición del primer número de su nueva época en 1962 [1]. La influencia social que tuvo *Triunfo* desde su nueva andadura hasta su desaparición en 1982 fue, como todos sabemos, enorme. Y si bien el efecto político y cultural ejercido por la revista en todo un sector de la población que de forma amplia podemos clasificar como intelectual de izquierdas fue a la par del ejercido a su vez por revistas tan prestigiosas como la barcelonesa *Destino*, la posterior y también madrileña *Cuadernos para el Diálogo* o la catalana *Serra d'Or* específicamente dirigida al sector nacionalista catalán, es *Triunfo* la que más claramente ha quedado engarzada y significada en la memoria compartida de las Españas. *Triunfo* es uno de los artefactos culturales a nuestro alcance que mejor nos habla, o desde el que más ampliamente se lee, nuestra historia reciente. Tanto desde el espacio lleno que nos han dejado sus números publicados como desde el vacío producido por los que desafortunadamente nunca salieron, *Triunfo* se nos presenta en estos momentos como la tensa, perpleja y conflictiva voz de toda una época que nos parece ahora, parafraseando a Eduardo Haro Tecglen, casi imaginaria [2].

A partir de su renovada aparición, la conexión de *Triunfo* con un público amplio se produce de forma casi inmediata. El proyecto que en 1962 presenta el futuro director de la revista, José Ángel Ezcurra, al grupo cinematográfico publicitario *Movierecord* responde a un deseo político cultural generalizado. Un ansia creciente de una población que, relegada al ostracismo ferozmente autártico de la primera época

---

[1] Alicia Alted y Paul Aubert (comps.), *Triunfo y su época*. Jornadas organizadas en la Casa de Velázquez los días 26 y 27 de octubre de 1992.

[2] Eduardo Haro Tecglen, *El 68: Las revoluciones imaginarias*, p. 7.

franquista (y de imposible permanencia ante la nueva estrategia capitalista que empieza a desarrollarse en los años sesenta) no quiere ni puede ya ante los acontecimientos exteriores permanecer desconectada del devenir político-económico global.

La reescritura de la historia de España a partir de la muerte de Franco ha preferido tomar como objeto narrativo una imagen de la España de la dictadura que se presenta como cohesivamente unida en la lucha antifranquista a partir de los años sesenta. Muchas son las referencias que podrían darse en este sentido y algunas de ellas son presentadas a lo largo de este estudio. Aquí y ahora creo que es suficiente referirnos, a título de ejemplo y por ser voz semioficial del gobierno socialista que sobre todo representó a la nueva España de la posdictadura, al número 12 de la revista *Temas para el Debate* dedicado a la España de la transición y salido a la calle en la señalada fecha de noviembre de 1995, vigésimo aniversario de la muerte de Franco. Es innegable que la amplia izquierda antifranquista formó sobre todo en los primeros sesenta una conciencia solidaria contra el enemigo común; también es cierto que después de la huelga de Asturias en 1962 (el año de salida de *Triunfo*) la necesidad de una cierta unificación estratégica resultó incluso en la conocida reunión de Múnich en el mismo año, en la que 118 políticos de todas las tendencias se dieron cita; pero no más cierto es que los movimientos y estrategias unitarios reflejaron no tanto un sentir social amplio de base política, sino más bien una necesidad económica, cultural y estructural fuertemente conectada con el pujante y global desarrollo del capitalismo tardío.

En las publicaciones recientes, en general la unión solidaria contra el dictador por parte de la izquierda durante la época franquista se asume como hecho evidente. En la revista mencionada, por ejemplo, tal relación se resume con estas palabras referidas a la reunión de Múnich: «Lo que pasaría a conocerse como "El contubernio de Múnich" abrió las puertas a una dinámica unitaria que, por encima de las diferencias y antagonismos lógicos, sería tan imparable como fundamental para conseguir la restauración democrática»[3]. A veinte años de la muerte de Franco, la razón histórica fabricada por el inconsciente colectivo presenta un frente más o menos común que quiere la restauración democrática y que se organiza clandestinamente en múltiples grupúsculos que incluyen «desde los carlistas hasta los comunistas, los prochinos y los democristianos, los socialistas y los democráticos»[4]. Aunque correc-

---

[3] Pedro Vega, «La oposición política», p. 73.
[4] *Ibid.*

ta en su percepción, tal exposición yerra sin embargo en cierto modo al suponer para la mayoría de la población una militante o consciente posición política. Al fin y al cabo debemos recordar una vez más que Franco murió en la cama, y que si fue capaz de resistir en el poder durante casi cuarenta años fue porque una gran parte de la sociedad española, si bien ambiguamente descontenta con la estructura franquista, no lo estaba hasta el punto de organizarse políticamente.

Una crítica cultural de los últimos veinte años revela lo que la narrativa histórica palia desde los estudios provenientes de las ciencias políticas: que la voluntad social que exige una restauración democrática pasa sobre todo por la querencia de integración de la sociedad española en el aparato económico global impulsado por el capitalismo tardío. Querencia que está incrustada también, naturalmente, en el amplio sector intelectual que acoge a *Triunfo* como su revista. No me es posible de otra forma entender el brutal desencanto —conocido también en los primeros años de la transición como pasotismo político— con el que la población española (y con ella gran parte de la izquierda) dio la espalda a los proyectos políticos que pasaban por el historicismo marxista.

Si volvemos al año 62 y tomamos el caso de *Triunfo*, vemos que el entonces proyecto en ciernes de Ezcurra responde sin duda a la tensión conflictiva de doble demanda, ya que es concebido y presentado a *Movierecord*, la empresa patrocinadora, de la siguiente forma según las palabras del propio director:

El proyecto que presenté a *Movierecord* se basaba, formalmente, en un tipo de magazine internacional —*Paris-Match*, *L'Europeo*, *Época*...— con pródiga utilización del color, atractivas portadas y confección desenfadada. Para el contenido, además de grandes reportajes y brillantes secciones, el plan contemplaba la creciente utilización de las vías culturales: cine, teatro, literatura, música, artes plásticas, televisión, etc., con puntual atención a su acontecer español[5].

Aceptado el proyecto por *Movierecord*, el 9 de junio de 1962 sale a la calle el primer número de la revista con una portada que, ocupando casi toda la página, expone una fotografía de una de las actrices europeas más celebradas del momento: la francesa Brigitte Bardot. En un recuadro de pequeñas dimensiones situado a la izquierda, la revista anuncia también la proclamación de la española Maruja García Nicolau como la Miss Europa de este año. El nombre de la joven española se da en un tipo pequeño de letra, mientras que su recién adquirido título, Miss

---

[5] José Ángel Ezcurra, «Apuntes para una historia», p. 44.

Europa, es destacado con una fuente tipográfica mucho más grande. En el mismo encuadre en que tiene lugar el anuncio de nuestra miss europea, la revista señala también, en letra pequeña, la participación de la selección española de fútbol en el próximo campeonato mundial a celebrar en Chile. En otro pequeño recuadro, situado en la parte inferior derecha, unas letras de tamaño medio anuncian «todo sobre el Festival de San Sebastián».

Una lectura semiológica de esta primera portada apunta ya invariablemente al peculiar aparato simbólico/ideológico/social del que *Triunfo* va a hacerse muy pronto portavoz y vehículo. Destaca sobre todo más o menos subliminalmente el énfasis en lo "internacional" dado en esta portada, ya sea con sucesos, hechos o personajes extranjeros (la fotografía de Bardot, la referencia al campeonato mundial de fútbol), ya sea por la presentación de lo nacional como algo que, si bien no es "todavía" o no "del todo" cotizable en el mercado cultural exterior, sí denota la posibilidad de alcanzar un valor substancial y parejo con lo foráneo en un futuro que ya se vislumbra próximo y real: una española es elegida miss Europa, nuestra selección de fútbol compite en el mundial de Chile y nuestro festival de cine de San Sebastián, asociado a la foto de Bardot, se identifica y promociona como realmente internacional.

Conociendo el contexto político en el que *Triunfo* tiene que insertarse y a pesar de un cierto toque de revista de cultura ligera con la que se anuncia, la revista refleja ya en este primer número la peculiar tensión existente en la España del momento. Tensión que va a acrecentarse en el largo recorrido del tardofranquismo entre dos ámbitos que progresiva y escaladamente van a revelarse a la vez antagónica y seductoramente emplazados en un mismo paradigma. Lo que la portada de *Triunfo* revela sin todavía saberlo es un tanteo estratégico, un estudio y medida de la posibilidad de inserción de un ámbito cultural determinado en un no menos específico terreno político. *Triunfo* presenta en esta primera portada los problemas con los que la revista (y con ella la intelectualidad española del momento) tendrá que enfrentarse en un futuro próximo y que, de forma sorprendente y debido a la particularidad política desde la que la revista se inserta, refleja y produce las peculiares relaciones económico-político-culturales con las que ciudadanas y ciudadanos lidiamos en este momento paradigmático de fin de una historia. Problemas y relaciones que pueden resumirse sobre todo en la concentración, acumulación, remanufacturación y posterior distribución de los artefactos culturales por el gran capital occidental. *Triunfo* encuentra, y de allí su éxito en su momento, un difícil consenso entre una estructura política

nacional que se revela progresivamente anquilosada frente a los reagru-
pamientos, programas y propuestas exteriores, y un interno anhelo de
libertad que quiere y siente posible la integración española en la política
cultural y social global.

Se han venido leyendo las estrategias sociales y culturales desplegadas por ésta y similares revistas como una actuación sobre todo interna.
Desde luego así se puede entender, siendo una de las empresas pendientes el estudio del peculiar y nuevo lenguaje que esta situación produce.
Enfocados en lo local y debido a un hábito de tradición reflexiva resultado del aislamiento general de España en los últimos dos siglos, la mayoría
de los análisis históricos en la España de este período emprendidos hasta
la fecha, al menos que yo conozca, reproducen este aislamiento respecto
al quehacer político de las grandes potencias y de sus países satélites más
comprometidos. Las luchas y posiciones desplegadas socialmente contra el aparato dictatorial franquista, y de las que *Triunfo* y revistas similares se hacían voz, se han estudiado sobre todo respondiendo a un sentimiento de "estar fuera" del circuito político global. Se trata desde luego
de un sentimiento bien fundado, a causa de la peculiar configuración
geopolítica ocupada por la España franquista en el mapa mundial a partir de los años cuarenta.

Clara muestra de tal concepción es, por ejemplo, la revisión de la
política cultural de los años sesenta realizada por Eduardo Haro Tecglen en *El 68: Las revoluciones imaginarias*. Publicado en 1988, a los
veinte años de los sucesos mayores recogidos en el libro, Haro no inserta
a España en ninguno de los varios capítulos dedicados a explicar el reciente pasado histórico, quedando ésta relegada a dos capítulos finales
diseñados precisamente a dar cabida al "caso" español. La estructura
del libro de Haro va más allá de lo que podría pensarse simplemente resultado de una práctica de habituación. No se trata solamente de que
uno de nuestros mejores comentaristas políticos repita de forma inconsciente la estrategia a la que tuvieron que acogerse en la época los periodistas de revistas como *Triunfo*, causada por la rígida censura franquista.
Si en su libro Haro deja a España fuera de toda una serie de capitales sucesos es porque no puede, y con él todo el país, desprenderse de la convicción de que esos sucesos, debido a la poca incidencia española en la
política internacional del momento, fueron vistos y vividos en España
siempre desde una segunda línea, siempre de segunda mano.

Y sin embargo, y gracias precisamente a la peculiar posición intersti-
cia ocupada por la sociedad española en la política cultural global a partir de los años sesenta (o más específicamente a partir de la entrada de

España en la ONU a finales de los cincuenta), una crítica cultural atenta al momento español revela una relación inevitable, esencial a mi entender si se quiere comprender ampliamente el posfranquismo, con las políticas exteriores. Relación que, aunque dirimida sobre todo internamente, revela de forma brutalmente clara y precoz lo que más tarde será ventilado exteriormente como el colapso de las prácticas político-culturales provenientes de las izquierdas socialistas ante la progresiva y masiva capitalización del mercado global. En este sentido, España vivió y resolvió como pudo, y antes que el resto, las crecientes y globales disensiones, el universal cambio de paradigma histórico iniciado en aquellos revolucionarios años.

No hemos pensado suficientemente las ambivalentes y sutiles estrategias de la puesta en marcha del proyecto de Ezcurra, las cuales reflejan de forma precisa tanto las de todo un cuerpo social español de las que es portavoz, como las de todo un sector exterior a las cuales responde y se inserta. Por causa de un complicado proceso histórico, nos hemos habituado a pensar el proyecto de *Triunfo* —o el de *Destino* o el de *Cuadernos* o el de *Serra d'Or*— como medio y vehículo de expresión de un ansia de libertad generalizada específicamente española —o catalana, en el caso de *Serra d'Or*. Tal ansia se ha traducido entonces y ahora como un proyecto político de claro diseño, aun a pesar de no haber representado *Triunfo* en su época a ningún partido político en particular. En este sentido, no es casualidad entonces que fuera precisamente uno de sus más importantes colaboradores, Manuel Vázquez Montalbán, el que mejor y más sucintamente recogiera (o tradujera) en términos de un pasado intelectual y políticamente cohesionado, el creciente espíritu nostálgico reflejado por el sector intelectual español tras la gradual pero rápida desmantelación del régimen franquista con su ya legendaria frase «contra Franco estábamos mejor». Como no es casualidad tampoco que Montalbán diera con ella justo después de haber abandonado *Triunfo*, la revista que por excelencia aglutinó toda una práctica social política; es decir, cuando ya el sentimiento de unidad se había roto tanto en la calle como en el interior de la revista, y cuando ya *Triunfo* empezaba su período de descomposición.

La frase de Montalbán, reasumida, digerida y totalmente incorporada por la sociedad española de la posdictadura, es otro más de los artefactos culturales de uso puesto en marcha por el inconsciente colectivo como instrumento de reescritura del entonces recientísimo pasado histórico español. Una vez lanzada y diseminada, de la frase quedó, no el comentario político a ella trabado, no el estado de perplejidad de la izquierda española de los años posfranquistas por ella denunciado, sino precisamente la posibilidad (imaginaria) de reconstrucción de este pasado en tanto espacio unitario. Como muy bien nos dice su propio autor, del comentario político prosperó sólo su título:

[Me pregunté] en un comentario político de *La Calle* si contra Franco habíamos estado mejor, y a pesar de que yo contestaba que no y trataba de razonarlo, lo que prosperó, como suele suceder, fue el título de mi artículo, no mi argumentación. «Con Franco estábamos mejor», pensaban las derechas, aunque sólo una parte lo proclamara y «contra Franco estábamos mejor», pensaban las más combativas izquierdas[6].

Hay en esta cita dos elementos que considero fundamentales. Uno, ya anotado, y el más obvio, hace referencia a la voluntad de repensar el pasado inmediato como un ámbito políticamente unificado, ya con una nostalgia profranquista por parte de la derecha (*con* Franco), ya en nostálgica resistencia por parte de la izquierda (*contra* Franco). El otro, más volátil y difícil de señalar, da constancia precisamente de la desunificación, de la desintegración y en último término despolitización, de una gran mayoría de la población española, no sólo *después* de la muerte de Franco, sino también, y sobre todo, desde *antes* de producirse ésta. Esto es precisamente lo que no estamos en absoluto teniendo en cuenta todos aquéllos y aquéllas dedicados en estos últimos años a pensar el período posdictatorial. Y a ello de forma oblicua, y quizá sin saberlo, apuntan las palabras de Montalbán en el seguir de la cita anterior:

«Contra Franco estábamos mejor» pensaban las más combativas izquierdas *ya con el gesto de arrojar, sobre el creciente montón, las armas de al parecer obsoletas dialécticas*[7].

La pluma del conocido periodista y escritor, casi diez años después de acuñar su famosa frase (la cita dada es de 1985, mientras que la frase es de 1976), anota de nuevo de forma lúcida la simultaneidad histórica de dos gestos político-culturales que nos hemos acostumbrado a pensar como sucesivos. El desarme ideológico de la izquierda *no sigue* al desencanto, sino que es simultáneo, incluso quizá previo, a él. A los pocos meses de morir Franco, el corazón de la España izquierdista siente obsoletas las dialécticas de lucha empleadas hasta este mismo momento y se

---

[6] Manuel Vázquez Montalbán, *Crónica sentimental de la transición*, p. 151.
[7] *Ibid*. Las cursivas son mías.

desprende de ellas de forma espectacularmente rápida y casi imprevista, juntándolas a un ya preexistente montón formado de diversos desechos ideológicos. Este gesto de abandono radical, casi visceral, indica y marca el momento terminal de toda una época de manera doble: no sólo se deja atrás física y temporalmente el régimen franquista, sino que se consuma con ello el desprendimiento del pasado histórico a él ligado.

Es por eso que ocurre en un mismo momento, en un doble gesto simultáneo, el arrojo de las armas y la explicitación de la certera frase. Aquel «contra Franco vivíamos, estábamos, politizábamos mejor» se puede entender quizá ahora como primera línea deslumbrante de un nuevo recuento histórico, primera y genial frase que, reemplazando el tradicional «érase una vez» empieza e instaura la nueva narrativa de la posdictadura. Es por eso precisamente que, después del impacto de ventas del primer número de *Triunfo* aparecido después de la muerte del generalísimo siguiendo la suspensión gubernamental que silencia a la revista en los cuatro meses clave que envolvieron tal suceso, el número de ventas y subscripciones a la misma inicia un espectacular descenso en picado que indefectible e inevitablemente llevará a la desaparición de la revista en 1982 [8].

El aparentemente incomprensible gesto de abandono de la revista (así como de aquellas otras, nuevas y viejas, compañeras de viaje de *Triunfo*) en el que todo el sector intelectual queda implicado y que produce como resultado el dejar caer hasta su total desaparición a la revista que les dio voz, responde no sólo a la simultaneidad de procesos descritos ahora. Si, como reconocemos todos y explicita Isabelle Renaudet, *Triunfo* fue el «observador crítico de una sociedad que ofrecía al análisis toda la complejidad de un mundo cambiante» [9], la derrota posdictatorial sufrida por la revista responde también, e incluso sobre todo, a un estado *previo* en la geopolítica cultural y afectiva del país. Si volvemos a la cita de Montalbán y leemos con cuidado su final desgarrador, parece ésta decirnos que el proceso de desmantelamiento ideológico estaba allí *ya* antes, silenciosamente presente, en este "montón" de armas previamente arrojadas, montón que lo único que hace después de la muerte del dictador es simplemente aumentar en progresión geométrica, creciendo su volumen a velocidades imprevistas.

---

[8] Véase el lúcido recuento que José Ángel Ezcurra hace del recorrido histórico de la revista en «Crónica de un empeño dificultoso», en Alicia Alted y Paul Aubert (comps.), *Triunfo y su época*.

[9] Isabelle Renaudet, «Las vías paralelas de la oposición al franquismo», p. 114.

Propongo relacionar la existencia de este pequeño cúmulo de ideo-logías abandonadas justo antes de la muerte de Franco con los procesos globales ocurridos durante el mismo período, proposición que efectiva-mente enlaza tales deserciones con el posterior y definitivo abandono de las utopías izquierdistas en los años inmediatamente posteriores al régi-men y siguientes.

Tal empresa supone por nuestra parte una voluntad de restitución histórica que no nos puede ser fácil si lo que se quiere es precisamente desenterrar lo que se ha intentado borrar en los años de la posdictadura con intensidad particular. Después del franquismo, la escritura retros-pectiva de la historia española de los años sesenta y setenta no supo, o no pudo, lidiar con algo con lo que todavía ahora nos parece ajeno: la necesidad urgente de resituar los años franquistas en relación a la políti-ca capitalista global contemporánea, es decir, de atender a la inserción española durante la época del franquismo y del tardofranquismo —no por silenciada menos evidente— en el fluir avasallador del capitalismo tardío.

El proyecto se revela tanto más difícil cuanto que, y debido a las ca-racterísticas del régimen dictatorial, no disponemos de este período en nuestros archivos históricos más que de un relato parcial, esporádico, lapsado y desde luego sumamente incompleto, además de completa-mente inconveniente e irritante para la nueva imagen y la nueva historia que trabajosa y despreocupadamente fuimos esculpiendo y ofreciendo al exterior en los años socialistas de Felipe González. Restablecer, re-construir esta relación es tarea imperativa, tanto más cuando es evidente que España ocupó un espacio, aunque fuera éste de feo, pequeño y re-pulsivo servicio al capital estadounidense, en el mapa político, militar y económico global del momento.

La necesidad de reconstrucción histórica de un pasado del que sin embargo no disponíamos en nuestro archivo más que retazos incom-pletos, exigió la rápida producción en los primeros años de la posdicta-dura de una narración razonable y a la medida de la nueva situación de-mocrática. Siendo como fue el proceso transicional —incruento, pacífico y de consenso—, no es descabellado establecer *a posteriori*, como de hecho se hizo, coherentes hipótesis a favor de una voluntad de-mocrática del país resultado de una fuerte movilización política, o por lo menos en ella asentada. A ello apuntan precisamente la mayoría de los discursos históricos presentes. Alejándome de ellos, al menos en parte, propongo un pensamiento a contracorriente. Una reflexión alternativa que en lugar de dar por sentada la masiva y general politización del ansia de libertad de la sociedad española del tardofranquismo, posibilite el planteamiento de que ésta fue ante todo para la mayoría un ansia en el fondo militantemente *despolitizada*, teniendo que ver tal proceso y actuación tanto con la continuada presión en este sentido ejercida por el franquismo, como con los cambios globales y nuevas estructuras que el capitalismo tardío empezaba entonces a exigir.

Tal proceso está ya presente en multitud de productos culturales de la época. Desde la pintura, es precisamente el muy politizado colectivo Equipo Crónica el que mejor intuye el proceso de desdiferenciación entre la política, la narración histórica y el consumo que va a marcar nuestros globales años posindustriales. En 1968, por ejemplo, Equipo Crónica presenta su trabajo de serigrafía *El happening del conde Orgaz*, en el que los caballeros del cuadro de El Greco comparten su entierro con los personajes del cómic americano Batman y Supermán y con el español El Guerrero del Antifaz, en un amalgamiento humano en que diversas figuras son convocadas en disonante cronología: la esvástica nazi, la insignia templaria, el murciélago de Batman y el escudo de Supermán; uniformes, disfraces, vestiduras y armaduras que respiran al unísono en un mismo espacio histórico que no casualmente es convocado desde la fisura abierta de la tumba del Conde. Equipo Crónica entiende, como pocos lo hacen todavía en su tiempo en España, la imparable invasión de la tecnología posindustrial de las nuevas corporaciones internacionales y el efecto que ello tendrá en las posicionalidades político-culturales: con *Guernica*, por ejemplo, una carpeta con cinco serigrafías, Equipo Crónica reescribe la tragedia del pueblo vasco en forma de cómic; el terror, la corrupción y la represión estatal se presenta a manera de *thriller* en la carpeta «Serie negra», de 1975, entre otras obras, y las noticias políticas de impacto profundo se transforman en sucesos presentados en forma de gaceta sensacionalista como ocurre en *Chile*, de 1977, o en *El Caso*, de la serie *El crimen de Cuenca*, de 1979.

Desde la literatura, es seguramente Juan Marsé en los años sesenta el mejor representante de tal desdiferenciación. *Últimas tardes con Teresa* (1965), por ejemplo, recoge con lucidez lo que la mayoría de la izquierda militante del momento, así como la posterior, no supo ni quiso ver: el desencuentro fundamental y profundo entre la utópica y banalmente romántica militancia política de la clase representada por Teresa y sus amigos, y el fuerte deseo de participación en el sector de consumo representado por el Pijoaparte y su grupo charnego, acompañado este último de una total e irreversible desclasación. *Últimas tardes con Teresa* expone el principio del fin de un proceso social sin el cual me parece difícil entender el abandono y desencanto políticos surgidos veinte años después, y que, repito, no aparecen, como se asume, de pronto y de la nada.

El pasmo y perplejidad de las izquierdas intelectuales ante el abandono, inmediatamente después de la muerte de Franco, de lo que parecía eterno —y que está reflejado en el ejemplo de *Triunfo* con la caída vertiginosa de subscriptores— queda curiosamente plasmado también en otro texto que considero capital para un diálogo en este sentido. Me refiero aquí a *Los alegres muchachos de Atzavara* (1987) de Manuel Vázquez Montalbán, novela que expone desde el posfranquismo el resultado de un proceso social, político y cultural iniciado veinte años antes y expresado por Marsé en su novela. Leídos ambos textos a contrapunto, los personajes de Montalbán en *Los alegres muchachos de Atzavara* no hacen sino expresar de forma definitivamente pasmada, el fundamental desentendimiento con que la clase intelectual catalana leyó a la clase trabajadora (la clase *charnega*) a partir de los años sesenta.

Marsé, en una entrevista concedida a *Ajoblanco*, estaba seguramente pensando en estos términos cuando decía respecto a su novela:

Cuando uno se afiliaba aquellos años [los sesenta] al PC [Partido Comunista] era porque creía firmemente que el país iba camino de un gran cambio, que luego se ha logrado sólo parcialmente. Pero en muchas cosas llevábamos la venda en los ojos, como después se demostró. El amor que Teresa siente por el Pijoaparte se cuece sobre todo sobre este equívoco[10].

El equívoco garrafal de Teresa y sus amigos respecto al Pijoaparte que Marsé anuncia en su novela, la ceguera, la venda en los ojos de la clase intelectual de los años sesenta respecto a una utópica politización de la clase obrera se hace francamente evidente veinte años después en la novela de Vázquez Montalbán. Este último, como Juan Marsé, se encuentra en una posición inmejorable para darse cuenta de la falacia de la burguesía, catalana en este caso, en sus pretensiones salvadoras de la clase obrera. Ambos, Marsé y Vázquez Montalbán, aunque catalanes, provienen de otra clase y de otra lengua; ambos estaban implicados en la militancia política (Montalbán es todavía hoy militante del PSUC, el partido comunista catalán); y, en el caso de Vázquez Montalbán, éste proviene en parte del sector que Francesc Candel denominó en el 64 como

---

[10] «Conversación con Agustín Gutiérrez Pérez», *Ajoblanco. Especial literatura*, invierno de 1995, p. 33.

"los otros" catalanes, aquellos emigrantes que con sus hijos empezaron a llegar a Barcelona a partir de los años cincuenta y a los que todavía se les aplica ahora el despectivo término de "charnegos" [11]. Cruzados bien por las culturas sureñas, o por su procedencia de clase obrera y su hibridez lingüística, tanto Marsé como Montalbán poseen la distancia suficiente y necesaria para hacerse cargo de las diferencias culturales y de clase que existen entre el sector representado, por un lado, por el grupo de Teresa en *Últimas tardes* y por el de Atzavara en *Los alegres muchachos*, y por el otro, por el del Pijoaparte *(Últimas tardes)* y Paco *(Los alegres muchachos),* "charnego" como aquél, pero que en el año 1974 de la novela ya se siente con derecho establecido en la nueva tierra como él mismo nos explica: «Mi familia, los Muñoz González, fue una de las primeras en meterse en los bloques de la Fabriqueta» [12].

Pero hay más que distancia lingüística, cultural y de clase entre los grupos oposicionales representados por las novelas de Marsé y Montalbán. *Los alegres muchachos* nos recuerda que en el año 74 la seducción del capitalismo provenía ya de aquella que ejercía veinte años antes en la novela de Marsé con el Pijoaparte y sus amigos. En *Últimas tardes*, el Pijoaparte no quiere ser "salvado" ni politizado: lo que quiere con desespero es sentir físicamente a Teresa, de quien ha quedado fascinado, comprarse una moto y vivir con ella la vida de las películas de los héroes de Hollywood. El deseo físico que a su vez Teresa siente por el Pijoaparte, sin embargo, pasa por el joven cuerpo oscuro del muchacho del sur siempre que éste se mantenga y comporte como el "buen obrero politizado", como un "buen salvaje" proletario y feliz y voluntariamente dispuesto a su reeducación cultural y política. El refinamiento politizado de Teresa, su educación afrancesada y su ascetismo existencial contrasta y choca con el germen consumista que ya lleva en sus entrañas el Pijoaparte. El *spleen* preGodard, preTruffaut, premayo del 68 de Teresa choca con la exuberancia preMacDonalds y preposmoderna del Pijoaparte, haciéndose por tanto la unión entre ambos imposible.

En *Los alegres muchachos* de Montalbán, la clase de los jóvenes inte-

---

[11] La cultura denominada despectivamente en Cataluña como *xarnega* está desgraciadamente todavía esperando un análisis serio. En Cataluña es precisamente la tensión irreconciliable entre lo cultural afectivo (que resulta en la compilación de tal término despectivo por parte de la burguesía) y lo político efectivo (la ideología nacionalista de carácter burgués y católico-conservador, por un lado, y los proyectos marxistas de redención de clase, por el otro), uno de los factores, entre varios, que alimentaron el futuro desencanto.

[12] Manuel Vázquez Montalbán, *Los alegres muchachos de Atzavara*, p. 9.

lectuales universitarios del texto de Marsé reaparece veinte años más tarde con cuarenta y pico de años. Desaparecido el frágil romanticismo ideológico de su juventud, en el año 74 todo queda aclarado: el deseo por el cuerpo sureño es ya directamente explícito y no está mediatizado por la retórica política.

En el primer encuentro con el grupo de Atzavara, por ejemplo, Rafael, el anfitrión cuarentón y homosexual, se dirige a un Paco veinteañero y proletario, recién llegado de Barcelona y autoinvitado a la casa de verano de Atzavara de aquél. Rafael inquiere sobre las últimas noticias de la enfermedad de Franco: «¿Qué se dice allí de lo de Franco?» (p. 36), pregunta Rafael a Paco. La ignorancia, atolondramiento y ligereza de este último ante la pregunta del sofisticado Rafael revela el gran corte político que una y otra clase (la de Paco y la de Rafael) establecen con la figura del dictador, y por tanto con el presente y devenir político de la España del momento. Paco no entiende las implicaciones políticas de la pregunta de Rafael y responde con un perplejo: «¿Qué le pasa a Franco? Ya está bien, ¿no?» (p. 36) que traduce directa y literalmente la pregunta de Rafael como un simple interés inespecífico por el estado de la flebitis del dictador durante aquel verano del 74. La apolitizada respuesta de Paco no impide sin embargo la asentación del deseo en el grupo de Rafael. Y sintomáticamente, tampoco incitará ya, como por el contrario sucedía veinte años antes en *Últimas tardes*, a la adoctrinación. A pesar de la desgana e indiferencia política del recién llegado, o precisamente por ella, el grupo de Rafael acoge con entusiasmo al invitado; ya que, aunque Paco representa para ellos la corporalización física de su propio desencanto, la constatación de la debacle ideológica produce por otra parte un sentimiento seductor, una licencia para el abandono y el dejarse llevar hasta al final.

El encuentro súbito de la otredad paradigmática que representa Paco no es sin embargo del todo inesperado. Así como las armas, como decía Montalbán en su artículo, se habían ya abandonado poco antes de la muerte de Franco, la conducta despolitizada de Paco no se toma con sorpresa por el grupo de Atzavara. Como uno de los invitados le dice a Paco parafraseando la conocidísima letra del cuplé *Tatuaje,* que su llegada se recibe como la de aquel marinero extranjero, implica que es por tanto de largo esperada: «Estoy tan contento de que estés aquí con nosotros [...]. Es tan interesante que lleguen de vez en cuando marinos extranjeros a nuestros puertos [...]» (p. 72). Como en la canción de Concha Piquer, Paco arriba al puerto de Atzavara causando estragos. Pero, también como en la canción, y también como ocurre en la novela de Marsé, ni su cuerpo ni el del Pijoaparte serán para los que los desean [13].

Las cosas han cambiado desde el año 1956 contextualizado por la novela de Marsé (aunque escrita en 1965) y el año 1974 presentado en la de Montalbán (a su vez escrita una década después, en 1987). A punto ya de morir Franco en este verano situado en Atzavara, ha desaparecido el romanticismo ideológico de los personajes. Perdidas la creencia y militancia marxistas que les dio razón de ser, atrapados ya por el desencanto, el grupo de Atzavara se desmorona física, sexual y espiritualmente ante la incomprensión de Paco, el "charnego" que vive en el barrio obrero de La Fabriqueta y que les visita casi por equivocación. A pesar del bullicio y cacofonía sexual y política del grupo de Atzavara, el verano de 1974 es para ellos término final, punto de destino. Es el fin de las revoluciones que por otra parte siempre fueron imaginarias. Si los jóvenes intelectuales en *Últimas tardes*, como dice Marsé, confundieron «deseo con realidad» [14], los viejos de *Los alegres muchachos* intentan desesperadamente hacer de la realidad deseo.

Una vez muerto Franco los maduros intelectuales caen en el callejón sin salida al que les aboca una debacle ideológica que sólo permite reconocer en el tiempo histórico de la posdictadura que «contra Franco se vivía mejor». Es a partir de este momento cuando se reconstruye con fuerza una nueva historia del franquismo. La feliz explicitación de Vázquez Montalbán es asumida con entusiasmo por la totalidad de la población (desde la derecha, con el reverso y banal «*con* Franco vivíamos mejor»). Y lo es porque el reconocimiento consensual de Franco y el franquismo como un muro de contención, como real impedimento físico de la no ocurrida integración de España —pero en teoría perfectamente posible en una historia alternativa— en los procesos democráti-

---

[13] Para un fascinante recorrido visual y narrativo de la España cupletera y *kitsch*, véase la colección de fotografías presentada por Terènci Moix en *Suspiros de España*. La serie presentada por Moix recoge a aquellos artistas y "folklóricas" de los años del franquismo, y que de alguna forma corporalizaron la "despolitización" a la que me refiero. Dice el mismo Moix: «Conviene destacar que una revista como *Hola*, vademécum del señorío y catálogo oficial de princesas escuálidas, reinecitas en el exilio y mariscales pitopáusicos, nunca incluyó en sus páginas a folklóricas que no fuesen bien recibidas en los salones de las clases altas. Y es que, por más que la folklórica no se canse de decir que su ascensión se la debe al público popular, lo cierto es que desde un principio luchó arduamente para establecer su reinado partiendo de relaciones sociales más vistosas» (p. 23). Lo mismo puede aplicarse al Pijoaparte, que no poseía más arte, para su desgracia, que el de ser un exótico y guapo sureño confundido por proletario.

[14] Juan Marsé, «Conversación...», *Ajoblanco. Especial literatura*, p. 32.

cos occidentales exteriores iniciados en la posguerra, es precisamente el dispositivo que permite poner en marcha una nueva narración de diseño políticamente coherente con los sucesos históricos anteriores, narrativa que resituará y resignificará el antiguo deseo ideológico hacia el "cuerpo oscuro" del proletariado como deseo sexual a secas.

De manera simplificada podríamos incluso decir que, una vez identificado Franco como centro neurálgico y expiatorio, puede la sociedad española desprenderse tanto de su figura como de la embarazosa historia que la acompaña para iniciar así una escritura nueva. Puede por tanto solidarizarse con la respuesta desinteresada y pretendidamente ignorante que en *Los alegres muchachos* Paco ofrece a la inconveniente pregunta de Rafael sobre la salud del dictador. Es decir, si contra Franco vivíamos mejor y Franco, por otra parte, no puede resucitar (ni queremos que lo haga), lo único productivo que podemos hacer es olvidarnos de él y de su época.

A eso en parte responde la caída en picado de lectores de la revista *Triunfo* a los pocos meses de morir el generalísimo. Si el interés cultural de Paco, a diferencia de Rafael y los suyos, no pasó nunca por la informada revista *Triunfo* sino por las populares *HOLA* o *Diez Minutos*, las leidísimas revistas de chismorreo social, por otra parte también se hace ahora evidente que el interés político de la élite intelectual de izquierdas también permanecía atenta, incluso desde *Triunfo*, a la llamada de la sirena consumista posindustrial. En el inminente fin de la dictadura de este año 1974 representado en la novela de Vázquez Montalbán, la posterior y avasalladora victoria de la revista *HOLA* sobre *Triunfo* y equivalentes es ya evidente. La élite intelectual está ya en 1974 ávidamente interesada por los temas de *HOLA* y va a pasar a ser ella misma muy pronto, recalificada como *gente guapa*, el tema y corazón de la revista, tal como al fin de la andadura de la transición representa la boda de Isabel Iglesias Preysler y Ricardo Bofill, jr. en 1993. Enlace que, recogido a toda plana y con todo lujo de detalles por la revista *HOLA* a la que se le dio la exclusiva, representa en esta unión de vástagos provenientes de la casta intelectual de izquierdas (Bofill-Vergano) y de la del mundo del espectáculo (Iglesias-Preysler), aquella desdiferenciación o "indiferenciación" consumista entre lo cultural, lo político y lo económico característica del nuevo paradigma posmoderno del que hablaba Fredric Jameson [15]. En

---

[15] Fredric Jameson nos dice en *The Geopolitical Aesthetic* que «la inmensa desdiferenciación que parece caracterizar nuestra sociedad y cultura contemporáneas [...] puede pensarse como una inmensa comodificación y comercialización» (p. 25).

una posmoderna y sorprendente vuelta de tuerca, las fotografías de los asistentes a esta boda en *HOLA* son documento popular de esa indiferenciación global a un nivel local: Ricardo Bofill, Sr. y Serena Vergano (musa del cine experimental de los años sesenta), padres del novio, junto con sus invitados y amigos, todos procedentes de aquella *gauche divine* de los años sesenta, se mezclan y confunden con aquellos personajes invitados por los padres de la novia, Julio Iglesias e Isabel Preysler, provenientes mayoritariamente de la industria del espectáculo, pero ya también, como indica la presencia del último marido de Isabel Preysler, Miguel Boyer, ministro socialista durante el gobierno de Felipe González, inextricablemente enlazados con sectores provenientes de la política.

En *Los alegres muchachos* el aparentemente inconcebible cambio de interés cultural de la élite intelectual española señalada por la deserción de los lectores de *Triunfo* y su abrumador paso a ser consumidores de revistas de tipo *HOLA* es sagazmente percibido por Paco, el cual narra tal cambio de guardia con precisión y estupenda intuición. Como ejemplo, estas dos citas de la novela: «[Al grupo de Atzavara] les duró lo suyo el rollo de Franco, pero de vez en cuando me metían el suspense en el cuerpo hablando de dos sultanes de Persia que una de las tipas tenía en su casa y que no habían bajado a la playa» (p. 43); y «parecían [el grupo de Atzavara] una fotografía, una fotografía de esas que salen en el *HOLA* en verano, y que yo a veces hojeo en la barbería» (p. 50).

El germen que definitivamente decantará hacia la revista *HOLA* a los lectores de *Triunfo* viene de lejos. A principios de los sesenta, el ansia de libertad, el deseo social de movimiento y contacto con el mundo exterior es evidente. Es entonces precisamente cuando el aparato franquista, aunque de manera sumamente incompleta y siempre respondiendo a los intereses de mercado global, inicia también un movimiento interesado de apertura. De ahí por ejemplo que un proyecto como el de *Triunfo*, síntoma de las ansias del sector intelectual, pueda ver la luz y desarrollarse, algo imposible de concebir por ejemplo en el período álgido de la posguerra. Es importante enfatizar la contemporaneidad e inextricabilidad entre ambos gestos de apertura. Si la apertura del régimen iniciada en los años sesenta va de la mano, o inicia, o permite, la apertura intelectual, *necesariamente* va a estar esta última involucrada, aun a su pesar, aun inconscientemente, con el proceso económico que a su vez permitió la primera.

La hipótesis es quizá arriesgada. Pero sin embargo no podemos obviar que, por voluntad o necesidad —y siempre tomando a *Triunfo* como ejemplo emblemático—, José Ángel Ezcurra encuentra en esta revista «de cine y espectáculo» el vehículo adecuadísimo que facilita la mirada al exterior, el artefacto cultural que permitirá atisbar —y por tanto incidir en alguna forma, aunque sea hacia el interior— la universal historia político-cultural del tiempo que le toca vivir. Un vehículo que no sólo se señala desde su renacimiento como ocupando un espacio intermedio entre la cultura ligera, el alto pensamiento y la profundidad política, sino que genera precisamente gracias a esta especial y pre-posmoderna combinación, el espacio propicio donde la intelectualidad española del medio y tardofranquismo producirá su lenguaje.

A diferencia entonces de las proposiciones que tienden a conceptualizar el deseo de libertad de la España franquista como un cuerpo ideológicamente politizado, propongo asumir y estudiar el descentramiento pivotal que tal deseo representó. Ése es a mi entender el camino que permite una comprensión y reformulación del extraño espacio histórico ocupado por España en la época franquista: simultáneamente atada y desprendida, a la vez compartiendo y apartándose de unos sucesos que vivió de forma total pero que vio (y escribió) solamente de forma parcial. Un deseo que se decanta ya en este momento del año 1962, año de salida de la nueva *Triunfo*, no hacia las revoluciones o soluciones radicales propuestas por los diversos socialismos de anteguerras (la primera mundial, la nuestra y la segunda) sino hacia los tentadores mercados de consumo capitalista que empiezan su andadura a partir del establecimiento del nuevo orden político resultado de la segunda guerra mundial.

En este sentido entonces, no es casualidad que un proyecto cultural todavía en aquel momento no definido políticamente (o vagamente definido) como el que empezaba a formularse un creciente sector español claramente decantado hacia una izquierda liberal quiera y busque para expresarse una revista que, como *Triunfo*, sea *también* ligera. Una revista que, cuando la retoma Ezcurra, «había completado un largo trecho como revista cinematográfica desde que nació en Valencia en 1946 y trasladado a Madrid en 1948» con una difusión «más que aceptable» y «una cierta popularidad» [16]. Con una intuición sensacional, Ezcurra se da cuenta tanto de la importancia de encontrar un vehículo de expresión que no quede restringido por una estructura ideológica o de crítica política específica, como de la necesidad de expresar la difusa y ambigua politización de la sociedad española en un nuevo lenguaje que responda tanto a lo político como a lo cultural, tanto a la alta cultura como

---

[16] José Ángel Ezcurra, «Apuntes...», p. 43.

a la ligera, tanto a la cerrazón y censura impuestas por la dictadura como a las ansias de expansión y exposición de la audiencia a la que se dirige. Visto desde ahora, parece lógico pensar que fue la *imposibilidad* de que una publicación exclusiva o mayoritariamente de contenido político local y transnacional viera la luz en la franquista España de los años sesenta lo que decidió, por vía precisamente del posibilismo, la fórmula por la que se decantó la empresa de renovación de *Triunfo*. Esto, desde luego, es cierto, y en este sentido deben ser tomadas las palabras de su director: «El proyecto explícito [presentado a *Movierecord*] no lo consignaba así, pero ésta era la forma que había imaginado para orillar la actualidad política nacional cuyo honrado tratamiento directo no hubiera sido posible»[17]. Sin embargo, aunque en forma larvaria y arropado por la peculiaridad del régimen político en que éste se instala, está ya en el aire el germen de una política global de consumo que producirá, veinte años más tarde, los nuevos mapas económicos, culturales y políticos del capitalismo tardío frente a los que caerá *Triunfo*. Annelies van Noortwijk también lo entiende de ese modo y afirma con firmeza que «es importante insistir en que la historia de *Triunfo* se inscribe en una evolución política general en toda Europa occidental»[18]. De ese modo aparece en el proyecto lanzado por la revista, y a su pesar, una paradójica contraposición entre lo que quiere la revista (manifestarse como una voluntad cultural de izquierdas) y lo que produce una vez en la calle: el inicio de la puesta en marcha de un circuito poscultural entendido éste como la conjunción simultánea en el imaginario social de un deseo de libertad política que queda cruzado por un deseo de voluntad consumista.

Curiosamente, y de forma todavía no consciente, el espacio que va entre la difusión y la recepción de la revista se presenta como el lugar donde tiene lugar un doble e irreconciliable proceso. Por un lado, la voz generada por *Triunfo* como ente emisor pone en circulación un tejido cultural que se enmarca dentro de una libertad política tal como es ofrecida desde las diferentes y amplias propuestas de la izquierda del momento. Por el otro, el cuerpo social la escucha y la asume con reverencia y pasión, pero, en tanto ente receptor, traduce y reconstruye la propuesta político-cultural de la revista como un vehículo posibilitador de deseo, como una máquina que ante todo y sobre todo permitía atisbar aún

---

[17] *Ibid.*, p. 44.
[18] Annelies van Noortwijk, «La desaparición paradójica de una revista», en Alicia Alted y Paul Aubert (comps.), *Triunfo y su época*, p. 80.

de forma parca, parcial y precaria, las tentadoras delicias consumistas. De ese modo, si bien *Triunfo* fue una revista consciente y estratégicamente diseñada, pensada y editada para hacer llegar a un sector amplio de la intelectualidad española la información política y cultural proveniente del exterior de la que carecía, sus lectores la reciben como artefacto poscultural, como máquina de guerra desveladora de posibilidades y deseos que no estaban en absoluto, en contra de lo que parecía, localizados dentro de las propuestas izquierdistas-marxistas de aquellos años.

Este peculiar proceso explica en parte la traducción a mercancía de consumo que la sociedad española hará más tarde de sus valores e ideologías políticas y de sus vanguardias culturales. Adelantado en el caso español, este mismo proceso es el que se hará evidente más adelante en otras y diversas geografías. Tanto en España como en el exterior, cultura y política han quedado intrincadas globalmente en una economía de mercado de expansiva afiliación capitalista que se dedicará claramente a partir de los setenta, como mencioné anteriormente en palabras de David Harvey, a «la producción activa de lugares con cualidades especiales» propicios para el florecimiento y expansión de los nuevos modelos» [19].

Pero es ya en los primeros sesenta cuando se inicia precisamente lo que Harvey ha identificado para la década posterior, la de los setenta, como un proceso de «competición espacial entre localidades, ciudades, regiones y naciones» [20] y que llevará a diversas ciudades y geografías del mapa mundial a intentar generar una imagen suficientemente distintiva y atractiva y con una atmósfera de tradición histórica local/global apropiada, que haga deseable su elección por el capital de las nuevas y pujantes corporaciones. España no es en este sentido ninguna excepción. Geográficamente colocada en el circuito occidental, responde desde la derecha y desde la izquierda políticas a las nuevas demandas del mercado. Y desde esta hipótesis una serie de sucesos tuvieron lugar en los sesenta en la península que deben ser tenidos en cuenta.

En primer lugar la desruralización masiva del país, que respondería tanto a la pobreza dolorosa y evidente existente entonces en el campesinado español como a la inserción plena de España en el nuevo circuito urbano: es en la década de los sesenta cuando, y debido a la emigración masiva del campesinado a los grandes centros industriales de dentro y

---

[19] David Harvey, *The Condition of Postmodernity*, p. 295.
[20] *Ibid.*

fuera de la península, España pasa de ser un país predominantemente
rural a uno básicamente urbano.

En segundo, la urbanización del país corresponde al inicio de una
campaña estatal de producción de nueva imagen. Acorde con el proceso identificado por Harvey, tal producción empieza en España en los sesenta con la construcción de las entonces llamadas ciudades-satélites,
creadas para acomodar de la forma más barata posible a la nueva población urbana proveniente del campo; sigue con la desgraciada devastación arquitectónica producida en nuestras costas, genocidio arquitectónico que permitirá acomodar, también al mínimo costo, a las crecientes
masas de rubios veraneantes extranjeros; y termina con la flamante remaquillación posmoderna de espacios, cuerpos y conductas seguida en
la posdictadura.

Se puede afirmar por tanto que a pesar de las tensiones y chirridos
que tal movimiento de integración en la nueva economía capitalista global necesariamente produjo al ser generado desde un régimen totalitario parcialmente desmarcado de las estructuras políticas exteriores, España entra de forma clara a partir de los años sesenta, y aún con el lastre
de la dictadura, en el proceso competitivo estético-económico-social de
producción activa de lugares con cualidades especiales.

Este mismo proceso es el que, por ejemplo, hace vender como ros-
quillas en la barcelonesa calle de Tuset a finales de los sesenta los carteles del Che Guevara que, de acuerdo con la remaquillación al uso, se tra-
ducen apropiadamente como pósteres; el que hace que la barcelonesa
calle Tuset en la que este intercambio consumista tiene lugar pase a ser
"Tuset Street"; o al que lanza al nuevo español medio a reproducir como
pueda (o a desear reproducir) el espacio vacacional de consumo, ya en
tren de tercera, ya en seiscientos, ya en aquellos entonces impresionantes Seat 1500.

Este proceso, combinado con el ansia de liberación política con la
que sin darnos cuenta se identificaba, es el que en parte llevará en des-
bandada al sector intelectual de la población a comprar *Triunfo*. Pero es
también este mismo proceso el que al final lo liquidará. Aunque no este-
mos habituados a pensarlo, el caso español no se desmarca demasiado
en el momento del nacimiento de *Triunfo* de las vías que la máquina po-
lítico-económica capitalista que está entonces empezando a tantear, y
que se identificará luego como el mercado global de acumulación flexible que todas y todos conocemos bien. El hallazgo de Ezcurra, el diseño
político-cultural que éste imagina localmente para *Triunfo* y globalmente para el país, es también imaginado a la vez por otras mentes y otras

empresas en Europa y América, produciéndose máquinas cultural-económico-políticas en apariencia tan dispares como el fenómeno "Beatles", la masificación cultural, o las apoteosis de resistencia de Praga o París. Para bien y para mal, la "fórmula" de Ezcurra es la misma o similar a la que, recorriendo avasalladora el mundo occidental, condensa, resume y consume la historia mundial contemporánea en forma de cuatro pósteres fundamentales, siguiendo la perspicaz observación de Eduardo Haro Tecglen:

Lumumba fue el primer póster. La palabra inglesa se instaló espontáneamente en el mundo, hasta en países donde este grito gráfico estaba arraigado, como el cartel en España [...]Fidel Castro acompañó a Lumumba [...].Otro póster: Ho-Chi-Minh [...]. El cuarto y el último gran póster revolucionario y político de la década fue el de Ernesto Guevara [21].

Quizás, todo parece confirmarlo, las revoluciones de los últimos años del milenio desde el Asia de Mao y Ho-Chi-Minh hasta la América Latina de Ernesto *Che* Guevara no han sido más que imaginarias, como dice Eduardo Haro Tecglen. Probable y desgraciadamente es cierto que muchas de las acciones y gestos de los sesenta y setenta han quedado en la historia como simples pósteres de consumo. El proceso histórico que produjo más tarde el derrumbe de las grandes narrativas utópicas de aquellos años, causa de nuestra presente y general perplejidad y desorientación, no escondió entonces, sin embargo, el germen que lo movilizó y condujo a los resultados de hoy. Lo que importa ahora no es tanto constatar la globalidad de la geografía política revolucionaria de aquel momento ya lejano sino darnos cuenta de que la acción revolucionaria, reposeída como capital cultural, fue elaborada, traducida, vendida y consumida como artículo de consumo.

Por otra parte, si de las revoluciones no quedan más que brillantes y decorativos pósteres, no debemos olvidar que éstos fueron colgados sobre todo en cómodas habitaciones. La euforia revolucionaria, el *happening* y la celebración eran, fueron, fiestas privadas de sectores privilegiados occidentales (o podríamos decir transoccidentales, incluyendo en este término, quizá no demasiado afortunado, todas aquellas geografías succionadas por el capitalismo tardío). Que las solidaridades con las diversas poblaciones agredidas y masacradas fueran totalmente sentidas y bien intencionadas y que los jóvenes participantes a la gran fiesta de la

---

[21] Eduardo Haro Tecglen, *El 68: Las revoluciones imaginarias*, pp. 20-22.

revolución fueran profundamente sinceros no cambia nada. El proceso fue sobre todo occidental. Y no es casualidad por tanto que después de la caída del muro de Berlín en 1989 y del colapso soviético, el cuerpo muerto del futuro utópico descanse en los grandes cementerios europeos.

Tiene sentido entonces que Gabriel Albiac en *Mayo del 68. Una educación sentimental*, recuento actual, dolorido y pasmado de los años revolucionarios de un español involucrado en la macroestructura de resistencia marxista, empiece su memoria con el entierro en 1992 en Francia de uno de los grandes líderes marxistas. Congregados alrededor del cadáver, de diversas geografías llegan ex resistentes y ex militantes. Y aunque puede parecer curiosa la escenografía funeraria con la que el texto se construye, es del todo coherente con nuestros tiempos y que conecta por otra parte con aquel anterior entierro del conde de Orgaz propuesto por el Equipo Crónica: al final de las revoluciones, al final de la historia, el centro se presenta como un socavón, una tumba ocupada por el cuerpo muerto del marxismo. Alrededor de este centro vacío, hay otros cuerpos que, como el personaje del narrador, no están muertos pero tampoco del todo vivos. Cuerpos zombies, perplejos y dañados, agrupados, reunidos en esta última hora por la llamada de la muerte, a menudo no van a poder hacer más que convertirse en muñecos de una historia de cómic.

Si volvemos ahora al primer número de *Triunfo* con atención renovada, vemos cómo ya todos estos conflictos pueden ser detectados allí de forma sutil. En el caso español, el deseo de apertura al que *Triunfo* da voz y expresión cultural denota involuntariamente y a su pesar la falacia política en que tal deseo se asentó. Un rescate de esta primera portada señala que la cabeza de pelo desordenado y cara expansiva, seductora y relajada de Brigitte Bardot avanza ligeramente sobre su cuerpo tumbado en la hierba, evocando de forma clara una accesibilidad sexual y un relajamiento social situado a años luz del contexto español del momento. Si en el imaginario español el ícono Bardot es en la portada de *Triunfo* la representación de una geografía móvil, de apertura política y sexual; si la actriz encarna para la España de entonces una idea de Europa, un espacio anhelado de libertad situado más allá de las fronteras políticas y culturales impuestas por el régimen, la estrechez del pequeño recuadro que expone la cabeza tapada —y desprovista de cuerpo y contexto— de nuestra flamante Miss Europa resulta entonces especialmente desgarradora.

Una invisible línea de deseo une estrechamente a las dos fotografías. Un deseo que, yendo más allá del explícitamente sexual, rechaza el corsé político y cultural representado por el parco encuadre de la fotografía de Maruja García para reclamar el espacio sin marco desde el que la imagen de Bardot se ofrece. Un deseo que encuentra en este año de gracia de 1962 el primer orificio de escape y que empuja y sube desde el castizo y prosaico nombre representado por la recatada y empañoletada cabeza de la miss española a la exótica pronunciación y despeinada y desvestida persona que el ícono Brigitte Bardot propone.

El objeto de deseo de la España medio y tardofranquista se ha identificado repetidamente con una puesta en efecto de las llamadas libertades democráticas, aunándose éstas a una práctica de liberación sexual que se siente en el país como necesaria. De ese modo es coherente que el contenido social ligero del primer número, exponente sobre todo de una cultura del espectáculo, sea arropado por la seductora portada; así como también lo es que la revista sienta la obligación de cubrir, pocos meses después de su aparición, dos grandes acontecimientos históricos: el inicio del Concilio Vaticano II y la crisis de los misiles en Cuba. Explica de nuevo José Ángel Ezcurra referente a ello:

Para cubrir ambos grandes temas *Triunfo* logró dos grandes incorporaciones a su equipo de trabajo: Eduardo Haro Tecglen, que trató magistralmente la confrontación USA-URSS en Cuba, y Enrique Miret Magdalena, que supo explicar a los españoles el verdadero alcance de la histórica iniciativa de Juan XXIII. Desde entonces y hasta la desaparición de la revista, semana tras semana, las firmas de Haro y de Miret no faltaron nunca a su cita profesional[22].

La incorporación de Haro y Miret, así como la posterior inclusión de Manuel Vázquez Montalbán o Ramón Chao entre otros, al equipo original formado sobre todo por Ezcurra y José Monleón, da por fin realidad a la imaginada fórmula. A partir de los números consiguientes, las páginas de la revista se van conformando cada vez con mayor fuerza como un espacio en el que confluyen, para ser reactivadas, una serie de cuestiones en las que la política económica, cultural y religiosa se cohesionan. Se afianza un profundo proceso de identificación entre esa intelectualidad española de izquierdas y *Triunfo*, que asume sin ambages la función de ser su voz.

Lo que *Triunfo* y su director ponen en marcha es imprecedente en el desierto cultural de la posguerra española. Lo que los desolados textos de los años cuarenta y cincuenta no podían ni siquiera concebir se hace de pronto posible al entrar la década de los sesenta. Desde Camilo José

---

[22] José Ángel Ezcurra, «Apuntes…», p. 46.

Cela (*La familia de Pascual Duarte*, 1942) y Carmen Laforet (*Nada*, 1944), hasta el texto terminal de una época de Luis Martín-Santos (*Tiempo de silencio*), publicado ya en 1965, con *Triunfo* en la calle, pasando por las excelentes pero desesperanzadas cinematografías de los años cincuenta (sobre todo las de Berlanga, Bardem y Ferreri), la libertad fue siempre imaginada como pérdida. Hasta el momento de la década de los sesenta o, si queremos señalarlo de forma puntual, hasta la aparición de *Triunfo* en el año 1962, la producción artístico-político-cultural española responde en el país a un sentimiento de fracaso y derrota.

Por el contrario, y gracias a la designación de Maruja García como Miss Europa —elección a su vez hecha posible por las nuevas condiciones de mercado—, la línea imaginaria que va de Maruja a Brigitte es la senda que posibilitará el pase de todas aquellas y aquellos deprimentes "Garcías" —ya con bigote y gafas de sol fascista, ya con pañoleta, corsé y peineta de española de verdad— a ser, o casi ser, de pronto, "Bardots". La portada de *Triunfo* es una de las primeras expresiones gráficas que manifiestan la voluntad de un futuro cultural de consumo en España hermanado con la del resto de Europa. En cierto modo *Triunfo* es la primera piedra que pavimentará el camino que nos llevará más tarde, mucho más tarde, a los inquietantes, terribles y heridos cuerpos híbridos ofrecidos por Jorge Rueda en la fotografía *Mullereta* (1975), por Nazario con su *Anarcoma*, por Iván Zulueta en la película *Arrebato* (1978), por Pedro Almodóvar en su primera cinematografía y con su personaje *Patty Diphusa* o por los poemas, canciones y narraciones de Leopoldo María Panero, de Eduardo Haro Ibars, y de tantos otros y otras de algún modo asociados a la "movida" española de la transición.

En España, y en *Triunfo*, la voluntad cultural de los sesenta y setenta está tocada, todavía sin saberlo, por una economía capitalista de mercado. Nace y crece, sin embargo, simultánea y necesariamente arropada por una voluntad de libertad política. Y viceversa. Éste es quizá uno de los puntos clave para entender el posterior desencanto posfranquista, precisamente porque nos pasa casi del todo desapercibido. Es decir: que el ansia libertaria de una gran parte de la población española que hizo de *Triunfo* su vehículo expresivo, respondía sobre todo (o respondía también, si preferimos matizar) al ansia de *consumo* cultural que sólo podía hacerse factible con el ingreso de España en la economía capitalista de nuevo mercado.

MIGUEL ESPINOSA Y LOS TIEMPOS DE CAMBIO

Son los escritos de Miguel Espinosa Gironés, nacido en Caravaca, Murcia, en 1926 y muerto en Murcia en 1982 de un ataque al corazón, uno de los mejores exponentes de la drástica fisura psíquico-político-social ocurrida en la España del tardo y posfranquismo y quizá por ello no sea Espinosa, aunque justamente reconocido por la crítica literaria española, un escritor ampliamente leído. Aislado de los círculos literarios de Madrid y Barcelona, no trascendió más que en parte, y no hasta después de su muerte, el círculo periférico de Murcia[23]. Distante y suspicaz de todo "lo académico", Espinosa mantuvo su escritura de forma privada y separada de su vida profesional de abogado[24].

Y sin embargo, leer a Espinosa se hace imprescindible si queremos detenernos en ese preciso momento de coincidencia situado entre el fin del franquismo y el inicio del nuevo paradigma histórico. Sus tres obras principales, *Escuela de mandarines*, *La fea burguesía* y *Tríbada. Theologiae Tractatus*, son textos claves de la transición, escritura desgarrada y lúcida de una historia española que es también escritura del fin de una historia. Leer a Espinosa es leer la fisura en la que se instala la transición española dentro de una escritura histórica universal amplia. Es fran-

---

[23] Entre los volúmenes dedicados a Espinosa, véanse *Miguel Espinosa y la escritura*, actas del congreso internacional celebrado en 1991 con el mismo nombre; los números especiales dedicados al escritor de *El Urogallo*, *Posdata*, y *La Página*, y el número monográfico que *Diálogo de la Lengua* dedicó al escritor, coordinado por Luis García Jambrina. Entre los estudios individuales consúltense los de José Belmonte Serrano, Rafael Conte, Luis García Jambrina, Mercedes Rodríguez, Gonzalo Sobejano, Juan Carlos Vidal y Teresa Vilarós.

[24] Después de su muerte, y sobre todo después de la publicación de su novela *La fea burguesía* en 1990, Espinosa consigue póstumamente en España el crédito debido. Desde las páginas de *El País* y del *ABC* y desde la crítica entusiasta de Rafael Conte, Espinosa se convierte al fin en un escritor conocido y respetado: «La figura de Miguel Espinosa —escribe Conte— es la única entre todas las que he conocido y leído en esta segunda mitad de nuestro siglo, que me hace respirar y vivir bajo el signo del genio» (Conte, «Miguel Espinosa. Un genio fuera de tiempo», p. 36). En la Feria del Libro de Francfort de 1991, *La fea burguesía* se lista como uno de los diez mejores libros españoles desde 1975 (*Quimera, Especial Frankfurt 91*), multiplicándose a partir de este momento artículos y referencias. Sin embargo, y a pesar de los esfuerzos de Conte y de otras personas que le conocieron y respetaron (entre los que se cuentan su hijo, Juan Espinosa, y sus amigos Pedro García Montalvo, José López Martí, Mercedes Rodríguez y Eloy Sánchez Rosillo), Espinosa no llega a ser en la península un autor popular. De lectura difícil y lenta, el relativo desconocimiento popular de Espinosa en España queda reflejado a su vez por su casi total desconocimiento en el extranjero.

quear un pasaje especial en el que se encuentran (o desencuentran) los sentimientos más dispares y los cuerpos más diversos[25]. Escritor pleno, su obra es a la vez terriblemente local y global, insoportablemente cercana y dolorosamente alejada, a la vez vaticinio y encarnación de las complicadas geografías políticas del momento en la modernidad última[26].

La obra de Espinosa, escasa en títulos pero extensa en páginas, nos habla directamente de la historia reciente de España, entendiendo ésta como parte de un tejido global. La escritura de Espinosa es, en palabras de Ramón Buckley, «antiescritura [...] una suerte de antiliteratura, en el sentido de que no ficcionaliza la realidad sino que, al contrario, la desficcionaliza»[27]. Con nuevo y fascinante léxico, Espinosa atiende a la difusa globalidad del poder desde la especificidad de la transición de la que forma parte. Es decir, trata, a la manera propuesta por Michel Foucault de «analizar la especificidad de los mecanismos de poder, reparar en los enlaces, las extensiones, edificar progresivamente un saber estratégico»[28].

Pero si el discurso filosófico de Foucault, por razón misma de su género, se dirige a la universalidad, la atención de Espinosa se enfoca en cambio en la más estricta localidad, a la cual le da nombres y apellidos concretos. De forma magmática, en páginas desbordantes de lenguaje, Espinosa reconstruye con atención infinita un momento suspendido, una historia particular de la historia de la España contemporánea. Ésta, que bien podríamos llamar la Historia de España de la Transición, según Miguel Espinosa empieza a construirse con fuerza a partir de *Escuela de mandarines*, premio Ciudad de Barcelona 1974; e, impactada por los acontecimientos políticos del momento español, se continúa en *La*

---

[25] El fin de la concepción unitaria de la historia, en los términos explicitados por Gianni Vattimo en *La sociedad transparente*, queda reflejado en estos años en que escribe Espinosa sobre todo en el abandono de los términos "marxista" y "leninista" por los dos principales partidos de la oposición (PCE y PSOE). Sin embargo, debemos recordar que a tal decisión no se llegó en total consenso. En *Spain after Franco*, por ejemplo, los autores recuerdan las declaraciones que en 1978 Dolores Ibárruri hizo a un periodista americano. La Pasionaria afirmaba entonces que el partido no había renunciado a la dictadura del proletariado; mientras, Alfonso Guerra se dirigía a la prensa reafirmando las raíces marxistas del PSOE en respuesta al anuncio de Felipe González de repudiarlas (Richard Gunther *et al.*, *Spain after Franco*, p. 156).

[26] Para una reflexión sobre la historia y sus saltos paradigmáticos, véase la introducción de John R. Synder a la edición americana *The End of Modernity* de Gianni Vattimo, pp. xxxiv-xxxv.

[27] Ramón Buckley, *La doble transición*, p. 107.

[28] Michel Foucault, *El discurso sobre el poder*, citado por Buckley, p. 107.

fea burguesía, novela escrita entre 1971 y 1976 pero revisada en 1980 y publicada póstumamente diez años más tarde, para derrumbarse en *Tríbada. Theologiae Tractatus* casi como testamento póstumo (primer tomo de 1980, segundo tomo publicado póstumamente en 1983, primera edición conjunta de 1986).

En los tres textos, las palabras se multiplican, fluyen atropelladas, se friccionan y se yuxtaponen para ofrecernos una narración historiográfica que carga y descarga significados, implosiona y fragmenta sentidos y deja al final de su trayecto la traza de la devastación. Una voz o un eco común (un estilo) las recorre a todas ellas y, aunque diferenciadas y singularizadas como obras distintas e independientes, pueden ser leídas también como texto único. Tomados como tal, la devastación de sus últimos escritos marca retrospectivamente la lectura de los primeros y deja al descubierto el espacio fisural. El espacio utópico que Espinosa trazaba en *Escuela de mandarines*, escrita durante el tardofranquismo y alegoría del régimen, queda desintegrado de forma espectacular al considerar la novela como parte de un texto único insertado en el devenir global que incluye también tanto a *La fea burguesía* como a *Tríbada*.

Al destruir la voluntad de futuro a la que sus primeras obras apuntaban, los textos finales de Espinosa quedan en tránsito entre un pasado cancelado y un porvenir imposible. Suspendidos, quedan condenados a ejercer una disección interminable y minuciosa del pasado inmediato español, sin poder por otra parte afirmar ni asegurar ningún destino. Al final de su camino (es decir, al final de sus dos novelas últimas: *La fea burguesía* y *Tríbada*) la Historia que nos deja Miguel Espinosa impide y borra la resituación y restitución a la que se dedicaba *Escuela de mandarines* más allá del pasmo y arrebato poético. Y lo impide no porque rehúyan sus últimos escritos la política, sino precisamente porque, llevado lo político hasta el límite, éste se desmorona en un espacio donde el silencio se evidencia como único resultado poético.

El texto continuo en que las novelas de Espinosa escriben su historia particular de España desemboca en aquel «largo desierto de esperanzas traicionadas» del que hablaba Gabriel Albiac. No lo hace desde el río de la práctica política —como es el caso de Albiac—, sino desde el fluir de la práctica poética, no por ello sin embargo menos política. La historia de Espinosa queda cruzada, poética y políticamente cruzada, por la voz de "Miguel Espinosa", que empieza segura y fuerte en *Escuela de mandarines* bajo los nombres de "el Eremita" o "la Vejez" además del de "Espinosa"; que sigue, herida y tambaleante, en *La fea burguesía* como narrador innombrado en su primera parte, o como "Godínez", en la segunda; y que, finalmente perpleja y arrebatada, explota en *Tríbada* en mil fragmentos, obra en que esta voz encuentra su máxima expresión a la vez que su máximo silencio.

En *Escuela de mandarines*, clara aunque no únicamente alegoría del régimen franquista, un estado imaginario, la Feliz Gobernación, se organiza en castas sobre las que manda o reina «un Gran Padre Mandarín y un Conciliador, generalmente Dictador» (p. 63). La narración que nos pasa la Vejez está dedicada a la construcción y se hace eco de los proyectos y reflexiones sobre el poder de los sectores izquierdistas de la España del momento. La Vejez, una de las voces narradoras en la novela, es poseedora de una causa, de una razón de escritura, como también la tenía toda aquella antigua oposición: la de convertir la historia de la Gobernación —y con ella y por analogía la historia del franquismo— en texto a interpretar y por tanto en armazón a construir. La voz de la Vejez está empeñada en dejar su relato como testamento a futuras generaciones que él profetiza como sabias en la política y sagaces en la interpretación. Tarea monumental para la que toma como escriba al personaje de "Miguel Espinosa" y como referente excelso a la figura de Azenaia Parzenós —o "Mercedes Rodríguez" por otro nombre— musa inspiradora y perfecta que con su progenie ateniense y clásica se ofrece como benéfica utopía futura[29].

La creencia de la Vejez —llamada también a menudo "el Eremita"— es clásicamente fundacional de acuerdo a la más tradicional genealogía histórica: para producir el futuro hay que relatar lo pasado lo más extensamente posible, lo más detalladamente posible, procurando no dejar nada al olvido. La Vejez está embarcada en una narración platónica que, bajo el ideal "Azenaia", permitiera la construcción de ese futuro. Ése es su objetivo final, su condición y esencia como narrador.

Pero entre el narrador y su escucha Cara Pocha, mandarín de La Feliz Gobernación y llamado "Intérprete de los Hechos", median "Miguel Espinosa" como escriba y Azenaia Parzenós como musa. Entre ellos se va tejiendo el texto de *Escuela de mandarines*, dedicado en últi-

---

[29] El nombre de "Mercedes Rodríguez" escondido tras la Azenaia de *Escuela de mandarines*, la Clotilde de *La fea burguesía* y la Juana de *Tríbada* tiene como referente real a Mercedes Rodríguez, persona con la que Miguel Espinosa se relacionó durante muchos años. También el personaje de Damiana en *Tríbada* tiene por su parte referencia real, una relación amorosa que marcó profundamente al escritor. El procedimiento de esconder/desvelar personas de carne y hueso bajo los personajes de sus novelas es característico de Espinosa, quien llega incluso a utilizar masivamente los nombres, apellidos y comentarios reales de muchos de sus conciudadanos y amigos.

ma instancia a contestar a la pregunta final de la Vejez sobre si «por ventura existirán mandarines dentro de cincuenta milenios» (p. 714). La pregunta, respondida por el Intérprete con un «no lo sabemos» (p. 714), se manifestará a la vez como la cuestión esencial del texto, la incógnita que genera su inicio y provoca a su vez su final.

Escuela de mandarines no proporciona respuesta a la pregunta porque no puede en aquel momento todavía proporcionarla. Texto indeciso aunque desde luego esperanzado, no expone en su piel ni en su carne, simplemente por cuestión de sucesión temporal, la debacle principal, la explosión y descentramiento radical que la bomba que mató al almirante Luis Carrero Blanco instaló en la psicología social pocos meses antes de que la novela viera la luz. Antes del asesinato de Carrero, ni la Vejez ni el país tienen respuesta, quedando ambos textos, el literario y el social, instalados en el posibilismo de la pregunta. Todavía en este momento existe la creencia de que dentro de cincuenta milenios —o después de los años franquistas si preferimos identificar la alegoría— algo nuevo y distinto de la Feliz Gobernación (del franquismo) pueda hacerse realidad, pasando esa viabilidad futura por un proceso de posesión y comprensión de la totalidad presente. La novela da voz a un sentimiento general consistente en querer abarcar y explicar la totalidad de la historia presente y pasada.

Pero el final del libro nos presenta el indicio de la gran brecha a la que *Escuela de mandarines*, como el país mismo, está necesariamente abocada. Si la Vejez cree que al haber transmitido su narración y memoria histórica a "Miguel Espinosa" —el intelectual de izquierdas, el poeta, el liberal— ha cumplido con la tarea de preservar la verdad ética y política que le da razón de ser, el mandarín Cara Pocha se apresura a desmontar tal sueño. Es en este momento cuando el futuro utópico al que "Miguel Espinosa" y la Vejez atendían, y del que "Mercedes"/Azenaia era mediadora, se disuelve. A pesar de haber sido la Vejez el narrador del relato, a pesar de haber sido éste dictado a "Miguel Espinosa", corazón del texto y "juglar de Azenaia", es el Gran Padre Cara Pocha, intérprete y mandarín, el que en último término autoriza el texto. Por este gesto del Intérprete de los Hechos, "Miguel Espinosa", el escriba fiel, va a quedar para siempre atrapado junto a la Vejez y a la "Mercedes"/Azenaia por él ensalzada en ese mismo texto que él ha ayudado a construir. Por causa de la intervención y autorización del Intérprete (¿y cómo podría ser ello impedido?), Azenaia, la utópica, perfecta, clásica y platónica posibilidad de bien común, no tiene futuro más allá de esta escuela de mandarines que aborrece.

Como tampoco tuvieron futuro los proyectos marxistas del momento. El gesto del Intérprete de los Hechos torna a Azenaia en objeto perdido, de manera parecida a como la bomba de la calle Claudio Coello que mata a Carrero, o la crisis económica de 1973, o las reagrupaciones sociopolíticas de los sesenta y setenta mostraron perdidas las antiguas ideologías. Si aceptamos que es en el período de la "pretransición", momento en que *Escuela de mandarines* se escribe, cuando «florece en nuestro país la utopía libertaria»[30]; si creemos que esa misma utopía es la que nos permitía pensar que

la escalada de los atentados de ETA, la creación del FRAP en 1974, la actuación de los GRAPO o las bandas anarquistas que actúan en Barcelona (Puig Antich) [... o] la voraz espiral de la violencia que se había desatado en España en aquellos años era, en realidad, una "pre-revolución", que aquel reino del terror que el propio estado había desencadenado en respuesta a los actos terroristas nos situaba al borde de la revolución misma[31]

el final del texto de Espinosa no hace más que darnos de bruces con la realidad, emplazarnos en el borde del abismo, en el límite pasmado en que la nueva historia (o el fin de la historia) nos ha colocado.

A partir de la muerte de Carrero no podremos acceder a la posibilidad de futuro utópico que Azenaia Parzenós/"Mercedes Rodríguez" ofrecía más que volviendo a los límites que *Escuela de mandarines* marca. O dicho de otra forma, los sueños libertarios (o simplemente liberatorios) parecen realizables sólo si se sueñan *dentro* del odiado espacio de la Feliz Gobernación. Proceso de ensoñación por lo demás para siempre ya imposible al marcar el despertar el fin de uno y otro texto. No hay vuelta, no hay regreso, y a esa inesperada constatación tiene que enfrentarse no sólo el poeta, ese "Miguel Espinosa" que era su escriba y su juglar, sino todos los ciudadanos y ciudadanas de los que el poeta se había constituido en voz. Y así como Jaime Gil de Biedma escribiría desolado que no era suyo este tiempo, también para "Miguel Espinosa", fuera del marco que le ofrece la Gobernación, el tiempo va a ser otro, uno que desde luego no va a acoger a Azenaia.

En el espacio textual de *Escuela de mandarines* Azenaia era el hálito e inspiración para el poeta, lo que está más allá de la Feliz Gobernación que habitan los mandarines, más allá incluso del "Miguel Espinosa"/ Eremita / Vejez a quien su deseo impulsa. Instalada en un cielo utópico

---

[30] Ramón Buckley, *La doble transición*, p. xiii.
[31] *Ibid.*

situado en los márgenes del texto, Azenaia Parzenós es su origen tanto
como su devenir. Es "divina" y a ella y ante ella se dedica, se dirige y se
inclina la escritura. Azenaia, platónica y moderna, es el elemento fundacional de la escritura ilustrada de *Escuela de mandarines*:

Azenaia, alma mía, / hoy que existen mandarines, /y mañana, cuando de esta
Gobernación / apenas queden collares de momia, / por insospechadas manos
sostenidos / [...] / tu permanecerás (p. 672).

Sin embargo, cuando por fin de la Gobernación quedaron sólo "collares de momia", cuando la España franquista de la que *Escuela de
mandarines* fue alegoría llegó a sus años finales, cuando el almirante Carrero Blanco es ya cadáver y cuando Franco mismo agonizaba en la
cama y el régimen se sabía obsoleto, Azenaia y sus nombres no perma-
necen. La fuerte creencia en Azenaia que, como futuro utópico, impul-
saba al poeta, termina con el texto mismo. Lo cual es lo mismo que decir
que termina con el franquismo. El "Miguel Espinosa" *alter ego* del Eremita estoico y de la Vejez sabedora no podrá ser el "juglar de Azenaia"
más que inmerso en el mismo texto en el que habita la Feliz Gobernación con sus mandarines.

Anagnórisis terrible la del poeta que llega al final de su lenguaje y de
su política. Al término de *Escuela de mandarines*, el que «desveló a Azenaia y la transformó en universal», el que la vio «en trenza y en cabello»,
el que «oyó su voz y sintió las leyes de su andar» y el que «contempló las
galaxias de sus ojos y la Tierra de su atezada piel» (p. 713), se ve irremediablemente limitado. Así lo entiende, rápido, el Intérprete quien, lla-
mando a la Vejez "carcamal" y "pendenciero" le espeta: «En cuanto a la
Alta Criatura, la Gentilísima, la Sola y la Señera, Azenaia Parzenós, tanto se escribió y pensó sobre ella que nada podrás añadir sin repetición o
parodia. ¡Lo lamentamos!» (p. 713).

En la poshistoria, en la posmodernidad, Azenaia no será más que
parodia o repetición vacía. Al final de la novela no son el Eremita, la Vejez o "Miguel Espinosa" los poseedores de la escritura y de la historia,
sino el Intérprete de los Hechos. Saliendo de la cueva de reminiscencia
platónica donde el relato se ha producido, es el Intérprete quien, con «el
dibujo de su enlutada figura sobre la tela blanca de la aurora» (p. 714),
se apropia de Azenaia como futuro utópico y la transforma en simulacro. Con el gesto escritural que el dibujo enlutado de su figura produce,
el Intérprete roba a Azenaia a su narrador y creador, ligándola para
siempre a la existencia de la Feliz Gobernación.

El rapto tiene lugar en las últimas páginas de *Escuela de mandarines*, momento en que se produce el enfrentamiento final entre la Vejez y el Intérprete:

—El "Cielo de Azenaia" lo compondré yo, que no mandarín ninguno" [...]. —Apea las vanaglorias, carcamal pendenciero, abandona el encono y no insultes tu única compañía —replicó su Tolerancia [...]. —Estúpido Cara Pocha, lirio del campo, tracista y mindango, ¿cómo te atreves, desabrido, a limitarme en lo que yo desvelé y transformé en universal?" —exclamó la Vejez [p. 713].

A pesar de los exabruptos de la Vejez narradora, va a ser Cara Pocha, el Intérprete, el que se quedará para siempre con Azenaia —futuro utópico que la propia existencia de la Feliz Gobernación demanda. La paradoja se produce: la escritura de *Escuela de mandarines*, aunque construida como puente hacia Azenaia, no permite al final su acceso y deja al poeta, o al intelectual de izquierdas, en la brecha de su final, para siempre suspendido en su pasaje. El puente-pasaje a ninguna parte que el final de *Escuela de mandarines* inaugura, de nuevo evoca el espacio donde habita la "Cosa" lacaniana, el espacio de lo real donde los textos últimos de Espinosa —*La fea burguesía* y *Tríbada*—, ya parte y cuerpo de la transición, se instalan.

Cuando *Escuela de mandarines* termina, cuando la Feliz Gobernación termina, cuando los años franquistas terminan, la Historia sigue como poshistoria. El poeta queda de pronto instalado en el espacio de lo ominoso, un futuro radicalmente distinto al que aspiraba desde *Escuela de mandarines*. Despojado de Azenaia, robada para siempre su concepción de la Historia como unidad compacta y narrable, estirpado por el mismo lenguaje que debía haberle salvado, el poeta contempla en espasmo y en jadeo dolorido el cambio social del tardofranquismo, la venta terrible que de pronto ha tenido lugar.

Ve cómo los mandarines de la Feliz Gobernación se tornan "fea burguesía" en esta naciente posmodernidad; cómo la antigua y divina Azenaia se transmuta y fantasmagoriza en "Clotilde", burguesa cotidiana; cómo el Intérprete de los Hechos toma las riendas de la nueva historia en forma de "Camilo", ejecutivo tecnócrata del tardofranquismo y esposo de Clotilde; y cómo, en resumen, la Feliz Gobernación se adapta al medio como insecto indestructible y se prepara ante estos años nuevos que marcarán la entrada de España al nuevo sistema capitalista de acumulación flexible.

Estamos ya en *La fea burguesía* y en plena transición, textos ambos entrelazados. Después de la brecha y diferencia que el final de *Escuela de mandarines* impone, el lenguaje de Espinosa se impregna en esta nueva novela de una tonalidad oscura. A partir de *La fea burguesía* leer a Espinosa produce dolor e incomodidad, provoca un no querer continuar por el camino en que su lenguaje nos sumerge. Pero al mismo tiempo, algo también poderoso nos atrae. El lenguaje de Espinosa nos deja perpetuamente en precario equilibrio entre el rechazo y la seducción, entre el disgusto y el gozo, entre el pasmo y, como diría él mismo, la aburrición.

La posición inestable que su lectura produce, sin embargo, no responde a contradicción textual ninguna entre el antes de *Escuela de mandarines* y el después de *La fea burguesía*. La voz de Espinosa en estas novelas es la misma voz continuada de sus anteriores. Lo que produce el desequilibrio (y la fascinación) es la ominosa constatación de que sus textos últimos no hacen sino repetir, friccionar y yuxtaponer lo que *Escuela de mandarines* dio por terminado. La sensación de vértigo no tiene que ver con cambio alguno. Al contrario, tiene que ver con la permanencia *ad infinitum* de un cuerpo textual que se daba por muerto y que revive en nuevas representaciones y en mil y un fragmentos.

Decidido a continuar después de *Escuela de mandarines*, "Miguel Espinosa" no puede darse voz más que a través de la fragmentación masiva, no puede encontrarse más que a través del orden que produce el caos. Paradójicamente, es la pérdida del objeto, la pérdida de Azenaia, de la visión utópica y del universo platónico, la que nos deja oír el inconfundible "eco" textual de Espinosa. *La fea burguesía* se escribe como texto suspendido entre la divina Azenaia de *Escuela de mandarines* y la banal Damiana de *Tríbada. Theologiae Tractatus*, su novela última y definitiva. De ese modo, si *Escuela de mandarines* investigaba la posibilidad de futuro y *Tríbada* constatará el final de un pasado, *La fea burguesía* queda oscilando entre un antes y un después, entre un pre- y un post- que se ofrece como espacio escritural del profundo desencanto español.

La novela es la ficcionalización de la cotidiana y fea realidad de la sociedad burguesa española en los últimos años de un dictador, en un fragmentado recorrido que nos lleva desde la posguerra de los años cuarenta hasta la actualidad de los años setenta. *La fea burguesía*, novela urbana por excelencia, se escribe como texto en este vértice, en este momento de transición, en este momento de emergencia de algo nuevo que rompe y a la vez no rompe con lo anterior. Es guía de los modos sociales, hábitos y relaciones de la clase dominante que habita la nueva ciudad, marcados ahora por nuevas premisas en las que la ficcionalización de la realidad (o la realidad como experimentación ficcional) toma primicia. Dividida en dos partes, la primera se presenta como cuatro relatos centrados en torno a otras tantas parejas burguesas, mientras que la segunda se ofrece en un solo capítulo como transcripción del diálogo/monólogo entre los personajes de Camilo y Godínez, reminiscente a su vez del enfrentamiento entre Cara Pocha y la Vejez presentado anteriormente en *Escuela de mandarines*.

La novela no muestra únicamente la realidad de las diferencias socioeconómicas entre clases, ni tampoco únicamente la fea realidad del vivir burgués. A diferencia de la literatura llamada "social" y más o menos marxista de los años sesenta, lo que distingue a *La fea burguesía* es el énfasis puesto en el artificio de esta realidad, en mostrar el sutil cambio de la clase dirigente en los últimos años franquistas respecto al dinero y al poder.

La posibilidad de acumulación y su tentación es lo que está en cuestión en *La fea burguesía* y a ella se vuelca la novela con ferocidad. En la segunda parte, dedicada a la "clase gozante", el narrador toma el nombre de Godínez —viajante de embutidos y escritor— y recibe la visita de un tentador personificado y señalado como Camilo. Si antes en *Escuela de mandarines* era el dirigente Cara Pocha el que llegó hasta la cueva donde vivía la Vejez, ahora es el ex franquista Camilo el que llega a la recóndita y recluida habitación de Godínez. Pero si antes era la Vejez el destinado a la narración, en *La fea burguesía* una nueva estrategia de escritura toma lugar: aunque mediado por Godínez, el papel de narrador es tomado por Camilo, quien despliega ante el primero la posibilidad de riqueza, de poder y de acumulación.

Camilo, evocación de los nuevos empresarios y tecnócratas del tardofranquismo, quiere y exige la alianza de la izquierda intelectual representada por Godínez. Sin embargo, la tentación que Camilo propone a Godínez va más allá de esa alianza. Lo que Camilo despliega ante Godínez tiene que ver con un sistema económico que se anuncia ya en estos últimos años del franquismo como un sistema capitalista de acumulación flexible. Y ante él, Godínez, el intelectual preparado y educado para combatir una forma anterior de capitalismo y fascismo, el intelectual que antes en la *Escuela de mandarines* había dado su voz a la Vejez, se encuentra ahora desplazado y totalmente fuera de lugar.

Sin embargo, y a pesar del abrumador despliegue llevado a cabo por todos los "camilos" del posfranquismo, todavía en este momento histórico tiene el escritor —el poeta— fuerzas y resistencia para organizarse estratégicamente. Anteriormente en *Escuela de mandarines*, el narrador

(Vejez, Eremita, "Miguel Espinosa") quedaba derribado de su narración por el Intérprete de los Hechos. Ahora en *La fea burguesía* el narrador Godínez, prevenido ya, se defenderá de Camilo por medio de un gesto catártico que le convertirá a él en intérprete de éste. A diferencia de lo que ocurre en *Escuela de mandarines*, en *La fea burguesía* el poeta será doblemente narrador e intérprete, intentando prevenir de ese modo la derrota:

Un hombre [Godínez] fue tentado, por otro hombre [Camilo], a inclinarse por lo que no podía alcanzar, dada su naturaleza, lo cual entraña la más alta tentación ya que conduce a la desesperación. El tentado empero, resistió la seducción mediante la acción de escucharla y transcribirla, retratando con ello al tentador y apartándolo de sí [p. 292].

La transcripción es el gesto que debe proteger al intelectual salvándole ahora de la tentación. Pero de nuevo, en forma similar a lo ocurrido en *Escuela de mandarines*, el fin de la transcripción va a marcar también el fin del intelectual, del poeta. La transcripción no es un valor de uso en el mundo de Camilo. Para Espinosa, como para Godínez, la escritura de *La fea burguesía* pasará de nuevo a ser un paradójico gesto catártico: destinada a eliminar el dolor por la pérdida de la utopía, de cancelar el pasmo político y vital surgido desde el final mismo de *Escuela de mandarines*, la conciencia de la pérdida se torna todavía más dolorosa. El último capítulo de la novela se titula «El silencio». Es el fin de la novela, y con un estremecedor final condensado en un pequeño poema Espinosa explicita lo anticipado pero negado en *Escuela de mandarines*: el camino sin salida, el silencio y la vía muerta a la que irrevocablemente estaba destinada toda una época. La transcripción, en palabras retomadas de Espinosa, no es más que un instante sesgado, un estremecimiento de élitros en el seno del silencio:

Sobre la quieta flor, / un instante, sesgadamente, / se estremecen unos élitros / en el seno del silencio; / después, el gran continente / sigue ocurriendo [p. 292].

El silencio al que queda abocada *La fea burguesía* hace también explícita presencia en *Tríbada. Theologiae Tractatus*, el texto de Espinosa más devastador. Texto último en la escritura espinosiana, la novela es un intento desesperado que quiere evitar el silencio irremediable haciendo explotar el lenguaje en un paroxismo monocorde y obsesivo. En *Tríbada* el lenguaje de Espinosa llega a su punto más alto. Monocorde a la manera oriental, árabe, en la que la producción extendida de una misma nota es la que origina sus variantes —o a la manera de las letanías religiosas que actúan por repetición constante de registro— el lenguaje de Espinosa se torna compulsiva y obsesivamente repetitivo.

Es precisamente a través de esa repetición infinita por donde el texto se fragmenta y explota. En *Tríbada* la repetición produce fricción constante y es ésta, junto con la yuxtaposición, su defensa contra el silencio [32]. Son la fricación y la fricción, la yuxtaposición y la repetición presentes en *Tríbada* las que hacen que las voces únicas y singulares de *Escuela de mandarines* y de *La fea burguesía* se conviertan en el proceso de lectura en una voz múltiple, en un eco infinito de voces que son a la vez una y varias.

O, viceversa, son las diversas voces yuxtapuestas de nuestro entorno y que Espinosa capta, las que en fricación constante y repetidas *ad nauseam* se tornan una sola. Único y fragmentado a la vez; a un tiempo monocorde y de infinitos registros; aislado pero también en constante contacto, el lenguaje de Espinosa en *Tríbada* produce inquietud y vértigo. Sus textos-dentro-del texto, cantos a una voz, reproducen ese intervalo en que la psique se fragmenta. Son textos de la fisura, textos-pasaje donde la voz se despliega en mil ecos siniestros. Ecos, además, en el que descubrimos nuestras propias voces, falseadas y a la vez idénticas a las por nosotros producidas. Así se explica por ejemplo el efecto que produce la novela. Tomada la anécdota de un hecho real, robados los comentarios de personas de carne y hueso, reproducidas fiel y minuciosamente situaciones y conversaciones, el texto se nos muestra como un texto vampiro, ventosa succionadora y perversa que regurgita a ritmo idéntico y constante nuestras propias excrecencias.

Escrito póstumo destinado a relatar un fin y no un principio, el relato pasa de comentar el abandono de un hombre (Daniel) por una mujer (Damiana) por causa de otra mujer (Lucía), a comentar la fisura irremediable entre uno y otro y entre un mundo y otro:

[La novela] de testimoniar las causas de una hembra homófila [Damiana] y de su sorprendido amador [Daniel], pasa a testificar las causas de Dios y del Diablo. Por eso alguien lo subtituló, con razón, *Theologiae Tractatus*. Arroyado Daniel, el Arcángel San Miguel bajó a la tierra, por así expresarlo, se presentó ante el vencido y le musitó: «Déjame llevar este asunto» [p. 459].

---

[32] Véase mi artículo «Yuxtaposición y fricación...» para un comentario más amplio sobre *Tríbada*.

Leer *Tríbada. Theologiae Tractatus* es tanto entrar en una experiencia expiatoria como apocalíptica. Derrotado el poeta en los textos anteriores por narradores e intérpretes, la nueva estrategia de *Tríbada* consistirá en aparecer como texto inspirado, revelado. Se nos dice aquí que es el Arcángel San Miguel el que "lleva el asunto", el medium de la revelación. Como saben las personas conocedoras de la novela, ese "Arcángel San Miguel" es eco del "Miguel Espinosa" mencionado en la obra como autor del primer libro de *Tríbada*, «La Tríbada falsaria», y quien juntamente con su eco apocalíptico, Daniel, el amante desechado y *alter ego* de "Miguel Espinosa" evoca también al cuarto de los profetas mayores en la Biblia que explica así su profecía del Apocalipsis:

1. Y en aquel tiempo se levantará Miguel, príncipe grande, que es el defensor de los hijos de tu pueblo; porque vendrá un tiempo tal cual nunca se ha visto desde que comenzaron a existir las naciones hasta aquel día. Y en aquel tiempo tu pueblo será salvado; *lo será* todo aquel que se hallare escrito en tu libro [...].
6. Entonces dije a aquel varón que estaba con las vestiduras de lino y en pie sobre las aguas del río: «¿¿Cuándo se cumplirán estos portentos?».
7. Y oí a aquel varón de las vestiduras de lino[:] [...] En un tiempo y en *dos* tiempos, y en la mitad de un tiempo [«La profecía de Daniel», cap. 12].

"Miguel Espinosa" es ese bíblico «Miguel, príncipe grande» que dará su voz en *Tríbada* a la escritura de Daniel, de Juana —su ex amante y su voz en la segunda parte de la novela en forma epistolar— y de todos los demás personajes implicados en el "Hecho" del que la novela es comento y comentario infinito: Damiana, compañera de Daniel, le abandona por una mujer.

Damiana se torna "hecho" incomprensible, "tríbada" inexplicable, objeto y causa de la escritura de "Miguel Espinosa" que, como en la profecía del Apocalipsis, la escribe en un tiempo —«La Tríbada falsaria», primera parte de la novela—, en dos tiempos —«La Tríbada confusa», segunda parte de la novela y escrita tres años después— y en la mitad de un tiempo: el «Comento» situado después del «Epílogo» y que destruye por su situación y forma de epitafio a los otros dos. La ilusión de una Damiana total, completa, de una Damiana definitivamente contada, repasada y comentada es una ilusión que el «Comento» desvanece. *Tríbada. Theologiae Tractatus* se presenta, a la manera de la profecía bíblica, como aquella apocalíptica visión de «aquello que nunca se ha visto desde que comenzaron las naciones». No es de extrañar por tanto que Damiana sea en la novela el «hecho puro/hecho raso» (p. 38), la tríbada quintaesencial calificada y cualificada con 535 ininterrumpidos nombres de la A a la Z:

Abandonada/ abeja reina/ abejita/ aborrecida/ abrumada/ aburrición/ acerola/ acerolita/ acto oculto/ acucia de la gana/ acucia de la vulva/ adepta/ adepta de Lucía/ [...] / vulva fricante/ vulva implacable/ Yesosa/ yuntada a Lucía/ Zozobra/ zurrido intestinal/ zurrona [pp. 31-48][33].

En una lectura de la obra de Miguel Espinosa como texto único, Damiana se presenta súbitamente como el límite de este texto, el punto cero de escritura más allá del cual no hay más que silencio. *Tríbada* cierra el círculo iniciado por la escritura primera de Espinosa. La inquisición escritural de Espinosa, la búsqueda, cuestionamiento y voluntad histórica fundacional presente en *Escuela de mandarines* se fragmenta en *La fea burguesía* y se rompe definitivamente en *Tríbada*. En la primera, el poeta (el intelectual) intenta construir su texto y su historia bajo la inspiración de la musa Azenaia. En la segunda, contempla perplejo cómo aquella platónica historia ilustrada corporalizada por Azenaia se revela imposible e impracticable en un mundo que se despide de la época franquista. En *La fea burguesía* Azenaia, maltrecha y malparada, no puede ser ya inspiración positiva sino estímulo contra el que el poeta escribe. Escondida bajo el nombre de Clotilde y reencontrada bajo el dominio de Camilo, la antigua enamorada del intelectual Godínez —la excelsa Azenaia/"Mercedes Rodríguez" de la Vejez— recoge en *La fea burguesía* como mujer de Camilo el despecho brutal del poeta.

El eco y sombra de Azenaia, aquella historia que se quería total, queda definitivamente ocupado y desplazado en *Tríbada* por Damiana, «historia de nada». Si a lo que se dedicaba *Escuela de mandarines* era a escribir y construir a Azenaia; si el impulso de *La fea burguesía* se manifestó en resistencia a Clotilde, por su parte *Tríbada* escribe su propio pasmo y colapso escritural en Damiana. Como la escritura de Espinosa, Damiana Palacios huye escapada de su pasado para entrar en un presente caracterizado por la fragmentación. Damiana, situada en el mar-

---

[33] El fuerte ataque contra la tríbada Damiana y su amiga Lucía puede ser leído como ejemplo de homofobia y misoginia. Sin embargo, las complicadas y profundas relaciones presentes en el texto apuntan más allá de una fijación puntual contra la mujer tribádica. El ataque de Daniel en el texto es un ataque autodestructivo y desesperado en el que confluyen una historia particular (la de la España de la transición), una tradición (la metafísica transcendente) y una historia particular (la propia de la relación Damiana-Daniel-Lucía), que en Daniel/Espinosa se proyecta violentamente contra un cuerpo de mujer, representación compleja en la que lo real y lo imaginario queda indecidido e indecidible.

gen del texto y de la historia a la vez que en su propio centro, será siempre percibida como una poshistoria de Azenaia, como su otro lado en el espejo de la posmodernidad:

«No creo en Dios» —dice [Damiana], y habla sin gravedad, entusiasmo ni arrojo. Más que la expresión de una convicción, la afirmación revela una manera de estar en el mundo; equivale a manifestar: «La cuestión divina no me interesa». Empero Damiana cree en la quiromancia, en la cartomancia, en la oniromancia, en la uromancia, en la hidromancia, en la geomancia, en la telepatía y en toda clase de las llamadas artes notorias, que predicen y vaticinan [p. 63].

Alegóricamente raptada Azenaia por Cara Pocha en *Escuela de mandarines*; matrimonialmente poseída Clotilde por Camilo en *La fea burguesía*, por el contrario Damiana en *Tríbada* se aleja por su propia voluntad con Lucía, tríbada de ésta. El desgarro fisural que Lucía produce entre Daniel y Damiana reproduce ahora de forma terminal y real el abismo existente entre "Espinosa" y Azenaia, entre Godínez y Clotilde, entre la historia pasada y la historia presente, entre la modernidad y su pos. El desgarro en *Tríbada* no tiene reparación posible ya que se produce como texto en un "Hecho" tribádico que se conforma como realidad inexplicable para Daniel. "Hecho", por otra parte, que en su inexplicabilidad y realidad, en su ominosidad, se torna para Daniel eco de lo Real lacaniano.

Contra el "estar" fragmentado y mundano de Damiana y Lucía, contra su realidad, choca Daniel. A diferencia del "estar" de las dos mujeres, a diferencia de Damiana, a quien la cuestión divina no le interesa, Daniel es el "ser", el «*homo absconditus*, el hombre místico oculto al mundo y que odia a lo mundano, diaria vestidura de lo infernal» [p. 480]. Uno y otro son irreconciliables y ni para uno ni para el otro hay lugar conjunto. El bullicio y cacofonía de Damiana reducirá a Daniel al silencio. Ante Damiana, ante la España del posfranquismo, Daniel, aun siendo «el que quiere saber, el que sabe», no puede hacer más que escribir sobre/en/de la superficie de Damiana; y escribir sobre o desde el gran silencio que esa superficialidad le impone, sobre aquel "Hecho" o "Cosa" ominosa que es la que ocupa el espacio abierto entre los dos.

Al término de su recorrido la voz de Espinosa llega al silencio terminal al que apuntaban *Escuela de mandarines* y *La fea burguesía*. Espinosa liquida con el final de *Tríbada* el cuerpo y el texto. Un poco a la manera del primer Wittgenstein, filósofo que Espinosa conocía bien, el escritor se deshace de su escalera textual, esa escalera penosamente construida peldaño a peldaño y palabra a palabra desde *Escuela de mandarines* a

Tríbada [34]. Desencantado texto de la fisura, la escritura de Miguel Espinosa, aun con la mágica y maravillosa explosión de su lenguaje, es la escritura de un tránsito al silencio, de un pasaje que surge como espacio y habitáculo de una nueva realidad ominosa para el poeta.

SILENCIOS: ESTHER TUSQUETS, CARMEN MARTÍN GAITE Y LIDIA FALCÓN

Silencio y pasaje que nos toca ahora descifrar. Lo queramos o no, Espinosa nos ha pasado esa escalera por él abandonada y que parece darnos acceso a este celebratorio, pero también doloroso pasaje, recorrido por españoles y españolas desde la muerte de Franco. La escalera que nos deja Espinosa no nos lleva hacia arriba, no nos sirve para subir al cielo, como quería la canción. Por el contrario, aparece ante nosotras y nosotros como un instrumento de descenso, como camino de bajada a los infiernos. En medio del bullicio general de la transición, iniciar la andadura en sentido descendente implica exponernos a sacar a la luz lo que tanto esfuerzo nos ha costado tapar, a desvelar por un momento la fisura por donde, a la manera descrita por De Certeau, lo reprimido retorna entre los lapsos de la escritura de nuestra historia. Seguir el camino que nos señala el silencio de Espinosa es adentrarnos por la senda que nos lleva al cementerio, al agujero de luz negra donde, en éxtasis negativo, van a quedar cegados nuestros ojos; al hábitat donde aquello reprimido, aquel mono siniestro, retorna y apunta con su dedo al corazón de la nueva España y la rasga en dos, recordándonos el pago de la deuda, recordándonos que, al fin y al cabo, Goya y la guerra civil cuelgan todavía a nuestras espaldas.

El silencio final al que apuntan los escritos de Espinosa no supone un desentenderse de la historia. En cierto modo es precisamente ésta la que le desbanca, tal como también quedaron desbancados proyectos (los antiguos marxismos, feminismos, etc.) y personas (Gil de Biedma, por ejemplo). Como en desesperada tabla de salvación, Espinosa se agarra al torrente lingüístico por él invocado de manera opuesta pero parecida a cómo Biedma, en su caso yendo hacia el mínimo esencial lingüístico, se agarra a su pequeño cubículo, a su utópico espacio "entre dos

---

[34] Mercedes Rodríguez nos dice que «no cabe duda que el *Tractatus* de Wittgenstein representó [para Espinosa] en un momento dado algo muy importante» (entrevista a Juan Carlos Vidal, p. 29).

guerras". Ambos, y desde esquinas opuestas, son expulsados por los nuevos tiempos. Tanto la radical austeridad lingüística de Biedma como la magmática calidad del lenguaje de Espinosa, tanto el escepticismo esencialmente pragmático del primero como el ansia metafísica y transcendente del segundo, así como la angustiada y casi desesperada exploración homo y heterosexual de uno y otro, se van a revelar para ambos armas inútiles ante el porvenir que ya llegó. Armas que quedan abandonadas en el desván de los recuerdos, en un espacio trastero que puede identificarse también con el conocido "cuarto de atrás" imaginado por Carmen Martín Gaite.

Ninguno de ellos va a salvarse del naufragio de las utopías, como tampoco se salvó *Triunfo* ni se salvarán por ejemplo las perplejas y desesperadas heroínas de las novelas de Esther Tusquets, de Carmen Martín Gaite o, posteriormente, de Lidia Falcón. En el caso de Tusquets y Martín Gaite, éstas emprenden también entonces con aquéllas sus primeras novelas su propia búsqueda territorial, su propio espacio de política práctica y de vivencia ante los nuevos tiempos. Pero de nuevo la escritura se niega a ofrecerles el objeto deseado, el espacio donde la realización futura es posible. Martín Gaite, por ejemplo, recorre a su propio paso un camino ominoso que la va a dejar, en última instancia, en aquel pequeño rincón solitario y acosado donde se encuentra también Biedma. El cuarto de atrás ocupado por la fantasmal figura en la conocida novela de Martín Gaite se superpone en la historia de los sucesos a la casa derruida junto al mar donde habita el fantasma de Biedma en *De vita beata*, o a la playa donde se ahoga la esperanza de Tusquets en sus varias novelas.

Aquella escritura literaria nacida de diversos frentes y cuerpos parece ahora, después de los años, erigirse como monumento cuasifunerario, mausoleo lingüístico de aquello que las palabras precisamente quisieron alcanzar. Entrelazándose unas en otras, las páginas dolorosamente escritas por Biedma, Espinosa, Ferrater, Martín Gaite, Tusquets y tantas otras y otros parecen ahora juntarse y formar una especie de campana-vacío. Fuera, en el marco y límite que sus propias palabras forman, bulle y muere su propia desesperanza. Más allá de ellas, aparentemente indiferente, resuena la algarabía del cuerpo social. Y dentro de la campana, en el corazón del enmarañado bosque de la transición, se agita con violencia el Monstruo. Poesía o narrativa, masculino o femenino, homo o hetero: no parecen estos códigos servirnos en los tiempos "entre", en ese momento fisural que se caracteriza precisamente por explosionar las nociones de centro o periferia. A través de las turbulentas aguas de la política social del momento, la precaria y desesperada navegación a bordo de lo literario de ellas y ellos no va a llevarnos a puerto seguro alguno. Ningún amigo o amiga hay allí para tendernos la mano, por mucho que esperanzadoramente nos sentáramos a escuchar una y otra vez la canción de Simon and Garfunkel. Los años de la transición, y especialmente estos primerísimos momentos, son los años de la Caída, del fugaz e inesperado encuentro, rápida y voluntariamente olvidado, con el Monstruo de nuestra historia.

Quizá debido a su peculiar cuerpo, a su naturaleza viscosa de ente formado por retazos y fragmentos, a sus tentaculares fibromas históricos, no sea la literatura el género más adecuado para tratar de apresarlo. Siendo la fragmentación su peculiar característica, ni siquiera el abrazo de un roto lenguaje literario o periodístico puede alcanzarlo. No lo consiguió *Triunfo*, como tampoco Miguel Espinosa con *Tríbada* o Carmen Martín Gaite con *Retahílas* —maravillosa y no muy atendida novela que nos cuenta entre susurros fragmentados una pequeña historia, un abrazo entrecortado e intento de reconstrucción familiar fracasado. Todos estos textos rotos muestran por el contrario desde sus fisuras, desde su intento fracasado de recuperación y construcción de un pasado a partir de sus minúsculas y personales historias, cómo fracasa a su vez la posibilidad de construcción de nuestra historia con mayúsculas.

En la novela de Martín Gaite, en la casa patriarcal donde tiene lugar la larga noche durante la que un hombre y una mujer velan el cuerpo muerto de su abuela, son los oscuros silencios nocturnos y los desoladores vacíos de la noche —y no la historia que ambos primos intentan recuperar— los que ganan la batalla. En *Retahílas*, como también en *El cuarto de atrás*, el final del texto desapropia a los personajes de historia y de pasado. Solitarios, terminarán con él su intento exploratorio y de recuperación, quedando como sujetos a la deriva que no encuentran en el espacio interior las preguntas a su desencanto histórico y personal.

La primera bandada con que los nuevos eventos hacen derivar el precario buque ideológico en estas novelas de Martín Gaite se torna naufragio total en la novela de Lidia Falcón, *Posmodernos*, escrita ya al final del período transicional, dos décadas después que las anteriores. Si los personajes de Marsé en *Últimas tardes con Teresa* anticipaban a los de Vázquez Montalbán en *Los alegres muchachos de Atzavara*; y si éstos y aquéllos apuntan a los restos varados después del naufragio de los textos de Martín Gaite y Tusquets, ninguno muestra con tanto desgarro las heridas de las ideologías perdidas como la novela de Falcón. Recuento imposible de lo que no fue, Lidia Falcón escribe una narración vacilante y dolorida, y sobre todo profundamente desencantada, de una batalla que nació ya perdida entes de empezarse. En forma similar a la de Albiac en su memoria sobre las revoluciones del 68, también Falcón, en *Camino sin retorno* (1992) y en *Postmodernos* (1993), nos presenta la crónica de una generación especial de mujeres: aquella que se vinculó a los proyectos feministas y que, en palabras de Juana Castro, «ejerció la clandestinidad en los años de la dictadura, vivió la transición democrática y en su mayoría militó en el Partido Comunista». Con sus textos terminales, Falcón nos deja a nuestro dintel las naufragadas revoluciones feministas, aquellas que tal como se plantearon, según Falcón y en palabras de Linda Gould Levine, no merecieron éstas, como no mereció nadie, «un chaleco salvavidas»[35]. Como dice Levine, «los náufragos que vagan por la novela de Falcón —junto con las décadas de lucha antifranquista [...]—[...]se hunden en el alcohol, el sexo, la amistad, y en ciertos casos la solidaridad y la colectividad como modo de romper la impotencia que los consume»[36].

La generación de Falcón, aquella implicada directamente en una militancia política de izquierdas —feminista en su caso—, durante la transición sufrió también en su cuerpo la Gran Ausencia, el Mono descomunal que enganchó a viejos y jóvenes. Padres e hijos, madres e hijas, ninguno pudo, ni quiso, levantar un muro de protección ante su cuerpo. Al contrario, ofrecieron éste al desgarro, al desencanto y a la consumición, en un gesto ominoso de celebración que no sabe, a fin de cuentas, solucionar la cuestión del duelo del franquismo.

---

[35] Linda Gould Levine «Los postmodernos de Lidia Falcón», *Poder y Libertad*, p. 42.
[36] *Ibid.*, p. 43.

4. SEGUNDO MONO: HISTORIAS Y FISURAS

> «El cuerpo fragmentado encuentra su unidad
> en la imagen del otro, que no es sino su propia
> imagen anticipada».
>
> JACQUES LACAN

CADÁVERES Y REMANENTES

Si Franco y el franquismo alimentaron el cuerpo del país, fueron fuente única, surtidor que de manera inescapable y minuciosa, perversa si se quiere, dirigió el fluido vital de la sociedad española; si aceptamos que no fueron únicamente un régimen político, sino también, para nuestro mal y nuestro bien, un enganche simbólico y real, una monumental cogida que produjo a su término encontradas y conflictivas reacciones que son de otra manera difíciles de explicar, se comprende entonces, más allá de una división binaria inútil, que en los últimos veinte años de nuestra historia se haya tratado de olvidar, de negar su existencia. Desde la adicción se explica en parte la coexistencia de reacciones tan dispares y primarias ocurridas en el país, como son las lágrimas y las palabras ante las cámaras de televisión de Carlos Arias Navarro, presidente del Gobierno, al dar noticia de la muerte del Caudillo y los cientos de tapones de cava lanzados a la calle en el mismo momento; o las tranquilizadoras promesas oficiales de continuidad del régimen y la apresurada desconexión posterior que la mayoría hicimos —políticos o apolíticos, desde la derecha o desde la izquierda— de nuestra larga vivencia ante, bajo, con y contra el franquismo [1]. El enganche simbólico con el franquismo de la sociedad española explica parcialmente la ocurrencia simultánea de las largas colas formadas por los dolientes patriotas o simplemente ciudadanos que desfilaron ante el féretro del dictador junto a la desbordada alegría que en muchos y muchas produjo la visión del impresionantemente diminuto cadáver; así como también las palabras de adhesión a los principios del movimiento de las principales personalida-

---

[1] Véase el capítulo sobre el testamento de Franco en *Así se hizo la transición*, de Victoria Prego. Respecto a las lágrimas de Arias, escribe: «Cuando Carlos Arias entra ya en la lectura del párrafo final [del testamento de Franco...], el presidente del Gobierno no puede aguantar el llanto. En un puro puchero, Arias alcanza a articular los últimos gritos de rigor escritos por Franco ["¡Arriba España! ¡Viva España!"]», p. 326.

des políticas del momento con el meteórico desenganche que el cuerpo político, cultural y social hizo de su larga relación con el franquismo, tanto desde la derecha como desde la izquierda[2].

La desbordada expresión del Mono, o de unos monos, no pudieron ni quisieron contenerse en su momento. Asumir simplemente el fin físico de Franco como el necesario episodio que da término a una época y a una política no explica ni siquiera parcialmente el barullo de la transición o el desarrollo posterior. Pensar en cambio en el fin del franquismo y de su Caudillo como un episodio de ruptura y sustracción, como una no por deseada menos difícil abstinencia de un estado de cosas que se había convertido en adictivo y que encuentra su campo de expresión en la inserción política y económica de España en el nuevo paradigma posindustrial, aunque tampoco ofrece, ni lo pretende, una explicación total sí apunta sin embargo a una comprensión de la historia española reciente que no pasa por la renuncia a la memoria.

La muerte de Franco supone en España el inicio de un proceso de abstinencia, de una separación radical y definitiva con aquello con lo que el país había quedado enganchado durante casi cuarenta años pero que no está desconectado del trazado geopolítico global impuesto a partir del fin de la segunda guerra mundial. El Mono del desencanto español —la ruptura sociopolítica que la muerte del Caudillo significa—, corresponde también al enfrentamiento con la ausencia definitiva de un paradigma particular, que toma en la figura de Franco y en la larga política del franquismo la especificidad local de un fenómeno por otra parte global. La coincidencia de que la muerte de Franco ocurra en 1975 (dos años justos después de la crisis del petróleo de 1973, y a un año del fin de la guerra del Vietnam, entre otros sucesos que influyeron de forma substancial en el nuevo reordenamiento geopolítico universal) acelerará en España respecto del resto de Europa un proceso que simplemente estaba ya en marcha a nivel global.

Aunque el descalabro de las grandes narrativas en el sentido al que se refería Jean-François Lyotard en el año 1979, coincidentalmente ocurre en España en 1975, éste está ligado a un proceso global. La expresión cultural del Mono en España tiene lugar dentro de una particular constelación universal que se autodenominó en la península primero como "moderna" y después como "posmoderna"[3]. Una "modernidad"

---

[2] Victoria Prego, ob. cit., pp. 325-341.
[3] Recordemos cómo los personajes de la película de Pedro Almodóvar *Pepi, Luci,*

o "posmodernidad" que aunque en España aparece como sorprendente y súbita —y de la que toman nota en su momento, con cierta perplejidad, los órganos de difusión intelectual más acreditados, desde el *The New York Times* hasta Gianni Vattimo [4]— está totalmente implicado y capturado por el capital posindustrial [5]. José Luis Aranguren apuntaba a ello cuando, refiriéndose a la creciente mimetización americana de la sociedad española en los ochenta, escribió en 1986 que «desde el poder se está utilizando, y se utilizará más y más, el acontecimiento cultural como los nuevos *circenses* que distraigan los problemas y fomenten un nuevo y resignado conformismo, una nueva apatía política» [6]. Como nos recuerda Fredric Jameson, la posmoderna fascinación universal —y, añado, española— por la cultura de Estados Unidos no puede ser atendida sin referencias a la presente y demoledora denominación económica y militar estadounidense: «esta cultura global —americana— posmoderna es la expresion interna y superestructural de una nueva era de dominación americana en lo militar y económico en todo el mundo» [7].

La caída de las narrativas y proposiciones marxistas en la España de los primeros años de la transición política y su plena inserción en el circuito global del mercado posindustrial —y que, continuada progresivamente en los ochenta y noventa, queda ilustrada sobre todo con la política de venta y corrupción que ha plagado el gobierno socialista de Felipe González (1982-1996) [8]— produce la expresión cultural de un

---

Bom... hacen explícita referencia a vestirse como "modernos" y no como "posmodernos", por ejemplo.

[4] Gianni Vattimo escribe en su prefacio a la edición española de *La sociedad transparente*: «Resultaría algo excesivo, desde luego, decir que he escrito los diferentes capítulos que componen este libro pensando en la España de hoy, pero la verdad es que la España de hoy es sin duda uno de los modelos de sociedad posmoderna» (p. 67).

[5] La peculiar inserción de lo local en lo global en el momento de la posmodernidad no pasó por el hecho de que España mimetizara en el posfranquismo anteriores gestos culturales norteamericanos como pensaba José Luis Aranguren: «Lo que está ocurriendo ante nosotros no es, ni mucho menos, tan nuevo como creen los "posmodernos": es la cultura-happening, es Madrid, según se ha dicho, como mímesis del San Francisco de California de hace veinte años» («Por qué nunca más», p. 181). Los gestos culturales en España, que el mismo Aranguren identificó lúcidamente como políticamente «indiferentes» (p. 180), son parte del desencanto global. Así lo entiende J. M. Costa, el cual describe a la Movida de la siguiente forma: «La globalidad se presenta, pero se presenta en forma fragmentaria».

[6] José Luis Aranguren, «Por qué nunca más», p. 182.

[7] Fredric Jameson, *Postmodernism or The Cultural Logic of Late Capitalism*, p. 5.

[8] Sobre las batallas y corrupciones financieras que tuvieron lugar en España a partir de 1986, véase de Jesús Cacho, *Asalto al poder*, *Duelo de titanes* y *La estafeta*. Sobre el te-

Mono que irremediablemente quedará asimilado a lo que Fredric Jameson caracterizó como la nueva lógica cultural del tardocapitalismo. La producción estética de hoy, nos dice Jameson, «ha quedado integrada como artículo de consumo, la imperiosa urgencia económica que exige una producción continua de artículos siempre novedosos, y unos índices de producción que la demanda no debe sobrepasar»[9] Tal producción por tanto exige ser apoyada y reconocida por «diferentes tipos de apoyo institucional, desde las diversas fundaciones, becas y museos, a cualquier otra forma de patrocinio y apoyo institucionalizado»[10].

Si la posmodernidad, siguiendo el razonamiento de Jameson, es entonces «impensable fuera de las hipótesis de ciertas mutaciones fundamentales de la esfera de la cultura en el mundo del tardocapitalismo, e inseparable de ellas»[11], no sorprende en absoluto el proceso de capitalización e institucionalización cultural de la "Movida" madrileña puesto en marcha por la alcaldía socialista de la capital —representada primero y sobre todo por la figura de Enrique Tierno Galván— justo después de superado en la psicología nacional el frustrado atentado militar del 23 de febrero de 1981. Y es precisamente esta incesante y continuada producción tardocapitalista de lo estético como artículo de consumo, tal como es entendida por Jameson, es decir, de la producción masiva de un artículo de consumo llamado "Movida", a la que una buena parte de la intelectualidad española se ha opuesto rotundamente, desde Eduardo Subirats a Miguel Morey, por ejemplo, o, desde Manuel Vázquez Montalbán a Lidia Falcón y desde Miguel Espinosa a Eduardo Haro Tecglen y José Luis Aranguren.

Sin embargo, el mismo Jameson nos ha explicitado que «es solamente a la luz de cierta concepción de una lógica cultural dominante o de una norma hegemónica (el posmodernismo) en que una diferencia genuina puede ser medida y añadida [...]. Lo posmoderno es también el campo y la fuerza en que diferentes tipos de impulsos culturales —aquello que Raymond Willis ha denominado con buen discernimien-

---

rrorismo estatal puesto en marcha por el partido socialista a partir de 1983 a través de la mediación del grupo terrorista anti-ETA conocido como el GAL, está saliendo en estos momentos la documentación al respecto.
    [9] Fredric Jameson, *Postmodernism...*, p. 4.
    [10] *Ibid.*, p. 5. Tal afirmación se cumple desde luego en el caso español. La década de Felipe González ha sido uno de los períodos en la historia cultural española que más se ha dedicado a promover la institucionalización de la cultura, a través de diversas fundaciones públicas y privadas.
    [11] *Ibid.*, pp. 47-48.

to lo "residual" y lo "emergente"—tienen para hacerse y expresarse» [12]. La constelación que dibujan el fin del franquismo, la caída de las grandes narrativas, el desencanto político y las nuevas reconfiguraciones paradigmáticas globales; la imposible relación entre el pasado y el presente que rompe los intentos de narrativización histórica del momento —aquello que Aranguren llamaba el «des-contar»—, produce en el cuerpo social español algo más allá del desinterés visible por un pasado histórico que Aranguren calificaba como «desentendimiento» [13]. La frustrada negociación del pasado en el presente de la transición evoca sobre todo un Mono particular, un síndrome de abstinencia local, inscrito en lo global, portador de ciertas características específicas que debemos de tener en cuenta.

En primer lugar hay que recordar el cuadro exhibido por el Mono como síndrome de abstinencia. Si genera síntomas es por causa de que se ha producido una separación irremediable y traumática entre la substancia adictiva y el cuerpo adicto. Esta separación es irremediable porque si el cuerpo tiene acceso a la substancia, el Mono inmediatamente se retira, desaparece: la presencia de uno supone la ausencia de la otra y viceversa, de modo tal que Mono y substancia, aunque dependientes, son siempre inaccesibles uno al otro, están siempre en diferentes planos. Y es también traumática porque, aunque lo neguemos, no produce olvido sino que lo encripta. Característica y horror del síndrome de abstinencia, del Mono, es precisamente que la separación entre substancia y cuerpo no produce el olvido de éste por aquélla, por mucho que se lo proponga. Al contrario, el cuerpo se retuerce en una serie de conductas, dolores, estados y afectos generados precisamente por el *recuerdo* de lo que ya no tiene, por su retirada: en un doble movimiento, el Mono performatiza la necesidad del cuerpo por la substancia; no pudiendo, a su pesar, ni negarla ni olvidarla, el cuerpo *recuerda físicamente* aquello que le abandonó y que se mantiene ahora encriptado.

Pero si el "Mono" que el fin del paradigma de la modernidad supone, ha sido (y es) un fenómeno general (pensemos también por ejemplo, en los casos de Rusia o Chile, que han producido en sus respectivos y diferentes finales de estados totalitarios expresiones culturales en cierto modo similares a las de la España de la transición), esa modernidad presentaba características locales dentro del cuadro y contexto político en

---

[12] *Ibid.*, p. 6.
[13] José Luis Aranguren, «Por qué nunca más», p. 178. Y más adelante: «La despolitización está en correlación [...] con un *des-contar* la Historia en su referencia al pasado, y con vivir la historia como puro acontecer actual» (p. 181).

que quedó insertado el franquismo. Lyotard, de forma que él reconoce extremadamente resumida, afirmaba en su conocido volumen sobre la condición posmoderna el fin de los dos modelos de representación básicos para la sociedad tal como los conocíamos: o bien la sociedad formaba un todo funcional, explicaba el filósofo francés, «o se dividía en dos. Una ilustración del primer modelo lo tenemos en Talcott Parsons (al menos el Parsons de la posguerra) y en su escuela; el segundo, por la presente corriente marxista [de los años setenta], que a pesar de sus diferentes escuelas y a pesar de las diferencias que puedan tener, aceptan tanto el principio de lucha de clase como el de la dialéctica como una dualidad que opera en nuestra sociedad»[14]. Esta división metodológica, tal como es pasada y reproducida en Occidente desde el siglo XIX, encuentra sin embargo sus obstáculos si pensamos en la historia de la modernidad española, una historia que, desde el inicio de la época moderna, no queda del todo encajada en el fluir de la Europa occidental.

De ese modo, aunque el Mono del desencanto y su expresión cultural posmoderna no es privativa o excepcional del caso español, y aunque, siguiendo la formulación de Wittgenstein continuada por Lyotard, nadie, ni tampoco ninguna sociedad, existiría en una isla sino que está colocada en los intersticios de los diferentes juegos de relaciones formados por los diversos lenguajes —políticos, económicos y culturales— [15], el cambio paradigmático en que el momento de la transición política española se produce, tendrá en cuenta, en el modo de su "emergente" expresión cultural, ciertos "remanentes" históricos que le dan voz desde la localidad en que el caso español se instala globalmente.

Una de estas características es precisamente la del olvido histórico. Aunque España rompe a partir de 1975 con los dos modelos de difusión de conocimiento explicados por Lyotard, y a pesar de que el modo en que eso ocurre y el porqué lo hace es similar al efectuado por los espacios hegemónicos europeos, lo que queda atrás en España desde las ruinas de las narrativas marxistas es el feo espectro de la narrativa imperial franquista, y con ella todos los podridos remanentes históricos que a partir de los Reyes Católicos a ella se adhieren como final de relato: desde el genocidio americano hasta las hogueras de la Inquisición, desde la diáspora judía y la derrota árabe hasta las cadenas de Fernando VII; y desde la guerra de las Filipinas y la locura del 98 hasta el desastre de la guerra civil. Así, la producción posmoderna de conocimiento y cultura en Espa-

---

[14] Jean-François Lyotard, *La condition postmoderne*, p. 11.
[15] *Ibid.*, p. 15.

ña, los re-arreglos, re-escrituras y resituaciones gestionadas en el período de la posdictadura al menos desde la muerte de Carrero Blanco hasta 1993, pasarán por el compromiso del olvido, por la venta histórica, la institucionalización cultural y la corrupción estatal, habiéndose promovido y apoyado en estos veinte años una retórica cultural celebratoria, que esquiva —aunque, a su pesar, no evita— el fundamental y a la vez local y global desencanto que también el momento de la transición produce.

Los veinte primeros años de la posdictadura son, desde el principio al final, los años de la autoproclamada "nueva" España europea que desde las antiguas derechas y no menos obsoletas izquierdas reaccionó a la Ausencia relegando alegremente al olvido y en despreocupado enredo a muchas apolilladas camisas pardas y negras, a viejos y siniestros cristianos fascistoides de gafa y bigote, y a antiguos militantes "rojos" de esforzada y probada militancia. Así pues, en el año 1992, a finales de lo que en este estudio denominamos como el segundo y último tramo de la transición (1982-1993), no sorprende encontrar todavía el mismo tipo de retórica nuevaespañolizante, integrista y europeísta que adoptaron en su primer momento de andadura (1973-1982) agrupaciones ideológicas anteriormente dispares. De forma que yo considero no casual entonces, ante los acontecimientos culturales del 92 en España y, más relevantemente, ante la inminencia del tratado de Maastricht firmado en 1993, portavoces y representantes de los partidos más importantes en España —el Partido Socialista, Izquierda Unida, el Partido Popular, Convergència i Unió y, más atenuadamente, el PNV— reclamaron y reinstauraron en su agenda el mismo o parecido tipo de retórica generada en los primeros años del posfranquismo. Así, en el tramo final de la transición, se retoman como modelos aquellos procesos de re-invención y re-escritura histórica producidos en aquellos años de 1976, 1977, 1978 (año de la proclamación de la nueva Constitución española) y siguientes: la fabricación de una "nueva" y limpia historia que concuerde con una imagen de España que en realidad nunca existió, o existió precariamente: la de una España "europea" de tradición moderna y webberiana que es la que se presenta como fundamento histórico a la política reformista, de consenso, y sobre todo de olvido, de la posdictadura. Es esta línea adoptada por el país en la nueva era la que sin duda alguna reivindica la arena política en la España de alrededor de 1992.

Son múltiples los ejemplos en este sentido. Arbitrariamente destaco aquí tres intervenciones, escogidas por haber sido pronunciadas por personajes que ocuparon y ocupan en el mapa político español diferentes ideologías y geografías. Corresponde la primera a José María Aznar, es de José Luis Abellán la segunda y a Ferrán Mascarell pertenece la tercera:

No cabe exageración alguna cuando se afirma que la democracia se asienta en los sentimientos cívicos más nobles de un pueblo, como es el nuestro, de larga y muy digna trayectoria histórica. Por fortuna y por ventura, la forma democrática de la sociedad política española, y los valores profundos de la nación, se entrelazan adecuadamente en la histórica Constitución de 1978. Símbolo de concordia y expresión moderna de la voluntad colectiva por mejorar su propio destino como antiguo país definitivamente mejorado y plural[16].

Quizá es en esta cuestión donde España pueda aportar algo nuevo: primero por haber sido uno de los países que más hizo en su momento por la defensa de una cultura europea propiamente dicha; y, segundo, por el carácter universalista de su "identidad", que se fraguó en el contacto multirracial y multicultural con culturas muy diversas[17].

Todo hace pensar que durante la transición los catalanes consiguieron dar un paso históricamente decisivo en la unión del hilo histórico que ligaba las reivindicaciones de los líderes de la transición con las ideas de Jaume Vicens Vives o de Juan Maragall[18].

Las citas dadas recogen bien el sentir general. Reinventada con intensidad en los años que precedieron a la Constitución (de 1976 a 1978), en 1992 continúa afianzada en el imaginario político social español la idea de la existencia de una España siempre armónica, una España gloriosamente portadora de unos valores eternos que, eso sí, ahora de distinto signo, olvidan drásticamente el lado terrible de nuestro pasado histórico. Desde Manuel Fraga Iribarne —y ahora Jose María Aznar— hasta el honorable Jordi Pujol, desde el presidente Felipe González hasta Santiago Carrillo —y ahora Julio Anguita—, la nueva pluma de la posdictadura se afana desde los primeros momentos que siguieron a la muerte del Caudillo en la fabricación de un texto histórico particular: un texto nuevo, depositario y exponente de una nueva y limpia historia.

A veinte años del inicio de tal empresa, en 1992 ésta se presenta como cumplida. Políticos y representantes de varios partidos así lo proclaman al final del período transicional, reclamando además para el porvenir una continuación política en este sentido. De ese modo no sor-

---

[16] José María Aznar, «El Partido Popular como partido de centro», p. 254.
[17] José Luis Abellán, «Meditaciones filosóficas», p. 420.
[18] Ferrán Mascarell, «Apuestas españolas de los catalanes», p. 151.

prende que en las citas dadas Abellán pasara ciego por el período imperial e inquisitorial español y alegremente afirmara la voluntad multiculturalista según él siempre presente en el país; que Aznar —después presidente del Gobierno al derrotar a Felipe González en las elecciones de
marzo de 1996— corriera un tupido velo al legado franquista del "atado
y bien atado" y encerrara en el baúl del olvido a los Guerrilleros de Cristo Rey, el golpe fallido de Tejero o los diversos complós galáxicos de los
primeros años de la transición para reinventar para su partido una nueva política centrista que no por embellecida resulta menos inquietante; y
que Mascarell, por último, nos dejara una límpida y eficiente versión de
la catalanidad, una que liga la contemporánea y cosmopolita Cataluña
pujolista de las olimpiadas con la de los años últimos del régimen, para
saltar limpiamente por éste sin atender a las muchas y múltiples alianzas y
coaliciones hechas por el capital catalán con el franquismo, hasta hacerla
enlazar con un período anterior que nos presenta a una Cataluña siempre europea y siempre progresista. De cara a las entonces próximas elecciones presidenciales de 1993, y de cara al reposicionamiento europeo
propuesto por Maastricht, el espectro político insiste en una falacia de
consenso histórico por el que no se menciona ni siquiera la carga de
muerte que el grupo vasco ETA, por ejemplo, depositó a las puertas de la
nueva democracia entre los años de 1973 y 1980, y que responde a la línea de ruptura violenta del grupo terrorista en este período: «Durante
los largos y difíciles años de la transición democrática en el País Vasco»,
nos dice Juan Aranzadi, uno de los pensadores de la cuestión vasca,

ETA, confusamente consciente de lo mucho que necesitaba al "franquismo" y a
su violencia deslegitimizada como espejo frente al cual definirse, puso todo su
empeño en una estrategia "rupturista" y desestabilizadora del frágil y vacilante
proyecto democrático y autonómico: su apogeo criminal, doscientos cuarenta y
dos muertos, lo alcanzó en 1978, 1979 y 1980[19].

El censo mortal que ETA deja como legado, y desatendido en un
sentido profundo en la voluntad de memoria y representación del país,
se hermana ominosamente a un terrorismo paralelo y oculto hasta hace
muy poco: aquel terrorismo de Estado que se inició contra ETA en los
años inmediatamente posconstitucionales y que, a la vista de los recién
acumulados datos sobre el GAL, fue aparentemente apropiado por el
posterior gobierno seudosocialista de Felipe González. La reciente revi-

---

[19] Juan Aranzadi, «La necro-lógica de ETA», pp. 258-259.

sión necro-lógica de ETA, hermanada con el creciente censo necro-lógico del GAL que las recientes investigaciones retraen, apunta a la fisura histórica, a una en realidad fallida negociación entre "ruptura" y "reforma" a todos los niveles en los primeros momentos de la posdictadura.

¿Cómo narra la pluma de la transición, entonces, el conflicto entre "ruptura" y "consenso"? Si insistimos en que la muerte de Franco, así como el anticipo histórico que la muerte de Carrero representó, expone al país a una Ausencia magna que no por esperada se siente de forma menos radical; si reforzamos el hecho de que Franco y el franquismo no fueron únicamente o simplemente un régimen político, sino que fueron también una adicción, es precisamente porque la escritura de este período presenta estas características. Surgida e impulsada por la Ausencia del sistema político que a gusto o a la fuerza nos nutrió durante cuarenta años, esta escritura se expone sobre todo como texto de un cuerpo social adicto, como narrativa especial que asume y expone un síndrome de abstinencia espectacular.

Pluma de características determinadas, si bien esconde, desplegándose a menudo airosa y volátil, su especial condición de aguja y punzón, no ceja en su empeño de escribir un doble texto: uno, colorido e históricamente desproblematizado, corre robusto por los circuitos oficiales; produce obras culturales sólidas y coherentes y afirma a menudo en la narrativa de ficción, por ejemplo, una historia pasada "conflictivamente" elegante y en básico acuerdo con el proceso ilustrado seguido en Occidente a partir sobre todo del XIX. El otro, su opuesto, aunque a éste ligado, habita encriptado las fisuras abiertas por el primero y está de muerte e historia impregnado. Es al primero al que normalmente se le presta atención, y no hay más que pasar revista a los premios, promoción y divulgación dadas en España —y por extensión en la academia extranjera— a las obras producidas desde este modelo para darnos cuenta de ello. Y sin embargo, solamente atendiendo a la peculiar interacción entre texto y subtexto, a la tensión producida entre una narración histórica oficial que se quiere sin tachas ni fisuras y una desgarrada narrativa alternativa que la primera repudia, es como quizá podamos llegar a entender el precario y terrible juego entre memoria (o falta de memoria) e historia emprendida por la sociedad española en estos veinte años transicionales.

En el tiempo de "retirada", la pluma de la transición reproduce en España el desgarrón brusco, la fisura, vacío o agujero producidos en el tejido social. De ese modo, aunque a la muerte del dictador el país parece expresarse sobre todo en una fiesta de celebración y alegría, inmediatamente también podemos evidenciar los primeros síntomas con los que el síndrome se da a conocer. Si la muerte de Carrero Blanco —al fin y al cabo segundo de a bordo— dejó a España en temeroso suspense y silenciosamente atenta a los ecos de la bomba que lo mató, por el contrario, la muerte de Franco, distinto pero similar estallido ella misma, desborda al país, lo echa literalmente por la borda. La muerte de Franco produce un hueco en lo más profundo del cuerpo social, una ausencia que remite al Mono, y que como agujero negro, chupa y hace caer en él grandes jirones de nuestro cuerpo. Así, succionados por el agujero fisural, pedazos mucho más grandes de nuestro cuerpo de lo que queremos reconocer van quedando atrapados en las alborotadas y turbias aguas de la posdictadura.

La grieta de la transición es literalmente el hueco o espacio producido en la escritura de la historia. Casi no extraña la históricamente cruel paradoja que para la revista *Triunfo* supuso el quedar silenciada en el momento de la muerte de Franco por una arbitraria censura. El agujero informativo que supone la no aparición de *Triunfo* desde noviembre de 1975 a enero de 1976 es representativo de lo que va a suceder, de lo que ya está sucediendo en el imaginario español en este instante simbólicamente clave de la historia de España. La pluma con la que escribía *Triunfo* la historia cultural de España no está cargada con la tinta adecuada, como no lo estarán tampoco muy pronto ni *Cuadernos para el Diálogo* o la entonces recién estrenada *La Calle*, revista esta última creada en 1976 como facción disidente de *Triunfo* y compuesta por una mayoría de redactores y colaboradores afiliados en aquellos años al partido comunista. La pluma con que la historia quiere escribirse en este ahora de 1976, muerto Franco y abierto el agujero, no es la clara y diáfana propuesta por estos medios de comunicación cultural y política. Es, por el contrario, una pluma-punzón, un instrumento afilado, una pluma-jeringuilla que narra en escritura cuneiforme su historia alternativa.

La realidad de tal rotura es evidente si prestamos atención a los datos que nos proporciona la psicología social, pudiéndose comprobar éstos, incluso literal y físicamente: desde el drástico aumento de sangrientos y, acumulativamente indiscriminados, atentados de los grupos terroristas (desde ETA al GRAPO pasando por el GAL), hasta la entrada masiva de la droga dura en España que dejó, y deja, a miles de cuerpos jóvenes vacíos de vida; desde los grandes desastres de corrupción nacionales de los que el caso del aceite de colza es también cruel ejemplo hasta la incubación del virus del sida, que con macabra perversidad pasará su propio recuento de cuerpos diez años más tarde; desde el desmembramiento y desmantelamiento de la autocrática estructura franquista que produce y explota en cuerpos e identidades múltiples (y debemos pensar aquí tanto en las diversas reclamaciones autonómicas y/o nacionalistas, cuestiones sobre todo dirimidas en los primeros años del posfranquismo, como en la posterior entrada en el circuito económico de emigrantes africanos y árabes vilmente explotados) hasta la proliferación de micropartidos y asociaciones políticas que responde al derrumbe de las grandes narrativas socialistas con el reagrupamiento caótico y desordenado de los pedazos que tal caída produce.

Son los años del tardofranquismo y sobre todo los primeros del posfranquismo sordamente explosivos. Es por ello, precisamente, por lo que las implicaciones estatales con el caso GAL, por ejemplo, pueden mantenerse ocultas, o por lo que ETA puede capitalizar a su favor un legado ideológico y simbólico, tal como agudamente señala Aranzadi:

> Los residuos franquistas del aparato estatal, la inercia fascista de la policía, la amenaza golpista del Ejército, la perduración de las torturas, la torpeza de una represión global y poco selectiva, la actividad criminal del GAL, etcétera, fueron factores que, estimulados y manipulados por ETA, le permitieron conquistar, hasta mediados de los ochenta, el mayor *capital ideológico y simbólico* de que haya gozado a lo largo de toda su historia[20].

El precario aunque resistente cuerpo social compuesto, impuesto y administrado por el siniestro aparato franquista —aquel cuerpo ahora ya tan lejano que respondía como un zombi monstruoso a la perversa consigna de la España imperial, Una y Grande— se rompe en mil pedazos en el período transicional, pero queda su remanente. Es este residuo lo que la escritura oficial de la transición se dedica a esconder, reparar y obviar, ya que la rotura, además de producir dolor (o placer), conlleva inevitablemente la necesidad de sutura. Esta práctica de cosido y reparación es lo que masivamente hemos visto en estos veinte años que van desde la muerte del dictador hasta nuestros días: una industriosa, febril actividad construccionista, un país entusiasmado en una tarea de (re)composición.

Pero, paradójicamente, es también el mismo acto de reparación el que a su vez expone la abertura. Si cosemos ávidamente es porque hay un agujero que tapar. Ambos gestos son indesligables uno de otro y como en el caso del huevo y la gallina, uno en el otro se reproducen en

---

[20] Juan Aranzadi, «La necro-lógica de ETA», p. 259.

eterno círculo. En el caso español que nos ocupa, ruptura y sutura social son desde luego impensables la una sin la otra. Ambas se producen y actúan de forma simultáneamente respondiente e interdependiente, y ambas son a la vez parte y causa del síndrome que las produce y que a la vez en ellas se genera. Ésta es precisamente la proposición clave de este estudio: entender que las contradicciones, tensiones y disensiones del período de la posdictadura puedan ser producto y consecuencia de una adicción cortada, síntomas de un brutal síndrome de abstinencia que, al rasgar alma y cuerpo, reclamó la aguja y la pluma que lo recompondrá sin darse cuenta que fue también esta misma aguja-pluma la que en un primer e inestable momento rasgó el tejido que ahora se intenta reparar.

Dos textos entonces se tejen simultáneos. El primer texto es el de la escritura de sutura, amparada y promulgada desde las varias y diversas tribunas públicas. Nada quiere saber de quiebras o caídas, ocupada como está en recomponer la rota herencia histórica dejada por el dictador, repleta de faltas y desconocimientos múltiples. El segundo, es el de la escritura de la adicción. Subtexto del primero, circula subterráneo y se hace visible sólo en los espacios, en los lapsos producidos por la sintaxis escritural histórica. El primero se escribe en los anales oficiales, mientras que el otro se imprime, marginal, en el propio cuerpo. Clama la luz aquél, mientras el segundo se esconde en las tinieblas.

La escritura de sutura circula libre de trabas por la superficie del país y es acogida celebratoriamente. La escritura de la adicción, subterránea, emerge de pronto aquí y allá de forma virulenta para retraerse de nuevo. A la primera hemos prestado atención principal, y poca y rápida a la segunda. Y sin embargo, aun cuando el país se ocupa hacendoso desde la calle y desde la oficialidad en la tarea de producir un nuevo texto histórico, mientras afanoso niega su pasado e intenta sustituirlo por uno nuevo y sin tacha desde un presente que se quiere limpio, no puede impedir que la aguja que compone los desgarros históricos deje en nuestro tejido reparado un dibujo que evoca implacable a la misma memoria subterránea que queremos eliminar.

Uno y otro texto son inseparables. Si poética o literalmente el período de la transición es el tiempo sin tiempo del Mono, debemos aceptar que éste es el momento en que, en Caída fascinante y terrorífica, el cuerpo del país —todo el cuerpo, y no sólo una parte como se ha pretendido— se rompe. Desde la fisura transicional, desde la grieta desde la que el Mono emerge y nos succiona, la caída de una "parte" de nosotros es también nuestra caída. No podemos —no debemos— pretender inmunidad relegando al armario de lo impresentable a los miembros mutilados de nuestro cuerpo social.

Como hemos visto con los ejemplos de las citas anteriores, con autocomplacencia reclamamos para la historia un certero instinto político, una preclara visión de lo por venir que, de forma admirable, permitió que escapáramos de los feos y voraces tiburones de lo que temíamos podría ser una nueva guerra civil (aquella «España entre dos guerras civiles» a la que se refería Gil de Biedma pocos años antes de morir Franco). En parte, así fue; pero sólo en parte ya que si la abstinencia es necesaria para acceder a la curación, por otra parte el recuerdo doloroso que la retirada produce no permite alejar "del todo" lo que se trata precisamente de olvidar. En el tiempo de abstinencia lo que se quiere olvidar permanece, inconvenientemente, en jirones. Querámoslo o no, queda un resto no hablado, no pensado, una historia que no por no escrita deja de ser nuestra.

Este capítulo explora algunos ejemplos de esta escritura de la adicción, en que la historia encriptada sale a la luz. Textos diversos, son todos ellos subterráneos, todos ellos parte y componente de un clima político y cultural del que se saben, como dice Paul Julian Smith en un estudio sobre la representación del sida en España, remanente y prótesis: «remanente en tanto que se conmemora la diferencia entre lo que fue y lo que queda; prótesis en tanto que se marca y borra el borde entre lo que es de uno y lo que es de otros»[21]. Textos de la fisura, remanente y prótesis de una historia que a la vez está y no está, abrazan e incorporan la muerte en su escritura diaria. Textos que trabajados con lápiz, pincel, punzón o aguja hipodérmica, escriben y hacen visible en el propio cuerpo aquello que no queremos ver.

Aun teniendo en cuenta que el proceso del paso de una España dictatorial a una democrática empezó años antes de la muerte de Franco, más atrás incluso en el tiempo que la fecha señalada por el asesinato de Carrero Blanco, es indudable que la muerte del dictador cierra en el país una etapa histórica. Tratar de entender el impacto político, cultural y social que el fin real de una figura como Franco supuso para todos los ciudadanos y ciudadanas es tarea complicada que ahora, sin embargo, sentimos como dedicación urgente.

En estos momentos son varios los escritos que desde la narrativa de ficción o del ensayo histórico y crítico empiezan a tomar el reciente pasado histórico español como objeto de reflexión. El espectro crítico que

---

tales escritos ofrecen sobre el tardo y posfranquismo es ciertamente variado. Las declaraciones se multiplican en diferentes direcciones, algunas opuestas, pero abunda sobre todo en ellas la posición que enfatiza la importancia de los movimientos de los años sesenta como vehículo para la transición política. No es mi intención en absoluto negar tal importancia, como señalé ya en otro capítulo, y espero que mi acuerdo en este sentido se refleje, implícitamente al menos, en mi escritura. Tal como vimos anteriormente, la España del posfranquismo no surgió evidentemente de la nada, emitiéndose varios años antes de morir Franco fuertes señales de voluntad de cambio tanto en la política económica como cultural[22].

Sin embargo, mi interpretación del momento histórico de la transición española insiste de nuevo firmemente en que, aun a pesar de haber sido largamente esperada, deseada e incluso hasta políticamente preparada por un gran número de españoles y españolas, el final del régimen, corporizado, sentido y visualizado en la específica muerte del dictador, reafirmó en el imaginario social español la fisura entreabierta y entrevista con la muerte de Carrero, una fisura de la que quizás todavía ahora nos estamos recuperando. Propongo por tanto asumir la rotura transicional de forma más radical de lo que estamos acostumbrados a pensar. Propongo representar esta grieta abierta de la transición como un espacio abismal y ominoso colgado entre un pasado definitivamente cerrado y un futuro todavía por resolver, un espacio/hábitat que desvela de forma parcial lo que precisamente la España de la posdictadura ha negado obstinadamente a aceptar como suyo.

Son los años fronterizos del antes y el después del franquismo, aquellos dos intensos años que van de 1973 a 1975, los que dibujan ya de forma clara el primer borde de la transición. Son un período crucial en que el texto histórico queda destrozado y recompuesto al ser marcado por tres episodios claves, tres sucesos puntales de imprescindible recuerdo para toda comprensión político-cultural de este momento final del franquismo y de inicio de recomposición democrática. Se refiere el primero al atentado que terminó con la vida del presidente del Gobierno, almirante Luis Carrero Blanco, el 23 de diciembre de 1973. Es el segundo la ejecución de Ángel Otaegui y Juan Paredes Manot, militantes de ETA, y de Alberto Baena, Ramón García Sanz y Sánchez Bravo, miembros del

---

[22] José Luis Aranguren decía, por ejemplo, que «durante el último decenio del franquismo, empezó a producirse una ruptura cultural, expresión con la que quiero apuntar a la actitud surgida por entonces, que, culturalmente, pretendía no tener ya nada que ver con el franquismo» («Por qué nunca más», pp. 177-178).

FRAP, el 27 de septiembre de 1975, última, absurda y cruel sentencia firmada por Franco[23]. Y es el tercero la larga agonía y muerte del propio Caudillo, quien entra en rápido declive físico casi inmediatamente después de las sentencias de septiembre, ejecutadas fríamente en contra del clamor y repulsa internacional[24].

El instrumento de escritura que la historia usa en estos primeros momentos es sobre todo el de un punzón dedicado a horadar y destrozar, una aguja que imprime sobre el texto de la transición la presencia rotunda de la muerte. Es sumamente importante recalcar esta presencia: a pesar del ejercicio de desmemoria que ha logrado obviarla casi completamente, a pesar de los esfuerzos de recomposición, reescritura y sutura puestos en marcha posteriormente, el desgarro físico y político que la presencia de la muerte supone en estos primeros años de la transición es sencillamente sobrecogedor. Tanto el estallido de la bomba que mata a Carrero Blanco como los fusilamientos de septiembre y la muerte de Franco, con ferocidad instalan a la muerte en el mapa de la transición. Pero a pesar de la importancia capital que los tres sucesos tienen en la complicada psicología social de estos años, han sido, y son todavía ahora, sin embargo, larga y abrumadoramente desatendidos. En la narración que de la historia de la transición han hecho los veinte años que siguieron, y aun considerando la gran cantidad de información y aportación de datos publicados últimamente coincidiendo con el vigésimo aniversario de la muerte de Franco, poca o ninguna teorización se ha ofrecido de estos hechos.

El peculiar tejido de estos años no debe ser desatendido, sobre todo teniendo en cuenta que es la muerte la que informa el inicio del período transicional, presencia además en absoluto ajena a la dolorosa y larga historia de España. Históricamente siempre instalada en el intersticio de su escritura, sea ya encriptada, ya ejecutando abiertamente su acción demoledora, el peculiar gesto de desvelamiento y ocultación con que la muerte se inscribe en la escritura de la transición es consecuente con su propia tradición y reproduce su gesto: en el tiempo de tránsito en que la

---

[23] Véanse las páginas 240 a 260 en *Así se hizo la transición*, de Victoria Prego, para un recuento estremecedor y lúcido de estas ejecuciones y su repercusión política interna e internacional. Véase también el capítulo correspondiente en la serie para televisión.

[24] Victoria Prego relata con extremada lucidez y detalle el clima de angustia y protesta ante las ejecuciones de septiembre en el capítulo «Los últimos pasos del régimen» (*Así se hizo la transición*, pp. 242-260). Desde la quebrada intersección del papa Pablo VI hasta los múltiples motines populares fuera y dentro del país en contra de las ejecuciones, todo choca contra la postura incommovible de Franco.

sociedad española se movió de una dictadura autártica a un democracia tardocapitalista, la misma aguja que implacable desgarró el tejido social y abrió una grieta, inmediatamente se dedicó a reparar con nuevo hilo, en este último tercio de siglo y milenio, una narrativa de sutura, olvido y cancelación adecuada a la nueva voluntad social.

Hay que recordar una y otra vez, sin embargo, que el agujero en que la muerte se asienta en estos años no queda del todo cerrado ni vacío. En cada movimiento de desgarro, y antes de que la sutura tenga lugar, la aguja deja su carga de tinta roja junto a los cadáveres del pasado, líquido que va a quedar encriptado e inundará subterráneamente, y a nuestro pesar, el interior del cuerpo social en estos largos y festivos veinte años posteriores. Esta tinta roja, desatendida en la gran fiesta de la posdictadura, es la que nos ha alucinado, la que nos ha mareado hasta el vómito y la que en parte nos sigue destrozando el cuerpo. Es esa tinta roja la que se ha encharcado en aquella zona marginada de nuestro imaginario y que, rechazando nuestra sordera y ceguera, impone una y otra vez su mandato ya con los actos terroristas de diverso signo (ETA, GRAPO o Cristo Rey), ya con las represivas acciones antiterroristas promocionadas desde y por el Estado (GAL); ya desde las prácticas sociales de desahucio corporal (la gran cantidad de yonkies y sidosos que dejó atrás la movida, por ejemplo), ya con la general incapacitación social para ofrecer propuestas políticas alternativas (fenómeno del pasotismo, desencanto, etcétera).

La olvidada presencia de la muerte en la transición es la fuerza que, a la vez que explosiona centros y retoma periferias, salpica, emborrona y anula las mismas periferias que parecía construir y reforzar. La fisura, la grieta que caracteriza el largo pasaje transicional fue resultado precisamente de este olvido primario. Texto vacío, no escrito (o lleno por una escritura de tinta roja, difícil de leer), poéticamente la transición queda como el agujero resultante después de que nuestro centro saltara por los aires. No sorprende entonces darnos cuenta ahora, un cuarto de siglo después, que el inicio "físico" del descentramiento franquista ocurrió con la explosión que acabó con la vida del almirante Carrero Blanco, como no nos sorprende ahora tampoco que estuviera tal explosión ligada al cambio estratégico de resistencia política contra el régimen por parte de los grupos terroristas.

MUERTE DE CARRERO BLANCO

En el imaginario social de aquel momento, y aunque nos cueste ahora admitirlo, ETA fue simplemente el brazo ejecutor de un generalizado sentimiento social que quería un cambio político casi de forma desesperada. En cierta forma, y por mucho que nos duela, ETA hizo lo que otros hubieran querido hacer; y no me estoy refiriendo aquí a la parte de matarife, aunque no debemos des-responsabilizarnos tampoco de la carnicería que ETA desató con esta muerte primera. ETA actuó respondiendo a una demanda general del país que, aunque subterránea, oculta, desarticulada e imprecisa, iba mucho más allá de la legitimización local y concreta emplazada en las reivindicaciones nacionalistas del País Vasco.

El acto terrorista de ETA contra el presidente del Gobierno tiene además caracteres emblemáticos debido a la posición clave que Carrero Blanco ocupaba dentro del aparato franquista y dentro de la estructura de afectos al Caudillo. Fue Carrero uno de los pocos a los que Franco consideró amigo fiel y fue también uno de los pocos, si no el único, por los que el general vertió públicas lágrimas[25]. El complejo enlace y desenlace que ambos procesos, el político y el emocional, asumieron en el palacio de El Pardo es reflejo parcial de los sufridos por el cuerpo social español, igual y conflictivamente enredado entre lo político y lo afectivo al sentirse en parte esperanzado por la posibilidad implicada en el magnicidio y en parte horrorizado por la violencia que el cambio político exige como precio. Ocupa además el asesinato de Carrero un lugar puntal en el inconsciente colectivo al poner finalmente en práctica de forma macabramente real el simbólico parricidio freudiano. Fríamente podemos afirmar que de forma desplazada pero políticamente perfectamente emplazada, es la bomba de la calle de Claudio Coello la que permite a Franco morir en la cama y la que nos permite a nosotros, cumplido el asesinato del Padre, relevarle en el mando. O dicho de otro modo, es el cuerpo muerto de Carrero el que, sustituyendo al de Franco, dejará a los

---

[25] Cuando, en la misa de cuerpo insepulto celebrada por monseñor Enrique Tarancón, cardenal primado de España, éste le da un abrazo al Generalísimo, el gesto, según explica Victoria Prego, «desencadena en Franco [...] un llanto largo e incontenible "como el de un chiquillo", recordará el Cardenal [...]. Terminada la ceremonia [...] y al dar la mano a la viuda [...] de nuevo rompe a llorar. Al día siguiente, los periódicos publican la fotografía del llanto del jefe del Estado» (*Así se hizo la transición*, pp. 56-57).

hijos paso y vía libre, el cadáver necesario que permitirá la entrada a la nueva generación democrática en el también nuevo paradigma histórico.

La representación simbólica que ETA toma en el acto parricida explica en parte también el pacto de silencio establecido en torno al asesinato del Almirante, tesis que quedaría apoyada si se confirmaran los insistentes rumores que en su momento corrieron por la calle respecto a la colaboración directa o implícita en el atentado por parte de sectores internos del aparato franquista, ya sea por los que consideraban a Carrero un obstáculo para la democratización del país, ya por aquellos sectores que, por el contrario, no veían a Carrero con capacidad suficiente para seguir los dictados del régimen. Tal como escribe Victoria Prego:

Durante todos estos años se ha estado especulando con la idea de que el asesinato de Carrero Blanco fue "permitido" por determinados sectores del régimen, a los que podría parecer molesto un sucesor de Franco no suficientemente eficaz en la defensa numantina de las esencias del 18 de julio de 1936 [...]. Aún hoy se sigue discutiendo esta hipótesis [26].

Fuera de esa participación real o imaginada sin embargo, en cualquiera de los dos casos la implicación colectiva en el acto de ETA representa para la España de ahora mismo una cuenta aún pendiente. Eso explica, al menos en parte, que tan pocos datos sobre el atentado hayan salido a la luz a lo largo de estos veinte años. No me refiero tan sólo a que nunca fueron aprehendidos o identificados los ejecutores físicos del atentado, sino también, y comparativamente hablando, a las escasas referencias a tal acto habidas desde entonces, y que sin embargo, y debido a las importantísimas consecuencias políticas que tuvo, debiera haber ocupado destacadísimo lugar en las discusiones y análisis del quehacer político del país.

La falta de voluntad reflexiva sobre el atentado se ve reflejada naturalmente también en la parquedad de obras que desde la literatura o el cine toman el asesinato de Carrero como tema. Desde el cine, género que por su capacidad de representación visual hubiera podido proporcionar un espacio adecuadísimo de reconstrucción y reflexión sobre el atentado, poquísimos textos toman cuerpo y se hacen realidad. Entre las películas estrenadas tenemos una producción de 1977 de José Luis Madrid, *Comando Tkikia*, de escaso impacto público y descrito por la crítica como film menor de «guión flojo, diálogos un tanto irrisorios, na-

---

[26] *Ibid.*, p. 21.

rrativa fácil y baches rítmicos»[27]. La película, en contra de lo que podría suponerse si tenemos en cuenta los actos terroristas que el grupo de ultraderecha Triple A realizó contra los cines donde se exhibía, no se atreve con ningún tipo de hipótesis y se limita a dar una visión simplista y mitificadora de la figura de Carrero Blanco. Hay que preguntarse ahora, sin embargo, si la violencia que la película desencadenó en el grupo ultraderechista está conectada con el hecho de que la película revela, seguramente a su pesar, la particular e inconsciente complicidad establecida entre el comando ETA responsable del atentado y gran parte de la población española más o menos entonces situada a la izquierda del espectro político. Aunque la película exalta hasta cierto punto la figura política y humana de Carrero, *Comando Tkikia* presenta también la cara humana de ETA. Este tipo de presentación, por tanto, hace mucho más fácil al común de la población entender y aceptar el magnicidio, ejercicio necesario si aceptamos el papel de brazo ejecutor que cumple en aquel momento el grupo nacionalista vasco: «Los autores del *Comando Tkikia* [...] explican el porqué del magnicidio, al tiempo que intentan, si no justificarlo, sí aproximarnos a su perpetración y logro [...] pretenden darnos una visión humana de ETA»[28].

El acercamiento humano a ETA que propone la película no sirvió sin embargo para captar la atención del público hasta el punto de incitarle a verla masivamente: el colectivo social inicia precisamente con el magnicidio el proceso de desmemoria y ruptura histórica característico de la transición y no quiere atender a recuentos que le incomodan. El gesto de indiferencia con que el público responde a la película de José Luis Madrid no se debe tanto a los fallos estéticos o narrativos de la misma sino al rechazo colectivo de todo lo que apunta hacia una reflexión del presente histórico y no sorprende pues comprobar que, aun a pesar de la publicidad generada por los actos terroristas de la Triple A y a pesar del gran gasto de propaganda que se invirtió en su estreno, inusitado para la época, la frialdad y el distanciamiento del público demostrado hacia *Comando Tkikia* se repiten dos años más tarde en el caso de otra película sobre el asesinato de Carrero, *Operación Ogro* (1979). Dirigida esta última por el italiano Gilo Pontecorvo en una triple producción entre Italia, España y Francia, *Operación Ogro* es también acogida con frialdad y distancia. Tampoco en este caso puede achacarse tal fenómeno a los valores intrínsecos de la película, sobre todo cuando, y

---

[27] José María Caparrós Lera, *El cine español de la democracia*, p. 142.
[28] *Ibid.*, p. 143.

a pesar del conocido compromiso político de Pontecorvo a lo largo de su corta pero intensa producción fílmica, *Operación Ogro* se decanta claramente más hacia una entretenida narrativa de acción que hacia la discusión política. Adaptación cinematográfica de la obra de Julien Aguirre de mismo título, *Operación Ogro*, en palabras de Román Gubern, sigue «el tradicional esquema del comando al que le encargan la realización de una misión peligrosa y la ejecuta con tanta minuciosidad como eficacia» dando como resultado «una obra demasiado ambigua que se mueve en una línea imposible entre la pura acción y la propaganda política»[29].

El lugar vacío que tanto *Operación Ogro* como *Comando Txkia* ocupan en el espacio crítico cultural tiene mucho que ver con la "línea imposible" en que se instala el propio y muy real asesinato de Carrero, situado él mismo espectacularmente entre la acción, la ficción y la política. Tal conexión queda confirmada si tenemos en cuenta la escasa "voz" pública dada al suceso ya desde los primeros días y semanas. Quizá pueda ello sorprendernos ahora, pero un repaso rápido a la hemeroteca de entonces nos muestra con inusitada claridad las pocas ganas de divulgación y comentario del atentado de que hacen gala los periódicos. No solamente se muestran en general indecisos, sino que la mayoría limita además su tarea informativa a dar meras cartografías descriptivas. Ni siquiera la prensa del Movimiento ofrece hipótesis alguna, constriñéndose ella también en una austera descripción de lo ocurrido después de expresarse en las esperadas, consabidas y retóricas exclamaciones de duelo. Desconocidas o escondidas todavía ahora las conexiones, colaboraciones y posibles infiltraciones de los ejecutores del atentado, más lo eran desde luego aquel 20 de diciembre de 1973, día en que éste se lleva a cabo. Los periódicos, aun con la censura existente, no esconden de forma suficiente una desgana inconscientemente cómplice y salen a la calle con titulares comedidos y distantes. El 20 y el 21 de diciembre de ese año, desde el «Ha fallecido el Presidente del Gobierno» de *Informaciones* hasta «Carrero Blanco, muerto» de *ABC* —que, incidentalmente, no se cambia hasta horas más tarde a «Carrero Blanco, asesinado»—, periodistas y comentaristas políticos parecen hacer suya la alocución «no es hora de palabras» que Torcuato Luca de Tena, nuevo presidente del Gobierno ante la desaparición de Carrero, dirige en el mensaje a la nación al filo de la medianoche del mismo día 20[30].

---

[29] Román Gubern y Luis Gasca, *Historia del cine español*, p. 354.
[30] *Triunfo*, núm. 587 (29 de diciembre de 1973), p. 7.

Evidentemente, no fueron ésas las horas dedicadas a las palabras, como tampoco lo fueron los días, semanas, meses o años posteriores, significativamente marcados por el silencio informativo, social y cultural. Desde el espacio de la crítica cultural de este estudio, el silencio más interesante producido desde el sector liberal es desde luego el de la revista *Triunfo*, la cual, además, por causa de su calendario de salida, no puede publicar el número que cubre el asesinato de Carrero hasta el 29 de diciembre, es decir, más de una semana después de haber tenido lugar el asesinato. Coherente con su política de abstención de comentario político interno —y exceptuando el corto y discreto comentario editorial— el número 587 se limita a presentar en su sección habitual de «Hemeroteca» la evolución de la noticia del magnicidio seguida a lo largo de la semana. Para obviar el comentario, la revista utiliza su habitual estrategia de ofrecer noticias de política interna a través de la publicación de extractos periodísticos aparecidos en diversas publicaciones diarias en los siete días que van de número a número. La ausencia general de explicaciones y comentarios coincide además con el poco espacio dedicado al atentado (páginas 6 a 11, dentro de las 78 de que consta la totalidad del número), así como con la ausencia total de rotulación con la que la revista acoge en su portada el suceso, que se ofrece al público con una vista aérea a color del cortejo fúnebre.

La ausencia de titulares de la portada de la revista refleja el retraimiento lingüístico que la sociedad española evidencia ante el asesinato. La oportunidad para un análisis cultural que ofrece el silencio de *Triunfo* es por lo tanto doblemente valiosa. En tanto portavoz y representante del sector intelectual de izquierdas, la distancia que toma la revista ante el suceso puede aceptarse como síntoma de la parquedad y silencio general, un síntoma más, quizá el primero, dentro del incipiente síndrome de abstinencia que empieza en este momento a expresarse. Si la muerte de Carrero es, en cierta forma, perversa, un anticipo de lo por venir, una constatación avanzada del rumbo irremediable que tomará España y que necesariamente pasará por la Gran Ausencia que la desintegración del sistema franquista va a suponer en el imaginario colectivo, el emblemático silencio de *Triunfo* puede leerse como el primer movimiento que el cuerpo social realiza hacia ese proceso de encriptación histórica que caracteriza a la transición.

La explosión que mató a Carrero así como la reacción social consiguiente quedan en los anales históricos como señal detonante que pone en marcha el principio de un final que está ya en aquel momento a la vuelta de la esquina. Tal como nos dice por ejemplo Josep Carles Clemente, el atentado contra Carrero el 20 de diciembre de 1973 marca el final del régimen y el inicio de la transición:

El coche del presidente, alcanzado de pleno por la explosión, ha volado verticalmente y cae, salvando la fachada posterior de la iglesia, a la terraza que corona el claustro, golpeando en la caída una de las cornisas. El coche queda hecho un guiñapo, empotrado en el estrecho corredor que limita el muro y el petril. Dentro, el almirante, el escolta Bueno y el chófer Pérez Mógena, destrozados. El magnicidio se había cumplido. Empieza la transición[31].

Pero, además de marcar el fin y principio de una época, el atentado marca también el inicio del proceso de encriptación histórica con que el tejido social español responde al magnicidio, de importantes y largas consecuencias precisamente por su complicada y enmarañada estructura psíquico-política. Primeramente debemos prestar inmediata atención a la peculiar fantasmagorización que de la voladura misma realiza el inconsciente colectivo. Debido a su carácter puntual e imprevisto, naturalmente no quedan de la explosión documentos gráficos directos. La recreación del ascenso y caída del coche presidencial se hace siempre desde lo imaginado (a diferencia por ejemplo de lo ocurrido con el intento de golpe de Estado perpetrado por el teniente-coronel Antonio Tejero en febrero de 1981, televisado en directo). La falta de comentario escrito *a posteriori* que acompaña la falta de documentación gráfica *in situ* del atentado genera, en nuestra era audiovisual, una especial narración popular "oral" libre de restricciones y censuras tecnológicas. El texto que de la explosión va creando el colectivo social toma por tanto casi de forma inmediata y permanente carácter de leyenda y como tal leyenda adquiere también carácter fantasmagórico.

También el tipo de personalidad pública del almirante Luis Carrero Blanco, mano derecha e íntimo confidente del jefe del Estado español, el generalísimo Francisco Franco Bahamonde, ayuda en esta recreación textual fantasmática. Subsecretario para la presidencia del Gobierno en 1951, vicepresidente en 1967 y por último presidente del Gobierno en 1973, Carrero Blanco fue percibido en los años de la dictadura como el segundo en la sombra. Con razón o no, el común de la población designaba en el Almirante el cargo de delfín escondido del régimen —desde luego mucho más que al entonces príncipe de España, Juan Carlos—,

---

[31] Josep Carles Clemente, *Historias de la transición*, p. 17.

aquél encargado por el propio Franco de que todo en el país quedara, en caso de muerte del generalísimo, «atado y bien atado»[32].

La famosa y repetida frase franquista, eco de aquél no menos conocido y opresor grito populista fernandino de «vivan las cadenas», queda como ironía amarga para los capitostes del régimen en la mañana del 20 de diciembre de 1973. Ante el cadáver de Carrero, el «atado y bien atado» se demuestra de pronto empresa inútil por la imposibilidad de amarrar una narrativa popular cada vez más evanescente y una estructura política que se presenta de pronto descentrada. ¿Cómo va el país a juntar, reunir los miembros dispersos, cómo va a reencontrar las partes sesgadas cuando la escritura histórica se resiste, cuando la memoria quiere alejarse de lo que la explosión explicita, y cuando los mandarines de aquella "Feliz Gobernación" recreada por el escritor Miguel Espinosa en *Escuela de mandarines* empiezan seriamente a reubicarse como los mensajeros de la nueva burguesía tardocapitalista a los que el propio Espinosa va a retratar más tarde en su novela *La fea burguesía?* ¿Cómo es posible dejar el régimen atado y bien atado ante el cadáver del hombre que más fuerza y poder tenía en el gobierno después de Franco y que va ahora, destrozado, camino de la Ciudad Sanitaria, como dice el periódico *Ya?*: «Los cuerpos destrozados del presidente del Gobierno y de don José Luis Pérez Mógena eran trasladados, junto con los heridos, a la Ciudad Sanitaria Provincial Francisco Franco»[33].

El destrozo físico de Carrero corrobora desde lo real el desmembramiento del cuerpo franquista, el cual coincide con el descentramiento general del mapa histórico internacional y con el principio del fin de los proyectos utópicos generados hasta entonces por las grandes narrativas marxistas. Así pues, de nuevo no extraña comprobar que, en el mismo número 587 en el que *Triunfo* se hace eco de la muerte de Carrero, los reportajes más extensos se dedican a comentar, explicar y razonar la crisis mundial del petróleo que en 1973 siente con todo su peso la sociedad occidental. El artículo de Juan de Aldebarán en este número, por ejemplo, «¿Crisis o cambio de era?», acompaña al del comentarista político francés Maurice Duverger «La política cero», quien, refiriéndose a la crisis económica de aquel año, expande sus consideraciones a la política global diciendo: «En noviembre de 1973 se inauguró [con la crisis del

---

[32] Desgraciadamente no he tenido acceso al documental de Cecilia y José Bartolomé que, bajo el título general de *Después de...* (1981), recoge sus dos filmaciones *No se os puede dejar solos* y *Atado y bien atado*.

[33] *Ya*, viernes, 21 de diciembre 1973. Citado por *Triunfo* núm. 587 (29 de diciembre 1973), p. 7.

petróleo] una "era nueva en la historia del mundo"»[34]. Duverger, pesimista y apocalíptico, aunque entiende que «el freno o el paro total de la expansión [económica] ponen en peligro las bases mismas de las sociedades occidentales [...] por lo que el socialismo será más necesario que nunca para repartir equitativamente los sacrificios y organizar racionalmente una producción sin despilfarro», duda de que los gobiernos y las instituciones se den cuenta «tanto de la magnitud de la crisis como su carácter irreversible»[35]. Desalentado, Duverger termina el artículo con el convencimiento de que los políticos de los diversos Estados «parecen desatender la perspectiva de un crecimiento cero. Pero llevan a cabo una política cero»[36].

También Aldebarán se muestra pesimista ante la crisis, pero hay en el artículo del periodista español un elemento de escepticismo e ironía radical ausente en el de Duverger. Y es lógico que así sea teniendo en cuenta la particular constelación política por la que España atraviesa en este año de 1973. Si por un lado la muerte de Carrero abre por fin en España la posibilidad real del fin del régimen y con ella la apertura democrática, por el otro parece que los acontecimientos internacionales implicados en la gran crisis económica de entonces y de los que España no puede desde luego desentenderse, evocan el demonio de los fascismos: «Yendo lejos hacia adelante por una parte, y hacia atrás por otra, muchos de los analistas están viendo en la crisis actual una abertura hacia el fascismo»[37]. Cogida España en 1973 entre dos vuelos, si por una parte la constatación de la muerte de Carrero hace comprender claramente la imposibilidad de continuación de la dictadura, o, dicho en palabras de Josep Clemente, si «aquella mañana de diciembre el franquismo sin Franco perdía su pasaporte más seguro hacia el futuro [...] si es que alguna vez la prolongación del franquismo tuvo futuro»[38], por otra la puesta en práctica de los distintos proyectos marxistas se revela también de pronto irreversiblemente precaria.

Debido a la peculiar posición histórica de España en estos años medios setenta, la Península se revelará enseguida como una de las primeras geografías en que la vía "media" tardocapitalista, que se camuflará enseguida en España como socialista, se impone. La solución que Espa-

---

[34] Maurice Duverger, p. 16.
[35] *Ibid.*, p. 17.
[36] *Ibid.*
[37] Aldebarán, p. 16.
[38] Josep Carles Clemente, ob. cit., p. 12.

ña da a su propio conflicto es un anticipo de lo por venir en Europa en los años ochenta y que culmina en Berlín en el año 1989. Solución seguramente irremediable para un problema irresoluble y que pasa por una compra-venta históricamente monumental en la que Estados Unidos, mediador gigante e implacable, se va a llevar la parte del león. Y de nuevo hay que acudir a *Triunfo*, esta vez al número 676, el primer ejemplar que sale a la calle después de la muerte de Franco tras un hiato de cuatro meses impuesto por la censura, para encontrar plasmado en un dibujo de Chumy Chúmez, y de forma espeluznantemente concisa, el importantísimo proceso de venta y derrumbe de antiguas ideologías en la que queda implicado todo el país.

El dibujo de Chúmez nos presenta en escorzo un personaje de gran cabezota y sonrisa avariciosa quien, vestido con un traje de esmoquin, evoca una apariencia de ejecutivo ilustre. Con un gran dedo apunta a un sencillo cartel clavado en el suelo en el que está escrita la palabra «LIBERTAD». De su boca sale un bocadillo con la siguiente inscripción: «¡SE LO COMPRO! ¿EN CUÁNTO ME PONEN ESE CARTEL?»[39]. Lo que el dibujante anota con radical precisión en este esquemático dibujo es el proceso económico, cultural y político en el que va a implicarse España. Con gran lucidez, Chumy Chúmez pone delante de nuestros ojos la esencia del proceso seguido y nos deja como legado la pregunta clave para la transición: cuál fue el precio que el país pagó por una libertad que se inscribió desde el primer momento con valor de cambio en el circuito del mercado global neoliberal.

Pensar y reflexionar críticamente el precio que pagamos por la libertad democrática, costo que explica en gran parte el proceso seguido en España en la posdictadura, no está empezando sino ahora a considerarse. Así lo entiende por ejemplo José Ángel Ezcurra, quien en 1996 y refiriéndose al período transicional, afirma súbitamente perplejo y desencantado: «qué barata se vendió la izquierda»[40]. Muy baratos, ciertamente, se vendieron los antiguos proyectos de izquierda. O, lo que es lo mismo, un alto precio hubo que pagar para instalar ante el jardín de nuestra casa el letrero de libres. Precio que, junto a los otros muchos procesos y sucesos del momento, cae también en la grieta fisural del olvido uniéndose al montón de desechos históricos acumulados al que ya tanto Vázquez Montalbán como Gil de Biedma hicieron cada uno a su manera referencia.

[39] *Triunfo*, núm. 676, p. 25.
[40] Entrevista con Vilarós, enero-febrero de 1996.

En la era iniciada con el asesinato de Carrero y ante esa deuda histórica acumulada, de nuevo el verso y deseo de Biedma, aquel «no pagar
cuentas» se nos revela imposible. Y así, mientras Biedma, incapaz de pagar, se derrumba entre las ruinas de su inteligencia, Montalbán contempla cómo el montón de armas arrojadas se trastoca en montón de bille-
tes y cómo los antiguos proyectos se tornan bonos de compra y venta.
La peculiar intersección entre capital efectivo y afectivo, las intrincadas
relaciones entre lo político y lo psíquico, entre economía y cultura con
que nuestra historia exige ser escrita nos dejan no solamente intacta la
"deuda" anterior pendiente, sino que, sancionada con un interés draco-
niano, quedará imparable y gradualmente incrementada con la implícita
complicidad general en este acto parricida que simbólicamente expresa
el asesinato del presidente.

Si en 1973 la evidencia del fin del franquismo se hace el 20 de diciembre de pronto palpablemente viva, también se hace evidente la inconsciente complicidad popular en el asesinato de Carrero, vuelco inesperado en este diseño histórico, y que, como invitada inconveniente a la
gran fiesta por venir, también va a ser rechazada hacia el interior, empu-
jada a este pozo negro que nos es ya familiar. No es pues desconcertante
el despego posterior hacia el atentado, ni las marcadas distancias o el
abrumador silencio colectivo que le siguieron ya que, ante la certeza del
magnicidio, lo que España contempla con doble sentimiento, con pasmo teñido doblemente de miedo cómplice y de esperanza de apertura,
es el rápido descenso y caída final de un régimen que hasta aquel mismo
momento había parecido no sólo eterno sino inaccesible.

TRIUNFO, NÚMERO 587

Es por ello trágicamente reveladora la imagen del cortejo fúnebre que
para la historia nos ha dejado la portada de la revista *Triunfo* en su número 587: una fotografía a toda plana y a color en que la inviabilidad de
la continuidad franquista queda ya profética y extrañamente evidencia-
da. La fotografía nos presenta un momento del paso del desfile de la carroza mortuoria. Compuesta por un sencillo coche de caballos de solamente una silla, es éste el que arrastra el ataúd de Carrero cubierto por
los colores gualda y rojo de la bandera española. Del féretro nacen y se
despliegan ocho cintas, también con los colores nacionales, a las que se
sujetan, a dos lados de a cuatro, los grandes del gobierno. La fotografía,

tomada desde lo alto, recoge el desfile en perfecta diagonal que, por su dirección de marcha desde la esquina superior derecha a la inferior izquierda, parece descender pausadamente en silencio.

Quedan sin embargo curiosamente fuera del marco de la fotografía tanto los caballos como los guardias uniformados que dirigían la carroza mortuoria. El casual recorte impuesto por el marco fotográfico nos deja de pronto e inesperadamente frente a una incómoda composición en la que una fantasmal silla vacía parece tomar a su cargo la dirección del cortejo. La impresión visual resulta extrañamente profética y confirma plenamente las palabras de Clemente citadas más arriba. Situado el abanderado ataúd en el centro de la fotografía, y agarrados a éste por las frágiles cintas los grandes dignatarios del régimen, parece el cortejo vacío de conductor. En el suelo, y resaltando del gris del asfalto y del negro general que marca el luto de la procesión, dos grandes y amarillas flechas indicadoras de tráfico insisten también desde su ajena cotidianidad, y por la coincidencia de su color con la bandera que cubre el féretro, en señalar la dirección en descenso y sin piloto del desfile.

Aunque los mandarines del régimen estén unidos todavía a las cintas que les unen al féretro, después del asesinato de Carrero sus ataduras con el franquismo serán ya tan precarias como las cintas a las que se agarran y como la silla vacía que parece dirigirles. Por más que los capitostes franquistas vociferen desde las páginas de los periódicos del Movimiento que es «en esta hora de tribulación cuando con más firmeza y serenidad hay que enfrentarse al reto permanente que el pueblo español tiene planteado con su continuidad histórica y política» [41], o que «el país comprendió, con fino instinto, que las riendas del poder no estaban flojas y que no había indecisión en el mando» [42], el golpe mortal dirigido al corazón del régimen, la decapitación radical de una de las dos cabezas del monstruo franquista, muestra falta de sentido histórico la demagógica retórica desplegada por los periódicos.

En contra de lo afirmado, la verdad asoma de puntillas entre las tiradas de palabras vacías: «La impresión dominante en las primeras horas de conocerse el hecho era desoladora. El silencio y la indecisión de los medios informativos oficiales creaban un angustioso vacío, que, por sí

---

[41] Antonio Gibello, *El Alcázar*, segunda edición, 21 de diciembre de 1973; citado en *Triunfo*, núm. 587, p. 10.

[42] Luis Apostúa, *Ya*, 21 de diciembre de 1973, edición de la mañana; citado en *Triunfo*, núm. 587, p. 9.

mismo, generaba intranquilidad»[43]. Franco, por su parte, encerrado en su palacio y aparentemente ajeno a la fragilidad del continuismo político que la fotografía de la portada de *Triunfo* evidencia, refuerza con su silencio el vacío dejado por la bomba de ETA. El gesto de recogimiento de Franco, su esconderse tras los muros del palacio de El Pardo en estas primeras horas, es algo totalmente inusual y marca lo que ya es inevitable: a pesar de que el general, en cuanto salga del estupor que le produce la muerte de su segundo y amigo, va a seguir cruelmente empeñado en sostener lo insostenible en los próximos dos años con extensas represiones que culminarán en las ejecuciones de septiembre, históricamente el 20 de diciembre de 1973 el franquismo entra en su fase terminal.

Al contrario de lo que sucedió con la muerte del Caudillo dos años después, la constatación del inicio del fin no produce celebración en este momento. Volados y culpabilizados por esta explosión de diciembre, abiertas sin querer de pronto nuestras entrañas, nada ocurre en el país en aquellos días excepto la realización del temor. Según la información que nos proporciona Josep Carles Clemente, por ejemplo, incluso «el propio teniente general Manuel Díez Alegría ha declarado al respecto años más tarde: "Lo que resultó decisivo a la hora de mantener la normalidad fue el miedo. Fue el factor decisivo. El miedo paralizó a todo el mundo"»[44].

LA MUERTE ENCRIPTADA

La evidencia irremediable de la transgresión capital cometida con este magnicidio paralizó a todo el mundo, Franco incluido. Por unos días, por unas semanas, el país vive con su Caudillo en medroso estupor, en un proceso de inmovilización somática característico de los momentos que a menudo señalan precisamente el inicio de la acción. Son los aterradores milisegundos que constatan la imposibilidad de la vuelta atrás, el momento sin tiempo en que cala en la conciencia el conocimiento de que una vez iniciada la acción, el retroceso no es ya posible. Es el momento lapsado en que, si bien la esperanza se agarra para empujar pronto, muy pronto, al cuerpo hacia el movimiento, la anagnórisis de la irre-

---

[43] Josep Carles Clemente, ob. cit., p. 18.
[44] *Ibid.*

mediabilidad de lo sucedido nos deja clavados en el suelo. Deseo de futuro, pero también miedo al futuro, el miedo al fin del régimen, al enfrentamiento a la Gran Ausencia, a la constatación, aunque todavía frágilmente perceptible, de la llegada de la era del Mono. Miedo a la certidumbre de la cuenta pendiente que el parricidio conlleva y a la conciencia de que un nuevo rumbo político se impone. Miedo en definitiva a que el cuerpo muerto del "padre" se levante una vez más desde su tumba y nos arrastre con él al infierno.

Todos esos miedos estaban allí. Pero hay que esperar veinte años para empezar a desentrañarlos y esclarecerlos. Así lo hace precisamente, y con fuerza impresionante, el documental informativo que Victoria Prego realizó para Televisión Española en el episodio que cubre el asesinato del Almirante. *La muerte de Carrero Blanco*, primero de una serie de 13 capítulos, establece históricamente para Prego el inicio de la transición, quien a su vez coincide con Clemente en presentar el miedo y el vacío de poder como una de las consecuencias inmediatas del acto terrorista.

La explosión que culmina con éxito el atentado contra el Almirante rompe más, mucho más, que simplemente los cuerpos de los ocupantes del coche que por la calle de Claudio Coello se dirigía a la iglesia de los jesuitas. Destroza el corazón del régimen franquista, el único del que dispuso el país y que para bien y para mal marcó y nutrió la andadura vital de España desde la victoria nacionalista de 1939 hasta la muerte del propio Caudillo en 1975. Elimina de un plumazo lo que constituye su fuerza y esencia, exponiendo de pronto al cuerpo social a un anticipo de lo que va a convertirse enseguida en Ausencia inescapable.

Desde el marco teórico de la adicción, el pasmo ante las consecuencias de esta voladura original, el silencio, la incapacitación o resistencia a articular lingüísticamente el magno suceso es ya un primer síntoma, actuación o conducta inicial que va a reproducirse, tenaz, a lo largo de toda la posdictadura. A lo largo de este recorrido alternativo por diferentes textos culturales de la transición, una y otra vez reencontraremos ese gesto de encriptación histórica, ese esfuerzo de represión que retorna sin embargo desbocado en momentos de desatención.

En el documental de Prego, por ejemplo, el retorno de lo reprimido ocultado en los largos años de olvido de la memoria que son la transición, queda desvelado ya desde los primeros fotogramas con los que se da entrada a la serie. *La muerte de Carrero Blanco* de su *Historia de la transición española* (1993) empieza su andadura con una serie de imágenes que considero cruciales. La primera de ellas, y la que abre precisamente la serie documental, es la de la recreación de la explosión de la bomba que mató a Carrero, tomada de la película *Operación Ogro* de Pontecorvo. La violencia con la que arranca el documental de Prego se subraya aún más por no ofrecer el texto ningún tipo de comentario narrado en el momento de presentar la explosión. Ninguna voz en *off* o sobreimpresión escrita nos explica el atentado recreado ante nuestros ojos, hecho tanto más sobrecogedor porque, de acuerdo con el pacto subliminal de olvido y silencio al que tal suceso ha sido históricamente sometido, el texto cinematográfico parecería que debiera expresar al menos cierta vacilación sobre el conocimiento que los espectadores pudieran tener ante las imágenes que se les presentan. Pero el texto no duda en absoluto de tal conocimiento. Sabe que sabemos, y desde luego no se equivoca, o al menos no lo hace respecto a las personas con edad suficiente para haber estado allí. A pesar del esfuerzo de recomposición y sutura emprendido por el imaginario colectivo, el desgarro que el atentado de Carrero produjo en el tejido social retorna poderoso veinte años después. Ahí está de nuevo, todavía por cerrar. Nunca olvidado sino encriptado en el centro de nuestra memoria, allí relegado precisamente en el momento en que nuestro centro de referencia histórica empezaba a desaparecer, en aquel largo instante en que, mientras el coche del Presidente saltaba por los aires, la historia empezó a enquistar en lo más profundo, con afilada pluma y roja tinta, tanto el capítulo terminal de toda una época como el inicio de la nueva narración por venir.

Con un especial y revelador montaje, ya desde los primeros metros del documental Victoria Prego recoge de forma inmejorable ese instante a caballo entre un 'pre-' ya casi periclitado y un 'post-' imaginado. Iniciándose el documental con la presentación de las imágenes de la explosión tomadas de la película de Pontecorvo, se cortan éstas de pronto de forma brusca para dar paso a una imagen del cementerio madrileño que muestra una vista de la placa mortuoria perteneciente a la familia Carrero Blanco. A partir de aquí continúa la cámara en un lento *travelling* que nos acerca al palacio de El Pardo. Despacio, y casi con la respiración entrecortada, nos encontramos ya frente a la residencia del Generalísimo, que se presenta al espectador con las puertas y ventanas cerradas. El *travelling* de acercamiento al palacio no se nos da de forma continuada, sino que repetida y obsesivamente queda cortado por imágenes de archivo que muestran la inhumación del cuerpo de Carrero. De manera ominosa, en un latir visual centrado en el corazón del palacio que encierra al Caudillo y acentuado por las escenas del entierro, el texto de Prego nos obliga con fuerza súbita a darnos cuenta de una importantísima conexión por todos sabida aunque por todos a menudo evitada: el de que la intensa y especial relación que el Jefe de Estado mantenía con su Presidente de Gobierno ha quedado para siempre rota, y con ella las ligaduras que mantenían al régimen en pie. Tal constatación nos lleva también a la revelación de que la distancia que va entre el pasado y el futuro se hace de pronto inusitadamente corta, ya que las imágenes de Prego hermanan visualmente el cuerpo muerto de Carrero en su ataúd con el que de pronto asumimos y sabemos decrépito cuerpo mortal de Franco, siniestra y significativamente escondido tras los pórticos del balcón de El Pardo.

Las poderosas imágenes de Prego, el desamparo que la intermitencia de sus imágenes produce en un avanzar obsesivo que va de las paladas de tierra que llenan la fosa del hasta hace poco Presidente al balcón cerrado del Caudillo llega a su cúspide cuando de pronto el montaje documental nos enfrenta a una fisura visual. Súbitamente, y de forma rítmicamente inesperada, al nunca abierto balcón de El Pardo se sobreimprimen, abriéndose como cortina macabra, las imágenes retrospectivas de un Franco sonriente y relajado departiendo con Carrero Blanco. Teniendo en cuenta que este telón se abre y cierra lenta e intermitentemente contra el fondo del balcón cerrado, y que se permite su visualización solamente en planos yuxtapuestos a la bajada a la fosa y a la cobertura del féretro de Carrero, las vitales imágenes de los dos personajes más determinantes de la historia del franquismo quedan flotando como pesadilla virtual, como fantasmas horripilantes que evocan de nuevo con fuerza la fisura transicional española.

La calificación de siniestra para tal presentación no es en absoluto desmedida ya que retornan para estas imágenes las palabras de Freud: lo ominoso es aquella capacidad que por un instante deja salir a la luz lo terrorífico en lo familiar y lo familiar en lo terrorífico. Así ocurre en las imágenes que nos ha dejado Prego, donde por un momento la evidencia simultánea de la nueva historia queda representada en un espacio virtual de muerte. Ausencia y terror que se dan la mano con la pretendida vulgar cotidianidad de las imágenes de archivo. A veinte años de distancia, en el documental de Prego las imágenes complacidas de los dos Grandes de aquella infeliz Gobernación reaparecen como lo reprimido retornado, como fantasmático espacio encriptado en que la violencia del atentado terrorista no hace, de nuevo, más que servir de rojo sustrato a la macabra escenografía en negro de luto y duelo puesta en marcha por tantos años por el aparato franquista.

La desaparición de Carrero, la drástica separación del miembro más necesario en el sólido y compacto entramado sociopolítico formado por Franco provoca precisamente lo hasta entonces impensable e imposible: la desintegración de este centro, el principio del fin del régimen franquista. Desgajado definitivamente el Almirante del cerrado búnker franquista, el centro, hasta este mismo momento sentido por el cuerpo social como un motor indivisible e inmutable, de pronto se presenta incompleto e imprevisible. Ante esta corrida política de tierras, ante la fisura que, repleta de cuerpos muertos y cuentas pendientes, ha dejado tras sí la bomba de ETA, la clase dirigente española empieza definitivamente su proceso de realineación y reagrupación de acuerdo tanto a la peculiaridad de la psicología política interior como a la demanda neocapitalista internacional. Mientras, ciudadanas y ciudadanos de a pie inician también su propio y peculiar movimiento pendular de inserción en el nuevo mapa histórico.

TERRORISMO Y LA TRILOGÍA DE MANUEL GUTIÉRREZ ARAGÓN

Si la bomba que mata a Carrero Blanco abre en el tiempo la fisura transicional, ésta se torna en agujero en el que la historia parece que cae, como caía la Cosa, dentro de lo indecible e inexplicable, de aquello que parece estar siempre más allá del significado. Es el cine uno de los géneros que mejor permiten bucear en las profundidades de la grieta transicional para retraer sus imágenes de muerte. Es el cine precisamente, y no la literatura, el que en este período, y aunque solamente con unas pocas obras, desplazadamente nos enfrenta a los efectos producidos por el segundo de los episodios que marcaron con sangre el inicio de la transición. La quíntuple ejecución de septiembre de 1975, al aumentar intolerable e inútilmente el montón de cadáveres que la dictadura nos dejó como saldo, funciona como detonador de la espiral de violencia terrorista que caracterizará a la posdictadura. El cine es, en aquellos momentos, el único género que desde la ficción, y aun teniendo en cuenta que se trata de contadísimas películas, trae a la mesa de las negociaciones la factura que nos pasan los cadáveres de Puig Antich, Otaegui, Baena, Paredes Manot, Sanz, Sánchez Bravo y con ellos los de todas las víctimas que, de uno y otro lado de la contienda, arrastra nuestra historia reciente desde la guerra civil. Y entre toda la producción cinematográfica de la transición es la trilogía de Manuel Gutiérrez

Aragón compuesta por _Camada negra_ (1978), _El corazón del bosque_ (1978) y _Sonámbulos_ (1978), la que mejor y más duramente nos acerca al desastre de violencia terrorista que la dictadura nos pasa como herencia.

Manuel Gutiérrez Aragón inicia su andadura como director en 1976 con la película _Habla mudita_, primer ejercicio fílmico que nos habla ya de la particular posición que el director madrileño va a ocupar con lo que se ha dado en llamar su estilo o "modo simbólico" en el panorama cinematográfico cultural de la transición. Inmediatamente después de _Habla mudita_ Gutiérrez Aragón dirige su extraña, difícil y fascinante trilogía en la que, en palabras de Augusto M. Torres, el director «mezcla con habilidad lo experimental y lo político»[45]. A pesar de sus bondades, las películas no gozaron más que de una parca audiencia, fenómeno que de nuevo tenemos que equiparar al frío silencio con que el público acoge alrededor de estos años las películas de Gilo Pontecorvo y José Luis Madrid.

Con esas sus primeras películas, y en especial con las tres que vamos a comentar, Gutiérrez Aragón no logra la atención del público. Tal desafección hizo que el director abandonara a partir de _Maravillas_ (1980) el fuerte simbolismo empleado en la trilogía, así como el uso de un fantástico y ensoñadoramente elusivo y fragmentado lenguaje cinematográfico. Después de _Maravillas_, conoce finalmente Gutiérrez Aragón el favor del público convirtiéndose ya _Demonios en el jardín_ (1982) y sobre todo _La mitad del cielo_ (1986) en éxitos reconocidos fuera y dentro del país.

Y sin embargo, y a pesar de la relativa incomprensión hacia ella en su momento, la arrebatada y fantasmática trilogía de Gutiérrez Aragón representa una de las mejores vías de entendimiento de la ambigua y violenta transición española en los primeros años de su andadura, pudiéndose afirmar que es precisamente gracias al acercamiento desplazado, a la alegoría intrincada y a la rotura sintáctica desechadas más tarde por Gutiérrez Aragón por las que pudo el director fabricar una parcial vertebración lingüística, un esquema o esqueleto de lenguaje que nos hizo posible percibir o semiatisbar la violencia reprimida en los fondos del agujero transicional. Es únicamente cuando el lenguaje se rompe y accedemos al sueño, como ya nos advirtió Goya desde otro contexto, cuando el desvelo de la sinrazón histórica se hace posible. Si es el período transicional ante todo y sobre todo una fisura en y de la historia, entonces solamente desde un lenguaje roto podremos (en parte) acceder a

---

[45] Augusto M. Torres, _Conversaciones con Manuel Gutiérrez Aragón_, p. 241.

ella, proceso que, por ejemplo, entienden desde la literatura Espinosa y Martín Gaite, desde el periodismo *Triunfo* y desde la cinematografía documental Cecilia Bartolomé y Victoria Prego.

Así lo hace desde luego Gutiérrez Aragón en su trilogía, donde la rotura lingüística, el lapso rítmico, la evocación insinuada y la convocación de imágenes diversas provenientes de una memoria deshilachada son los útiles con los que el director intenta acceder al ambiguo y conflictivo presente español del momento. Debido a la dificultad de este tipo de lenguaje, no extraña que las tres películas conocieran un relativo distanciamiento de crítica y público. Sin embargo, no fue solamente la complicada estructura simbólica presente en *Camada negra*, *El corazón del bosque* y *Sonámbulos* lo que motivó su parcial aislamiento. A diferencia por ejemplo de lo ocurrido durante el franquismo con las películas de Carlos Saura, donde la dificultad de censura que obligó a la adopción de un código lingüístico especial no supuso, antes al contrario, desentendimiento entre público y director, el gesto lingüístico de Gutiérrez Aragón por el contrario no encuentra compañeros de viaje[46].

Las razones son claras. En el caso de Saura, autor y público coinciden en la adopción de un código mutuo, en un uso lingüístico de substitución de referentes que es precisamente el instrumento que permite indagar bajo el franquismo la problemática política cultural de la dictadura. El lenguaje de Saura es un lenguaje de "guerrilla" y de "resistencia" en realidad perfectamente claro si el receptor dispone del descodificador lingüístico adecuado. En el caso de Gutiérrez Aragón sin embargo, las circunstancias son otras. La voluntad social de conocimiento y discernimiento político, a diferencia de lo ocurrido en el momento de la dictadura, no existe después de ésta. Como correctamente ha señalado Román Gubern, «el vacilante aunque irreversible proceso de normalización democrática que vivió España [... coincide] con el constante interés de la sociedad española por enterrar todo signo del franquismo»[47]. Una vez muerto Franco y enterrado el franquismo, la sociedad española no quiere de ninguna manera conocer su presente porque éste le exige indagar en su pasado. Si España se niega en estos momentos a enfrentarse con sus fantasmas, si rechaza con toda su fuerza la revisión y autopsia de los cuerpos muertos dejados por la dictadura, si ignora con tesón las facturas pendientes que quiere tan enterradas como a su dictador, menos

---

[46] Para un estudio de la obra de Carlos Saura, véase de Marvin D'Lugo, *Carlos Saura and the Practice of Seeing*.

[47] Román Gubern, *et al.*, *Historia del cine español*, p. 381.

aún, por tanto, estará dispuesta a realizar el doloroso esfuerzo lingüístico y de memoria que Gutiérrez Aragón pide para sus películas.

Si dirigimos nuestra atención a la historia del cine español y nos centramos en aquella época, es evidente que el período entre 1973 y 1982 abre para el cine una amplia diversidad temática y formal, sobre todo teniendo en cuenta que a partir de 1977 desaparece la censura cinematográfica. Sin embargo, es desconcertante notar, a no ser desde el presupuesto de una voluntaria desmemoria histórica, el abrumador silencio respecto al presente inmediato. Cierto es que hay una gran cantidad de películas que se lanzan a una exploración histórica, pero no más cierto es que la mayoría de ellas lo hace de forma indirecta y edulcorada, recurriendo a una reconstrucción histórica que pasa sobre todo y ante todo por un esteticismo nostálgico y complaciente y digerible para la España de los "antiguos" dos bandos. Poquísimos, como dice Gubern, son los filmes que «abordan frontalmente el complejo presente de aquellos días»[48]. Entre los que lo hacen podemos citar el ya anotado documental de Cecilia y José Bartolomé *Después de...* (1981), el excesivamente personal texto de Pere Portabella *Informe general sobre algunas cuestiones de interés para una proyección pública* (1977), el fallido *Los ojos vendados* (1978) de Carlos Saura, el no suficientemente atendido film de Jaime Camino *La vieja memoria* (1977), la inmerecidamente poco difundida película de José Antonio Zorrilla *A través del viento* (1985), que explora la corrupción estatal interna con una casi implícita premonición del envolvimiento del gobierno socialista en el caso GAL, así como los dos filmes de Imanol Uribe *El proceso de Burgos* (1979) y *La fuga de Segovia* (1981) con las que inicia su andadura el director vasco. Exponiendo con la primera una serie de entrevistas a militantes de ETA implicados en el famoso proceso de Burgos del año 1970, Uribe recrea en la segunda la bien conocida evasión de 1976 de un grupo de nacionalistas vascos entonces presos en el Penal de Segovia.

No es por tanto extraño que si la población española renuncia a enfrentar en estos primeros años transitorios la casi imposible negociación entre un pasado histórico que se quiere cancelado y un presente que, exigiendo el pago pendiente, periódicamente revienta en pus de sangre y muerte, la propuesta que Manuel Gutiérrez Aragón pone en marcha con sus tres películas —y de hecho también con *Habla mudita*, bellísima reflexión sobre la incomunicación— sea por tanto y necesariamente una propuesta solitaria. La soledad del director ha sido con anterioridad ano-

---

[48] *Ibid.*, p. 382.

tada por Vicente Molina Foix. Llamándole «Robinsón romántico» y explícitamente reconociéndole como «un *rara avis* que ha realizado las películas más inclasificables y hermosas del reciente cine de nuestro país», Foix se pregunta perplejo por las razones por las que un «solitario» como Gutiérrez Aragón se sienta atraído por el género cinematográfico: «es curioso que un solitario se haga director de cine» [49].

A la extrañeza de Foix podríamos responder con lo señalado hasta aquí. Dejando de lado las características propias e indudables de la personalidad del director, la soledad de Gutiérrez Aragón es una soledad impuesta por su voluntad de indagación del momento presente. Es la asunción de un lenguaje roto el que le aísla, pero, repito, no porque sea su lenguaje de difícil comprensión, sino porque es ese lenguaje desbordado en roturas y lapsos sintácticos el que nos fuerza a atisbar por el agujero negro de la transición, a enfrentarnos con la carnaza, el monstruo o la Cosa, que no queremos de ninguna manera ver. Y una vez asumido el casi místico y mítico lenguaje de la rotura, el cine —y precisamente a causa de su capacidad tecnológica de convocar imágenes virtuales— se revela como uno de los medios y géneros en que mejor puede expresarse este lenguaje.

El precio en soledad que Gutiérrez Aragón paga por la realización de su trilogía es sin embargo fuerte. Seguramente demasiado fuerte incluso para su director, quien renuncia después de *Sonámbulos* a seguir por el desolado camino que esta escritura le impone y que abrazará con sus siguientes películas el éxito de crítica y público deseado. Foix de nuevo es el que se da cuenta de ello cuando anota que en una conversación que Gutiérrez Aragón mantuvo con Augusto Torres, el primero habla de su «tensión entre lo expresivo y lo comunicable», afirmando que «en contra de lo que él [Gutiérrez Aragón] creía hasta *Sonámbulos*, no puede indagar sobre su propio lenguaje en el marco del film» [50].

Desde los presupuestos de nuestro estudio, sin embargo, Gutiérrez Aragón se equivoca de lleno. Sí puede el cine indagar sobre su lenguje siendo claro y casi espeluznante ejemplo de ello tanto su propia trilogía como la fascinante película de Iván Zulueta, *Arrebato* (1978), que será discutida en otro capítulo (Iván Zulueta, incidentalmente, fue cartelista para varias de las películas de Aragón, incluida la trilogía) [51]. Lo que asusta a Aragón no es tanto la indagación sobre el lenguaje sino que este

---

[49] Vicente Molina Foix, «Introducción», en Augusto M. Torres, *Conversaciones con Manuel Gutiérrez Aragón*, p. 7.

[50] *Ibid.*

[51] Véanse Iván Zulueta, *Pausas de papel. Carteles de cine de Iván Zulueta*, así como el excelente estudio de Carlos Heredero, *Iván Zulueta*.

lenguaje sea el vehículo de entrada al putrefacto pozo del olvido, que sea éste un lenguaje roto y desbocado, salvaje, que en lugar de llevarnos en volandas a "utopía", nos deja por lo contrario "volados", destrozados e inertes ante lo que María Zambrano llamará en otra parte y en otro contexto «lo negativo del éxtasis»[52]. Gutiérrez Aragón con su trilogía se torna casi en *medium*, en mago capaz de experimentar con su terrible lenguaje y capaz de convocar ante nosotros y para nosotros en forma de monstruo nuestra complicada historia presente.

En las tres películas es el contexto, el tejido en que se crea y se implica este lenguaje, y no la posible formalidad de este lenguaje, el que produce horror y ajena a espectadores por su capacidad de convocatoria de lo reprimido. Ninguno de los tres films de Gutiérrez Aragón, inquietantes y conflictivos ya desde el momento mismo de su estreno, consiguieron nunca que espectadoras y espectadores superaran el emocional estado de *shock* que su visionado produjo (y produce). *Camada negra* por ejemplo, violentamente denostada por la derecha fanática, no pudo tampoco ser del todo asumida por la izquierda, quien la encuentra excesiva, exagerada, demasiado esperpéntica. *Sonámbulos*, de la que el propio Gutiérrez Aragón dice que cuenta únicamente con «quince admiradores»[53], no permite fácilmente escapar de la impresión de estar encerrados «en un laberinto que sólo tiene una salida verdadera [...] la muerte»[54]. Y respecto a *El corazón del bosque*, Gutiérrez Aragón comentaba a Luis Megino, coguionista de la película, la extraña sensación que sentía ya incluso en el rodaje de la misma, y que le hizo decir: «[Ya que] estamos en medio de un río de sangre, cometamos más crímenes hasta llegar a la otra orilla»[55].

El problema es que en la otra orilla la muerte no nos abandona. Si la transición esconde un "río de sangre" subterráneo, ligado también, por extraño parentesco, a aquel río cantado por Isabel y Víctor Jara en el Chile del golpe militar de 1973, la indecisión y espanto profundo que estos textos de Gutiérrez Aragón provocan tiene que ver, de nuevo, con este pasado no cancelado, con el inescapable enfrentamiento ante lo reprimido retornado que estas películas exigen en espectadoras y espectadores. No quisimos de ninguna manera enfrentarnos al terrorífico espectro convocado por Gutiérrez Aragón, a aquellas figuras inquietantes que nos acechan desde las tres películas: a la repulsiva imagen, doble de sí mismo, a la que Juan queda enfrentado al final de su andadura en *El corazón del bos-*

---

[52] María Zambrano, *Claros del bosque*.
[53] En Augusto M. Torres, *Conversaciones*, p. 94.
[54] *Ibid.*
[55] *Ibid.*, p. 110.

que; a aquel monstruo espeluznante en que se ha ido transformando el adolescente Tatín a lo largo de *Camada negra*; o a todos aquellos demonios que, en *Sonámbulos*, para siempre van a acompañar a Ana, que acaba recluida en un hospital mental. De nuevo nos dice Gutiérrez Aragón:

Me resulta curiosísimo que unos cuantos realizadores [Ricardo Franco, *Los restos del naufragio* (1978), Carlos Saura, *Los ojos vendados* (1978), y el mismo Gutiérrez Aragón con su trilogía] coincidan en esta manera [simbólica] de retratar la realidad española, cuando era la primera vez que podía tratarse directamente porque acababa de morir Franco [...]. Sin embargo estas tres [películas mías] son muy fantasmagóricas. Y además no tuvieron el menor éxito[56].

Convocados por el lenguaje de Gutiérrez Aragón, sus espectros son nuestros fantasmas y su violencia la nuestra. Siendo las tres películas explícitamente políticas, lo son sin embargo de una forma fantasmática, no directa. No las salva ello de ser al mismo tiempo directamente brutales. De forma audaz y por tanto terrible, los tres textos obsesivamente escarban en ese agujero de la transición intentando, y consiguiendo, provocar y estimular la salida a la luz de aquellos demonios que más queríamos mantener ocultos. Se trata de películas difíciles, espectrales, extendiéndose para el resto del grupo lo que Gutiérrez Aragón decía sobre *El corazón del bosque*: «Puesto que es difícil por fantasmagórica, por lo menos que el tono general sea fantasmagórico, aunque tenga lagunas argumentales»[57]. Las lagunas a las que se refiere el director, y que en *El corazón del bosque* corresponden a las muchas escenas rodadas no incluidas en el montaje final porque «bajaban el tono general»[58], no son de ninguna manera excepcionales dentro del total de su obra cinematográfica. El mismo Gutiérrez Aragón explica en otra entrevista con John Hopewell que «la gente decía que con el fin de la censura [cinematográfica en España] deberíamos hablar claro. Pero [...] mi cine [...] no era cuestión de camuflaje»[59].

No es cuestión de camuflaje porque solamente el desplazamiento alegórico, o en otras palabras, «el modo oscuro» con que los críticos han calificado la primera etapa del cine de Gutiérrez Aragón, va a permitir el acceso al abismo. El no «hablar claro» que se le reprocha al director forma cuerpo, carne y uña con el contexto sociopolítico de la época. Nadie

---

[56] *Ibid.*, p. 88.
[57] *Ibid.*, p. 109.
[58] *Ibid.*
[59] John Hopewell, *Out of the Past. Spanish Cinema after Franco*, p. 264, nota 7.

en España en aquellos años, desde el Rey abajo, puede hablar claro. Instalado en la transición, en tránsito el país hacia un futuro todavía no arribado, el sol que brilla en lo alto no es todavía el astro de lo cumplido sino el "sol negro" de la melancolía. Sol negro que es el que reina en el espacio transicional, *hábitat* designificado que se parece a la ominosa nada que en *Sonámbulos* refleja aquella famosa escena en la que «Ana se dirige al armario, lo abre y en los grandes espejos que cubren las tres puertas nunca se refleja lo que hay enfrente»[60].

El espacio intermedio que es la transición, el oscuro puente subterráneo no puede reflejar nada de lo que tiene enfrente porque enfrente no tiene todavía nada. Lo que hay, si es que lo hay, lo que existe, es el espectro que habita las profundidades de su vientre y que por definición permanece siempre velado. Un espectro, que parafraseando al Marx querido y admirado por el antiguo militante comunista que era Aragón, recorre España en forma similar a como para Sigmund Freud recorre el mundo de los sueños el "hombre de arena" del cuento de Hoffman[61].

La inquietante conexión que Aragón consigue establecer en su trilogía entre lo político y lo fantasmático, o si se prefiere entre Marx y Freud, queda plasmada en las siguientes palabras del director a Augusto Torres a propósito de *Camada negra*, al reivindicar lo siniestro freudiano para sus textos: «Hay una cosa que dice Marx [Freud] que siempre me gusta utilizar en las películas. Habla de que hay que hacer extrañas las cosas cotidianas y cotidianas las extrañas»[62]. Así ocurre desde luego en sus películas cuando con el "modo oscuro" de sus primeros filmes, y con su estilo mágico de prestidigitador, oculta lo obvio y cotidiano para hacerlo reaparecer como extraño, fantasmagórico o soñado.

Hay que realzar y repensar para la trilogía de Aragón ese lado siniestro, ese oscuro modo que es el que liga y cohesiona sus textos con el texto general de la transición y con las siniestras prácticas políticas de la historia de la España pasada. Como el mismo director afirma para sus películas, y especialmente para su trilogía, en ellas trata de «que las cosas más obvias parezcan extrañas y las más extrañas obvias»[63]. Tal como quiere Aragón, *Sonámbulos*, *Camada negra* y *El corazón del bosque* forman un triángulo ominoso en que la primera ocupa el espacio/vértice, el plano simbólico en que la pesadilla o el sueño se hace indistinguible de la realidad, mientras que las dos últimas, situadas en los vértices de la rea-

---

[60] Augusto M. Torres, *Conversaciones*, p. 95.
[61] Sigmund Freud, «Lo ominoso».
[62] Augusto M. Torres, *Conversaciones*, p. 80.
[63] *Ibid.*

lidad, la impregnan de terror profundo. *Camada negra* y *El corazón del bosque* tratan de los efectos de la conflagración nacional en los años de la posguerra *(El corazón del bosque)* y en los años inmediatamente posteriores a la muerte de Francisco Franco *(Camada negra)*. Las dos películas se miran una a otra de manera complementaria y especular, pero lo hacen de un modo siniestro que evoca, de nuevo, el episodio en *Sonámbulos* en que las dos lunas de las puertas del armario, al quedar situadas una frente a la otra, nada reflejan. Si es entre *El corazón del bosque* y *Camada negra* desde donde podría trazarse la línea histórica que va de la guerra civil hasta la posdictadura, gracias a *Sonámbulos*, texto situado en el tercer vértice de lo simbólico, las dos dimensiones forman de pronto y ominosamente un espacio tridimensional simbólico, el cual transforma la realidad histórica en un *hábitat* que no es sólo ya dominio exclusivo de ella sino también, y sobre todo, de lo Real.

En los tres filmes de Aragón lo familiar deviene terrorífico y lo terrorífico familiar. Son, por tanto, representación siniestra porque revelan, como decía Freud, una «variedad de lo terrorífico que se remonta a lo consabido de antiguo, a lo familiar desde hace largo tiempo»[64]. Pero aunque lo extraño y lo familiar se confunden en las tres películas, éstas presentan ciertas particularidades distintivas que más pueden considerarse reflejos que diferencias. *El corazón del bosque*, ejemplo sobre todo de lo siniestro en tanto ocultación y austeridad, es el reverso de *Camada negra*, que deja aflorar lo siniestro gracias a una presentación apoyada en lo excesivo y lo caricaturesco; mientras que *Sonámbulos* se abre definitivamente y sin cortapisas al espacio del sueño y la pesadilla.

Centrándonos ahora en las dos primeras, vemos que en *El corazón del bosque* lo siniestro aflora de manera parcial y velada mientras que en *Camada negra* lo hace de forma magmática. De ahí el carácter esperpéntico de esta película y el dibujo exagerado de sus personajes que con excepción de Rosa, la amiga y novia del adolescente Tatín, protagonista de la película, más parecen pincelada rápida que estudio psicológico profundo. De ahí también la profusión de símbolos que aparecen en la película: los caballos de cartón, los perros, las alusiones a la violencia y a la mutilación y el uso de un instituto de serología como enclave familiar. Elementos de pesadilla que si por un lado encuentran su particular elección por causa del azar[65], por otro es la confluencia ente lo psíquico y lo político el que los llama necesariamente a existencia:

[64] Sigmund Freud, «Lo ominoso», p. 220.
[65] Manuel Gutiérrez Aragón, en Augusto M. Torres, *Conversaciones*, p. 76.

Me gusta mucho el plano final [en *Camada negra*] donde el coro canta delante de esa especie de becerro de oro, que en este caso es un caballo de cartón, tiene esa forma pagana que a veces también posee el fascismo. He tratado de acordarme por qué era un instituto de serología, pero solo recuerdo que me empeñé muchísimo y Borau [el productor José Luis Borau] no comprendía por qué. Ahora no recuerdo mis razones[66].

La perplejidad frente a su propia forma de representación es característica que resalta a lo largo de las declaraciones de Aragón sobre sus películas. Si de *Camada negra* no puede recordar el empeño de situar al grupo parafascista en un instituto de serología, de *Sonámbulos* dice por ejemplo: «Siempre da la sensación de que no se ha llegado al final de la cuestión, pero seguramente es porque no tiene fondo sino un espejo al final [...]. No hay por donde tomarla»[67]. Desde las brumas de *El corazón del bosque*, los espejos de *Sonámbulos* o los mudos caballos de *Camada negra*, la narración que nos ha dejado Gutiérrez Aragón de aquellos años es una narración inacabada, incompleta; una que lleva en su corazón inscrito el conocimiento de la propia insuficiencia, el doloroso pálpito de la respiración intermitente. Escritura mágica la suya, y paradójicamente, furiosamente realista. Pero no desde el lado reivindicador y festivo de un Gabriel García Márquez, por ejemplo, sino desde el oscuro y punzante de un Velázquez, de un Goya o de un Picasso a los que las tres películas parecen acogerse.

De forma parcial o abierta, lo que se desvela en las tres películas es un algo siniestro, un algo que tiene que ver con la representación de las llamadas "dos Españas" en un sentido profundo y que *Camada negra* y *El corazón del bosque* reciprocan en su reflejo especular. Aunque de formas distintas, los dos filmes hacen referencia a una España anterior que es sentida conflictivamente como pérdida. Si *El corazón del bosque* presenta las peripecias de los combatientes republicanos que quedaron resistiendo en los bosques del norte de España en los años posteriores a la guerra civil española y *Camada negra* cuenta la voluntad de resistencia a la nueva España posfranquista de los últimos setenta de un grupo madrileño parafascista, en las dos películas el sentido de pérdida genera un espacio que convierte el lugar familiar en enclave ominoso.

En *El corazón del bosque*, el fin de la guerra y la victoria de Franco fuerza la retirada de los maquis de sus casas, familias y pueblos hacia los montes cercanos. Esta entrada en el bosque supone tanto una pérdida

---

[66] *Ibid.*
[67] *Ibid.*, p. 98.

irremediable de lo hogareño como la pérdida de una España anterior a la guerra convirtiéndose así la pérdida de lo particular en una pérdida colectiva. En *Camada negra*, el fin de la era franquista y la victoria de la democracia impulsan al grupo ultraderechista a entrar en acción en un mundo que, después de 1975, les es hostil. Son ellos ahora, los antiguos vencedores, los que sintiéndose socialmente hostigados deben retraerse. Y mientras los maquis en la primera película entran en el bosque, los fascistas de *Camada negra* se acogen al instituto de serología que les sirve de escondite y de centro de operaciones y donde viven al cuidado de una autoritaria y despótica figura materna. Tanto el bosque como el instituto serológico funcionan para ambos grupos como espacios de recogida asociados a una perdida España anterior.

Así, aunque de signo político opuesto, hay en *Camada negra* parecido movimiento de ocupación espacial al puesto en marcha por *El corazón del bosque*. En ambos, el sentimiento de pérdida particular y colectiva produce por otra parte una cierta resistencia que lleva a un intento de reconstrucción de lo perdido y a una necesidad de recuperación de la identidad. La resistencia a la pérdida —que queda traducida de forma inversa en cada película como voluntad de conservación o adquisición— es presentada por Gutiérrez Aragón de forma especular y por tanto de forma brutalmente siniestra. Por un lado, ya que en *El corazón del bosque* y *Camada negra* el proceso de resistencia, disolución y pérdida individual queda asociado a la noción de pérdida de la patria, también la construcción de una identidad de resistencia a esta pérdida pasará necesariamente a configurarse en términos políticos. Por otro lado, cada específica pérdida política puede traducirse y referirse a antiguas y profundas pérdidas psíquicas, a edípicos duelos anteriores. Y por último, la traducción política de la pérdida es presentada por el director desde la izquierda y la derecha políticas, siendo precisamente la peculiar y particular cualidad de desplazamiento de esta resistencia —moviéndose en lo político y en lo psíquico y desde la derecha a la izquierda y viceversa— la que desvela lo terrorífico y lo siniestro en las dos películas.

El proceso de resistencia en *El corazón del bosque* actúa contra el progresivo deterioro que la memoria colectiva (representada por la sociedad española de posguerra) ejerce sobre la memoria individual (representada por los maquis, y sobre todo por su jefe El Andarín). En *Camada negra* el proceso de construcción y resistencia de una memoria individual (representada por el grupo ultraderechista y por el adolescente Tatín) actúa en contra de una voluntad colectiva de olvido (la del pueblo español de la posdictadura). En ambas películas, y desde ambos lados del espejo, al hacer coincidir la voluntad de destrucción o conservación de un "yo" con la voluntad de recuperación de una "madre patria" perdida para siempre, los terroríficos demonios familiares casi consensuales a la historia reciente de España quedan al descubierto.

En *El corazón del bosque*, el tiempo que los maquis y su jefe El Andarín pasan en los montes marca un espacio regresivo dedicado inescapablemente a una búsqueda de recuperación de esa madre patria (aquí republicana) que debe pasar necesariamente por la recuperación —también imposible— de una identidad destruida por la guerra. El bosque mágico que muestra Aragón en su película es el espacio siniestro en el que tiene lugar un viaje en sentido de *quest*, un espacio similar al ofrecido por Joseph Conrad en *El corazón de las tinieblas* y recreado por Francis Ford Coppola en *Apocalypse Now* o anteriormente por Stanley Kubrick en *2001: Odisea del espacio*, dos de los directores más apreciados en aquel momento por el director español. La película muestra los primeros años de posguerra como la escisión que deja al descubierto y en contacto momentáneo un antes relacionado con lo hogareño (y por tanto familiar) y un después referido a la experiencia del vivir en el bosque (y por tanto siniestro). El bosque no es un simple decorado, o el lugar donde ocurre la historia; es, por el contrario, el verdadero protagonista, tal como dice el mismo director[68]. Espacio límite, es para los maquis su único abrigo y morada segura al mismo tiempo que es un lugar siniestro portador de secretos y corazón de la película.

El bosque es un *locus* atemporal y abismal en el que los últimos maquis se esconden, a la vez que es el espacio generador de la fuerza que pone en marcha la ocultación. Sirviéndose de los velos que ofrecen sus brumas, el bosque guarda y protege a los maquis de miradas indiscretas —especialmente de las de la guardia civil— y es en este sentido, familiar. Pero lo *Heimlich*, como nos ha dicho Freud, fácilmente se torna *Unheimliche*. Y así, aunque les ofrece su única morada posible, el bosque esconde en su seno el demonio que rompe «la protección segura [...] la casa, el recinto [...] donde se mora»[69]. Morada que se torna diabólica, el bosque va a expulsar uno a uno los cuerpos sin vida de los últimos resistentes republicanos.

La película se centra en la búsqueda que Juan, un antiguo maqui, hace de El Andarín, único maqui sobreviviente y habitante del bosque lleno de brumas. Antiguo líder del grupo y ex jefe de Juan, El Andarín,

---

[68] *Ibid.*, p. 115.
[69] Sigmund Freud, «Lo ominoso», p. 222.

solitario, cubierto de andrajos y enfermo, resiste su entrega a la España victoriosa de Franco. El tratamiento de este personaje es de nuevo característico del "modo oscuro" de Gutiérrez Aragón. El director destruye toda idea o noción de lo familar al representar a El Andarín no como persona reconocible sino como imagen confusa, como secreto del bosque. Envuelto en trapos y encapuchado, indistinguible físicamente entre la niebla y la oscuridad de los árboles que lo rodean, El Andarín queda visualmente incorporado al bosque que lo esconde. La destrucción visual de la figura de El Andarín, llevada hasta el extremo de que el mismo Gutiérrez Aragón le llamó "mohoso", responde a las exigencias del demonio del bosque, de lo siniestro y de lo no familiar. Este demonio del bosque que se filtra entre las brumas y difumina al personaje llega a borrar y a desfigurar también toda memoria que de El Andarín tuvieran los que le conocieron u oyeron hablar de él. El pueblo cercano, *su* pueblo, le hace más y más extraño hasta que, diluida su persona en una memoria colectiva y ancestral, esta misma memoria le convierte en figura mítica. Personaje sin tiempo, la humanidad real y concreta de El Andarín queda para siempre asimilada a un "Él" universal. Como le dice una niña a Juan, ya nadie en la región habla de "El Andarín;" todos hablan, simplemente, de "Él".

La transformación del personaje en mito lleva implícito un proceso de destrucción de la identidad, paralelo a la pérdida de la patria, que se corresponde con el proceso de destrucción del nombre propio. El Andarín era un antiguo soldado republicano que el espectador nunca llega a conocer como tal. Obligado por el curso que toma la guerra española, pierde su nombre y apellidos al formar el grupo maqui. Como miembro de tal grupo, el apodo El Andarín va a sustituir al nombre propio; nombre general que, siguiendo el proceso de pérdida, sucumbe más tarde a favor del universal "Él". La pérdida del nombre supone la pérdida definitiva de la España de la República. "Él", a diferencia de cuando se le conocía con nombre y apellidos, ya no es un antiguo combatiente republicano. Es parte del bosque, una figura mítica, demónica y fantasmal que permanecerá para siempre desplazada de lo anterior y familiar, huérfana de madre y de patria. "Él", sin nombre, sin patria y sin identidad, pasa a ser un algo parecido a «un bicho al que habrían que matar» *(El corazón del bosque),* un algo que debe permanecer escondido.

El proceso de destrucción de la identidad se corresponde con la resistencia a esta pérdida presentada en *Camada negra*. Aquí, el proceso de destrucción se corresponde con el de construcción o acceso a una identidad y con la resistencia a su posible pérdida. Si en *El corazón del bosque* tanto Juan como El Andarín son hombres formados ideológicamente en el momento de su ingreso en el bosque (y la destrucción sucede por tanto a una identidad previamente establecida), en *Camada negra* el protagonista Tatín es un adolescente que todavía no ha entrado en la edad adulta y al que se le rehúsa, por sus pocos años, el ingreso al grupo parafascista. Sin embargo, también aquí el acceso a la identidad debe pasar necesariamente por la destrucción: Tatín debe legitimar con sangre su identidad recién construida, y lo hará así con el brutal asesinato de su novia. Muerte tremenda y violenta que recoge en su misma desmesura la terrorífica contradicción generada por los pares madre y patria, lo íntimo y lo público, lo político y lo psíquico. Las dos películas narran el intento de encubrir, esconder o destruir una otredad hostil a la conservación o adquisición de la identidad. Pero en su movimiento de enterramiento y cancelación, la narración se torna texto que va dejando al descubierto polvo y fantasmas. Paradójicamente, el movimiento velatorio desvela, lo *Heimlich* se torna *Unheimliche* y lo escondido queda parcial y siniestramente al descubierto.

Freud nos recuerda que se llama siniestro «a todo lo que estando destinado a permanecer en el secreto, en lo oculto [...] ha salido a la luz»[70]. En *El corazón del bosque*, el "Él" fantasmal y demoníaco destinado a la oscuridad o a la muerte se ve obligado a salir parcialmente de la oscuridad instigado por Juan, que penetra en el bosque en su busca. Cuando Juan entra en el bosque, pone en marcha un proceso de desvelación/ocultación que es, como he dicho, lo que se revela como siniestro y, en última instancia, destructor. Por su parte, en *Camada negra*, Tatín sale del espacio familiar en el que está recluido para internarse en la ciudad y ejercer actos terroristas y provocativos que ponen en peligro de exposición pública al grupo que debe permanecer escondido. El movimiento de avance de Juan y Tatín es opuesto. Juan se dirige al interior del bosque, mientras que Tatín avanza hacia el exterior urbano. Los dos, sin embargo, se dirigen a un mismo punto sin salida, un punto cero o espacio-fisura que se representa como enclave de una representación siniestra: la del encuentro de la otredad, de "lo otro", como espejo o doble del "yo". Encuentro que, significativamente, tiene lugar en las dos películas en el corazón del bosque.

La violencia y ruptura traumática producidas por la guerra civil exige la denuncia del "otro". Sin embargo, toda noción de otredad requiere la noción de un "yo" y viceversa. El "otro" es parte del "yo"; el

---

[70] *Ibid.*, p. 224.

Portada de *Triunfo* con una fotografía del cortejo funerario del almirante Carrero Blanco (diciembre, 1973). Tomado de *Triunfo*, núm. 587 (29 de diciembre de 1973).

M. Á. Gallardo. Contraportada de *Los sueños del Niñato* (1986).
Tomado de *Los sueños del Niñato,* Barcelona, La Cúpula, 1986.

Benejam. «La familia Ulises» (1960).
Tomado de la contraportada de *Colección TBO. Especial coleccionistas,* Barcelona, © Ediciones B, 1988.

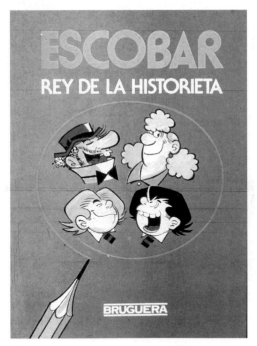

José Escobar. Famosos personajes de los tebeos infantiles: «Carpanta», «Doña Patro» y los gemelos «Zipi y Zape».
Tomado de la portada de *Escobar. Rey de la historieta,* Barcelona, Bruguera, 1986. © Ediciones B.

Carlos Giménez. Fragmento de *Paracuellos* (1982).
Tomado de *Paracuellos* (vol. 2), Barcelona, Ediciones de la Torre, 1991, p. 56.

Marta Sentis. «Ocaña vestido» (1978).
Tomada de *El Europeo,* núm. 49, primavera de 1994, p. 23.

Nazario. «Anarcoma» (1978).
Tomado de la portada de *Anarcoma,* Barcelona, Ediciones La Cúpula,
1988.

Fuentes Man, «El Capitán Trueno» (1961). Dibujo.
Tomado de Víctor Mora/Fuentes Man, portada de *El Capitán Trueno*,
Barcelona, © Ediciones B, 1993.

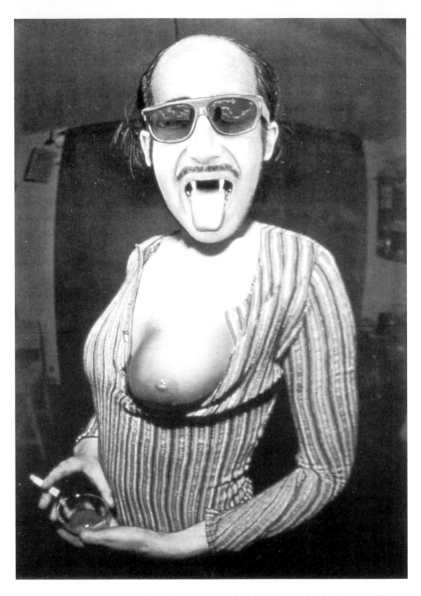

Jorge Rueda. *Mullereta* (1975). Montaje óptico. Tomado de *Cuatro Direc-ciones. Fotografía Contemporánea Española (1970-1990),* t. I, Catálogo de la exposición, Madrid, Museo Nacional de Arte Reina Sofía/Lunwerg editores, 1991, p. 124. © JORGE RUEDA-VEGAP.

"otro", en cierto sentido, es el doble del "yo", es su figura especular. Así se presenta en ambos filmes, en donde los personajes, reflejos especulares todos ellos de unos y otros, nunca "se ven" ni "son" por causa precisamente de esta conjunción siniestra. Aunque en *Camada negra* la salida al mundo de Tatín obedece, como hemos visto, a la búsqueda y construcción de la propia identidad, su iniciación toma un carácter siniestro al ser el joven parte de un cuerpo familiar que, de forma paradójica, insiste en la negación de su existencia. Tatín está cogido de lleno en esta contradicción. «Somos un cuerpo» y «formamos una piña», junto con «no existimos para afuera» o «no existimos ni para nosotros mismos», son expresiones que, en sus variantes, repite constantemente su tiránica madre, Blanca. Para ser, para "llegar a ser" hombre y parte del grupo, Tatín debe integrarse en un "no-ser", conflicto irresoluble que termina necesariamente en destrucción y violencia.

El "no-ser", por otra parte, atañe a todos los personajes en las dos películas. En *El corazón del bosque*, El Andarín no es ya El Andarín, sino "Él"; y el "ser" de Juan es un ser-maquis, que es lo mismo que un no-ser en la España de 1952. La guerra empieza a quedar lejos, la historia se ha escrito y la razón de ser de los maquis se va diluyendo. La destrucción del ser en no-ser halla su paralelo en la transformación de una España familiar a una siniestra. Para Juan, diez años después de la derrota republicana, la España de Franco es *Unheimliche*. La casa familiar, que en la película de Aragón recurre siempre como imagen, está para él poblada de fantasmas: Juan no conoce a la nueva gente —Suso, el novio y más tarde marido de su hermana Amparo—, así como desconoce también quién ha muerto en el pueblo: «No sabía que había muerto» *(El corazón del bosque)*, responde Juan a su hermana cuando ésta le informa de la muerte de un vecino y compañero.

A su vez, en *Camada negra*, Tatín habita también un espacio familiar poblado de fantasmas, un "hogar" siniestro. Freud nos dice que «*Heimlich* es el sitio libre de fantasmas»[71], pero ¿es este espacio posible? Desde luego no parecer existir en la historia de España: en la posguerra no lo es para Juan, perdido para siempre el hogar paterno, como tampoco lo es para El Andarín, marcado por los demonios del bosque; y como tampoco a su vez, en la posdictadura, lo es para Tatín, a quien la casa-instituto, representada sobre todo por su madre Blanca, se le presenta siempre hostil.

---

[71] *Ibid.*, p. 225.

Querer adquirir o conservar un yo supone precisamente perder a la madre (al menos en parte) para incorporar al padre. En términos políticos significa que el término "madre" debe ceder su puesto privilegiado al término "patria". En las dos películas, conciliar los términos "madre" y "patria" (la "madre patria") se revelará siempre imposible. Si como decía Freud, lo que unos llaman *Heimlich*, otros lo califican de *Unheimliche*, lo que unos llaman "madre" otros pueden denominar "patria" (padre) y viceversa. Los signos y símbolos se duplican, doblan y confunden. La figura paternal implícita en el término "patria" queda representada en *El corazón del bosque* como imagen de un toro atado y con los ojos vendados. *Camada negra*, por su parte, nos presenta ya los caballos depauperados y moribundos del instituto serológico, útiles sólo para suministrar un suero ya obsoleto, ya las imágenes violentas masculinas que se relacionan tanto con los perros vigilantes como con la parafernalia militar-fascista de este grupo compuesto exclusivamente de hombres.

En *El corazón del bosque* las imágenes heridas del toro (que junto con las de los caballos en *Camada negra* nos recuerdan el *Guernica* de Picasso), son imágenes-símbolos que suplementan y/o complementan aquellas en las que la figura materna se diluye y difumina en las escenas de la vaca perdiendo leche, en la antigua casa familiar, en el personaje de la hermana, e incluso en el bosque mismo como espacio protector. Imágenes evocadoras del padre y la madre, todas recuerdan el sentimiento de pérdida, nostalgia y desintegración. En *Camada negra*, por el contrario, la simbología materna y paterna se oponen, tanto entre sí como mutuamente. A la suave Rosa, la amiga y novia de Tatín, se contrapone la imagen de la dictatorial Blanca, su madre. A la exaltación viril del grupo, se opone la debilidad e inutilidad del padre de Tatín; y a los caballos heridos y sin fuerzas, los perros violentos y agresivos.

Todo en las películas presenta sus dos caras. *El corazón del bosque* nos habla de una percepción nostálgica de una España familiar de preguerra a la que el varón-soldado le gustaría regresar. Una España maternal-acogedora que se añora en el momento mismo en que se pierde, es decir, en el momento de entrada a este bosque que, aunque ofrece protección y morada, ofrece también muerte y destrucción. *Camada negra* enfatiza la otra faceta de la idea de madre, la madre represora, punitiva y castrante —representada por Blanca— de la que uno (el joven varón adolescente) debería librarse. Cabeza visible del esperpéntico cuerpo familiar que ella dirige, Blanca es el prototipo, excesivo y caricaturizado, de la mujer fálica descrita por Freud, claramente reflejado en el episodio en que con voz estentórea y alzando los brazos cargados de fusiles exclama: «las armas las tengo yo». El código que ella impone es un código viril basado en el honor y la venganza, en un trasnochado estilo calderoniano.

Sin embargo, a pesar de la presentación de Blanca como el tipo de mujer fálica y castrante (y por tanto fantasma siniestro), en las dos películas Gutiérrez Aragón decididamente presenta lo *Heimlich* como "femenino" al relacionarlo sobre todo con los personajes de Rosa en *Camada negra* y Amparo en *El corazón del bosque*. A las fanáticas y exaltadas exclamaciones de Blanca —«hay que vengar al hermano, guardar silencio y sacrificar lo más querido», las tres pruebas que Tatín se va a autoimponer como rito de iniciación y principio y fin de su viaje de *quest*— la película contrapone la fresca y contagiosa risa de la joven Rosa. En *El corazón del bosque*, es la suave voz infantil de una niña cantando una canción popular y la voz de Amparo la que impulsan a Juan al suyo.

Si tomamos esa fragmentación simbólica como representación del conflicto implícito en los términos "madre patria", ésta corresponde a la noción de una España herida y dividida por la guerra y posguerra y vuelta a dividirse, esta vez de forma desplazada, en los años de la posdictadura. La madre patria desdobla de forma siniestra las figura paterna y materna. Como padre, se torna Saturno devorador de sus hijos y como madre y amante, queda perdida para siempre. Sin embargo, Gutiérrez Aragón no cae nunca en simplificaciones tajantes. Muestra, en las dos películas, la faceta siniestra existente en las dos construcciones discursivas. Perdido en la posdictadura el cuerpo represor gubernamental que hacía la narrativa edípico-política tanto posible como deseable, ésta se desmorona como se desmorona su lenguaje.

MADRE Y PATRIA: FRANCISCO REGUEIRO Y *MADREGILDA*

El conflicto entre "madre" y "patria", sentido y anotado invariablemente desde la literatura (lo vimos ya por ejemplo con Blas de Otero), es también obsesivo a lo largo de la historia del cine español, aunque deja de ocupar su lugar preminente en la etapa de la posdictadura[72]. Al final de la andadura transicional, sin embargo, una nueva película viene a ha-

---

[72] Fanny Rubio y Juan Goñi, sin embargo, vuelven a la dicotomía "madre/madrastra" en su artículo «Un millón de títulos: las novelas de la guerra de España» (p. 168).

cer compañía a las ya lejanas de Aragón. Francisco Regueiro nos deja la excelente y extraña película *Madregilda* (1993), y retoma con ella el lenguaje fragmentado y la reflexión solitaria sobre la conflictiva e imposible relación de los términos "madre" y "patria" que ya Aragón había abandonado.

En los casi veinte años transcurridos entre las películas de Aragón y la de Regueiro sin embargo, las expectativas, así como el lenguaje, han cambiado en el país de forma fundamental. Desde Regueiro a Aragón pasando por Saura, la relación con la "madre patria" España es y sigue siendo edípicamente conflictiva[73]. Pero, a diferencia de lo sentido en aquellos años en que Otero, Celaya y compañía expresaban una posibilidad de lucha contra el franquismo, una esperanza de solución futura al problema del Padre, el posfranquismo vive la desesperanza de la resolución del conflicto edípico. Antes de la desaparición del Padre, por causa de la guerra, o quizá con la guerra como único y equivocado camino, España es (fue) la mala madre y padre que rechaza a sus hijos. Por un lado fue sentida como madre y morada protectora; por otro, es (fue) la mala y cruel madrastra que expulsa, mata y exilia a los hijos. En parte, se la adora por habernos dado vida y cabida; por otra, se la aborrece por no eliminar al padre-esposo, por no asumir la potestad patria, por no ser capaz de dar un nombre legítimo a sus hijos y ciudadanos. Desde *La caza* de Saura a la *Madregilda* de Regueiro, las variaciones sobre el tema edípico a lo largo de la era franquista hasta hoy son muchas, y todas similarmente obsesivas[74].

Pero lo que es nuevo en el posfranquismo es el doloroso desencanto, la desesperanzada aquiescencia, la final asunción del asesinato de la madre por parte del padre, y de la definitiva impunidad de éste. En la historia reciente española no ha habido resolución edípica. Los hijos, los ciudadanos, no mataron al padre ni se quedaron con la madre. Por el contrario, en un final histórico alejado de los felices finales del cine de Hollywood, en la narrativa edípica española éste es totalmente insatisfactorio: después de disfrutar el padre durante casi cuarenta años del cuerpo roto y violado de una madre muerta, muere de vejez en la cama rodeado de sus compungidos acólitos. *Madregilda* es perfectamente consciente de lo ocurrido y narra esta extraña historia con clara consciencia de la imposibilidad de aplicar remedio alguno. Lo ocurrido, ocurrido está, parece decirnos el texto de Regueiro. Nada podemos ha-

---

[73] Como ejemplo, las películas *Furtivos*, de José Luis Borau, o *¡Ay, Carmela!*, de Carlos Saura.

[74] Véase la segunda parte del libro de Marsha Kinder, *Blood Cinema*.

cer cuando ya ni siquiera los protagonistas principales están presentes. Todo lo que nos queda es tomar cuanta más distancia mejor para recontar lo que fue y será ya por siempre inevitable.

A ello se atiene la película utilizando, como Aragón, el único lenguaje accesible para tal recuento: el del sueño y el del simbolismo fantasmagórico. En ella, la desaparecida España roja se personifica en una espléndida figura de mujer (muerta) que incorpora en su recreación visual una espectral Gilda tal como fue representada en el cine hollywoodense por Rita Hayworth. La maravillosa pero fantasmática mujer se desliza por la película de Regueiro como un espectro a la vez siniestro y seductor. Si la Gilda de Rita Cansinos Hayworth desplegaba en pantalla una poderosa y viva fuerza de atracción, la Gilda de Regueiro transmite por el contrario el horror de la muerte. De tez blanca, fatalmente blanca, con el pelo negro y los labios y el vestido rojos, "madregilda" nos mira de frente y nos muestra el tajo terrible infligido por el Padre, el negro agujero de su vientre por donde se le escaparon para siempre tanto su sangre como sus hijos muertos. La visión de la Madre asesinada por el Padre es insoportable para el hijo, tanto más como cuanto nada puede hacer ya éste para revertir los acontecimientos y reinstaurar el orden sagrado del simbolismo edípico. Ésta es la frialdad espeluznante que en última instancia transmite la película, ya que en ella tanto la Madregilda-España como el Padre-Franco están ya total e irreversiblemente muertos desde el mismo inicio del texto. Nunca pues el hijo-ciudadano podrá matar simbólicamente al Padre ni recuperar a la Madre.

La imposibilidad de reordenación histórica genera para el hijo pesadillas sin fin. "Madregilda" al fin y al cabo no es más que una ilusión, una alucinación del hijo problematizado por el padre. Pero percibida por éste como cuerpo muerto de mujer-Madre, la imagen se convierte en infierno dantesco al estar el espectro ligado, eternamente ligado, al no menos espectral padre. Curiosamente, esa imposibilidad de destextualización que presenta la película sigue un proceso similar al presentado por las novelas de Miguel Espinosa. Si en la trilogía de este último lo que nos quedaba al final del texto es el conocimiento desolador de que Azenaia (la buena Madre/la buena esposa) es inseparable de la Feliz Gobernación (el mal Padre/el mal esposo), en la película de Regueiro, Madregilda es inseparable del espectro de Franco. Fantasma acechante, el personaje de Madregilda funciona a su pesar como espejo o blanca pantalla que no hace sino reproducir el horror de un Hijo creado a imagen y semejanza del Padre. De forma inescapable el espectro materno nos refleja el espectro de la patria, del padre, y viceversa, dejando al hijo ante la devastación. De ahí que su percepción de este fantasma materno, de esa ilusión suya, sea la de una figura ambigua que parece emitir tanto la seguridad y protección materna, como el despego y agresividad sexual característico del personaje hollywoodense de Gilda.

Aun evocada conflictivamente en su doble e irreconciliable aspecto —sexualmente accesible como amante, pero sexualmente tabú como madre—, lo más importante para el niño/hijo/ciudadano que la desea y convoca es devolverle la vida. Inútil el Padre en su calidad de amante de la Madre, así como de procurador del Nombre para sus múltiples hijos, el niño/hijo/ciudadano intentará desesperadamente una y otra vez revivirla, aunque sea en sueños, aunque sea en forma de pesadilla. Revivir a la Madre es la única posibilidad para el hijo de sustituir al Padre ("Francisco Franco" en la película, en una recreación excepcional del actor Juan Echanove); revivirla para matar al Padre; o revivirla, simplemente, para poder matarla (rematarla) él si no puede poseerla en exclusiva.

Empresa imposible la del hijo que, fuera cual fuera su bando, sabe bien que su madre fue asesinada en la guerra civil. Por otra parte, perdida o ganada la guerra, según el lado en el que luchara, es ésta la que todavía promueve y permite aflorar en el posfranquismo la nostalgia de una España anterior, franquista o republicana. Pero en la película de Reguerio, así como en la trilogía de Gutiérrez Aragón, la España perdida se torna España ominosa. La nostalgia, si es que podemos llamarla nostalgia, muestra en estos filmes su lado terrorífico, dejando salir a la luz lo que durante cuarenta años esa misma España se obstina en oscurecer y ocultar.

En *Camada negra*, por ejemplo, Tatín, al exponerse públicamente con actos desesperados, hace peligrar la seguridad que el grupo familiar basa en el silencio y en el secreto: «Nuestra mejor arma es el silencio» dice Blanca. También el silencio y el secreto son necesarios para la supervivencia de los personajes de *El corazón del bosque*, secreto que los convierte para los de afuera en seres tan extraños como el grupo de *Camada negra* lo es para los españoles de los años ochenta. Conforme va transcurriendo la película, y según vamos vislumbrando a los diversos personajes (maquis y guardias civiles) infiltrados en el monte, lo único que podemos decir es, parafraseando a Freud, que «los extraños merodean por [... los] bosques» [75]. No podemos sentirnos en un lugar *heimlich*. Extraño es el que deambula por el interior del bosque, como extraños son los guardias civiles para los maquis, los maquis para El Andarín,

---

[75] Sigmund Freud, «Lo ominoso», p. 222.

El Andarín para Juan, y Juan finalmente para sí mismo y los de fuera, para su cuñado Suso y su hermana Amparo. Para unos y otros, para todos, lo anterior se vuelve oscuro, tal como canta uno de los guardias en el bosque en una noche de vela: «Oscurece la salida el bosque» *(El corazón del bosque)*. La casa y la morada familiar están (estaban) a la salida, pero son ya inaccesibles. El bosque ocupa ahora su lugar, convertido en morada del hombre, morada y lugar siniestro oscurecedor de todo lo anterior y lo externo.

Juan convierte la búsqueda de El Andarín en una *quest* personal sobre su propia identidad. Pero en el interior del bosque el yo y el otro pierden su significado, como se designifican también la guerra civil o la lucha política de resistencia antifranquista. El bosque, agente desidentificador, es ahora siniestro, según el propio Aragón «un lugar horroroso que se acerca más a la visión que dan de él los cuentos infantiles [...] morada de las brujas, los ogros y, en definitiva de la muerte»[76]. El proceso de desfiguración y demonización de El Andarín empieza a reproducirse en Juan. Las imágenes de la infancia, que es necesariamente la infancia vivida en la España de la preguerra, reaparecen en el bosque confundidas, desorientadas. Hay una escena en la que Juan conversa con un compañero suyo, Atilano, personaje también fantasmagórico, del que no se sabe si está vivo o muerto. Juan, perplejo y asustado, ve cómo las imágenes-recuerdo infantiles de los dos confluyen en el corazón del bosque: el toro con los ojos vendados, un niño al que sus compañeros le hacen el vacío el día de la proclamación de la República, la vaca a la que se le escapa la leche de las ubres al andar. El sentido de esas imágenes inquietantes no puede ser sino adivinado. El bosque nunca revela enigmas, los recubre, por el contrario, de velos. Y así como el toro vendado y por tanto metafóricamente castrado no es toro; así como la vaca que pierde toda su leche no es vaca; así como el niño que no juega no es niño, en el corazón del bosque ni Juan es del todo Juan, ni Atilano está del todo vivo o del todo muerto, y El Andarín no es otra cosa que una sombra vacía que irá diluyéndose en el bosque hasta morir en él. El bosque, vivido desde la nostalgia y el recuerdo del hogar y de lo anterior (y por tanto de la España anterior a la guerra) ejemplifica las siguientes palabras de Freud: «[D]esde la noción de lo entrañable y lo hogareño [... se] desarrolla el concepto de lo sustraído a los ojos, lo oculto, lo secreto»[77].

---

[76] Augusto Torres, *Conversaciones*, p. 113.
[77] Sigmund Freud, «Lo ominoso», p. 225.

Camada negra es ejemplo también de las anteriores palabras. Tatín desarrolla el concepto de lo oculto y lo secreto desde *su* noción de lo hogareño. El Instituto de serología que esconde al grupo ultraderechista está tan poblado de fantasmas como lo está la España de los años posteriores de Franco. Como lo está también la España de 1952 en *El corazón del bosque*. Lo siniestro nace de la fisura instaurada con la guerra civil, representada por este bosque y este instituto que nos dejan indefensos y ciegos y que no llevan más que a la destrucción. El bosque y el instituto son el reino de lo oculto, de lo ambiguo, reino de la oscuridad que hace a los ojos inútiles, tal como nos insinúa el póster de apertura de *Camada negra* con sus hombres con los ojos velados.

Por su parte, el bosque de *El corazón del bosque* vela y envuelve a El Andarín en trapos. Las sombras se suceden y se confunden y las imágenes se muestran en su parcialidad, siempre oscuras y nocturnas. Caminar en círculo por el bosque es en cierta forma estar ciego a la salida, no ser capaz de descubrirla. Juan penetra en el bosque en busca de El Andarín para dar conclusión a la guerra (y por tanto para buscar un cierre a una fisura abierta); pero ciego él mismo o imposibilitado, sigue un recorrido circular que le va a dejar frente a un "Él" que es un sí mismo. En última instancia, al final del círculo Juan se encontrará frente al toro de ojos vendados, de la misma manera que el recorrido circular de Tatín le va a dejar frente a la estatua de un caballo que, como tal estatua, también mira sin ver.

En *El corazón del bosque*, Juan reescribe, paso a paso, la vía de El Andarín. Impulsado por una voz infantil femenina, va llenando a lo largo de la película las huellas dejadas en el bosque por "Él" (El Andarín). Recorre un camino de vuelta al origen hasta que, en las imágenes finales, su propia imagen se confunde con la de su ex jefe, superponiéndose la sombra de su cuerpo a la sombra sin cuerpo de El Andarín ya muerto. Al término de este viaje a ninguna parte, cada uno no es sino la sombra del otro. El viaje de Juan no lleva más que a su propio encuentro velado y doblado: El Andarín, antigua personificación de la historia concreta y real de la guerra española, es, a la hora de su encuentro con su doble "Juan", un "Él" que parece llevar los ecos del "ello" inconsciente y colectivo que resiste la historia y su escritura.

Cuando en *El corazón del bosque* la sombra de El Andarín se "llena" con la sombra del cuerpo de Juan, hay un espacio y un momento siniestros, de confusión entre lo consciente y lo inconsciente, entre la realidad y lo soñado, entre lo anterior y lo presente, entre ausencia y presencia y entre el "yo" y el "ello". La imagen-sombra de uno correspondiéndose con la imagen-sombra del otro (y viceversa) se acopla a su vez con las elusivas imágenes del toro vendado y de la vaca perdiendo leche, que se conectan con la visión del doble. Señales desencadenantes, el toro ciego y la vaca deslechada se asocian en la narración fílmica con los momentos de nostalgia y de recuerdo de la niñez de Juan. Éste se presenta por primera vez a los espectadores escondido, de noche, en un camión. Rodeado de jarras lecheras —otro signo que hace referencia a la vaca y, por tanto, a la nutrición y abrigo maternal, a la España de la infancia anterior a la guerra—, en cuclillas y a oscuras, Juan, producto de la guerra perdida, es también un toro ciego. Amparo es, junto con su casa situada en el lindero del bosque y su significativo nombre, la representación de la antigua España. Ella, en las imágenes en las que sentada en el suelo emite unos gritos espasmódicos, y la niña que con su canto da pistas a Juan sobre el escondite de "Él", forman el coro femenino, una primitiva voz materna y *Heimlich* que impulsa a Juan en su viaje al interior del bosque. Una voz que le hace seguir hacia lo profundo para encontrarse en el corazón del bosque con la figura paterna de El Andarín. Amparo y la niña son la instancia femenina, eco y reclamo de la tierra materna, desde la que Juan puede contemplar al toro vencido, al toro castrado en el que El Andarín se ha convertido, al toro de ojos vendados que es ahora la patria y él mismo.

El punto final del recorrido regresivo circular borra las nociones de diferencia y ausencia. El Andarín es "Él" y es Juan, es el toro y es la vaca lechera; es el "ello" y el "yo", lo femenino y lo masculino. Lo *Heimlich* y lo *Unheimliche*, la España victoriosa y la España vencida. La visión de El Andarín en el corazón del bosque es la visión siniestra de lo que Freud llama, evocando a Nietzsche, «el permanente retorno de lo igual»[78].

Retorno siniestro de lo reprimido que es también el de Tatín en *Camada negra*, que sale del instituto para volver a él en última instancia. El adolescente, aunque no se encuentra con su doble en el sentido de la película anterior, sí se enfrenta sin embargo a lo "otro" que representa Rosa. Los dos momentos de doble encuentro final en las dos películas —el de Juan con "Él", y el de Tatín con Rosa— marcan la circularidad narrativa entre las dos películas, representándose este círculo recorrido como un momento sin tiempo ni historia, coincidente con el círculo que Freud describe para lo siniestro: «[H]eimlich es una palabra que ha desarrollado su significado siguiendo una ambivalencia hasta coincidir al

---

[78] *Ibid.*, p. 234.

fin con su opuesto, *Unheimliche*. De algún modo, *Unheimliche* es una variedad de *Heimlich*»[79].

Freud escribe también que «el hecho de que el ser humano sea capaz de observación de sí, posibilita llenar la antigua representación del doble con un nuevo contenido»[80], un contenido que por tanto nos será siempre profundamente conocido, siempre recurrente, siempre uno y siempre siniestro, nunca nuevo ni ajeno. Un recorrido que será siempre retorno permanente de lo igual y que *Camada negra* presenta de forma límite y sin posible esperanza. Lo siniestro y lo no familiar desplazan definitivamente a lo entrañable y conocido. Lo familiar ahora va a permanecer escondido, va a ser devuelto de nuevo a la tierra en forma del cuerpo sin vida de Rosa. Escena violenta e inesperada, el asesinato de Rosa a manos de Tatín, y su entierro en un incipiente bosque de replantación, es un retorno siniestro que reproduce la muerte de El Andarín a manos de Juan en la otra película. El asesinato y el entierro de Rosa presentan la pérdida de todo lugar y espacio familiar, de todo lugar libre de fantasmas. Una vez enterrado el cuerpo entrañable de la joven, se planta encima de él un retoño de árbol. Triste y pobre ejemplo fálico, este pequeño árbol es espejo de la real deforestación española, de una España que, a más de cincuenta años del fin de la guerra civil, todavía se vivía (¿se vive?) como un desierto fisural poblado de siniestros fantasmas, recuerdos y nostalgias encriptadas.

El encuentro fantasmático entre el "yo" y su doble al que estas películas hacen referencia con su lenguaje roto, la anagnórisis mística que borra o difumina hasta hacerlos irreconocibles aquellos parámetros que nos diferenciaban el "yo" del "otro", siniestramente revela como nuestros, visceralmente nuestros, los horrores de una guerra y su corolario, el terrorismo, todavía suspendidos en nuestro imaginario. La anagnórisis a la que nos enfrenta Aragón en su trilogía es la de un éxtasis en negativo, un éxtasis que encuentra la unión del "yo" fragmentado y roto no en la divinidad, sino en un espacio infernal. Si, como decía Lacan, «el yo fragmentado encuentra unidad en la imagen del otro, que no es sino su propia imagen anticipada»[81]; o, como en el caso del comentario lacaniano al sueño freudiano de Irma, con lo que nos enfrenta lo negativo del éxtasis no es ni siquiera con el "yo" sino con una «descomposición espectral de la función del yo»[82], en el caso

---

[79] *Ibid.*, p. 226.
[80] *Ibid.*, p. 235.
[81] Jacques Lacan, «A Materialist Definition of the Phenomenon of Consciousness.» *The Seminars of Jacques Lacan. Book II*, p. 165.
[82] *Ibid.*

de la trilogía de Aragón esa particularidad es ominosamente evidente. La cámara de Aragón, su afilado ojo mágico, pincha justo en la herida tumefacta y hace aflorar el mundo subterráneo, la historia podrida. Cuando todo parece explicado, cuando todo parece expuesto en detalle, es entonces y sólo entonces cuando cae la noche y la pesadilla aparece[83]. Una pesadilla de nuevo indescifrable porque el sueño, por definición, está siempre conectado con lo real desconocido, con un «ombligo»[84] que, aunque fundacional, nos es siempre impenetrable y que queda representado por un cuerpo femenino.

Si en este ejercicio que va más allá del puramente estilístico seguimos recorriendo en paralelo la pesadilla que nos ofrecen *Camada negra* y *El corazón del bosque* con la explicación que Lacan da al sueño sobre Irma de Freud, el "yo" se descompone en ambos filmes, imaginariamente, en una serie de identificaciones soñadas. *Sonámbulos* aparece entonces como vértice. Es el tercer texto, la juntura, el tercer ojo. En la escenografía lacaniana *Sonámbulos* representa «la emergencia de la dimensión de lo simbólico en la relación del imaginario»[85], el momento en que el "yo" se forma, conforma y deforma, narcisísticamente, entre el caos y la anarquía de la especulación.

Pero las tríadas, como ya nos informó Freud y nos recordó después Lacan, apuntan siempre a la muerte en su calidad de Parcas. La trilogía de Miguel Espinosa era una lucha metafísica que se quería desesperada del lado de Dios. La trilogía de Aragón (y la película de Regueiro, que de nuevo instala en su texto a tres fantasmas) nos abandona directamente, nos deja colgados sin recursos, siempre en pasmo, y siempre muy cerca (y fuera) del cielo y del infierno. Los textos de la transición son los textos de la fisura, del desencanto y de la celebración, siempre angustiosamente suspendidos. Fragmentado el yo, la visión especular del otro que somos no hace más que dejarnos en tránsito, en el éxtasis de lo negativo. Nos hermana con el desolador Ángel Caído esculpido por Ricardo Bellver que en el parque de El Retiro de Madrid eternamente se experimenta a sí mismo como un cuerpo transitado, colgado para siempre en lo negativo del éxtasis y siempre entre la luz y la oscuridad, entre el cielo y el infierno, entre la utopía y su imposibilidad. Un ángel definitivamente infernal que a diferencia del *Angelus Novus* representado por Paul Klee y glosado por Walter Benja-

---

[83] *Ibid.*, p. 151.
[84] *Ibid.*, p. 157.
[85] *Ibid.*, p. 170.

min, no *puede*, por causa de su tradición histórica, mirar atrás e identificar como el progreso la tormenta que sopla del paraíso[86].

Si la trilogía de Espinosa quedaba abocada al silencio, la de Aragón, como la película de Regueiro, nombra de una vez y por todas a la muerte. Como en el caso de Freud y de su "sueño de Irma", la resolución del conflicto a la que nos aboca la trilogía de Aragón es la del reconocimiento de una visión especial: en dejarnos frente a un "Él" que no es en definitiva más que un "nosotros". Al final del recorrido, las tres películas de Aragón, las tres novelas de Espinosa y los tres espectros de Regueiro aparecen como las tres parcas. Y ante los cuerpos muertos del Caudillo Franco y el Almirante Carrero, el pueblo español parece evocar ominosamente aquellas inquietantes palabras de Freud respecto a su propio sueño: «El personaje que acaba de morir, el comandante que está conmigo, ése soy yo»[87].

En su representación transitoria del silencio y de la muerte tanto Espinosa como Aragón y Regueiro nos hablan de un yo fracturado, de un sujeto/objeto multiplicado especularmente, de una homeoestasis del ego, de un eterno retorno de lo reprimido y, en definitiva, de un instinto de muerte. *Tríbada* nos cuenta la historia de nada, mientras que *Sonámbulos* es la pesadilla de una pesadilla y *Madregilda* la imposibilidad de sublimación de tal pesadilla. *Tríbada* emerge como dimensión simbólica sirviendo de vértice a *Escuela de mandarines* y a *La fea burguesía*; en forma similar funciona *Sonámbulos* en relación a las otras dos películas de Aragón. *Madregilda*, por su parte, en un gesto chinesco, se ofrece veinte años después como nuevo vértice para los textos de Espinosa y Aragón. En una histórica y ominosa espiral cada nuevo texto forma otro con sus dos anteriores y obsesivamente apuntan a lo reprimido. A aquello que, en palabras de Lacan, «fue excluido por el sujeto, o que nunca entró en él, el *Verdrängte*, lo reprimido»[88].

El *Verdrängte*. Ahí está, por fin explicitado: lo reprimido retornado en forma de cuerpo flotante, de muerto-vivo, de carroña y desecho histórico, de ángel en caído tránsito. Parafraseando a Freud, podemos decir que "el comandante muerto" no era, al fin y al cabo, Carrero Blanco, eterno segundo de a bordo por cruel que el capataz pudiera ser. En la historia de la transición, en nuestra historia (ya no en la de Freud), el comandante muerto es, como bien sabemos, Franco. Un Franco semivivo

---

[86] Walter Benjamin, en *Illuminations*, pp. 257-258.
[87] Jacques Lacan, «The Dream of Irma's Injection», en *The Seminars of Jacques Lacan. Book II*, p. 167.
[88] *Ibid.*, p. 171.

(o semimuerto) como alucinada y perversamente nos muestra Regueiro en *Madregilda*, y en representación simbólica nos enseñaron Espinosa y Aragón. Un Franco no-del-todo-muerto, un Franco-vampiro, espectro y fantasma que veinte años después de enterrado todavía nos asalta por las noches llevando en la mano la cuenta pendiente del terrorismo. Un Franco representación corporal de una época que sale veladamente a la luz en la transición por causa de una pluma especial, una pluma-jerinquilla que, como la inyección de Irma en el sueño de Freud, rezuma la suciedad de una historia encriptada.

DIBUJAR LA HISTORIA: CARLOS GIMÉNEZ

Es Carlos Giménez uno de los más interesantes creadores de historietas de los años del posfranquismo y uno de los poquísimos que explícitamente se ha dedicado a explorar la enterrada historia reciente española. Con sus álbumes de la serie *España, Una...; España, Grande...; España, Libre!* (1976-1977), *Barrio* (1978) y sobre todo *Paracuellos* (1982) nos ofrece desde el género del tebeo uno de los ejemplos más fascinantes de crónica histórica. Nacido en Madrid en 1941, Giménez vivió la escasez y miseria de la España de la posguerra creciendo en uno de los colegios-asilo de los llamados de Auxilio Social, experiencia utilizada y representada gráficamente en la serie de historietas de *Paracuellos*. Esta institución, denominada en un principio Auxilio de Invierno, fue creada en Valladolid con ayuda de Martínez Bedoya por Mercedes Sanz Bachiller (viuda de Onésimo Redondo) en octubre de 1936, pocos meses después de empezada la guerra civil. Los asilos de Auxilio, enclave ideológico de la Falange, seguían el modelo del *Winter-Hilfe* nazi del que tomaron «el nombre, la imagen y el logotipo, así como buena parte de la filosofía inicial»[89]. Españolizada y falangizada en el transcurso de la guerra, la Institución cambió su nombre por el de Auxilio Social, para finalmente denominarse en la posguerra Obra Nacional de Auxilio Social.

De los Hogares de Auxilio Social, como de la época franquista, la España del posfranquismo no quiere en general recordar nada, o, en el peor de los casos, y en una vuelta de tuerca ominosa, recordar solamente el estribillo con que estridentemente se anunciaban: «Auxilio Social, al paso alegre de la paz». Sin embargo, si algo faltaba en ellos, además de

---

[89] Antonio Martín, «La obra nacional de Auxilio Social» (p. 10).

casi todas las necesidades básicas, era precisamente la alegría. Esta ausencia de alegría es una de las características más sobresalientes de las historietas de *Paracuellos* de Carlos Giménez, donde solamente en contadísimas ocasiones se permite su autor un final que no sea devastador para los pequeños internos. La penosa existencia que los niños llevaban en estos colegios, donde el abuso psíquico y físico y la falta de atención a las necesidades más inmediatas era la realidad de cada día, queda recogida de forma sobrecogedora por la pluma de Giménez. El diario castigo físico, la brutal escasez de agua y comida, y la deprivación intelectual y emocional se refleja en los grandes ojos perplejos y en los cuerpos desnutridos de estos chavalitos pelados al rape. El fantasma del hambre y el tormento de la sed continua recorre una a una las viñetas. «El botijo del señor Evelio», por ejemplo, una de las pocas historietas narradas sin dibujos, se abre de la siguiente forma:

En el "Hogar" de Paracuellos se pasaba mucha sed, sobre todo en verano. Había días, incluso semanas, en las que no había agua en ningún grifo, ni en las duchas, ni en los lavabos, ni en los retretes, ni en las pilas de la cocina, ni en el lavadero. Ni en ninguna parte. No había agua en absoluto [vol. 2, p. 48].

La escasez constante era ocasionalmente aliviada para algunos de los internos con las visitas de parientes o familiares. Estas visitas suponían la ansiada llegada de los llamados "paquetes" o fardos en los que la familia ponía lo que podía para el niño asilado. Aunque los paquetes estaban prohibidos, se permitía su entrada a cambio de prebendas que los familiares ofrecían a los instructores de los hogares:

Mientras el paquete duraba, los que lo tenían adquirían una cierta y extraña preponderancia [...]. Los que no tenían paquete pedían a los que lo tenían. Se llegaban a pedir las cosas más extrañas. Por ejemplo: «—Qué estás comiendo? —Una manzana. —Te pido lo pocho. —Ya está pedido». O [...] «—Te pido las cáscaras. —Y yo las zurraspas. —Y yo las contrazurraspas» [«Domingo de visita», vol. 2, pp. 27-28].

La demanda insaciable de los niños, el "dame, dame" continuo y obsesivo poco, sin embargo, recibe a cambio. Un ocasional trocito masticado o incluso vomitado («Domingo de visitas», vol. 2, p. 28); unas pocas ciruelas extras el día de la muerte de un familiar cercano, como el padre, por ejemplo («El puñado de ciruelas», vol. 2, p. 44); un vaso de leche de más en el paso por el centro de alguna visita oficial («La visita», vol. 1, pp. 14-15). Día a día y año a año, la España falangista escribió en los cuerpos de estos niños de Auxilio Social una historia de miseria y opresión.

Indeleblemente marcados con el palo y el cinturón, parecería que los cuerpos sobrevivientes de estos niños quedarían como recordatorio masivo y continuo de un momento histórico particular. No fue así, sin embargo.

Carlos Giménez se empeña en desvelar poco después de la muerte de Franco parte de una historia y de una experiencia que siente que se escapa colectivamente. Ante la voluntad de olvido del país, Giménez opone obstinadamente su voluntad de recuerdo. Lúcidamente pasa revista a una etapa de su vida para recordarnos que su historia personal, como dice Antonio Martín en su introducción a *Paracuellos,* «es parte de una historia colectiva y por tanto patrimonio común a todos nosotros. Y este ejercicio de memoria es básico frente a los que nos proponen el olvido»[90]. Las palabras de Martín, escritas en 1982, ponen de nuevo en la mesa la cuestión de la borradura histórica. Aunque la voluntad de recuerdo de Carlos Giménez no es única, sí es sin embargo en aquellos momentos minoritaria. España, desde luego, no quiere mirar atrás: «Ahora se quiere dar al olvido nuestra historia más reciente en nombre de una pretendida transición pacífica, evolución sin ruptura, cambio sin trauma y otras mandangas con las que se nos quiere camelar para que olvidemos lo que no podemos olvidar»[91].

Lo que no debemos olvidar en este caso son los pobres y represivos "Hogares" de Auxilio Social con su carga de niños desposeídos por la guerra y huérfanos de aquellos "rojos" asesinados o muertos en la contienda. La clase de servicio a los niños de la guerra que estos internados estaban destinados a prestar queda cínicamente representada en estas palabras de Carlos Grooke, entonces jefe de la policía secreta de Falange, conocida con el nombre de Servicio de Informaciones e Investigaciones:

Queremos que [estos niños] lleguen a decir un día: sin duda la España falangista fusiló a nuestros padres pero fue porque lo merecían. En cambio ha rodeado nuestra infancia de cuidados y comodidades. Los que, pese a todo, a los veinte años nos odien todavía, serán los que no tengan valor alguno. Los desperdicios[92].

La fría exposición de Grooke hace resaltar la calificación de "desperdicios" adjudicada a aquellos que "odien", y por tanto *recuerden*.

---

[90] *Ibid.*, p. 12.
[91] *Ibid.*
[92] Max Gallo citado en *ibid.*, p. 12.

Proféticamente el jefe falangista predice con siniestra exactitud lo ocurrido no veinte, sino cuarenta años después. Muerto Franco, nuestro pasado es desperdicio y aquellos que lo recuerden son desechos que deben relegarse al pozo del olvido. Y de forma ominosamente paradójica, en el inconsciente colectivo de la transición, vencedores y vencidos, antiguos enemigos irreconciliables, se aunarán para desplazar hacia lo más profundo, en Caída, aquello que no quiere ya saberse. Desplazamiento o quiebre, cosa y caída en el agujero negro, se produce aquí claramente una fisura en la narrativa histórica, uno de aquellos lapsus de sintaxis señalados por De Certeau, grieta desde la que nos hablan éstos y otros dibujos, éstos y otros textos, con desgarradora lucidez.

LAS ENSEÑANZAS DEL CATOLICISMO FRANQUISTA: GABRIEL HALEVI

Parte de las expresiones culturales que el imaginario colectivo social español produjo como reacción al franquismo está en estrecha relación con el discurso religioso del que el régimen se nutrió. En un sentido simple, lo que se intentará a partir de ahora es comprender la escritura especial de esta historia alternativa de la transición en tanto escritura reactiva a una larga historia política que, culminada en el franquismo, a través de los años formó y estructuró sus modos sociales a partir de una práctica y retórica religiosa diseñada desde un catolicismo esencialista y expiatorio. Ningún estudio dedicado a los diferentes fascismos surgidos en la Europa del primer cuarto de siglo puede desatender las relaciones existentes entre las diversas políticas represivas promulgadas en Europa desde las entonces emergentes naciones-Estados y su particular historia religiosa. Desde la explicitación de Benito Mussolini en el Manifiesto del Partido Fascista (1943) de que la religión de la república italiana era la católica[93] a la distorsión cristiana que propuso el nazismo, es evidente la constatación, como dice Roger Griffin, de «cuán rápidamente el fascismo pervirtió el lenguaje religioso»[94].

La articulación política está siempre íntimamente ligada a la articulación espiritual y religiosa y ambas, a su vez, ligadas a la expresión eróti-

---

[93] «Il Manifesto de Verona del Partito Fascista Republicano», en Felice Bellotti, «Apendix», *La Reppublica di Mussolini*, Zagara, Milán, 1974, pp. 223-228; traducción inglesa en Roger Griffin (comp.), *Fascisms*, Oxford/Nueva York, OUP, 1995, pp. 86-87.
[94] *Ibid.*, p. 147.

ca y sexual. Histórica y culturalmente España ha sido una de las geografías donde estas arenas de expresión han encontrado más dificultad para entenderse o explicarse de forma independiente, pero, sorprendentemente, una de las que menos estudios ha generado para una comprensión conjunta de tales fenómenos en la historia contemporánea. El franquismo precisamente fue uno de los pocos regímenes occidentales del siglo XX que explicitó una base religiosa en la búsqueda de autolegitimización de su proposición política. Las implicaciones que tal diseño tuvo en el cuerpo social español son evidentes. El anacrónico estribillo aireado una y otra vez por la dictadura —el régimen franquista como último baluarte de la espiritualidad católica, la presentación de España como "reserva espiritual de Occidente"— moldeó a varias generaciones de españoles y españolas a través de una política educativa ejercida mayoritariamente hacia la clase media y alta desde los centros de enseñanza religiosos privados, y hacia el resto desde los colegios públicos.

Desde aquellas ahora lejanas escuelas que en los años cuarenta enseñaban las primeras letras a sus pequeños discípulos teniendo en cuenta ante todo la educación nacionalcatólica sexualmente represiva que inspiraba al régimen, hasta la reacción arreligiosa y la fascinante abertura sexual expresada por la sociedad española en el posfranquismo, la expresión cultural de la sexualidad no puede explicarse desligada del tándem ideología y religión puesto en marcha en la política educativa imperante en la era franquista. No hay más que recordar, por ejemplo, que en las «Advertencias previas» consignadas en los libritos del *Catón breve,* distribuidos por la Editorial Magisterio Español en la posguerra de los años cuarenta a todas las escuelas, se incluía el siguiente párrafo, clara e inequívoca expresión del uso instrumental del Catón como diseminador de la ideología franquista nacionalcatólica: «Por último [después de los apropiados ejercicios y prácticas diarias de lectura y escritura], hágase un comentario patriótico-religioso con la frase final de la página, después de leída y escrita al dictado en el DIARIO de cada alumno»[95].

Debido a la larga tradición sacrificial que la expresión del catolicismo ha tenido en la historia de España, no es de extrañar que la mayoría de las exploraciones eróticas del cuerpo social español estén de hecho firmemente ancladas en la estética ritual de las que son hijas, y que utilicen en su práctica cultural de resistencia parte de la misma retórica de las que fueron imbuidas. El proceso es desde luego fascinante.

---

[95] Citado por Gabriel Halevi, *Catón,* p. 4.

Gabriel Halevi, por ejemplo, pintor de ascendencia sefardí educado en su niñez en la España de los años cuarenta bajo las reglas del *Catón* nacionalcatólico, nos ha dejado una colección de obras inspiradas en el *Catón breve* del cual toma el título: *Catón*. Comenzada la colección en 1988, se expuso ésta en Nueva York en 1990, recogiéndose y publicándose un año más tarde como colección fotográfica. «Cada pieza —explica la introducción al volumen— se deriva de una página del libro [*Catón breve*]» [96]. A lo largo de sus obras correspondientes a las lecciones del *Catón*, Halevi capta gráficamente con inusitada fuerza e intuición las profundas relaciones existentes entre la ideología política y religiosa de la tristemente represiva política educativa del momento.

Halevi hace surgir a la superficie el substrato ideológico subliminal presente en el *Catón,* impartido en los años cuarenta por la secretaría de Magisterio Español. Recorrer su catálogo nos obliga a pasar y repasar sus páginas como expresión de una historia de España audazmente visualizada en rojo y amarillo, una historia española siniestramente envuelta en la patriótica bandera del águila y las flechas. De la «Lección Primera», por ejemplo, Halevi resalta las palabras "espejo", "alto" e "indio" que culminan en la frase «Soy español». Lo que hace el pincel-pluma de Halevi es simplemente dar color a lo que está ya escrito, resaltar partes y puntos de la lineal narración nacional neocatólica e imperialista para establecer así una narrativa fragmentada. El resultado es devastador. El "indio" del *Catón* rescatado por Halevi pasa de ejercicio infantil de caligrafía a ser símbolo y signo de la sangrienta historia imperial emasculada por el franquismo. Halevi nos descubre sin miramientos la brutal política de la España imperial y la hermana con la no menos sangrienta carnicería puesta en marcha en la guerra civil. Con un preciso y fantasmagórico lenguaje que utiliza los resquicios, lapsos y aberturas presentes en la sintaxis narrativa de la historia oficial del franquismo, el pincel de Halevi, su pluma, escarba en los agujeros de esta historia de manera parecida a como escarbaron en ella desde el cine Manuel Gutiérrez Aragón, o desde la literatura Miguel Espinosa.

El fragmentado estilo de Halevi nos deja, como nos dejó el de Gutiérrez Aragón, delante de un espejo ante el que queda reflejado nuestro propio sujeto histórico, delante de un cuerpo roto y muerto que sin embargo nos asalta todavía con cuentas e historias pendientes. Un cadáver encriptado, un cuerpo no del todo desaparecido, no del todo transfigurado, no del todo asimilado. La escritura de Halevi nos sitúa frente al es-

---

[96] *Ibid.*, p. 3.

pejo, nos encamina al espacio de lo transitorio, al hábitat desde donde se refleja el monstruo que somos nosotros mismos. La pluma de Halevi, como la de Gutiérrez Aragón y la de otros y otras implicados en investigar los abismos de la subhistoria española, fuerza al sujeto histórico a entrar en la cripta. Nos fuerza a seguir aquel camino que Jacques Lacan señaló como sendero que conduce al ominoso hábitat de aquello que no está «del-todo-descompuesto»[97].

Cuando el sujeto físico pasa de la vida a la muerte, nos dice Lacan —o cuando el cuerpo del franquismo muere, podemos precisar aquí— «queda durante algunos meses en un estado de agregación suficiente en el que todavía se encuentra éste en relativas buenas condiciones —un cadáver en la cama que todavía, de vez en cuando, nos habla diciendo "estoy muerto"»[98]. La colección de Halevi atiende y escucha precisamente la voz de este cadáver reciente. La violenta e inesperada entrada a la cripta que la resituación histórica de Halevi propone en su «Lección primera» se continúa a lo largo de las once lecciones restantes por él recreadas. La «Lección II» colapsa la imagen de la cruz del Valle de los Caídos, unida a la inscripción del grito «¡PRESENTE!» y al lema «En el alma de cada español arde una llama de recuerdo a los caídos», a los términos "asno", "caballo" y "ardilla" subliminalmente siempre presentes en el imaginario histórico español —pensemos como ejemplos diacrónicos en el asno de Sancho Panza, en los caballos decapitados de Picasso y retomados también por Gutiérrez Aragón, o en la simbólica ausencia de la ardilla roja que siguió a la deforestación española (animal también reivindicado por el director vasco Julio Medem en su película *La ardilla roja*, 1994)[99]. La «Lección III» propone una escenografía teatral para el espectáculo de muerte de la guerra civil: Unas inmensas cortinas dibujadas en tonos oscuros abren el escenario a la figura de un soldado con casco fascista y bayoneta alzada; en el centro, un Cáliz Sagrado que parece derramar por algún poro imprevisto la sangre roja que Halevi nos deja representada como una bandera nacional en desgarradores y mal definidos brochazos. Surcando el escenario por la parte alta, la lección de escritura y lectura del Catón correspondiente a esta página resuena en ejercicios que evocan siniestramente un bombardeo al cambiarse a veces la grafía de la letra 'ene' por la de la 'eme': «an [...] ban / in [...]

---

[97] Jacques Lacan, «Desire, Life, and Death», *The Seminars of Jacques Lacan. Book II*, p. 231.
[98] *Ibid.*
[99] Para un excelente análisis de *La ardilla roja*, véase el capítulo que Paul Julian Smith dedica a Medem en *Vision Machines*.

168 Teresa M. Vilarós

bim / on [...] bom / un [...] bun». Abajo a la derecha, y manchada por la "sangre" del color rojo de la bandera, puede leerse la leyenda patriótica de turno: «Por defender la Bandera los soldados dan hasta la vida».

Las lecciones IV, V, VI y XVI plasman y reescriben la historia falangista, con variaciones pictóricas en torno al yunque y a las flechas característicos de su emblema. Las lecciones X y XI evocan el águila imperial, otro de los símbolos gráficos del régimen, mientras que las restantes lecciones nos remiten a la simbología emanada de signos más abstractos como la perfección atlética del cuerpo humano presente en la ideología fascista (VII), el destino imperial de España en las Américas (VIII), la "esencia femenina" de la patria presente en la retórica franquista de la que se hacen eco una mantilla y un abanico (IX), la posición subalterna de la mujer en el franquismo en tanto sujeto histórico y religioso (XII), la penosa situación del obrero en los años de la dictadura (Lección sin número), la retórica aislacionista religiosa del franquismo (XVII) y tres obras más que evocan respectivamente a la muerte (XVII), la oscuridad (X) y los monstruos (XXI).

Si, tal como proponemos en este estudio, el cuerpo-cadáver encriptado del franquismo es el cadáver de un Padre omnipresente y omnipotente, un cuerpo ominoso que reclamó para sí y para su régimen una legitimización política directamente adjudicada desde la patriarcalidad de la ley divina; si la ley patriarcal universalizante tomó en la época de la dictadura franquista características especiales que se tradujeron en una política educativa dirigida principalmente al fortalecimiento, diseminación y protección de un cuerpo histórico masculino construido a imagen y semejanza de un dios guerrero y glorioso tal como nos ha sido en parte transmitido por un espíritu barroco y sacrificial de raíces católicas; y si, por último, la expresión de la sexualidad en el franquismo está fuertemente reprimida y sublimada en una relación perversa, entre política y religiosa, que define a una Madre España en términos acordes con las directrices formuladas por la Iglesia católica oficial respecto a la representación de lo femenino, cualquier intento de escarbar en esta rétorica, en esta estética o en esta práctica histórica quedará a su vez de alguna forma contaminada por ella.

El *Catón* de Halevi, dedicado sobre todo a proponer un aprendizaje alternativo, rompe la retórica franquista de la España madre y virgen defendida por sus viriles hijos guerreros con furiosos brochazos de color que funcionan estilísticamente como roturas sintácticas. El pincel de Halevi desgarra el discurso oficial y lo recompone conformándolo en una nueva representación que no esconde sus suturas. Al evidenciar las fisuras abiertas en la antigua narración, éstas nos permiten ahora cuestionar las antiguas aserciones legitimizadoras invocadas por la España imperial en los siglos XVI y XVII y recicladas en la época de la dictadura franquista. Gracias al desgarro narrativo de Halevi, reparecen en forma ominosa ecos y referencias de una historia encriptada: los Tercios de Flandes, la Madre violada, la Madre virgen, la pureza espiritual de la misión imperial española, la pureza de sangre cristiano-vieja, la guerra civil, el cuerpo atlético fascista, o la pretendida fuerza militar del águila y las flechas, se multiplican en imágenes que, perdido el substrato retórico que las armaba en un discurso totalitario y coherente, forman ahora una caótica constelación, un mosaico inesperado que nos deja fente al espejo de nuestro pasado histórico.

Página tras página las lecciones de este nuevo *Catón* nos remiten a un subtexto histórico y a lo reprimido retornado. En su repaso histórico, la pluma de Halevi, su pincel, no puede sino rajar el absceso y dejar que surjan de él los monstruos escondidos, como bien muestra su obra dedicada a la lección XXI. En ella, la tela se divide pictóricamente en cuatro rectángulos desiguales, especularmente distribuidos en dos series situadas a la derecha y a la izquierda. En los dos rectángulos superiores, situados en posición horizontal y más pequeños que los inferiores, una oscura forma difusa que recuerda tanto a un toro como a un insecto parásito queda frente a otra imprecisa imagen, situada en el rectángulo oposicional, que parece querer evocar a los camiones que circulaban por las maltrechas carreteras españolas de los años cuarenta. El rectángulo inferior derecha, dibujado en posición vertical así como su simétrico rectángulo izquierdo, enmarca a un torso masculino, desnudo, visto de espaldas. Ejecutado éste sobre todo en tonos rojos, de la base del cuello unas extrañas líneas se desparraman de lo que parece una herida sangrienta en la zona donde se situaría el bulbo raquídeo y sugieren el dibujo anatómico imposible de un no menos imposible sistema neural. Contrastando con el rojo y negro de este rectángulo, el de la derecha utiliza el blanco como fondo en que se escriben los ejercicios correspondientes a esta lección: las palabras "circunspecto", "constante", y "transparente" destacan primorosamente pintadas en azul, mientras que el lema «En el fondo del mar hay peces monstruosos» realizado en marrón, es confusamente legible al invadirlo el recuadro de tonos rojizos situado a la derecha.

La aparente transparencia del discurso "azul" franquista queda cuestionada, amargamente cuestionada, por el "rojo" y herido subtexto histórico que la contraposición rectangular simétrica sugiere. Pero de tal investigación histórica, del nuevo ejercicio de aplicación y aprendizaje que Halevi nos propone, ninguna nueva y reconfortante narrativa lineal surge. Lo que nos asalta al entrar en la cripta, como surgía al entrar en el corazón del bosque en la película de Gutiérrez Aragón, es un monstruo. Un Minotauro voraz que reclama también para sí mismo la masculinidad agresiva del régimen. La «Lección XXI» del *Catón* de Halevi —título que se nos da además de forma rota como «ción XXI»— es emblemática en este sentido. Las llaves perdidas en el fondo del mar de nuestra historia lo que hacen es abrir la puerta no a la tierra utópica imaginada por la izquierda sino al espacio y hábitat de la Cosa y de lo Real.

El *Catón* de Gabriel Halevi presenta también referencias a la retórica franquista de una madre-España "virginal" violentada por los "rojos", en un estilo similar al de Franciso Regueiro en *Madregilda*. Si este último nos presentaba en su película el sangriento, rojo, tajo infligido en el blanquísimo vientre de una Madre fantasmática, la lección XIV de Halevi muestra en gris un rectángulo vertical que sirve de marco al desnudo de unas largas piernas femeninas y al triángulo velludo de su sexo. De la pierna derecha de lo que ya está representado como un cadáver ceniciento parece deslizarse una mancha de pintura roja que se hermana con la herida presentada por Regueiro: una mancha rojiza, sangrienta que nos evoca tanto la bandera como la sangre (sangre de una desfoliación, sangre menstrual o sangre del hijo herido), tanto la Madre como la Patria, tanto la historia como su subtexto. Y al pie de este rectángulo, evocador de una ventana que se abre a un gris plomizo e infinito, un consabido y ominosamente viril lema franquista: «Donde quiera que estés, sé digno para que nunca te avergüences».

La ordenada linealidad del fuertemente edípico discurso franquista explota en la colección presentada por Gabriel Halevi en el desorden y cacofonía que el espacio transicional produce. La aparente visibilidad y transparencia autorreclamada por el franquismo (y anotada por Halevi en su lección XXI, por ejemplo) no puede ser contrapuesta después de la dictadura por otras formas oposicionales de construcción teórica, como puede ser el marxismo, que también reclaman para sí visibilidad y transparencia. Rechazada la linealidad de la primera narrativa, se rechaza también la segunda por causa de su misma transparencia.

La tensión de tales procesos reflejaron desde luego en España un proceso general. En parte, pues, después del franquismo —o, mejor dicho, ya desde el tardofranquismo— el país queda liberado de tomar decisiones en este sentido al ser la corriente impulsada por el capital posindustrial la que queda *de facto* al cargo de ello. Pero el resto dejado por nuestra historia particular, el remanente local que no puede quedar asimilado o engullido por el fluir histórico general, ése precisamente es el que va a dejar su marca en el cuerpo social del país. Como nos recuerda Paul Julian Smith, la historia (o la tradición según sus palabras exactas), «es vivida como marcas visibles en nuestros cuerpos» (*Vision Machines,* 5) y así ocurre desde luego en la España de la transición. Las terribles y santificadas imágenes del Padre y la Madre que nos dejó el franquismo, así como aquellas que nos hablan de la agresiva retórica de la virilidad fascista que se respaldó a sí misma en España rearticulando sus raíces en la historia sacrificial del catolicismo español, o del desastre de cuerpos muertos que nos dejó la guerra civil, quedan como historia o historias flotantes que deben de alguna forma ser enfrentadas en el momento final del franquismo.

El período transicional proporcionó, quisiéramoslo o no, este enfrentamiento. Si el franquismo deja al país al final de su andadura con la carga de una historicidad conflictiva y precariamente asentada entre la modernidad ilustrada, la barroca y delirante retórica imperial neocatólica basada en modelos anteriores al dieciocho, y el nuevo paradigma posmoderno, el país, cruzado por procesos locales y globales, y por historias nuevas y viejas, responderá en estos momentos de cambio básicamente de dos maneras. Una, la mayoritaria y superviviente, la oficial, salta limpiamente por el orden/desorden del franquismo y de la transición y hace borrón y cuenta nueva. La otra, la alternativa, queda apresada por las diferentes y conflictivas fuerzas y responde a ellas con un gesto corporal espectacular.

Agobiada durante casi cuarenta años por el gran falo del franquismo, la escritura alternativa debe de responder a su historia con un violento gesto de dislocación. Un movimiento, por otra parte, que si no consigue librarse de la historia, sí produce sin embargo, una fuerte y nueva narrativa: una que, aunque fálica ella también, consigue desplazar, al menos temporalmente, el pesado fardo paterno. Una narrativa alucinada, alocada y emplumada, que no por distorsionada o desplazada debe dejar de atenderse.

5. TERCER MONO: PLUMAS

«No teníamos memoria».

Pedro ALMODÓVAR

LA ARQUITECTURA DE LA TRANSICIÓN

En su estudio seminal *Postmodernism or, The Cultural Logic of Late Capitalism*, Fredric Jameson señalaba cómo puede una narrativa en nuestra era posmoderna "restaurar" de algun modo la experiencia de una historia bloqueada:

Solamente por causa de una violenta dislocación formal y narrativa [puede] un aparato narrativo ser capaz de restaurar vida y sentimientos a este órgano, por otra parte de funcionamiento intermitente, que es nuestra capacidad de organizar y vivir el tiempo históricamente[1].

Jameson está hablando en esta cita sobre la narrativa de ciencia ficción, especialmente de la de Philip Dick, a la que no me referiré yo en este estudio. Sin embargo, su observación es especialmente pertinente si pensamos en el corte fundamental que con el pasado más reciente decidió ejecutar el imaginario social español después de la muerte de Franco. Si la posibilidad de "vivir el tiempo históricamente" se restablece de alguna forma en España después del *shock* que tal muerte produce, la nueva narración surge de, o produce ella misma, un descentramiento radical, una ruptura violenta con la anterior línea narrativa que producirá a la vez un encriptamiento y una borradura del pasado.

De hecho, lo que hace el aparato narrativo de la transición es algo muy similar al procedimiento denominado en arquitectura como *wrapping*, o "envoltura", tal como ha sido practicado por el arquitecto Frank Gehry en la remodelación de una casa antigua (la suya), por ejemplo, y que consiste principalmente en una reubicación espacial y temporal de las relaciones existentes entre la realidad presente y el pasado que queda "envuelto" por ella. Es Jameson precisamente el que, en una lectura espléndida de la casa particular de Frank Gehry en Santa Mónica, California, propone ampliar el término arquitectónico de "envoltura", o

---

[1] Fredric Jameson, *Postmodernism...*, ob. cit., p. 284.

wrapping, para describir desde lo literario el procedimiento seguido por cierta narrativa posmoderna.

El uso literario que Jameson hace del *wrapping* se revela especialmente útil para este estudio si extendemos también aquí nosotros sus teorizaciones a la narración que la transición hace de la historia reciente española. Construcción narrativa (o arquitectónica, si preferimos este término) posmoderna que como tal utiliza también, a su manera, la "envoltura" especial identificada por Jameson.

En el "nuevo" edificio remodelado por Frank Gehry, la vieja casa original —la que compró el arquitecto en 1979— queda totalmente envuelta por una nueva estructura que la preserva dejándola intacta[2]. Gehry insistía en su momento en que tal procedimiento le permitía establecer un "diálogo" entre el presente y el pasado, o, si se prefiere, entre la historia y la memoria. Si utilizáramos para este proceso de "diálogo" la terminología política del momento transicional español, podríamos decir que el procedimiento de "envoltura" practicado por el arquitecto norteamericano es el que permitiría establecer una especie de "consenso" entre la realidad histórica de la casa —el edificio original— y la del resultado presente en la cual ésta queda envuelta. De acuerdo con la lectura que Jameson ofrece, sin embargo, el *wrapping* —que incluye la preservación de un pasado intocado dentro de la realidad presente— no nos dejaría una historia, sino que ésta «queda transformada en simulacro»[3]. Precisamente por quedar el pasado "envuelto", o como dice Jameson "citado", éste pasa a ser no un pasado histórico con el que puede establecerse un diálogo, como quería Gehry, sino historicista: una imagen hasta cierto punto desconectada, «un pasado sacado fuera de la historia real»[4].

En España el *wrapping* de la posdictadura presenta, por lo menos, dos estilos diferentes. El primero, el que por comodidad califico en mi estudio como "oficial", corresponde a la voz que patrocina el consenso histórico. El consenso —o "reforma"— produce una narrativa en que la apropiación del pasado por el presente toma lugar como "cita" y como tal cita se preserva. Pero si la envoltura "conserva" o preserva el pasado, al quedar éste de hecho "citado", como anotaba Jameson, es decir, reubicado en un espacio propio, en un territorio discreto que, aunque situado "dentro" del presente, permanece aislado de éste, tal procedi-

---

[2] *Ibid.*, pp. 118-123.
[3] *Ibid.*, p. 118.
[4] *Ibid.* Curiosamente podríamos quizá pensar lo contrario para el reciente Museo que Frank Gehry ha construido en Bilbao: determinado en mostrar un presente deshistorizado, el "Gugen" de Bilbao no utiliza el "wrapping".

miento narrativo convierte su experiencia en imagen y simulacro. Por causa del *wrapping* el pasado "citado" —retocado a la medida y descontextualizado, aislado— queda fuera de la realidad, proceso que hace que la historicidad sustituya a la historia[5].

Si de forma similar, y respecto al pasado histórico, podemos asumir que el *wrapping* es el procedimiento narrativo utilizado en la transición, dos estilos de envoltura se definen con precisión. El primero, el del "consenso" o "reforma", es el utilizado por la gran mayoría en sectores y territorios políticos específicos relacionados con la reforma política y el consenso social. La imagen histórica que nos dejan del pasado, o la "cita" histórica en términos jamesonianos, es una imagen limada y retocada, limpia de asperezas, de sangre y de muerte, y que, aséptica, funciona como referente políticamente útil en la complicada estructura arquitéctonica emprendida por los diversos partidos políticos en su búsqueda de consenso, plasmación e implantación de lo que tiene que ser la nueva constitución española en la nueva España democrática.

El segundo estilo, el tipo de envoltura "no oficial" en que queda embarcada en aquel momento una buena parte de la población, aunque relacionada con aquélla por el mismo proceso político, no busca consenso ni explicita ningún tipo de reforma. No quiere decir eso sin embargo que este estilo, que voy a calificar aquí como de "la pluma", esté interesado en tipo alguno de reflexión o preservación del pasado. Como en el primer caso, la envoltura ofrecida por la "pluma" rodea y cubre el espacio del pasado. Pero, a diferencia de aquél, la pluma no lo "cita". En la narración-envoltura que ofrece la "pluma" el pasado simplemente "no se nombra", se evita. Sencillamente, no interesa, tal como por ejemplo insistía una y otra vez Pedro Almodóvar públicamente en infinidad de entrevistas: «Franco no me interesa, no lo reconozco de ninguna manera»[6]. No sólo no le interesa a él particularmente este pasado. El desinterés es amplio, general y compartido por la gran audiencia que a mediados de los ochenta ya seguía con pasión sus películas.

La resistencia de Almodóvar a cualquier mención del pasado histórico español en general, y de Franco en particular, es notada sobre todo fuera de nuestra frontera. David Lida, por ejemplo, crítico cinematográfico de la revista *Newsweek*, ligeramente escandalizado explica a sus lectores americanos del año 1989, después del éxito internacional que supuso *Mujeres al borde de un ataque de nervios* que «[en las películas de

---

[5] *Ibid.*, pp. 118-119.
[6] Entrevista con David Lida, p. 82.

Almodóvar] Franco nunca se menciona y sus personajes, habitantes de estilosos apartamentos y con fantástico vestuario, están demasiado ocupados en perseguir un placer animal para preocuparse ni tan sólo de reconocer su existencia». Y resumía también Néstor Almendros en el mismo artículo: «Almodóvar enterró a Franco. Para él, ya ni siquiera es noticia, lo cual es, tal vez, la mejor manera de ganar la partida al enemigo»[7].

Podemos decir sin embargo que la total ausencia de referencias a Franco o al franquismo en la mayoría de las producciones culturales alternativas de la época, a la cabeza de las cuales se encuentra Almodóvar, es un resultado directo precisamente de la experiencia adictiva del pasado español de la dictadura que se quiere ahora reprimir con su negación explícita. El cuerpo adicto se resiste a afirmar la presencia de remanentes indeseados en el exterior ("fuera") porque esto implicaría la existencia en el interior ("dentro") de los restos de la sustancia de la que se está intentando escapar. En palabras de Freud, «el fin primero y más inmediato del examen de la realidad (de objetividad) no es hallar en la percepción objetiva (real) un objeto que corresponda a lo representado, sino *reencontrarlo*, convencerse de que está todavía ahí»[8]. Si la negación entonces es el proceso por lo que «algo presente como representación dentro del yo puede ser reencontrado también en la percepción (realidad)»[9]; es decir, y continuamos con Freud, si «lo real está también presente ahí fuera»[10] tanto como lo está dentro, podemos afirmar que la *experiencia* histórica sí estaba presente, y actuando con fuerza adictiva, tanto en la cinematografía almodovariana como en el resto de producciones culturales más o menos marginales o *underground* de la Movida y premovida.

Si «la negación es una forma de tomar noticia de lo reprimido»[11], la experiencia del pasado está presente en el cuerpo alternativo de "la pluma" de forma encriptada, fantasmática. Pero, por causa de la superficialidad en que esta narrativa se expresa y asume, la presencia fantasmática del pasado, aunque continuamente negada, se expresará también en la superficie, es decir, en la "pluma" misma, en forma de físicas marcas corporales. A diferencia de la narrativa oficial, y a diferencia incluso de aquellas otras narraciones alternativas emplazadas en el espacio de lo

---

[7] Néstor Almendros en *ibid.*
[8] Sigmund Freud, «La negación», p. 255.
[9] *Ibid.*
[10] *Ibid.*
[11] *Ibid.*, p. 253.

simbólico (las de Manuel Gutiérrez Aragón y la de Jaime Chávarri, por ejemplo) y que se apoyan entonces en un tercer punto, la narrativa de la "pluma" no es tridimensional, y por tanto tampoco simbólica. Instalada en la más pura realidad, en el plano más estrictamente superficial, no da ninguna indicación de acceso o entrada a un habitáculo donde quedaría el pasado instalado (o citado). Y no lo proporciona porque la dimensión en que la narrativa de la pluma se instala (completamente en la superficie, totalmente "plana") no configura la necesaria dimensión arquitectónica en la que imaginar o construir un espacio "profundo" o subterráneo.

En la narrativa de superficie de la pluma, por tanto, empeñada además en la negación, no hay referencia explícita a "puerta" alguna que permita acceder a un espacio/tiempo anterior, a diferencia de lo que ocurre en el edificio de Gehry que, según la descripción que de él hace Jameson, sí tiene una puerta especial:

Cuando se suben las antiguas escaleras de la casa de Gehry, se llega a una puerta que da entrada a la vieja habitación de la criada [...]. La puerta funciona como un dispositivo de acceso a un viaje temporal: cuando se cierra, el visitante se encuentra súbitamente de vuelta al espacio periclitado de los suburbios americanos tal como eran en un tiempo anterior[12].

La construcción y *wrapping* de Gehry, como también la posmoderna construcción discursiva "oficial" seguida en la negociación política en la España de la transición, exige para su diseño una entrada visible al pasado, por precaria que sea. Una puerta que permita el acceso al pasado que precisamente se cita o se "envuelve". Lo que al final se experimenta en la visita a la casa, como dice Jameson —o lo que, en un procedimiento paralelo al *wrapping*, se experimenta en el espacio de la posdictadura en España— no es desde luego una simple partición binaria entre lo que está (estaba) "fuera" y lo que queda (quedaba) "dentro". Tanto la arquitectura de la casa de Gehry, como la arquitectura levantada por el proceso político posdictatorial español, tratan de re-negociar y re-escribir un complicado proceso de relaciones entre "pasado" y "presente", o entre historia y memoria, que proporcione a su vez un nuevo espacio y una nueva experiencia, y por tanto una nueva arquitectura (una nueva historia). La construcción puesta en marcha por la narrativa arquitectónica de Gehry, como también la generada por

---

[12] Fredric Jameson, *Postmodernism...*, ob. cit., p. 118.

el proceso del consenso político español, produce un espacio nuevo intersticial, un «espacio posmoderno propio que es el que habita nuestro cuerpo, ya con delicia ya con incomodo» [13].

Por eso, y aun teniendo en cuenta los remanentes presentes en la totalidad de la casa de Gehry o en el amplio espacio posdictatorial español; aun considerando la multitud de espacios intersticios en uno y otro modelo en que los límites del "fuera" y del "adentro" quedan en entredicho —de aquello que Jameson considera como un nuevo «tercer espacio» posmoderno, contestando parcialmente una anterior lectura de la casa como esquema tripartito proporcionado por Macrae-Gibson— [14] la referencia a la existencia de "una puerta" de acceso en la casa de Gehry, encuentra también eco en el edificio "oficial" de la transición y hace su connotación inescapable. Aun considerando la posición contraria entre Gehry y la situación política española en el sentido de que el arquitecto quiere realzar con su construcción un pasado que no se considera amenazante, mientras que en el segundo caso de lo que se trata es de deshacerse del suyo porque se experimenta éste como extremadamente inconveniente y ominoso, el procedimiento de envoltura en ambos casos reafirma con el uso de "la cita" una imagen del pasado que, al quedar transformada en simulacro, se convierte en uno y en otro en una imagen "a la medida".

Pero si la "cita" es de alguna forma una afirmación, por el contrario, el batir alocado, escandaloso y amplio producido por "la pluma" en estos momentos primeros de la transición, no está interesado en "citar" y no produce por tanto "puerta" alguna. La narrativa de la "pluma" no contiene ningún cuarto trastero, ninguna habitación oscura, ni ningún "cuarto de atrás", como diría Carmen Martín Gaite. Ningún espacio profundo desde el que se agazapara un pasado, un Monstruo, un Mono, o un Caballero de Negro. La narración "plumera" española de los primerísimos años de la posdictadura es toda superficie, sin acceso ni umbral desde el que acceder al habitáculo donde reposaría el pasado. En una nueva vuelta de tuerca, a veces ominosa, a veces celebratoria, a veces desencantada, y muchas suicida, la experiencia fantasmática del pasado reciente español, la adictiva experiencia de la dictadura, aborda e inunda el dibujo de superficie en que "la pluma" escribe su aleteo en lugar de quedar contenida, de permanecer encriptada en lo profundo de un cuarto trastero —una habitación, por otra parte, que bien podría

---

[13] *Ibid.*, p. 115.
[14] *Ibid.*, pp. 115-116.

asemejarse a aquel antiguo cuarto de la criada todavía presente hoy en la casa de Gehry, y que quizá, además de exponer la imagen-cita de un amable pasado en el estado de Suburbia, EE UU, acarrea también con ella, como una imagen-joroba, la desigualdad y explotación de una clase por otra (y muy probablemente de una raza por otra).

El *wrapping* de la movida española presocialista, aquél de la Movida y premovida que precisamente corresponde a los años políticamente menos institucionalizados (para Barcelona los de 1975 a 1978, años preconstitucionales; para Madrid los comprendidos entre 1979 a 1981/1982, años de UCD y golpe de Tejero, y todavía no estabilizados democráticamente), envuelve un espacio que se quiere vacío; rodea, evitándola, una imagen fantasmática, un algo que no se quiere nombrar. El *wrapping* que produce la movida española, y quizá por causa misma de la movilidad y volatilidad de sus "plumas", aunque no puede evitar el espacio ocupado por el pasado, no puede tampoco citarlo. La envoltura que la transición hace de la historia es una veladura que, a diferencia de la casa de Gehry, no se implica en "citas" porque ha decidido eliminar cualquier trazo de "puerta", borrar cualquier entrada que hiciera posible la circulación, aunque fuera en forma de simulacro, entre el "pasado" y la realidad presente, y viceversa.

Y si es precisamente la capacidad de "citar" lo que la puerta del edificio de Gehry denota —que, en la lectura de Jameson, es un aspecto representativo de la transformación historicista de nuestra era posmoderna y de la puesta en marcha del simulacro— es la inexistencia de "puerta" alguna en la construcción de la "pluma", es decir, su incapacidad de citar, la que sin embargo bloqueará en parte esa historicidad y la que restaurará entonces, aun parcialmente y de forma imprevista, la experiencia histórica en el momento transicional. Y ello ocurre quizá porque la envoltura particular del cuerpo narrativo español de la movida y premovida, el *wrapping* especial en que parte del país se expresa y con el que cubre, envuelve, vela y niega su pasado histórico, es una envoltura compuesta ante todo y sobre todo de "pluma".

Aunque la narrativa de la "pluma" no ofrece explícitamente "puerta" alguna, el "pasado" que tal gesto quiere eliminar con frenético batir de alas queda sin embargo intermitentemente y ominosamente desvelado en el instante infinitesimal ocurrido *entre* aleteo y aleteo. La ausencia de profundidad de la narrativa plumera se reafirma en este desvelo fragmentado. El "pasado" —o, mejor dicho, la "experiencia" del pasado que se revelará con los síntomas del Mono— no habita la profundidad sino que se desvela en la superficialidad. Y al desvelarse el pasado en la superficie del diseño generado por el movimiento constante de las plumas, y no como resultado de acceso a umbral profundo ninguno, la experiencia del pasado (el Mono) se recrea en la narrativa de la "pluma" como una imagen *a la vez* virtual y material. O mejor dicho, una imagen que refleja una experiencia que, aunque virtual, producirá un destructivo y preciso efecto físico.

O, viceversa, podemos decir que es la experiencia física producida por la ausencia "profunda" de un pasado la que produce una imagen virtual —la del Mono—, pero que se hace físicamente visible y tangible en las marcas y deterioros sufridos por el cuerpo "plumero". Una imagen que habitando el espacio fisural plano, el espacio "entre" o "intermedio" desvelado por el aleteo, se presenta entonces como un tercer espacio que, al estar desprovisto de las coordinadas habituales, se hermanaría ahora al tercer espacio virtual señalado por Jameson en la casa de Gehry [15]. Un tercer espacio virtual que en uno y otro caso, es decir, tanto en nuestra simbólica composición de la España de la transición, como en la muy real arquitectura del edificio de Gehry, evoca «un algo más, y que no es ya ni familia ni vecindario, ni ciudad ni estado, ni siquiera una nación» [16].

Un espacio virtual, entonces, pero que no por ello desiste de dejar una marca física. Al contrario, aunque el "pasado" se desvela en imágenes intermitentes virtuales, necesitan todavía éstas de cierto grado de materialidad para producirse. El resto mínimo del que se sirven para establecer entonces su camino es el que producirá interferencias inesperadas en el vuelo de la pluma. Así, aunque virtual y superficial, y apenas visible en la intermitencia del aleteo, el pasado retorna sin embargo de todas formas, dejando su específico y físico remanente histórico, el resto infinitesimal de la corporalidad histórica, en las fatalidades que el vuelo de la pluma nos deja al término de su carrera.

---

[15] Homi Bhabha ofrece una interesante réplica al concepto del "tercer espacio" jamesoniano. (*The Location of Culture*, pp. 212-223). Mi lectura de este "tercer espacio" se acomoda sin embargo mejor a la teorización de Jameson, que a la crítica de Bhabha. Entiendo "la pluma" de la transición como expresión de este "tercer espacio", un espacio de "interhechura" (*interfection* es el término utilizado por Jameson) en el que la "discordancia genérica" se produce, y no tanto como el espacio de "intermediación histórica" que propone Bhabha relacionándolo con el concepto psicoanalítico de la "acción diferida" (*Nachträglichkeit*). La pluma de la transición, en mi lectura, no precede o sigue a acción ninguna.

[16] Fredric Jameson, *Postmodernism...*, ob. cit., p. 116.

PLUMAS

Paradójicamente entonces, la "pluma" es en España el estilo del nuevo
aparato narrativo que de forma espectacularmente visible y escandalosa
va a asumir en la posdictadura las marcas y huellas de una muy fálica y
represiva historia local que queda aparentemente abandonada junto al
cadáver de Franco. Relacionada la pluma de este período con la volátil y
radical proposición vital puesta en marcha espontáneamente por un estilo determinado de relaciones sexuales entre varones (aquellas relaciones "con pluma" en argot popular, es decir, aquellas que hacen de barrocas formas de representación de lo femenino su atributo y/o su
fetiche), también se refiere la "pluma" a la no menos volátil escritura de
la adicción practicada por un amplio sector social a partir de 1975, año
de la entrada masiva de la heroína en España. Implicadas ambas "plumas" una en otra hasta el punto de que se hacen a menudo indistingui-
bles, la experiencia hacia un uso abierto, descompartimentalizado y generalizado de la heroína se hace epistemológicamente inseparable de
una experiencia que se abre, en total abandono lúdico, a cuerpos, sexos
y substancias variadas y compuestas.

La libidinal, efímera, desplazadamente fálica, desordenada y pos-
neobarroca "pluma" transicional es una pluma dedicada a la exploración tóxica del placer. Una pluma que, calificada con el término de
"Reina" que describe tanto a la "loca" homosexual como al polvo
blanco y azul, se intoxica de sexo y de drogas, y hace a menudo indistinguible la "pluma" de carga homoerótica de la jeringuilla cargada de
heroína. Con la escritura de "la pluma" la historia queda narrada por
una efímera pero radical marca visible, exuberante y a menudo suicida. Y aunque paradójicamente por un lado se sitúa de forma clara y
decidida a espaldas de la historia franquista recién terminada, por otro
"restaura" de forma imprevista fragmentos de aquella historicidad bo-
rrada.

El modo de escritura en que esta pluma se instala, por otro lado, la
forma en que el aparato narrativo se produce, no es privativo de la España de la época sino que se conecta con todos los procesos globales, económicos y culturales de la era posmoderna. La pluma española es resultado, al menos en parte, de aquellas "intensidades de lo posmoderno"
con las que Jameson caracterizaba a las experiencias toxicológicas de los
sesenta —en términos de "mal viaje" *[bad trip]* y de "sumersión esqui-
zofrénica", de una pesadilla virtual que según él mismo dice, podría ser

identificada como «*the sixties gone toxic*» [17]. Consecuentemente, también en la producción cultural de los años setenta y ochenta en España encontramos muchos de los trazos, hábitos y modos generados en contextos históricos diferentes y provenientes sobre todo de Estados Unidos. La pluma de la transición que se expresa en cine, cómics, *happenings*, pintura o fotografía, se impulsa, genera y responde a las mismas intensidades que hacen que la producción cultural y artística global se interese o se exprese, como decía Antonio Holguín en un estudio sobre Pedro Almodóvar, a través de «la ciudad, las drogas, el sexo, el rock y la sociedad de consumo» [18]. De ese modo, los dibujos de Nazario Luque, *Nazario*, por ejemplo, uno de los mejores artistas del cómic español e internacional, siguen de cerca la tradición cultural norteamericana que produce a finales de los sesenta y a principios de los setenta a un Robert Crumb, a un Gilbert Sherlton, o a un Gary Grimshaw (sobre todo teniendo en cuenta, además, que las obras del cómic *underground* norteamericano se recibían ya en la Barcelona de los primeros años setenta, aunque de forma más o menos clandestina, y que tanto Javier Mariscal como el grupo de artistas que trabajan en Barcelona en el tardofranquismo tienen pleno acceso a ellos; así como enseguida lo tendrá Nazario a su llegada a la Ciudad Condal en 1971).

No hay más que echar un rápido vistazo a los dibujos de los americanos para darse cuenta de que a ambos lados del Atlántico el cómic *underground* florece simultánea y encontradamente, y responde a causas globales. Como dice Ron Turner, el director de la conocida editora americana de cómics Last Grasp, en los sesenta «las cosas se desataron [...] hubo un cambio en el control de lo que es la cultura, en cómo la cultura se define a sí misma» [19]. Los cómics del *underground* barcelonés responden a este cambio paradigmático tanto como los americanos. Nazario, por ejemplo, se encuentra en casa y a gusto con los dibujos de Crumb y Rand Holmes, con los que incluso parece asemejarse físicamente en sus autorretratos, y comparte afinidades, desde luego y sobre todo, con el artista hispano-californiano Manuel *Spain* Rodríguez, con quien el muy macho personaje gay XM2 de Nazario —el fabuloso robot humanoide de *Anarcoma*—, comparte con el «Trashman, Agente de la Sexta Internacional» de Spain, más, mucho más que un estilo de dibujo. Como el Trashman de Spain, el XM2 de Nazario es moreno, velludo, fuerte, de

---

[17] *Ibid.*, p. 117.

[18] Antonio Holguín, *Pedro Almodóvar*, p. 56.

[19] Citado por Mark James Estren, *A History of Underground Comics*, p. 8.

barba cerrada «y de polla respetable»[20]; y es a su vez Trashman, como
XM2, en palabras de Roger Sabin, una «suerte de héroe anarquista»[21];
característica además que comparten todos los personajes de Nazario
de aquellos años —y especialmente su espléndida y fascinante Anarcoma, aquel personaje descrito por Sabin como «un detective travestí, es-
trella de un "thriller" de serie negra verdaderamente extraño»[22].

A su vez los cómics del dibujante Trina —en *Tuff Shit*, por ejemplo[23],
que expone con todo lujo de detalles el ritual heroinómano—, se hermanan con los de los españoles Max y Gallardo en la precisa presentación del Mono de la heroína; así como también evocan los dibujos de
Carlos Giménez, con sus depauperados niños de los Hogares de Auxilio Social, aquellas desnutridas y sufrientes figuras ejecutadas por el dibujante norteamericano.

Almodóvar, por su parte, aunque ha negado la existencia de una
"factoría Almodóvar" generada a la manera de la "factoría Warhol",
nunca ha desmentido su vinculación estética y cultural con el nuevo estilo pop que, con Andy Warhol a la cabeza, hizo realidad la rotura de las
relaciones entre "arte" y "consumo". El "feísmo", la nueva estética neobarroca de los ochenta, los nuevos medios tecnológicos y de comunicación, las nuevas resituaciones geopolíticas y, sobre todo, las relaciones
con el consumo, enlazan como pastiche y conglomerado los retratos de
la rubia Marilyn con los de la morenaza y castiza Sara Montiel; la estética
gay barroca y elitista de un Rainer María Fassbinder, con la popular y
desmadrada de Almodóvar; las representaciones del Che Guevara, con
las del bandido-guerrillero español El Nani[24]; Trotsky se reescribe desde los cómics[25]; y se adorna al antiguo héroe de los *thrillers*, tipo
Humphrey Bogart, de una parafernalia referida tanto al bolero y al cuplé, como al clavel andaluz y a la bata de cola[26].

---

[20] Nazario, *Anarcoma*, p. 10.

[21] Roger Sabin, *Adult Comics*, p. 40.

[22] *Ibid.*, p. 70.

[23] Reproducido en Mark James Estren, *A History of Underground Comics*, p. 212.

[24] *Dossiers*, el volumen de cómic político que sacaron a la calle en 1980 Francisco
Arroyo y Adolfo Usero, recoge, según sus autores, aquellos «publicados originalmente
en la revista *El Papus*, durante el año 1978» (*Dossiers*, p. 3). Lo que separa estos cómics
de los que yo llamo "de la pluma" es precisamente que, como dice Francisco Arroyo en la
introducción al volumen, en *Dossiers* «la carga ideológica es consciente y deliberada. Hemos cortado en lo posible el intento de doble lectura» (*Dossiers*, p. 3). Justo lo contrario
de los ambiguos y volátiles cómics de Gallardo, Nazario, Max y compañía.

[25] Carlos Giménez en *España, Una...; España...,* ob. cit., por ejemplo.

[26] Nazario con su *Anarcoma*.

Desordenados, desmadrados y escandalosamente ruidosos, homo-
sexuales, drogadictos, prostitutas, desposeídos, locos y marginales forman la "pluma" de la transición. Ellos son el nuevo cuerpo aparecido en
la posdictadura franquista, aquel que va a desplazar y dislocar de forma
violentamente espectacular las tradicionales narrativas al uso hasta
aquel momento, como por ejemplo en aquellos fabulosos *happenings* o
"procesiones" puestas en marcha en las Ramblas de Barcelona por el
pintor-travestí José Ángel Ocaña, *Ocaña*, y afortunadamente recogidas
en el película de Ventura Pons, *Ocaña: Retrat intermitent* (1978). Tumul-
tuosos trasiegos callejeros que, fundiendo en un solo cuerpo el ritual de
muerte de la Semana Santa de su Andalucía natal con un ritual "plumero" fetichista y colorido basado en la tradición católica de raigambre
árabe-andaluza y mediterránea, compone un nuevo cuerpo que, aunque
generado por el nuevo paradigma global histórico, es inconcebible fuera de la localidad de la historia y las tradiciones españolas:

> Fue una fiesta cuando Ocaña hizo el traslado de sus vírgenes y angelitos de pa-
> pel maché, camino de su primera exposición en la Mec-Mec [la sala de exposi-
> ciones por excelencia del *underground* de la Ciudad Condal]. Pero lo que causó
> más sensación fue el transporte del viejo ataúd, con la figura de la niña muerta
> vestida de Primera Comunión. El traslado de las Vírgenes en procesión hacia la
> Capilla de la Caridad en la Calle Hospital, por la Plaza y por las Ramblas, cons-
> tituyó todo un espectáculo[27].

Este nuevo cuerpo social emerge de un espacio de tránsito en el que
colapsan temporalmente nuevas y viejas formas de conducta social, económica, religiosa y política, tanto global como local. Y aunque no se
puede extender al total de la población —ni siquiera a su mayoría— sí
puede afirmarse sin embargo que fue este cuerpo "emplumado" y fluido, compuesto sobre todo de heroína, sangre y semen, el que dio voz,
estilo y marca a un momento específico de la historia española reciente.
Su narrativa, históricamente desplazada y fálicamente descentrada, es
una composición a muchas voces y muchos cuerpos que abrazan en buena parte, y a menudo explícitamente, las proposiciones de Georges Bataille, pero que las expande y las trasciende en alocado celebramiento.
Así por ejemplo, Pedro Almodóvar dirá en aquellos momentos que
«tanto si se trata de erotismo puro (amor-pasión) como de sensualidad
de cuerpos, la intensidad es mayor en la medida que se vislumbra la destrucción, la muerte del ser»[28]; y afirma para su película *Matador*:

---

[27] Nazario, «En compañía de Ocaña», p. 25.
[28] Antonio Holguín, ob. cit., p. 86.

Cuando terminé el guión me di cuenta de que el único modo de que pudiera aceptar la muerte sería haciéndola partícipe del placer. Dominarla, decidir yo sobre ella, restándole iniciativa a la fatalidad[29].

Nazario por su parte —alejándose en este sentido de la violenta relación revanchista contra la clase burguesa que el personaje de Trashman de *Spain* Rodríguez muestra en su exaltación del par placer/muerte—, justo después de conocer a Ocaña y de quedar seducido por el extraordinario despliegue vital y artístico de fetiches/celebración/muerte del pintor, añade feliz una celebratoria bata de cola a su propia exploración y representación del placer/fatalidad:

[Era la casa de Ocaña un lugar] rebosante de imágenes, capillitas, muñecas, mantones de Manila, velas, inciensos, cortinas de encaje y miles y miles de chucherías y fetiches. Más un gato. Música religiosa, flamenco [...]. En mi casa yo era el único homosexual; [en la de Ocaña] sólo había maricones, algunas mujeres y montones de chulos. Inmediatamente me sentí atraído por el ambiente, convirtiéndome en otro "maricón" más del clan "Ocaña"[30].

En estos primeros años setenta, la presentación que Nazario hace de sí mismo como "maricón" no se corresponde con la representación que el término *gay* consigue en Estados Unidos a partir de finales de los sesenta y principios de los setenta, ni tampoco con la categoría *queer* promocionada más tarde. Nazario dice bien claro que, *antes* de conocer a Ocaña, él se definía como "un homosexual", término que a primeros de los setenta en España implicaba una concienciación y práctica política de apertura pública similar a la generada por la categoría *gay* y emparejada con el *coming out* americano. Y sin embargo, Nazario, y muchos otros con él, abandona tal categoría en el primer momento de los años de la transición para integrarse en cambio como "maricón" —no como "homosexual"— en el "grupo de Ocaña".

La "salida" plumífera, la apropiación de la calle, la invasión del espacio público por una "pluma" de la que el general cuerpo social se hace solidario, no tiene que ver, al menos en este momento inicial del período transicional, con construcción de identidad ninguna. La intoxicada "salida" española de la pluma aunque desde luego conectada con el *coming out* global, se enmarca en un contexto microrregional distinto. El *coming out* americano de los setenta y ochenta, nacido del mismo im-

---

[29] *Ibid.*
[30] Nazario, «En compañía de Ocaña», p. 25.

pulso que en los sesenta luchó por los derechos civiles y se expresó contra la guerra del Vietnam, sigue de cerca el modelo formal adoptado por los diversos grupos de expresión política en Estados Unidos, tanto desde la derecha como desde la izquierda. Preocupada por la construcción de una identidad sexual, la política del *outing* americana implica (o genera) una concienciación comunitaria, que a su vez exige entonces a sus miembros (y obtiene sin trabajo) un voluntarismo militante que busca cambios específicos de la forma más rápida y efectiva posible.

Ésta es en general la manera en que se expresa normalmente el cuerpo político del país, ya desde la práctica del *lobbying* en Washington a las asociaciones de padres de familia en las escuelas, ya desde los discursos encendidos de la derecha cristiana fundamentalista a los no menos apasionados lanzados desde las diversas plataformas reivindicativas establecidas por grupos *gays* y de lesbianas. La "salida" española en el período de la transición responde, sin embargo, a otro pasado y a otra tradición. La pluma en la España recién salida del franquismo rechaza las categorías de identidad; y aunque asume, se presenta y se enmarca en el mismo paradigma global que permite su salida, evita de forma apasionada cualquier forma institucionalizada de participación política.

OCAÑA: RETRAT INTERMITENT

La confluencia de lo local y de lo global es especialmente reveladora en el momento primero de la transición en el contexto de la cultura de la pluma. Desde el cine es especialmente relevante la película-documental de Ventura Pons sobre Ocaña, *Ocaña: Retrat intermitent* (1978). Película totalmente marginalizada y que interesó en su momento solamente al público más o menos perteneciente al *underground* barcelonés que conocían bien a Ocaña, ha sido anotada generalmente en las historias del cine español con una rápida línea informando que se trata de una película sobre «un travestí habitual de las Ramblas barcelonesas»[31]. La película es, sin embargo, excelente. Además del alto valor que pueda tener en tanto documento de algo ya irrecuperable, al dejar Ventura Pons la cámara quieta y dejar hablar y gesticular a su aire a Ocaña en una especie

---

[31] Augusto M. Torres, *Diccionario del cine español*, p. 383. Tampoco Román Gubern *et al.* en su *Historia del cine español* se detiene demasiado en su mención de la película de Ventura Pons.

de fascinante sesión lacaniana, éste inunda la película con su increíble fuerza vital. La cámara nos lo presenta sentado sobre la cama de colcha roja de su diminuto apartamento barcelonés en la Plaza Real núm. 12. Apoyadas sus espaldas en la esquina de la pared, queda reflejada su figura en un alargado espejo rectangular colgado horizontalmente, espacio especular que reescribe la composición fílmica evocando a Ocaña como nueva maja goyesca: reflejando el espejo a un Ocaña vestido, éste desnuda, sin embargo, su alma. Aventando el calor de la tarde con su inevitable abanico, así Ocaña nos habla de su vida, sus gustos, sus amores, sus amigos, su sexualidad y sus pinturas: vestido con andaluza blusa blanca y pantalón negro, y en la cabeza el característico bombín chaplinesco que siempre le acompañaba cuando no se travestía.

Lo hace directamente, con apasionada tranquilidad y mirando a la cámara de frente. Quizá con intención, o quizá por casualidad —decía Ventura Pons: «no sabía qué hacer en aquel momento y un amigo me dijo que por qué no me montaba un documental sobre Ocaña. Y aunque no estaba metido en aquel mundo de las Ramblas, decidí hacerlo, un poco al tún-tún»—[32], lo cierto es que el respeto que la cámara siente por Ocaña, su falta de intromisión, la intuición y exquisitez con la que le da voz y visibilidad, han dado como resultado una de las mejores películas-documentales que tenemos en el archivo cinematográfico español.

Prácticamente imposible su acceso a todos aquellos que no pudieron visionarla cuando se estrenó —la película no ha sido formateada como cinta de video— *Ocaña* es, sin embargo, uno de los documentos esenciales para entender el proceso de la transición. Marsha Kinder agrupa la película con la de Antonio Giménez-Rico *Vestida de azul* (1983), «un retrato documental de seis travestís que vienen a Madrid desde diversas regiones españolas para cambiar de género y vivir la vida "moderna" ["posmoderna"]»[33]. Como bien anota Kinder, las dos películas «pertenecen al contexto macrorregional de la cultura gay global» y anota su gran similaridad con películas americanas muy posteriores, tales como *Paris is Burning* (Jenny Livingstone, 1991). No es por tanto casualidad que la misma Livingstone, como recuerda Kinder, «durante la presentación de su película en Los Ángeles en octubre de 1991, describiera sus próximos proyectos "muy a tono con Almodóvar"»[34]. Pero es precisamente esa similaridad, sigue diciendo Kinder, la que «nos permi-

---

[32] Entrevista con Vilarós, octubre de 1993.
[33] Marsha Kinder, *Blood Cinema*, p. 438.
[34] *Ibid.*, pp. 438-439.

Tercer Mono: plumas 187

te distinguir la especificidad cultural de cada grupo [...] y la particular combinación de clase, raza, y opresión genérica [sexual] en que se inscriben»[35].

La macrorregionalidad de la pluma está tocada por la particular historia imperial española que abarca desde la España del Renacimiento hasta la neorestauración católico-imperial del franquismo. Respondiendo ella misma a una tradición alternativa que se opone fundamentalmente a las políticas totalizadoras imperantes en España prácticamente desde el siglo XVI, no va a integrarse, en general, en ninguna política de base institucionalizada. En *Ocaña: Retrat intermitent*, Ocaña insiste una y otra vez en que él no es un travestí: «Las relaciones de dependencia son enajenantes —afirma— a mí me gusta travestirme, pero no soy un travestí» (Ocaña en *Ocaña*). Y, evocando la popular y conocidísima canción del exquisitamente *camp* Raphael *(Yo no soy ése)*, afirma tajante en otro momento de la película, echando, seductor, la cabeza hacia atrás: «Yo soy la que no tiene nombre. Yo soy ésa» (Ocaña en *Ocaña*).

La insistencia de Ocaña en afirmar su desmarcación política, recurrente en la película, se expone claramente cuando explica el fiasco que él y sus amigos experimentaron durante su actuación (su *performance*, en términos actuales) en la fiesta-plataforma que, bajo el nombre de Jornadas Libertarias, agrupó en mayo de 1977 a diversos partidos políticos de la izquierda radical, y entre ellos a la CNT. Recuerda Ocaña:

Cuando nos vieron el plumero se acojonaron porque eramos nosotras las verdaderamente libertatarias [énfasis de Ocaña]. El primer día [de las fiestas] nos trataron muy bien. El segundo día, regular. Y el tercer día nos pararon el escenario y nos querían echar. Eso sí, los de la CNT se portaron bien e intercedieron [Ocaña en *Ocaña*].

Aunque la película no presenta metraje documental de la actuación de Ocaña en las fiestas de las Jornadas Libertarias de Barcelona, sí lo tiene de las fiestas de rock celebradas en el cercano pueblo costero de Canet de Mar. En activo a partir de la muerte de Franco —se celebró cada 15 de agosto durante los primeros cinco años—, el festival Canet-Rock fue popular y celebradísimo lugar de encuentro para todo el plumerío rockero, drogota y *underground* de la Barcelona de la época. En él participaron en el año 78 Ocaña y su grupo de amigos acarreando con ellos todos sus fetiches y cachivaches. Sustituyendo la mayoritaria lengua ca-

---

[35] *Ibid.*

talana del escenario de Canet por el deje andaluz del castellano del sur, el rock por el cuplé y la guitarra eléctrica por el zapateado, Ocaña y sus amigos, travestidos de bailarinas flamencas, se ofrecieron en uno de sus más apasionados *happenings*. La película termina precisamente con las poderosas imágenes de un Ocaña despojándose de su vestido de bailaora; lanzándolo al público, desgarrado y desgarrándose, grita a su audiencia en un crescendo lorquiano apasionado:

—¡Que la represión me ha puesto estos cuatro trapos sucios!
—¡Que yo soy libertataria! [énfasis de Ocaña]
—¡Que no me gustan las etiquetas!
—¡Que yo no quiero la ropa!
—¡Que se la doy a mi público!
—¡Que la represión me ha puesto las ropas!
—¡Que yo quiero estar desnudo!

Arrancándose de pronto en un zapateado intenso, orgásmico, Ocaña baila arrebatado y desnudo excepto por el clavel de su pelo y los zapatos de tacón. Mientras, la audiencia se raja en un prolongado e intenso olé, en una comunión escénica con su personaje rayana en el delirio.

La actuación de Ocaña en Canet de Mar marca también simbólicamente el fin de la premovida de Barcelona. Recién aprobada la Constitución española, en aquel legendario verano de 1978 Cataluña alejará de pronto sus fantasmas, monos, desencantos y dejes anarco-plumero-proletario-andaluces; y colocándose del lado del *seny* pedido por el que va a ser muy pronto presidente electo de la Generalitat, Jordi Pujol, se pondrá a trabajar con brío en el proyecto de su resituación europea (y global) que culminará en los Juegos Olímpicos del 92. Para todos, en este post-78 que marca para Cataluña el inicio del posnacionalismo, pero sobre todo para Ocaña y los suyos, para los desclasados plumeros del *underground* barcelonés, «el verano ha pasado» (Ocaña en *Ocaña*). El concierto de Canet-Rock en el ferragosto de 1978 marca el fin de una premovida barcelonesa que a partir de ahora encontrará en Madrid el escenario apropiado para expresarse. Y si Ocaña y su grupo fueron en la Barcelona de la primerísima transición la pluma que dio voz y cuerpo a un fluir sexual y cultural, general, Almodóvar y el suyo lo dieron en Madrid con lo que muy pronto, a partir ya del año 1979, se iba a conocer como la Movida.

LOS FETICHES DE LA PLUMA

No de forma casual son las películas de Pedro Almodóvar, el más ambiguo y genialmente *camp* de los realizadores españoles del momento, las que mejor se integrarán en los primeros ochenta en el latir general de una sociedad española que responde como puede a la solapada presencia del Mono. Pero no es el único, como hemos visto. Desde el jolgorio mezclado de muerte escenificado por Ocaña en forma de *happening* por las Ramblas barcelonas hasta los alucinantes y plétoricamente fálicos encuentros sexuales que representa el dibujante Nazario en sus tiras de cómics entre distintos y diversamente compuestos cuerpos masculinos que se regocijan entre un mar de penes avasallador, hasta el intercambio ritualizado de fluidos, drogas y semen que practican los personajes de las películas de Almodóvar, la pluma y el abanico, el abalorio y los trajes de luces, el toro y la virgen Macarena se enlazan en una orgía ritualizada nunca antes abierta, asimilada y abrazada en España de forma tan total y alegremente desesperada.

La "pluma" se desplaza vertiginosa en este espacio fisural, borrando límites y cuerpos, sexos y políticas. Penes enormes y pechos exuberantes, altos tacones de bailaora, bajas y estilizadas zapatillas de torero, mantillas, claveles, cuplés, legendarios y rubios marineros nórdicos seducidos por unas no menos legendarias y travestidas "españolas de verdad" que los esperan en bares y puertos, labios pintados de rojo reventón, ojos negros como el azabache, medias de redecilla, capotes y escapularios, brillantes pretinas, largos brazos enguantados, chalecos ajustados y flores en el pelo, muslos velludos y torsos de pelo en pecho, lánguidas miradas y largas lenguas viperinas, vestidos de luces y batas de cola, abalorios, accesorios y gestos se mezclan, desfiguran y configuran al toque de una "pluma" lanzada al vuelo en frenesí enloquecedor. Una pluma que, funcionando como falo desprendido y provista por tanto ahora de poderoso movimiento independiente, buscará incesante todos y cada uno de los agujeros y resquicios de un cuerpo social que se engarza en una danza de la muerte imprevista, alocada y arrolladora.

Es la pluma-falo desprendida la que ejecuta el baile sacrificial de la transición en un ritual de muerte y color. Es la pluma-falo la que en un movimiento circular frenético penetra en la cripta y barre alocadamente, desaforadamente, los residuos históricos de una sexualidad a la espera, de una historia sexual y religiosa compuesta (o descompuesta) de trozos y partes, de arrebatos místicos y masacres generalizadas, de Vírgenes dolorosas y Cristos flagelados, de Caudillos y Caídos gloriosos, de desiertas estepas y calcinadas costas, de cruces y espadas, rosarios y escapularios, barato tabaco negro y fuerte vino tinto, carretas, procesiones del Rocío y cestas artesanales, mantones de Manila, embozadas capas, gitanos de verde luna, guardias civiles, encapuchados de Semana Santa, inquisidores y garrotes viles. Todo lo recoge la pluma y con todo ello se vestirá cuando, como un falo inmenso o como gran sacerdotisa oficiadora, con fuerza y decididamente se embutirá en anos y vaginas, en ojos, narices y oídos en un intento suicida de bloquear y cerrar la fisura histórica.

La lúdica expresión y exuberante sexualidad de aquellos años se ha explicado a menudo como la necesidad de liberar una libido social que en general podemos asumir que se encontraba reprimida o restringida. Sin embargo, tal respuesta no explica el modo en que tal expresión se produce, así como tampoco las alianzas, apoyos y entendimientos producidos entre lo que podemos conceptualizar como una sexualidad general y la particular forma de expresión sexual que toma representación emblemática con la "pluma" y su estilo.

Hay que preguntarse por las causas que produjeron aquel fenómeno imprevisto e imprecedente, investigar por qué la generalidad del cuerpo social español escoge como su medio de expresión cultural el modelo ofrecido por la ética y estética de la "pluma", perteneciente en un principio a un sector minoritario específico; y por qué pasa a ser éste por un momento en la historia española contemporánea el *estilo* en que el cuerpo general se reconoce y expresa cultural y sexualmente. O, enunciado a la inversa y de forma más radical y productiva, analizar las proposiciones políticas y culturales que el estilo de la pluma ofreció en aquel momento como respuesta colectiva a un contexto político social determinado, que abarca tanto la particularidad de la historia nacional como la nueva globalidad transnacional y transcultural en que este contexto (sexual y político) queda engarzado.

El estilo delirantemente neobarroco (o post neobarroco) puesto en marcha por la pluma de la posdictadura o, mejor dicho, la pluma misma, se declara con su caótica volatilidad, visibilidad y exceso como el instrumento capaz de indagar, explorar o desvelar el remanente real dejado por la mezclada historia sexual del cuerpo nacional formado en los largos años del franquismo. La visibilidad de la Movida y premovida es la visibilidad del fetiche. Pero, si en tanto nuevo aparato narrativo la pluma aporta un nuevo ángulo de visión a la relación del sujeto con el fetiche, la visibilidad del fetiche transicional, de la pluma, es aquella que lo exhibe no como sustituto del falo —ni siquiera en su simbólica enunciación de «el fetiche *es* el falo, y el falo *es* el fetiche», de Freud— sino literalmente en el sentido de que lo que pasea y airea la pluma de la transición delante de nuestras propias narices es la *realidad* de un falo castrado; un falo finalmente desarticulado del aparato represivo franquista que se pasea por el pueblo, que *es* el pueblo como decía Ocaña en la película de Ventura Pons («el fetiche es el pueblo») y que, aunque reapropiado, lleva a él adherido con sangre y con semen, muchos de aquellos espectros, fantasmas y remanentes señalados por Paul Julian Smith[36].

El cuerpo-pluma de los primeros años de la transición es más que la representación de una determinada identidad sexual (homosexualidad) o de una conducta social (drogadicción) a pesar de estar investida por ambas y a pesar de no poder prescindir de ninguna de las dos. Aunque airea y ventila públicamente y con descarado desenfado sus generosos y exuberantes atributos fálicos, es la misma extrema enormidad de tales atributos, así como las indiferenciadas asociaciones que este mismo cuerpo impone (como por ejemplo con la sangre a través del uso de drogas por vía intravenosa), el que excluye precisamente la posibilidad de categorización. Es una escritura hecha cuerpo a base de dosis descomunales de heroína y/o sexo; es una representación visual desestabilizante que desvela con su carga de sangre y semen (representación también de una organicidad simultáneamente femenina y masculina), y de forma sesgada y perversa, mucho de aquello que quedó histórica y culturalmente encriptado. Un cuerpo-pluma que trazado y cruzado por la explosiva mezcla de historia, sexualidad y drogadicción quedó sorprendentemente captado en su momento en varias de sus facetas más perturbadoras tanto por varios artistas asociados a las movidas de la época, como por la calle misma.

En cierto sentido, que se puede aplicar tanto a homos como a heteros y a hombres como a mujeres, la explosión pública sexual de los primeros años del posfranquismo no busca una identidad, sino, por el contrario, despojarse de ella, "salirse" de ella. En España la "salida" se produce porque, según expresión local, españolas y españoles están ya de antemano "salidos" en los años que rodean la muerte del Caudillo. A partir de aquí, la ocupación multitudinaria de la calle, la apropiación alborotada del espacio público es una consecuencia, y no en cambio el elemento generador, de este estado de "salida" anterior.

---

[36] Paul Julian Smith, «Introducción» a *Vision Machines*.

LA PLUMA Y LA CALLE

La decidida posición de desmarque fatalista-celebratoria tomada por
Ocaña, Nazario, Almodóvar y demás, está presente en el cuerpo callejero con y desde el que la pluma escribe y se escribe. Tanto Almodóvar
como el resto del cuerpo social, en su salto voluntario fuera de una condición de fatalidad, asumen, sin embargo, y diáfanamente, la presencia
de la muerte. Pero, a diferencia del trascendentalismo intimista y noli-
cista presente en la narrativa católico-espiritualista de gran tradición española, y desde luego extensiva como modo social durante los años
franquistas, la pluma reclama y restaura la presencia de la muerte, por
otra parte siempre presente en una tradición española que va desde la
Inquisición a la fiesta de los toros, como parte de una experiencia del
placer que se asume voluntariamente. Una "voluntad" que la dislocación narrativa de la pluma va a transformar en "veleidad" en un recorrido etimológico posmoderno —nunca desde luego previsto de ese modo
por el lingüista Joan Corominas—[37], y que busca su placer y audiencia
en el espacio público que la calle proporciona. De ese modo, aunque
desde luego las explicitaciones de Bataille encuentran fuerte eco en las
producciones de las diferentes movidas, la veleidad de la pluma trastoca
la angustiada relación entre el placer, la muerte y lo sagrado expresada
por el escritor francés desde el espacio de la intimidad torturada. Sorprendente y alegremente la explosiona y arroja al espacio callejero, al espacio público por excelencia desde donde la pluma se expresa mezcla-
damente en un gesto social de celebración y muerte. Si Bataille entiende
que la «transición desde el estado normal al deseo erótico presupone
una disolución parcial de la persona en el reino de la discontinuidad» y
que tal estado «revela una búsqueda de una continuidad posible más
allá de los confines del yo», la pluma de la transición se expone como tal
estado transitorio, *encarna* la transición misma, y no busca por tanto en
su exposición ningún más allá trascendental o existencial [38].

---

[37] Joan Corominas apunta la relación entre ambos términos en su monumental *Diccionario etimológico*.

[38] Georges Bataille, *L'Érotisme*, p. 17. La referencia a la cita de Bataille toma curiosamente contexto en un estudio de Michel Hardt sobre Passolini que libremente me apro-
pio ahora para la "pluma". Siguiendo el razonamiento de Hardt, también la "pluma" se
"encarna" en su exposición: es decir, ésta "encarnaría" la transición en un sentido similar
al aplicado por Hardt al término en su estudio (Michael Hardt, «Exposure: Passolini in
the Flesh», manuscrito).

El resultado es un texto compuesto, ruidoso y cacofónico y que, multitudinario y desbordante, no va a contenerse en género alguno, ya sea éste sexual, ya literario, cinematográfico o escénico. Desde el famoso pecho descubierto de la actriz Susana Estrada retratado y expuesto en los periódicos y revistas del momento como prueba real de una deliciosa historia de política cotidiana [39] hasta el espectacular pecho rezumando sangre del inquietante vampiro retratado por Jorge Rueda (*Mullereta*, 1975); desde el *happening* teatral del Borne de Barcelona en la Pascua de Resurrección de 1976, en el que, respondiendo a la llamada del colectivo libertario de actores asociados entonces al desaparecido Saló Diana con el actor y productor Mario Gas a la cabeza, puso en marcha múltiples "representaciones" de un *Don Juan* más o menos zorrilliano espontáneamente secundadas por el amplio público de toda clase, género y condición que concurrió al evento, y que acabó en una especie de bacanal lúdica donde cuerpos y sexos varios quedaron confundidos, hasta las representaciones de cante flamenco de la familia Montoya en Zeleste; desde las alucinadas representaciones del cantante Sisa en la misma sala, hasta las alocadas fiestas y conciertos que, convocados por el poder de seducción de andróginos y plumados personajes tales como Fany Macnamara, Costus, Alaska (Olvido Gara), Pedro Almodóvar y otros y otras de nombre anónimo, como setas proliferaron en el Madrid de la Movida y que por suerte nos ha dejado el mismo Almodóvar suficientemente documentadas en sus primeras y divertidísimas películas; desde el apoteósico, alucinado y sexualmente desmadrado viaje en tren que, pagado por los fondos de la alcaldía socialista de la ciudad de Vigo, llevó a los supuestos representantes de la Movida de la capital a la provincia en «visita oficial cultural» [40], hasta la algarabía general y multitudinaria que el 23 de junio de 1977 en Barcelona lanzó a la calle a jóvenes y viejos de edad, clase, profesión, género y orientación sexual variada para celebrar la primera manifestación española del Día del Orgullo Gay; desde las Jornadas Libertarias de 1978 en que cientos de jóvenes

---

[39] No casualmente la famosa fotografía de Susana Estrada y Tierno Galván fue utilizada como portada en la *Crónica sentimental de la transición* de Manuel Vázquez Montalbán; en ella queda el pecho descubierto de la actriz peligrosamente colocado cerca, muy cerca, de los ávidos ojos y crispadas manos del socialista Enrique Tierno Galván —el llamado *Viejo Profesor* que fue alcalde de Madrid en la época cumbre del desmadre sexual de la Movida madrileña, y que de hecho inicia su institucionalización. Para una revisión de las relaciones entre la Movida y el gobierno socialista en referencia al proceso de la europeización española, véase *Les espagnols: de la Movida à l'Europe*, de Thierry Maliniak.

[40] Para un recuento de tal viaje, véase el libro de José Luis Gallero *Sólo se vive una vez*.

cuerpos sexualmente excitados se revolcaron en los jardines del Parque
de la Ciudadela de Barcelona y en las que el pintor-travestí Ocaña realizó
otro de sus espectaculares y fascinantes desnudos, provocando el escán-
dalo incluso del otrora famoso revolucionario Daniel Cohn-Bendit, invitado de honor de las Jornadas, hasta la algarabía generalizada que desde
Vigo a Valencia y desde Murcia a Bilbao recorre el país, sin temor a equi-
vocarnos o a exagerar podemos decir que la transición española "tuvo
pluma" y que paseó esta pluma pública y ruidosamente por la calle.

Es la calle precisamente donde la pluma es Reina, el espacio público
en que ésta se desplaza alocada. Siguiendo la tradición medieval y oriental española que utilizaba la plaza o el zoco como escenario desde donde
contar, narrar o explicar, la "pluma" escoge también la calle como escenografía y espacio narrativo. Y ya que la pluma es en la transición sobre
todo performativa, la calle le proporcionará el variado y multicolor público que necesita para expresarse. O mejor dicho, es el espacio callejero
el que forma la pluma, el que da cuerpo a la suicida vitalidad de estos
años. Y es a la conjunción establecida entre la pluma y la calle, a su in-
mediatez y temporalidad, a su adorno, barroquismo y expresión de pública superficie, a la que este cuerpo narrativo debe tanto su esplendor
como su ruina.

OCAÑA EN LAS RAMBLAS

Una de las "plumas" más representativas de los primeros años de la posdictadura fueron los ruidosos y jaleados paseos por las Ramblas barcelonesas de una nueva generación de personajes-travestidos, de los cuales
el puesto en circulación por el pintor Ocaña y su grupo fue uno de los
más entrañables. Ocaña, vestido a menudo con mantilla española y
adornado con claveles de un rojo intenso pareado con el color de sus labios, enfundadas sus piernas en medias negras de redecilla y calzado
con zapatos de tacón alto, se deslizaba, abanicándose, Rambla arriba,
Rambla abajo, desde el número 12 de la Plaza Real donde vivía, y donde
se había instalado a los dos años de llegar a Barcelona en 1971 desde su
Andalucía natal.

«Ocaña era la Plaza Real que salía a pasear por las Ramblas»[41], escribe Nazario Luque, el espléndido artista y dibujante de cómics que, con

---

[41] Nazario, «En compañía de Ocaña», p. 22.

el nombre de *Nazario* que todavía usa, formó parte del ecléctico, icono-
clasta y plumero "grupo de Ocaña"; y explica:

Ocaña salía a las Ramblas en compañía de Camilo, vestido de angelito, con flores en el pelo y alitas blancas de peluche. Llevaban sendos caballetes y lienzos, y
se ponían a pintar junto al Café de la Ópera. Yo sabía de sus números y él de los
míos junto a los dibujantes *Underground* del Rollo[42].

De ángel, de "Monyos" (un personaje-desahucio tomado de una
vieja indigente desamparada que vivía en Las Ramblas, en la calle, y de
la que Ocaña era muy amigo), o de gran dama española vestida para los
toros, Ocaña paseaba por Las Ramblas barcelonesas, día sí y otro también, sus personajes-simulacro:

Ocaña acudía travestido a buscarme a la Plaza de San José Oriol y salíamos a
pasear por las Ramblas y a reírnos un rato. No se cansaba de repetir que para él
travestirse era una forma de hacer teatro, y que su escenario eran las Ramblas.
El tenía un chiste o broma para cada paseante. Todos reían, él cantaba alguna
copla, y al cabo de un rato, un corro de cuarenta o cincuenta personas seguían
nuestros pasos [...]. En algunas ocasiones, cuando ya vivíamos juntos, regresá-
bamos a la Plaza disfrazados, con todo el mogollón de gente pisándonos los ta-
lones[43].

La actuaciones de Ocaña y su grupo, sin embargo, no quedaban en
meros actos performativos en el sentido en que Cynthia Carr describe
las *performance* neoyorquinas de mediados de los años ochenta:

[Como periodista, yo quería escribir] sobre aquellos artistas que trabajaban pi-
sando en aquel precario terreno situado justo un poco fuera de tierra firme. Nadie sabía cómo llamar a aquello. Alguien dijo que ni siquiera era arte. Otros lo
llamaron *performance art* porque esta categoría estaba entonces todavía sin co-
dificar. Éstos eran los artistas a los que yo quería seguir. Y, a punto de entrar
ellos en un nuevo territorio [artístico], yo les iba a seguir, intentando trazar el
mapa[44].

Aunque Ocaña se consideraba desde luego un artista tal como claramente nos dice en *Ocaña* y nos confirma Nazario, y aunque hablaba y
repetía continuamente que sus paseos travestidos eran para él teatro y

---

[42] *Ibid.*
[43] *Ibid.*, p. 25.
[44] C. Carr, introducción a *On Edge*, p. xiv.

escenificación, la clasificación de "arte", en cambio, la quería él dirigida hacia sus cuadros, y no hacia sus paseos públicos.

Hay una diferencia fundamental entre los artistas neoyorkinos y el "grupo Ocaña" —o los similares "grupos con pluma" que poblaron las Ramblas barcelonesas en los primeros años transicionales. La performatividad de estos últimos, a diferencia de la de los americanos, corresponde a una actuación que no pudo poner límites —ni espaciales, ni temporales, ni de riesgo físico—, a su escenificación. Al contrario de los grupos neoyorkinos, que como dice Carr, aunque se arriesgaban físicamente ponían siempre un límite temporal a su *performance* (seis horas, seis meses o un momento) [45], los espontáneos grupos de las Ramblas barcelonesas van a vivir su actuación hasta un final que se ligó de pronto ominosamente con el final de sus vidas. La pluma de las Ramblas vivió su vida e instaló su muerte en el intersticio y en la fisura. El espacio «justo un poco fuera de tierra firme» que señalaba Carr para los artistas neoyorkinos, es, para la pluma española de la transición, el espacio fisural sin retorno; un espacio, por tanto, que no se presta fácilmente a cartografías ni categorizaciones. Un espacio que el contexto español de la transición hace "intrascendente" porque se disemina siempre desde la superficie, y pertenece, por lo tanto, a lo real, no a lo simbólico. Un espacio fisural que maravillosa y celebratoriamente se *expone*, por un momento des/velado, antes de recogerse con sus cuerpos, antes de cerrar el precario orificio abierto en ardor apasionado entre un primer y último batir de alas.

La pluma de las Ramblas no sobrevivió lo Real. La fotógrafa Marta Sentís, en 1994, cuenta así la muerte de Ocaña ocurrida diez años antes en Sevilla:

La última vez que [Ocaña] se disfrazó lo hizo de sol; llevaba volantes de *nylon* y un gran sol en la cabeza, al que prendió fuego [...]. Desde su cama del hospital sevillano me llamó a Nueva York: «Nena, ¡lo que te has perdido! Tenías que haber estado con tu máquina para retratarme todo envuelto en llamas [...] la Ocaña [...] ¡divina!». Murió unos días después hace aproximadamente diez años [46].

Ocaña y los suyos se extinguieron al fin de la vorágine transicional, cuerpos expiatorios de un nuevo orden que reclama otro estado de cosas. Quemados, ellos que vivían en la superficie, por el exceso incontrolable generado por una historia subterránea que paradójicamente encarnaban. Y aun cuando en algunos casos sus participantes hayan so-

---

[45] *Ibid.*
[46] Marta Sentís, «Diez años sin Ocaña», p. 22.

brevivido a la radical actuación —como en el caso de Nazario, quien ahora, como nos dice Ramón de España en un artículo reciente sobre el artista, ni siquiera bebe ni fuma— su supervivencia se debe pura y exclusivamente a la suerte; y aún en su sobrevivir, deben acarrear Nazario y otros que vivieron aquellos momentos, con ellos y hasta el final, el espectro de los cuerpos muertos de los compañeros desaparecidos: «Nazario Luque es un superviviente de esa época, un superviviente que goza de buena salud física y creativa. Hace años que no fuma ni bebe. Pero Ocaña y Camilo crían malvas en algún cementerio»[47]. Y continúa:

La plaza Real [corazón de la "pre-movida" barcelonesa en las Ramblas] ya no asusta a los turistas [...]. Decir que la plaza está más limpia que hace unos años sería exagerar, pero sí parece haber perdido aquel aspecto miserable (deprimente para unos, poético para otros) que fue durante mucho tiempo su principal seña de identidad [...]. Con Camilo y Ocaña, el dibujante Nazario constituía el emblema del artista callejero de la transición que amaba desmadrarse en La Rambla y en el Canet-Rock. Ahora no bebe ni fuma[48].

El espacio y la motivación en que la escenificación última transicional toma (tomó) lugar, es por tanto distinto del neoyorkino. Públicos ambos, el neoyorkino y el ramblero responden, sin embargo, a diferentes demandas y audiencias. Carr nos dice que el impulso artístico de los grupos neoyorkinos iba dirigido, «en su forma más pura hacia la búsqueda de una trascendencia de la propias limitaciones, a la búsqueda de un algo más»[49]. El escenario y la audiencia, por tanto, al estar supeditada en última instancia a esta búsqueda, cambiaba con ella, pasando así, por ejemplo, de una «*performance* hecha sin audiencia, sin dinero, y con un gran peligro físico»[50], a aquéllas claramente dirigidas al entretenimiento masivo.

No ocurre ello de ese modo en las barcelonesas Ramblas de la transición. No hay en estos grupos ningún ansia transcendental, ningunas ganas de ir más allá de limitaciones, ningún deseo de buscar "algo más". No hay tampoco "muestra" de nada, si con ello entendemos el representar algo "frente a" o "con" alguien, sino más bien, como decíamos antes, de "exposición". Tal como en otro contexto explica Michael Hardt para Passolini, la exposición del cuerpo-pluma de la transición española, afín también ella, desde otro registro, a la exposición/explora-

[47] Ramón de España, «La Plaza de Nazario», p. 14.
[48] *Ibid.*
[49] Cinthya Carr, introducción a *On Edge*, p. xv.
[50] *Ibid.*

ción carnal fatalista en la que se embarcó el cineasta italiano, «la exposición erótica, paradójicamente, no gira en torno al "ver" y "ser visto". De hecho, la exposición subvierte el régimen de la visión. La carne expuesta no revela un "yo" secreto que se hubiera escondido, sino que disuelve cualquier "yo" que pudiera haberse aprehendido»[51]. En el período transicional, audiencia y "artista" se con-funden en un solo cuerpo que está históricamente "salido", un cuerpo único que vive, se mueve y se disuelve en la calle, siguiendo la cadencia que el estilo de la pluma más visible y llamativa despliega. No necesita por tanto cambiar de escenario, porque el escenario está siempre presente. No necesita tampoco "arreglarlo" porque también la materialidad física del espacio escénico queda confundida con el acto interminable de maquillaje al que la pluma dedica su alma. Y no necesita "moverlo" porque artista, público y escenario forman un cuerpo, y una historia, en movimiento. Son paseo, *movida*, movimiento y pálpito, son gesto que aletea en lo superficial, en lo efímero, en lo intrascendente y que con la cabeza alta y la cara llena de afeites, se expone frontalmente.

Ocaña y su grupo no "buscan" un escenario; en todo caso, el escenario, la Plaza Real, o España misma, les buscó a ellos; como avanzadilla, como frente. Ellos, los que se movieron en la fisura, ocuparon la herida de la transición y escribieron con sus cuerpos y por nosotros, la historia alternativa. Si, como recuerda Nazario, la escalera del número 12 de la Plaza, vivienda de Ocaña, «era un hervidero de maricones, árabes, pinchotas que subían y bajaban»; y si «la historia de la escalera del número 12 ha sido el más fiel retrato de la Plaza Real»[52], ésta, junto a las Ramblas, y por extensión, junto a la Barcelona, el Madrid, el Vigo o la Murcia de aquellos años, fueron la pluma con la que se escribió esa otra historia.

DE LOS TEBEOS DEL FRANQUISMO A LOS CÓMICS DE GALLARDO, PASANDO POR MARISCAL

Siguiendo la tradición del dibujo humorístico de gran arraigo en España, la ilustración del momento cotidiano en forma de historietas fue una de las grandes explosiones culturales de la posdictadura. Desde el sema-

[51] Michael Hardt, «Exposure: Passolini in the Flesh», artículo manuscrito.
[52] Nazario, «En compañía de Ocaña», p. 25.

nario *Hermano Lobo* hasta *El Víbora*, y desde los dibujos de Jaume Perich, Forges, Núria Pompeia, Gordillo, Romeu y sobre todo de Peridis, el dibujante que día a día ilustró e ilustra desde las páginas de *El País* el quehacer político, hasta los de Max, Gallardo o Nazario, sus pequeños y atribulados personajes nos dejaron una visión a la vez tierna y mordaz del espectacular proceso que envolvió a la población española en el tardo y posfranquismo.

No voy, sin embargo, aquí a referirme a todos ellos, a pesar de su excelencia. Perich o Núria Pompeia, desde Barcelona, Forges, Gordillo, Romeu o Peridis, desde Madrid, se embarcaron en una escéptica y divertidísima narración de la contemporaneidad española que nos hizo a muchas y muchos de nosotros a la vez más sabios y más irónicos. Su escritura no se instala sin embargo en la fisura, sino que desde la crítica humorística aboga y cree, tenaz y voluntariosa, en la posibilidad de construcción social. En cierta forma, Perich y compañía son los herederos de aquel estupendo *Hermano Lobo* en el que, de hecho, algunos participaron. Estos humoristas y caricaturistas se expresaron en la posdictadura en los diarios y revistas de amplia difusión (*El País*, por ejemplo, tribuna sobre todo de Peridis y Romeu); desde las tiras cómicas de los periódicos, realizan desde la positividad su trabajo diario de construcción social, en forma muy similar a aquella que, fuera del humor, configura a excelentes y preocupados escritores tales como Javier Marías, Soledad Puértolas, Antonio Muñoz Molina, Lourdes Ortiz, Adelaida García Morales o José María Merino, entre otros y otras muchos.

Atenta a la escritura alternativa, quiero llamar aquí la atención, sin embargo, sobre aquellos dibujantes que claramente incorporaron en sus textos la gran rotura de la transición. Plumas relegadas y de parca difusión, y semiolvidadas ahora, pero que nos presentaron y dejaron con nosotros los fragmentos esparcidos de la gran explosión del fin del régimen. Su narración fluye subterránea bajo la narración oficial. Y aunque la incomoda, hemos preferido no pensarla, no atenderla (al menos suficientemente) ya que la perturbación que tal gesto implicaría es precisamente lo que hemos querido evitar. La peculiar tensión existente entre ambas narraciones (oficial y alternativa) puede verse claramente si contraponemos, por ejemplo, los dibujos de uno de los más aclamados y públicos artistas, Javier Mariscal, con los del marginal Gallardo o del no menos relegado Carlos Giménez. La elección de Javier Mariscal en este estudio responde precisamente a ser éste considerado como uno de los representantes de un dibujo ecuánime, "nuevoeuropeo", armónico, perfectamente acorde con la autoimagen que la nueva Cataluña de la

nueva España promociona al exterior. Ello es precisamente lo que decidió al comité seleccionador a escoger como mascota de los Juegos Olímpicos de Barcelona 92, al diseño de Mariscal, el simpático animalito
bautizado como Cobi, perfecto ejemplo de consenso en el complicado
mapa de negociaciones económicas, culturales y políticas de nuestra
posmodernidad. Como explica Miquel Moragas, miembro del jurado,
«Cobi combina a la perfección el atractivo comercial con el aire vanguardista. Rompe con una tradición de mascotas *kitsch*. Da dinero [...]
es un producto redondo»[53].

JAVIER MARISCAL

El camino seguido por Mariscal desde el *underground* barcelonés,
donde compartió espacio con los dibujantes del grupo del "rollo" en
que se movía Nazario, a la sofisticada y posmoderna Barcelona de las
Olimpiadas, es precisamente el recorrido en parte por la narrativa oficial. En un proceso de representación muy similar al de la retórica política de la posdictadura, el dibujo reformista de Mariscal no "renuncia" a su tradición histórica, sino que, por el contrario, la "cita" en el
sentido anteriormente señalado. Podemos detectar en sus dibujos una
explícita tradición local que tiene en cuenta, y de hecho homenajea, a
nuestros más queridos y conocidos dibujantes de historietas de los
años cincuenta y sesenta, desde Ibáñez a Escobar, pasando por Coll y
Benejam.

Pero Mariscal no subvierte esta tradición ya que se alía con la legiti-
midad universalista y nuevoeuropea reclamada por la retórica de la posdictadura. De ese modo, en una sintonización muy evidente con la política española (y catalana) de los últimos años, en Mariscal la suave
localidad de las referencias a los grandes maestros anteriores viene también acreditada, y bien acreditada, por la universalidad que en sus trabajos evocan los fuertes ecos mironianos presentes en su estilo. Como bien
sabemos ha sido el arte de Joan Miró uno de los más queridos, patroci-
nados e imitados en los años de la posdictadura. En una pasión mironia-
na que va desde el emblema de la Caixa de Pensions per a la Vellesa y
d'Estalvis, la conocida "Caixa" catalana, a los anuncios nacionales e in-

---

[53] Miquel Moragas citado por Llàtzer Moix en su estudio sobre el dibujante, *Maris-cal*, p. 261.

ternacionales de Iberia, las pinturas y los murales de Joan Miró, así
como por ejemplo los edificios modernistas de Gaudí, se revelan como
vehículo ideal para transportar y vender internacionalmente el optimista, reformista y consensual mensaje de la España (y Cataluña) posfranquista. Con sus dibujos, Mariscal promociona el nuevo proyecto internacionalista español (y catalán) y coincide con ellos, al menos hasta
1992, en el criterio de que el período posfranquista fue, sobre todo, un
proceso de consenso.

A partir del año 1978, Javier Mariscal abandona la movida (premovida) barcelonesa y el mundo de marginados, plumeros y drogotas
de Las Ramblas. Como escribe Llàtzer Moix, «Mariscal descubrió
que más allá del *underground* había vida. Otra vida, ciertamente; pero
no por distinta de la suya —ni siquiera por opuesta— desdeñable»[54].
Después de 1978, los coloridos y exuberantes dibujos de Mariscal
confirman desde el espacio del diseño y del dibujo las palabras de
Eduardo Serra Rexach referidas en un coloquio sobre droga y sociedad civil: «La transición política, que cierra y culmina el cambio económico y social iniciado años antes, se basaba en el criterio de consenso»[55].

En principio no habría desde luego problema en ello. Todos, o casi
todos, queremos vivir en un mundo Benetton, multiculturalista y multi-
colorista, ideal y sin conflictos. Pero, a nuestro pesar, la promoción global de nítidos contextos y claras políticas, el mundo sin problemas que
el nuevo orden a partir de 1989 debía proporcionarnos, se ha revelado,
como era de esperar, una falacia. En España, donde el cambio de orden
con sus consecuentes demonios se produce una década antes que en el
resto de Europa, el texto reformista oficial está recorrido por un subtexto ominoso que queda calificado sin dificultad como un subespacio,
"subtexto" o tejido del Mono.

En España ese sustrato es el que resiste, significa y actúa física, política y poéticamente el olvido de la memoria. De forma a la vez poética y
real, la narrativa de la adicción, a diferencia de la propuesta por Mariscal, escribe su historia en tinta blanca y roja. Una historia que es necesariamente la nuestra por muy ciegos que queramos estar a ella. Nos guste
o no, la heroína, nuestra heroína, es una de las protagonistas de la historia española reciente, una heroína cargada políticamente, una heroína

---

[54] Llàtzer Moix, ob. cit., p. 179.
[55] Eduardo Serra Rexach, «Droga y sociedad civil», *España ante la nueva Europa*,
p. 183.

que, como tinta blanca y plenamente instalada en el éxtasis del conocimiento y del recuerdo, escribe el subtexto de la sangrienta historia española.

No es pues casualidad, entonces, que la cita anterior de Serra Rexach esté tomada de una exposición de éste sobre la drogodependencia en España, ni que fuera ésta presentada y elogiada por el teniente general Gutiérrez Mellado, figura clave de la transición y «verdadera alma de la fundación de ayuda contra la drogadicción»[56]. No es tampoco casualidad que tal presentación se insertara dentro del marco de complacidas conferencias organizadas por el Club Siglo XXI de cara a los eventos europeos de 1992 y del futuro encuentro en Maastricht de 1993, en el que España se sentía protagonista de pleno derecho. Y no es por último casual que mi discurso aúne la ponencia de Serra con los dibujos de Mariscal.

Serra Rexach reclama para el problema de la drogadicción en España el mismo acercamiento consensual entre lo local y lo global emblematizado en sus diferentes ámbitos tanto por Gutiérrez Mellado como por Mariscal. Serra Rexach, como Gutiérrez Mellado, explica la drogodependencia en España como resultado de la europeización (y globalización) del país, como precio terrible pero inevitable que hemos tenido que pagar a cambio de nuestra (pos)modernización. No hay en su ponencia más que referencias generalizadoras y vagas a la posibilidad de que el alto índice de drogadictos en España responda también a un cierto estado de cosas, a una cierta historia propia. Y así como Mariscal escoge como línea de trabajo precisamente la línea del consenso, aquella que le proporcionará una excelente distribución y venta, aquella que hace referencia solamente a la parte "blanda" de su trayectoria histórica profesional y que esquiva el estrecho contacto con el mundo marginal y *underground* de la Barcelona de Nazario o del primer Madrid de la Movida, también Serra propone solucionar la cuestión de la droga de España a la manera política de la transición: desde un consenso que en realidad co-existe, paradójicamente, con la ruptura.

La otra cara del espejo de los dibujos de Mariscal está presente en el trabajo de innumerables dibujantes de historietas que no han podido (o querido) acceder a los canales de difusión de los que goza Mariscal. Hay varios de ellos, siendo para mí uno de los más impresionantes los dibujos e historietas de Gallardo.

---

[56] *Ibid.*, p. 178.

Gallardo comparte con Mariscal parecida procedencia artística. Pero la traducción y conexión de uno y otro con la tradición que les antecedió es sin embargo abismal. Como los de Mariscal, sus dibujos evocan a los amables muñecos de los tebeos de la época franquista; pero a diferencia de los de aquél, en Gallardo la autorreferencialidad textual es utilizada para retraer, explorar y vivir un presente histórico que no pasa por la negación: Gallardo no olvida ni refuta el pasado en su presentación del presente urbano.

En Gallardo, la presencia del Mono es evidente, no sólo al nivel puntual y terriblemente cotidiano presentado por sus historias del yonqui Niñato, sino también a un nivel político simbólico que une los viejos muñecos de Ibáñez y Escobar, por ejemplo, con los nuevos. En un sentido claro y radical podemos, debemos decir, que los dibujos e historietas de Gallardo no "contaminan" o "infectan" a aquellos muñecotes que desde revistas infantiles, como *TBO* o *Pulgarcito*, llenaban nuestras tardes después de la escuela, porque aquellos entrañables personajes ya estaban ellos mismos infectados, contaminados. Con sus muñecos, con su dibujo fuertemente evocador de los antiguos personajes de Escobar, Ibáñez, Peñarroya y Vázquez, Gallardo simplemente desvela lo oculto, aquello que, en el sentido freudiano de lo siniestro, resulta terrorífico porque nos es extrañamente familiar. Los cómics de la transición revelan de aquellos aparentemente "sanos" personajillos de tebeo de nuestra infancia (las hermanas Gilda, Rompetechos, Carpanta, Zipi y Zape, y desde luego aquella humildísimamente franquista, derrotada y absolutamente triste familia Ulises) aquello que, aunque velado, era de alguna forma ya de nosotros conocido. La desesperanza de la familia Ulises de Benejam, sus insulsas pero entrañables peripecias desarrolladas en el estrecho marco social impuesto por las constricciones del franquismo, se reflejan ominosamente en el espejo de la familia del Niñato imaginada por Gallardo. Allí donde el orondo y buenazo patriarca Ulises impartía con su voz y ejemplo una patética y constreñida sabiduría de supervivencia, el padre invisible del Niñato se desgañita en insultos, gritos y denuestos; mientras los hijos de Ulises permanecían siempre bajo la tutela familiar, el Niñato, sordo a los berridos del padre y a los gritos de la madre, sigue, ahora desde y con la heroína, las antiguas exploraciones urbanas iniciadas por personajes anteriores a su tiempo, como Gilda, Petra, Carpanta o Mortadelo.

Las timoratas y apiñadas exploraciones de la familia Ulises, siempre en grupo, apretados, agarrados de la mano, del bracete, o de las faldas, ocurren inevitablemente en perpetua alarma, aun teniendo en cuenta el limitado espacio exploratorio que la España de los años cincuenta permitía a la familia: un domingo de merienda en el campo, un paseo al zoológico, una vuelta por el barrio. El compacto grupo familiar se mantiene historieta tras historieta siempre en vigilancia, siempre atento a las posibles agresiones exteriores provenientes del medio urbano en que se mueven. Pero número tras número, las humillaciones recibidas por Ulises, por su señora, por su niña casadera o por sus hijos más pequeños, se suceden una a otra. Los sustos, sobresaltos, pequeñas estafas, vergüenzas y meteduras de pata a las que la familia se ve expuesta, se convocan con tal predicción que casi sentimos compasión por este grupo familiar ignorante, apolítico y timorato, que tanto se parecía a las miles y miles de familias españolas urbanas de aquellos años. Más que risa, las desventuras de la familia Ulises producían pena, siendo más de uno y más de dos los niños y niñas que en los años sesenta preferíamos no atender más que en último recurso, y por falta de otra lectura, la inevitable última página de la revista *TBO*, aquella en que la familia creada por Benejam ocupaba su espacio y arrastraba semana tras semana la pesadumbre de la época franquista.

Esta última página dedicada a la familia Ulises parecía invalidar las absurdas, locas, travestidas, polimórficas, traumáticas y divertidísimas exploraciones realizadas por los atrevidos personajes que empezaron a expresarse cada vez con mayor fuerza en los tebeos de aquellos años: el detective Mortadelo —precursor en cierto modo de la Anarcoma de Nazario— con sus innumerables disfraces, Hermenegilda y sus andaduras alrededor del globo, la criada Petra y sus continuas rebeldías, Rompetechos y su cortedad de vista, los gemelos Zipi y Zape y su contestación a la escuela y a la autoridad patriarcal [57]. Ante ellos, ante la imparable vitalidad subversiva que estos personajes ofrecían, causaba casi dolor físico tener que enfrentarse a la pasividad y derrota representada por la familia Ulises.

Y sin embargo, sabíamos que todos los personajes de los tebeos estaban indefectiblemente unidos. Espejo unos de otros, los anárquicos y curiosamente solteros personajillos de Escobar, Ibáñez, Peñarroya y Vázquez, formaban parte, eran parte, de aquella misma familia Ulises a la que parecían desatender, así como los rotos personajes de Gallardo

---

[57] Zipi y Zape nacieron en 1946 siguiendo la inspiración proporcionada por los dibujos del alemán William Busch y su pareja de chicos traviesos «Max und Moritz» (o «Hans y Fritz», tal como eran conocidos en España). Éstos pasaron más tarde a los Estados Unidos, con el nombre de «The Katzenjammer Kids», a cargo de los dibujantes Rudolph Dirks y R. Knberr («Zipi y Zape protagonistas», en *Escobar. Rey de la historieta*).

son también parte del vasto cuerpo social español de la época. Ambos, los nuevos y los viejos, se hermanan en una narración histórica alternativa uniéndose en un fuerte abrazo las trapisondas y fisonomías de las hermanas Gilda de Vázquez con las andaduras del Niñato de Gallardo, las fantásticas cruces de género del polimorfo y a menudo travestido detective Mortadelo con la no menos fantástica y polimorfa detective-travestí Anarcoma, de Nazario, y las temerarias y masculinas batallas del apuesto Capitán Trueno, con las también valientes batallas homoeróticas de otro de los personajes de Nazario, San Reprimondo [58]. Andróginos o heroinómanos, travestidos o rotos, los personajes de Max, Gallardo o Nazario, por citar solamente a unos pocos de los muchos artistas casi desconocidos que, entonces y ahora, coforman el submundo del cómic español, reflejan y retraen a la superficie transicional aquello también presente en los tebeos nacidos en la era del franquismo.

SISA

El batiburrillo general, el ruido y las voces que todas estas voces de papel producían, su esencial calidad de cuerpo "otro" y de cuerpo "conglomerado" y aglomerado desde las páginas marginales de los tebeos, así como el especial marco cotidiano y político en el que tales voces quedaron enmarcadas, fue ominosamente rescatado por el cantante Jaume Sisa, quien, a través especialmente de una de sus canciones, nos da acceso al abismo evocado por aquellos personajes de tebeo. Figura herida de la transición, Sisa nos deja en el año 1975, justo antes de la muerte de Franco, la canción *Qualsevol nit pot sortir el sol*, un texto que, emergiendo desde una historia porfunda, establece el puente entre nuestros antiguos y queridos personajes de los tebeos con los doloridos y rotos personajes que poblaron los nuevos cómics del momento transicional.

Cuando Franco muere, saltan al aire miles de tapones de champaña. La celebración empieza, la gran fiesta se pone en marcha. Una fiesta que también preparaba Sisa en aquel largo momento que va del año 1973 a

---

[58] Las aventuras del Capitán Trueno, del tándem Víctor Mora y Fuentes Man fueron reeditadas por Ediciones B a principios de los noventa; Nazario había retomado para la pluma en 1976 a aquellos valientes caballeros, ejemplificados por el Capitán Trueno o el Guerrero del Antifaz, en *San Reprimondo y las Piranhas*.

1975, señalado por el asesinato de Carrero Blanco, los fusilamientos de
septiembre de 1975, y por la larga agonía y muerte del mismo Franco.
Toda una etapa histórica que agoniza y que llega a su fin, marca el momento en que Sisa abre las puertas de su casa para dar una gran fiesta
con su larga y demoledora canción *Qualsevol nit pot sortir el sol*. Canta
Sisa:

> *Fa una nit clara i tranquil·la. Hi ha lluna que fa llum*
> *Els convidats van arribant i van omplint tota la casa*
> *de colors i de perfums.*
> ...
> *Benvinguts! Passeu, passeu.*
> *De les tristors en farem fum. A casa meva es casa vostra*
> *si és que hi ha cases d'algú.*

[Una noche clara y tranquila, y la luna que ilumina.
Los invitados llegan y llenan la casa
de colores y de perfumes.
...
¡Bienvenidos! Pasad, pasad.
Las tristezas esfumaremos. Mi casa es vuestra casa
si es que las casas de alguien son.]

¿Quiénes son estos invitados que van llegando a la fiesta? Desde
luego no parece desacertado decir que somos nosotros, españoles y españolas de aquel momento, los que estábamos listos para celebrar el fin
de una dictadura. Pero en la canción, Sisa no le abre la puerta a personas
sino a personajes imaginarios que poblaron nuestro mundo infantil, entre ellos innumerables personajes de tebeos. Curiosamente, los que van
llegando no son aquellos que esperaríamos encontrar, nombres y personas más o menos comprometidas políticamente con grupos de izquierda y por tanto dispuestas a la celebración del fin de la dictadura. Éstos
no están. Los que sí están, los llegados a la fiesta, los "entrantes", son
personajes de papel y pluma, entes diminutos e insignificantes que poblaron la imaginación de los niños y adolescentes de los años cincuenta
y sesenta: Mortadelo y Filemón, Zipi y Zape, Carpanta, las hermanas
Gilda y la familia Ulises, todos aquellos personajillos salidos de las plumas de F. Ibáñez, de Vázquez, de Peñarroya, de Conti, Escobar, Benejam y de tantos otros dibujantes de tebeos. Son ellos los que acuden ordenados y alegres a la gran celebración. Son ellos los que están y no

nosotros, aunque nosotros estuviéramos en cierta forma a través de ellos. En esta gran fiesta, ellos eran nuestros representantes, nuestras representaciones, eran nosotros mismos que por arte inverosímil en ellos nos habíamos convertido.

Hola Jaimito! Donya Urraca! En Carpanta i Barba-Azul,
Frankestein i l'Home Llop, el Compte Dràcula i Tarzàn,
la mona Chita i Peter Pan.
...
Bona nit senyor King-Kong, senyor Astèrix i en Taxi Key,
Roberto Alcázar i Pedrín, l'Home del Sac i en Patufet,
senyor Charlot, senyor Obelix.

[¡Hola Jaimito! ¡Doña Urraca! Carpanta y Barba Azul,
Frankenstein y el Hombre Lobo, el conde Drácula y Tarzán,
la mona Chita y Peter Pan.
...
Buenas noches señor King Kong, señor Astérix y Taxi Key,
Roberto Alcázar y Pedrín, el Hombre del Saco y el "Patufet",
señor Charlot, señor Obélix.]

El momento es sin duda mágico. Sisa, gran maestre sala, abre las puertas de esta nuestra casa que es España a un alguien que es nosotros pero que es también otro. Algún otro vestido con ropas de colores y envuelto en perfumes distintos que no es más que representación, pluma y máscara. Mickey y el Pato Donald, Roberto Alcázar y Pedrín; Goliath y el Capitán Trueno, Tintín y Astérix; Caperucita Roja y Taxi Key; Peter Pan, Snoopy, Carpanta y Tarzán cruzan la puerta de esta España que, como dice Sisa, ya es de ellos. En fila, sonrientes, imparables e incontables, los personajes de los varios y distintos cómics que el imaginario adolescente español había contenido en estos largos años del franquismo saltan al ruedo.

Si el fin de nuestra historia franquista puede leerse de algún modo como el fin definitivo y desfasado de una historia de España empeñada en una caduca tradición imperial, los invitados llegados a la fiesta —caricaturas ellos— son hijos de esa caricatura trágica que fue el franquismo. «España Una, Grande y Libre» era su lema y a él respondieron para evadirlo o acatarlo los personajes de los tebeos. Algunos directamente como Roberto Alcázar y Pedrín quienes corporalizaron la ideología del régimen; otros tangencialmente, ya por situar sus historias, aun siendo españoles, en un mundo distante y ajeno como es el caso del Capitán Trueno —o en un mundo contemporáneo beatífico y aséptico como en el caso de la familia Ulises—, ya por ser personajes provenientes del extranjero o de la tradición folclórica occidental, como en el caso por ejemplo de Tintín o de Caperucita Roja. Extranjeros o nacionales, sin embargo, todos ellos se españolizaron en el imaginario infantil de los años cincuenta y sesenta como antes se había también españolizado para los "niños de la guerra" la imagen cinematográfica de la Gilda de Rita (Cansino) Hayworth.

En los años del franquismo todos estos personajes de pluma habitaban, revueltos pero contenidos, el mundo del imaginario, el más allá del espejo. Aunque sus risas y el ruido de los tapones al saltar salpican la canción de Sisa, es ésta una larga, cálida y triste letanía que no hace sino constatar, nombrándolos uno a uno, su presencia. Franco, aunque agoniza, todavía no ha muerto; y a pesar de que estos personajes de pluma, en representación ominosa, descorcharán en la canción las primeras botellas de champaña del país, anticipo de los miles y miles de corchos que llenaron las calles de las ciudades españolas el día de la muerte de Franco, discretos y comedidos los personajes ríen y comentan en voz baja. Esperan con alegre runrún mientras Sisa, confiado, continúa dándoles la bienvenida.

Pero cercano ya el fin del régimen, algo se subvierte. España no es ya una, sino muchas. Tampoco es grande, y la "libertad" habla inglés americano. El *big-bang* se produce y España se encuentra en plena posmodernidad, es la posmodernidad. En este momento de transición, de tiempo lapsado, de arrebato, las figurillas cruzan el espejo y vienen a esta España que está a punto de convertirse en el país de las maravillas. Metafóricamente, parece que el propósito de su viaje haya sido el de venir a velar al moribundo Franco. Y como en una historia de Alicia, el sentido del velatorio se trastoca: en vez de lágrimas, risas; en vez de luto, colores; en vez de oscuridad, luces.

Al final de su canción, alegoría involuntaria del definitivo final del franquismo, Sisa nos dice esperanzado que, poblada por fin la casa de nuestras caricaturas más queridas, sólo nosotros faltamos a la gran celebración. Sólo nosotros, quienes, una vez allí, haremos posible el que «cualquier noche pueda salir el sol»:

Benvinguts! Passeu, passeu.
Ara ja no hi falta ningú; o potser sí, jo me n'adono
que tan sols hi faltes tú.

També pots venir si vols.
T'esperem, hi ha lloc per a tots. El temps no compta, ni l'espai.
Qualsevol nit pot sortir el sol.

[¡Bienvenidos! Pasad, pasad.
Ahora ya no falta nadie; o quizá sí, de pronto veo
que ya tan sólo faltas tú.

Puedes venir también, si quieres.
Te esperamos, hay sitio para todos. El tiempo no cuenta, ni el espacio.
Cualquier noche puede salir el sol.]

Pero Sisa se equivoca. Muerto Franco y descorchadas por fin de
verdad las botellas de cava, el sol es un sol distinto, es el sol negro de la
exaltación, de la melancolía y del desencanto[59]. A la luz de este sol, Sisa
deja de ser el anfitrión comedido y cumplido para convertirse él también en representación, presentador fantoche y pintarrajeado, hombre-
anuncio de una fiesta que pasa a convertirse en celebración de cabaré
siniestro. No es casualidad que Sisa empiece en este año de gracia de
1975 a dejar de ser Sisa para ir convirtiéndose en Ricardo Solfa, cantante (en castellano) de salsas y merengues, en Keith Morgan, agente de la
República Independiente del Poble Sec (un barrio de Barcelona) adies-
trado por el FBI, o en El Buzo Astronáutico, figura estrafalaria que salió
a los escenarios de la mítica sala Zeleste de Barcelona durante los cinco
años después de la muerte de Franco. Víctor Claudín describía de este
modo una de las actuaciones públicas del cantante convertido, trans-
mutado, en una especie de fantoche mecánico, en un "mono" de pesadilla:

Las luces se apagan, el telón se descorre, el mono galáctico sale a escena [...]. En
el escenario, los músicos y el medium. El espíritu exorciza a los presentes con
los mensajes infernales y absurdos que brotan pasionales de su cuerpo poseído.
El sonido metálico del cassette interviene con su grabación de ultratumba. El
mono espiritista se mueve mecánicamente con aire de cabaretera galáctica [...].
El buzo astronáutico va quedando a jirones por el suelo, la escafandra de plato
también. Entre el público hay risas y un algo de miedo que no saben explicar de
dónde viene[60].

---

[59] Evocación del *Soleil noir*, de Julia Kristeva.
[60] Víctor Claudín, *Sisa*, p. 113.

Claudín describe con singular fuerza este último acto de Sisa. Estamos en el año ochenta y Sisa, como tantos otros, ha quedado atrapado en esta fisura monumental de los años de la transición. «Las luces se apagan», escribe Claudín. El sol negro ha invadido esta sala que ya no es celestial sino infernal, hábitat frenético de reales muñecos. Y en el escenario, la pluma dibuja una presencia no anticipada que no es más que ese antiguo "tú", invitado inesperado, a quien Sisa se había dirigido cinco años atrás: el Mono gigantesco, el Mono que nos invade y que se asienta, señor ahora de la fiesta, reclamando atención para esta Pluma que se alza como representación del duelo.

En la gran casa cósmica de Sisa estamos ya en el mundo del simulacro. En el momento de cerrarse las puertas del franquismo, y anulado el pasado, de éste no llegaron más que personajes de pluma y tinta, dibujos y representaciones de una historia que parece alejarse cada vez más. Figurillas freudianas, muerto en su cama el padre odiado y amado, estos personajes nos muestran ahora lo familiar desconocido poniendo en marcha un gran guiñol. Muerto Franco, nuevos personajes se han añadido, personajes nacidos de aquellos que fueron los que, en vertiginosa *mise en abîme*, se proporcionan a sí mismos y a los nuevos el pasado que no tienen. Lo nuevo y lo viejo será entonces representación nacida de representación, pluma nacida de pluma, injerto nacido de injerto.

Años del posfranquismo. La fiesta se abrió con la llegada del Mono y es en este momento cuando se produce el revuelo de plumas. La pluma nos cubre, y borra diferencias entre muñecos y personas. En este intervalo de la transición la escritura del aire se convierte en escritura del cuerpo, la pluma estilográfica en pluma orgánica, la restricción en exceso y la fiesta en carnaval. Los antiguos dibujos entrañables nos enseñan ahora su (nuestro) lado oculto. El intervalo de la transición, espacio de nadie, señala el inicio de la mezcla, de la confusión, del exceso y del caos. En el mismo momento en que Sisa afirmaba la posibilidad de un amanecer después de una larga noche, su enunciación se desvanece quedando sólo como eco de lo que pudo ser y no fue. *Qualsevol nit pot sortir el sol* quedó colgada en el aire, frase escrita en el intervalo existente entre el final de la canción —y el fin del franquismo— y el principio de la fiesta.

GALLARDO

Volvamos ahora a Gallardo. Si el sueño de la razón produjo monstruos, el olvido de la memoria produce monos. Monos como los de Sisa o como los del «Niñato» de Gallardo en *Los sueños del Niñato*, punki barriobajero y a la española, venido al mundo en San Adrián del Besós, monstruosa y delirante ciudad-satélite de la época franquista y nacido al cómic en los años ochenta «*d'après* las hermanas Gilda», como dice el mismo Gallardo. El Niñato, yonki a la vez tierno e infernal que vive con sus padres porque en España los hijos viven con su padres, sufre en su cuerpo y por nosotros con sus monos terribles el Gran Mono español de la transición.

Los muñecos dibujados por Gallardo salen directamente de los evocados por Sisa. Pero así como en la canción de este último el personaje de Pinocho venía del bracete de "La Monyos" («El Pinotxo ve amb la Monyos agafada del bracet»), los dibujos de Gallardo vienen colgados del Mono. Gallardo es el heredero, el que escribe con sus dibujos el silencio al que Sisa quedó abocado. «Ahora no dice nada [...] sólo produce sonidos», explicaba el entonces cantante Toti Soler a Claudín en el transcurso de aquel fin de fiesta de Sisa[61]. Sonidos que recoge El Niñato y a los que da voz Gallardo con sus dibujos.

Hay una historieta en *Los sueños del Niñato* que quiero rescatar aquí, la llamada «Monos». En ella, el Niñato sufre, en seis largas y terribles páginas, un síndrome de abstinencia de heroína. Viñeta tras viñeta, al Niñato se le revienta la cabeza, suda sangre, tirita, se hiela y se abrasa, se infla y desinfla, se fragmenta, se licuifica, se pierde y se vacía en un horror continuo y sin final. Ni una palabra sale de su boca, ningún bocadillo, ninguno de aquellos «recipientes simbólicos o contenedores de las locuciones de los personajes [de los cómics y tebeos]»[62]. Solamente en el trasfondo, en este escenario de pesadilla que queda integrado con la figura del Niñato para formar un único cuerpo, se deja oír la canción en inglés:

> *Temperature's rising, fever is high,*
> *can't see no future.*
> *My feet are so heavy so is my head.*

---

[61] *Ibid.*, p. 114.
[62] Román Gubern y Luis Gasca, *El discurso del cómic*, p. 422.

I wish I was a baby
I WISH I WAS DEAD
My eyes are wide open, can't get to sleep
I'm in at the deep freeze.

Es la heroína la que habla, la "Reina" en lenguaje de la calle. Y es la Reina el «motor y coprotagonista de las historietas del Niñato» como explica la introducción. En la transición, las antiguas plumas cargadas de tinta de Vázquez, Escobar y compañía se han tornado jeringuillas repletas de caballo. Escamoteada para la pluma la tinta que escribía el pasado, la jeringuilla ocupa su lugar, esa misma jeringuilla que el Niñato comparte y que simplemente «obra en el interior de la ensoñación por su presencia o ausencia» [63]. Los primeros años ochenta se viven y escriben siempre en ausencia del dictador y siempre al presente a la manera en que se escribe también —siempre en el presente, nunca en el pasado— la presencia o ausencia de caballo; y así como el Niñato vive en el presente inmediato, acosado por sus monos, así la España de aquellos años vive sus propios síndromes de abstinencia.

Estos y parecidos demonios son los que precisamente se dedica a ocultar la España oficial. Pero que nuestro feo pasado no quiera (o pueda) ser apuntado en esta nueva escritura histórica, no quiere decir sin embargo que su memoria se desvanezca. Ésta queda en jirones y volada, escondida y agazapada entre las líneas de la nueva narración. Así por ejemplo, el «Plan de desarrollo» puesto en marcha por el gobierno franquista en los años sesenta y que produjo, entre otros desastres, la caótica, barata y corrupta política arquitectónica de los suburbios periféricos en las grandes ciudades, asoma su sucia nariz en los cómics de Gallardo o en las dos primeras películas de Almodóvar, sobre todo en *Qué he hecho yo para merecer esto*. Si pensamos el período de la posdictadura como el tiempo del Mono, el cancelamiento del pasado al que la pluma española se ha dedicado en los últimos veinte años no es, aunque lo quiera, final, porque desde el estado de abstinencia, desde el Mono, más que de una cancelación debemos hablar de una sustracción. Si el pasado de la España franquista se escribe (o mejor dicho se borra) apelando no a la memoria sino a su olvido, el proceso que tal actividad genera remite al concepto freudiano de represión, entendiendo éste no como «un acontecer que se consumaría de una sola vez y tendría un resultado perdurable, como si aplastáramos algo vivo que de ahí en más queda muer-

---

[63] Introducción a *Los sueños del Niñato*, s/n.

to [sino como algo que] exige un gasto de fuerza constante; si cejara, peligraría su resultado haciéndose necesario un nuevo acto regresivo»[64].

Así, en la posdictadura la escritura-maquillaje que la pluma de estos años produce, oculta y enmascara un fantasma particular: el cadáverno-muerto de los años franquistas que la nueva España está dedicada a olvidar pero que exige para su represión un gasto de fuerza psíquico constante. La escritura rasgada de esta pluma es una escritura-maquillaje, superficial y estridente. Es una escritura-máscara que aunque quizá sepa, como prefería pensar Gilles Deleuze, que «las máscaras no recubren nada, sino otras máscaras»[65], sabe también que éstas recurrentemente se componen (o descomponen) en forma especial, un espectro-máscara que desprende sin embargo un real olor a cuerpo putrefacto.

EL CUERPO COMPUESTO: LA *ANARCOMA* DE NAZARIO, LA *MULLERETA* DE JORGE RUEDA Y LA *PATTY DIPHUSA* DE PEDRO ALMODÓVAR

El travestismo y el fetichismo desplegado por las diversas movidas urbanas va a menudo mano a mano con el recuento teórico explicitado por Marjorie Garber en *Vested Interests* para ciertas representaciones del travestismo. El estudio de Garber naturalmente está investido por su propio objeto, una historia mayoritariamente anglosajona que produce por tanto un determinado cuerpo de interés (también anglosajón) enmarcado en un contexto específico (el Occidente hegemónico). Pero así y todo, y de nuevo debido a la intersección global presente en nuestra era, muchos de sus presupuestos pueden pensarse para el proceso "plumero" español. Y aunque no esté éste representado únicamente, ni siquiera mayoritariamente, por el fenómeno del travestismo, al utilizarse la "pluma" como vestidura o envoltura, se torna entonces relevante la racionalización freudiana apelada por Garber que describe al fetichista «como aquel que a la vez crea y niega la "realidad" de la castración»[66], añadiendo Freud que «en casos muy refinados es en la construcción del fetiche mismo donde han encontrado cabida tanto la desmentida como la aseveración de la castración»[67].

---

[64] Sigmund Freud, «La represión», p. 146.
[65] Gilles Deleuze, *Diferencia y repetición*, p. 61.
[66] Freud citado por Marjorie Garber en *Vested Interests*, p. 121. Sigmund Freud en «Fetichismo», p. 151.
[67] Sigmund Freud, «Fetichismo», p. 151.

El estilo de la pluma en la España de la transición —espacio geopolítico en aquel momento todavía a caballo entre la Europa hegemónica y los "países en vías de desarrollo"—, al producir una narrativa nueva genera asimismo un "nuevo" punto de vista, una nueva relación con el fetiche/falo/atributo que continuamente despliega. La pluma de la transición, y debido a su específica localización e historicidad, da a la consabida narrativa freudiana un giro inesperado.

Como resultado, se genera un cuerpo compuesto que, situado en el tercer espacio de lo virtual, a través de la pluma, de la sangre y del semen, hace cuerpo de la investidura y vestidura del cuerpo. Y son en las figuraciones que nos han dejado los cómics de Nazario así como aquéllas del fotógrafo Jorge Rueda con su fotocomposición titulado *Mullereta*, las que con mayor intuición y precisión han representado tal proceso.

En Nazario, el Mono emplumado salta del caballo al semen, de la jeringuilla al pene, de la aguja afilada y goteante de Gallardo, a la pluma hermafrodita y desbordante de sus dibujos. Su fascinante personaje Anarcoma es el que llenará en los primeros años de la transición las páginas de la revista *El Víbora*. Ella y sus compañeros de aventuras, aquellos/as a quienes Terènci Moix llamó «hemabras, hembras robustas, bajo cuyo liguero aparecen los pelos de una masculinidad humillada»[68], nos hablan también de la otra historia de España. La altiva y masculina (¿?) España franquista que iba por imaginarias rutas imperiales siguiendo al Capitán Trueno o al Caballero del Antifaz, y por más cotidianos y ramplones caminos de la mano de Roberto Alcázar y Pedrín, queda definitivamente decapitada en los dibujos de Nazario. Dibujante espléndido, las historietas de Nazario se recogen por primera vez en forma de álbum en 1976 bajo el título de *San Reprimondo y las Piranhas*. Debemos esperar a los años ochenta, sin embargo, para que lo que yo considero su obra más importante, la célebre, celebérrima *Anarcoma*, detective travestí, drogota y ramblera, se dé a conocer más allá de las limitadas publicaciones del *underground* barcelonés.

Si la pluma-aguja de Gallardo perfora las arterias vitales del país en solitario dolor, la pluma travestida de Nazario, por el contrario, se abre al tráfico en colectiva orgía celebratoria. Aquella mano del dibujante Fuentes Man, que con su pluma nos había dado en los sesenta al Capitán Trueno, o aquella que nos había traído al Guerrero del Antifaz, se transforma en Nazario en una mano (y en un Mono) de celebración

---

[68] Terènci Moix, «Introducción» a *Anarcoma*, de Nazario.

masturbatoria. Su pluma es una "pluma-paja" como dijo Moix, una pluma que exprime de forma esperpéntica de nuestro cuerpo este anodino pero espeluznante y cruel pasado de tebeo que habíamos vivido y lo reinstala en un peculiar espacio apocalíptico definitivamente volátil y dedicado al frenesí. Nazario colapsa en sus andróginos personajes el masculino pasado y el presente español componiendo una imagen que retorna ominosamente para nosotros aquel aviso lacaniano: el sujeto no es uno, sino que está descompuesto, roto en pedazos, siendo los fragmentos desordenados los que son aspirados (y recompuestos) por la imagen [69].

Si el sujeto compuesto imaginado por Nazario es festiva y perversamente celebratorio, su doble en el espejo es, sin embargo, siniestro: Anarcoma se dobla en la composición fotográfica de Jorge Rueda, *Mullereta*, publicada en 1975. Con su Mullereta, Rueda nos deja una imagen alucinada y alucinante de vampiro-drogadicto, cuerpo múltiple que recoge y reúne sin piedad la pasada historia fascista con la orgía posdictatorial, la sangre imperial con la heroinómana, la exposición con la introspección. Ambos compuestos, el detective (?) de Nazario y el vampiro (?) de Rueda, son figuras inclasificables, compuestas por atributos sexuales varios (femeninos y masculinos) de los que hacen pública gala y expresión: un pecho de matrona en estado de lactancia en el caso de la figura de Rueda, descubierto y enorme, y del que rezuma sangre en lugar de leche; un pene descomunal en el caso de Anarcoma, insertado en un velludo y escultural cuerpo femenino. Cabeza masculina de inquietantes y crueles evocaciones fascistas (gafas negras, bigotillo al uso, calvicie pronunciada) para la Mullereta; esbeltos y sexuados pechos y descarado garbeo y donaire travestido para Anarcoma. Vestido femenino estilo años cuarenta para el vampiro; leotardos y estrechas faldas de piel negra a la *butch-femme* para la detective. Contundente colilla humeante y bogartiana para Mullereta, cigarrillo saramonteliano, esbelto y sofisticado, para Anarcoma. Figuras indescriptibles, ambas denotan el andrógino estilo de la pluma, que a su vez se hermana con el no menos andrógino de la jeringuilla. Una "pluma-jeringuilla", entonces, que desplegada por el cuerpo compuesto de la transición española es la que más radicalmente se expresó por un efímero aunque esplendoroso tiempo. Pluma o jeringuilla que traza a su vuelo una historia distorsionada, una historieta, si se prefiere, pero no

---

[69] Jacques Lacan, «A Materialist Definition of the Phenomenon of Consciousness», *The Seminars of Jacques Lacan. Book II*, p. 54.

por ello menos real que la oficial nueva historia ofrecida a partir de la muerte de Franco.

Estas imágenes de cuerpos andróginos compuestos de "pluma" y de heroína son las que por un momento inusitado chupan el sujeto histórico español, aquel inmenso falo franquista que queda así súbitamente desarticulado del cuerpo neoimperial recién fenecido. Las imágenes entre siniestras, divertidas y espeluznantes de Nazario y Rueda se revelan entonces como la imagen especular que expone en su cuerpo los remanentes encriptados del cadáver franquista. Imagen fálica ya que del falo se apodera, pero que explosiona a su vez con fuerza, al de-sujetivizarlo y descentralizarlo, la totalizante retórica de la dictadura. Con la Mullereta de Rueda y la Anarcoma de Nazario, el falo-pluma-jeringuilla de la transición torna así reales, y explícitamente visibles en las marcas y atributos de sus cuerpos, una escritura alternativa que no deja fuera de la historia (de su historia) aquellos residuos, prótesis y remanentes a los que ni *Triunfo*, ni Gil de Biedma, ni Espinosa, ni tan siquiera Gutiérrez Aragón, pudieron del todo retraer con su lenguaje compuesto de silencios, alegorías y símbolos.

Los compuestos de Rueda y Nazario, como el resto de representaciones plumeras de la transición, no se expresan simbólicamente. El lápiz-pincel-jeringuilla de ambos artistas se instala con las otras plumas en el espacio de lo real, y con ellas se escribe desde la superficie, desde lo intrascendente. Pero de aquí precisamente, de su ubicación y posición en el espacio de lo real, nace su fuerza y su miseria, ya que no van a poder articularse más alla del espacio-imagen que su momento y su estilo le impone. El cuerpo andrógino y compuesto que emerge a la superficie desde la fisura transicional es ciertamente una imagen. Una imagen efímeramente visible si se quiere, pero que, en términos lacanianos, nacería «de la unívoca y recíproca correspondencia ocurrente entre dos puntos situados frente a frente en un espacio real»[70]: uno situado en el pozo del pasado histórico encriptado; el otro emplazado en la superficie de la contemporaneidad. El resultado de tal correspondencia nos deja una imagen, o una expresión de lo real imaginario por tanto, que, como nos dice Lacan, «no es, hablando propiamente, ilusoria, ni siquiera subjetiva»; por el contrario, nos sigue diciendo, «hay ilusiones que son perfectamente objetivas y objetizables»[71]. Y a esta objetivación hacen referen-

---

[70] Jacques Lacan, «A Materialist Definition of the Phenomenon of Consciousness», *The Seminars of Jacques Lacan. Book II*, p. 49.
[71] *Ibid.*

cia las inquietantes imágenes que nos acechan desde el papel fotográfico de Rueda o desde las páginas del cómic de Nazario.

Ruidosa y aparatosamente detectable y objetizable, por tanto, la imagen de "la pluma" desvela también en su revuelo epistemológicamente superficial e intrascendente, aquello "invisible" y "secreto" en la narrativa de la nueva España democrática, al asumir a su pesar la realidad de una prótesis histórica que pasó por la retórica del neocatolicismo franquista desechada por la mayoría del cuerpo social y relegada consecuentemente al olvido. La superficialidad de la movida transicional, su resistencia a la trascendencia, tan a menudo denigrada por el sector intelectual y/o académico[72], proporciona sin embargo el *locus* fisural, la coincidencia necesaria para que una determinada coordenada espacio/tiempo produzca una "imagen" especular plana. Imagen que puede evocar o representar la subida a la superficie «de aquello que se pretendía mantener enterrado», en palabras de Freud[73]. Una superficie que se asemeja a aquella pequeña porción de la que hablaba Lacan, aquella *area striata* que funciona como un espejo y produce una imagen si, y sólo si, de pronto, «algún punto en una superficie coincide con su correspondiente en el espacio»[74].

La pluma de la transición emerge de tal coincidencia. La composición de los sujetos-imágenes de Rueda y Nazario ponen en marcha un proceso de concienciación de la fragmentación del "yo" en el sentido lacaniano. El narcisismo fetichista que tales imágenes componen exigen que lidiemos, precisamente, con los pedazos del "yo" histórico que somos todos y todas en el momento de la transición. El "Yo" fragmentado de Rueda y Nazario (de "Anarcoma" y de "Mullereta") emerge y se forma en esta superficie recorrida por las movidas españolas, y se coloca inesperada y puntualmente en una fisura narrativa, en una línea directa de "caída" que de pronto queda reflejada, ominosamente reflejada en y con otro(s) punto(s) histórico(s) agazapado(s) en la profundidad espacial de nuestra historia. A su pesar quizá, en última instancia imagen certeramente objetiva, el cuerpo compuesto (o el "yo" fragmentado), andrógino y drogota surgido en la transición es el que va a incorporar la deuda pendiente de nuestra tradición histórica —y con ella al Padre muerto que

[72] Gonzalo Navajas, por ejemplo, resiste la superficialidad de los productos culturales de la movida, como también lo hace, desde otro registro epistemológico, Eduardo Subirats. Tom Lewis, por otra parte, cuestiona negativamente la despolitización y desencanto de la movida.

[73] Sigmund Freud, «Lo ominoso», p. 222.

[74] Jacques Lacan, «A Materialist Definition...», *The Seminars of Jacques Lacan. Book II*, p. 49.

acosa desde la sombra. Y ambos compuestos, la Mullereta y la Anarcoma, "entienden" esta deuda en su repulsa a acceder a una epistemología
que se decantará en el nuevo paradigma posdictatorial hacia el simulacro
de la producción de una narración del pasado sin grietas ni fisuras.

Como también lo entendió Pedro Almódovar, tanto en sus películas
como en aquellas delirantes y delirantemente corrosivas entregas folleti-
nescas que con el personaje de «Patty Diphusa» publicó en *La Luna de
Madrid* entre los años de 1983 y 1984. La fragmentación del sujeto, la
voluntad de disolución de un "yo"-falo desarticulado, que es a la vez y
de forma imposible, fetiche y simulacro, está presente desde sus primeros trabajos cinematográficos en Súper 8 realizados entre 1974 y 1979 y
todavía hoy de difícil acceso y visionado. Continúa en su primera etapa
compuesta por sus películas más conocidas que, empezando con *Pepi,
Luci, Bom y otras chicas del montón* (1979-1980) sigue su recorrido hasta
Mujeres al borde de un ataque de nervios (1988). Y sigue después hasta la
magnífica *Tacones lejanos* (1991), con la estupenda escena del espejo en
el cabaré, infinita y fantástica "caída" especular en el sentido de Kristeva. En sucesivas e indiferenciadas representaciones y simulacros especulares, el personaje de Femme Lethal (Miguel Bosé), travestido como la
cantante Becky del Páramo (Marisa Paredes), hace un *lip-synch* de la
canción *Recordarás*, uno de los éxito de Becky como gran dama de la
canción. La travestida actuación de Lethal se desdobla y multiplica en
una serie de espejos compuestos —reales y/o de memoria histórica que
retraen el "recordarás" de la canción— resultando en una de las escenas
más fascinantes del cine español contemporáneo. Por un momento lapsado, la cámara recoge a Lethal de espaldas, vestido de Becky, actuando
frente a ella y su hija (Victoria Abril), que a su vez imita a la madre; de-
trás, una serie de travestidos-máscaras, maquillados con aire de figuras
de carnaval veneciano, repiten los movimientos de Lethal; y todavía más
atrás, un espejo encuadra a todo el grupo y devuelve, multiplicada al infinito, la actuación de Lethal, vista ahora, desde el espejo, de frente.

En el espejo se reflejan especularmente una serie de compuestos:
máscaras y travestidos, historias y plumas; simulacros y prótesis que forman el "yo" fragmentado de la posdictadura, un "yo" colectivo que
busca ante todo y sobre todo la disolución.

Para Almodóvar, y, con él, para todo el cuerpo plumero de la España de la posdictadura, esta disolución se produce en la calle, el espacio
transaccional por excelencia, el explosivo lugar de intercambio de cuerpos, conductas y substancias diversas (pensemos de nuevo en las Ramblas de Ocaña y Nazario). La calle, de forma central o desplazada, es el

foco aglutinador sin el cual no es posible entender o sintonizar con el tono de la movida y premovida de estos años. La calle es el lugar de disolución del "yo" social de la posdictadura, el escenario y el motor donde diversas transacciones de droga y sexo tienen lugar. Así por ejemplo, en *Pepi, Luci y Bom*, el primer acercamiento de Pepi (Carmen Maura) a Luci (Eva Siva) tiene lugar en la calle. En *Laberinto de pasiones*, el complicado circuito urbano en que tales pasiones se enredan tiene su foco en el Rastro madrileño, que en su función de ágora o zoco toma en Madrid el sentido adjudicado a la Plaza Real de Barcelona entre 1975 y 1978. Por la calle deambulan Sexilia (Cecilia Roth), Riza Niro (Imanol Arias) y los demás fabulosos personajes almodovarianos ejercitando el placer sexual de la caza y búsqueda de cuerpos y sustancias. Y en la calle es también donde se disuelve, divina, el sujeto-compuesto de Almodóvar, la fantásticamente posmoderna Patty Diphusa.

Patty es, de los tres compuestos escogidos, la que con más brío da marcha a su "yo" callejero. El "YO" descomunal, mayúsculo, del personaje almodovariano invade páginas y arrasa párrafos en tiras y alocuciones nacidas del *speed*. Patty, como Anarcoma —y a diferencia de Mullereta, que parece que espera a echar la zarpa en cualquier esquina nocturna o en cualquier barra de cualquier antro de aquellos años—, "sale" con brío a la noche madrileña. «Estoy SALIDA», afirma contenta, y «cuando estoy SALIDA me vuelvo muy perceptiva»[75]. Tan perceptiva, de hecho, que incluso «en estos momentos podría adivinar el futuro de AP [Alianza Popular]»[76], echando por los suelos, disolviendo, la acusación de no "entender" el proceso político[77]. Sin arredrarse, se expone («cuando una es una SEX-SYMBOL como YO no basta con tener una CARA SUGESTIVA. El CUERPO es lo que cuenta»)[78], se lanza («soy AUDAZ»)[79], se rompe («que a una la violen dos psicópatas es normal, pero que después me dejaran tirada en la Casa de Campo, de madrugada y con una pinta como de película mexicana de vampiros, no lo soporto»)[80], y se recompo-

---

[75] Pedro Almodóvar, *Patty Diphusa*, p. 29.
[76] *Ibid.*
[77] Patty Diphusa, desde luego, entiende de política; un "entender" que se hermana con aquél compartido por Ocaña o por el personaje de la Madelón y sus compañeras de aventuras en la también plumera novela de Eduardo Mendicutti, *Una mala noche la tiene cualquiera*. Que este "entendimiento" explosione y cuestione el consenso y reforma del proceso político, como queremos señalar en este estudio, es precisamente de lo que se trata.
[78] Pedro Almodóvar, *Patty Diphusa*, p. 28.
[79] *Ibid.*, p. 36.
[80] *Ibid.*, p. 35.

ne («me di un baño de arcilla. La verdad es que cuando me violaron unas horas antes en la Casa de Campo, me puse de barro hasta las cejas, pero no es igual. Si podéis elegir, os recomiendo la arcilla para la piel»)[81].

Como Mullereta y Anarcoma, Patty lleva a su yo-fetiche por delante, un "yo"-falo desarticulado que circula y se pasa de cuerpo a cuerpo, y que forma y deforma, en su tránsito, a sujetos, historias y memorias, presentes y pasados. El "yo" roto y veloz de la pluma escapa al ojo y a la mirada y, por tanto, a la trascendencia y a la narración. Es un "yo" que sólo se vislumbra corporalmente en un cuarto espacio escópico. O, como diría Paul Willemen, un "yo" fragmentado que únicamente se hace accesible, por un instante, desde el paradigma de la "cuarta mirada":

Lo que importa es la "cuarta mirada" [...] es decir, cualquier articulación de imágenes y miradas que hagan entrar en el juego la posición y actividad del que mira a la vez que desestabilice tal posición y la exponga al riesgo. Cuando el impulso escópico se focaliza, el que mira también corre el riesgo de volverse el objeto de la mirada[82].

Esta cuarta mirada es la mirada de la pluma, que es también la que nos ofrecen, desde la literatura, Almudena Grandes, María Jaén y Ana Rossetti.

EL CUARTO ESPACIO: EL OÍDO DE MARÍA JAÉN, LA MIRADA DE ALMUDENA GRANDES Y LA PLUMA DE ANA ROSSETTI

A diez años de la muerte del dictador, florece en España la literatura erótico-pornográfica firmada por mujeres. Toma reconocimiento público sobre todo en 1986, año en que aparece la novela en catalán *Amorrada al piló*, de María Jaén, y se adjudica a Mercedes Abad el VIII premio La Sonrisa Vertical, dedicada a la literatura erótica, por su novela *Ligeros libertinajes sabáticos*. A partir de este momento, las novelas eróticas se multiplican. María Jaén publica una segunda novela, *Sauna*, en el año 1987. En 1988, Ana Rossetti, después del éxito de su colección de poemas *Indicios vehementes*, saca al mercado la novela *Plumas de España*. En 1989, Almudena Grandes gana el XI premio de La Sonrisa Vertical, con *Las edades de Lulú*, novela que conoce un inesperado y fenomenal

---

[81] *Ibid.*, p. 28.
[82] Paul Willemen y Jim Pines, *Questions of Third Cinema*, p. 56.

éxito de ventas. En 1989, incluso algunas escritoras "serias" publican ciertos libros más o menos "sospechosos", como es el caso de Lourdes Ortiz con *Camas*. Y Ana Rossetti gana el premio de 1991 de La Sonrisa Vertical con el libro de cuentos *Alevosías*.

¿Podemos hablar entonces de un *boom* de novela erótica escrita por mujeres? Quizá no, pero es innegable que en el segundo período de la transición, el mercado editorial cuenta en el género erótico con un cierto número de títulos y autoras de éxito. Tusquets editores, por ejemplo, la casa patrocinadora del premio La Sonrisa Vertical, anunció a principios de los noventa que hasta junio de 1991 los premios de mayor venta fueron *Las edades de Lulú*, de Grandes, *Deu pometes té el pomer*, de Ofèlia Drac (seudónimo), en sus dos ediciones catalana y castellana, y *Ligeros libertinajes sabáticos* de Abad (Ofèlia Drac, a pesar de ser seudónimo de un colectivo formado por autores masculinos, se vende como producto escrito por una mujer, hecho que confirma el éxito comercial de la escritura erótica firmada por mujeres). *Las edades de Lulú*, por otra parte, es el libro más vendido de toda la colección, seguido en tercer lugar por *Deu pometes*. *Lulú* y *Ligeros libertinajes* son las novelas traducidas a mayor cantidad de idiomas.

Teórica y políticamente, la eclosión de las mujeres en el género erótico-pornográfico presenta ciertos problemas y suscita varias preguntas. A una de ellas se dirige este trabajo. La pregunta se refiere específicamente a la posibilidad de subversión que pueda ofrecer esta "nueva" escritura erótico-pornográfica producida por mujeres, *en tanto representación* de una pluma, que es, sobre todo, pornográfica [83]. Como tal, en sus textos la yuxtaposición de los términos en el vocablo "pornográfico" expande las nociones de *graphos* y *pornós* del último al primero. Lo "erótico", entonces, deja de ser simplemente un algo intangible o evanescente, para referirse explícita y violentamente a aquello que se *(d)escribe, (graphos),* en términos de relación económica posesiva y apropiativa, *(pornos).* En otras palabras, la proposición implícita en lo erótico-pornográfico hace posible la *inscripción* de lo que de otra manera es sexualmente indescribible; y lo hace de forma violenta, ya que la relación de inscripción implícita en lo pornográfico, es una que pasa por lo económico.

El discurso erótico-pornográfico *describe* y encuadra indefectiblemente a lo erótico, en un sistema económico de autoría, autoridad y po-

---

[83] Hay que recordar, por ejemplo, que la *Anarcoma* de Nazario recibió la clasificación de *Adults Only* en su distribución, en inglés, en Estados Unidos. Clasificación pornográfica que mermó, cerró prácticamente, su diseminación.

sesión. La descripción porno de lo erótico será entonces, por definición, una inscripción, insistimos, violenta, sumida en una relación dialéctica entre amo y esclavo (en este caso, muy a menudo, esclava), entre poseedor y poseído. La inscripción económica (y por tanto, fálico-patriarcal), hará también que cualquier relación erótico-pornográfica sea siempre una relación de tipo "voyeurista", con una mirada que va del sujeto al objeto —pensemos, por ejemplo, que no es casualidad que el *peeping* o "voyerismo" sea una de las atracciones principales de todo comercio pornográfico de la vida "real". El sujeto "voyeur" es el que "mira" y "escribe" al otro erótico, exigiéndole en cierto modo a este último una relación similar a la que se exige de la prostituta: doblarse a los caprichos del amo y actuar-representar sus fantasías. Desde esta posición, lo erótico (d)escribible, *graphos*, se enmarcará en una relación económica significada por *pornós*, mímesis de la relación de autoridad existente entre el sujeto que describe lo erótico y el objeto erótico descrito.

El microcosmos hasta aquí planteado, sin embargo, presenta ciertos problemas de posicionalidad. En primer lugar, debemos preguntarnos hasta qué punto este microcosmos se mantiene en una relación dual, espacio cerrado e inmune a un macrocosmos circundante. En segundo lugar, debemos tener en cuenta la mutabilidad, versatilidad y ambigüedad de géneros y términos tales como autor y autoridad, sujeto y objeto, el "uno" y el "otro", femenino y masculino. Contestar la primera pregunta nos lleva a una reflexión histórica. España, un país que ha proveído a diversas lenguas del adjetivo peyorativo machista, que ha dado luz a la figura del don Juan, y que se ha significado tradicionalmente como exponente de una sociedad sexualmente reprimida, conoce en el último cuarto de este siglo XX, y después de la dictadura, una explosión considerable de literatura erótico-pornográfica escrita por mujeres. ¿Hasta qué punto, entonces, esta exploración y toma de terreno de lo erótico-pornográfico de las mujeres (toma de "género" por tanto, literario y sexual) puede exitosamente escapar de un modelo patriarcal? James Mandrell parece dispuesto a admitir tal subversión siempre que la literatura erótica firmada por mujeres vaya dirigida a ellas y no sea simple autoexhibición de la mujer destinada al placer masculino, es decir, dirigida a los hombres. Y, ante *Las edades de Lulú*, de Grandes, se pregunta: «¿Se trata de un discurso erótico de mujer a mujer, o estamos simplemente ante el caso de una mujer exhibiéndose para el placer masculino?» [84]. Desde esta posición, y en vista de los textos que conocemos,

---

[84] James Mandrell, artículo manuscrito sin número.

habría que contestar, al menos en un primer momento, negativamente: a pesar del creciente número de autoras que a partir de mediados de los ochenta se embarcan en el género erótico-pornográfico, el discurso ofrecido parece seguir las pautas masculinas anteriores ya que, en general, no parece que estos textos se dirijan a un público destinatario específica o exclusivamente femenino.

Marta, la narradora de *Amorrada al piló* de María Jaén, por ejemplo, parece exponer y exhibir lo íntimo-sexual de la mujer re-siguiendo o pre-suponiendo el camino (por otra parte infinitamente trillado) que exige una mirada masculina. Aun siendo *una* narradora el sujeto que escribe, ésta adopta, aparente y paradójicamente, no la posición de sujeto sino la de objeto, no la del amo, sino la de esclavo, no la de "voyeur", sino la de «objeto sexual mirado». También Marisa/Lulú, la narradora de Almudena Grandes en *Lulú*, adopta una posición ambigua. De nuevo, aunque es una mujer la que escribe, lo que se inscribe parece ser un cuerpo sexual femenino (el suyo) al servicio del falo y mirada del varón (en este caso Pablo, una figura "patriarcal total" en sus funciones de esposo, amante, "padre", maestro e iniciador sexual). Curiosamente, entonces, y en ambas novelas, el sujeto-mujer en dominio de la grafía se sirve de ésta no para establecer una relación de dominio y autoridad con su objeto, sino para establecer, escribir y ocupar el espacio servicial y subalterno que lo porno (el circuito económico en que lo sexual se inscribe) generalmente reserva a la mujer.

No parece, pues, tener lugar en esas novelas la *exigencia* de un destinatario femenino, aunque, desde luego, no lo excluya. La representación erótico-pornográfica, por tanto, no sería en esos casos más que una tradicional y patriarcal representación del imaginario erótico masculino que presupusiera, como diría Jean Baudrillard, el principio de equivalencia entre signo y realidad [85]. Sin embargo, las novelas de Jaén y Grandes, como también la de Ana Rossetti, *Plumas de España*, establecen una particular relación económica entre sujeto y objeto que se caracteriza por un *desplazamiento* inusual. En *Amorrada al piló*, la narradora se exhibe inscribiéndose como objeto de placer masculino; pero al mismo tiempo, queda bien claro en toda la novela que esta inscripción está siempre controlada por ella. Y controlada, paradójicamente, en una relación que, aunque es erótico-pornográfica, queda desplazada y disuelta en un espacio donde lo virtual y lo real se confunden. Marta, la narradora-locutora de *Amorrada al piló*, lleva las riendas en la relación virtual es-

---

[85] Jean Baudrillard, *Simulacres et simulations*, p. 16.

tablecida entre su voz y sus radioescuchas; pero al mismo tiempo, disuelve el espacio virtual y lo reinstala en lo real, al representar con su cuerpo las historias y narraciones que las ondas radiofónicas transmiten. La actuación (*performance*) de Marta es, además, un gesto completamente superficial y abocado a la disolución, como superficiales y disolventes eran los registros de las otras plumas convocadas en este estudio. Marta, como locutora, se apropia del registro "oral" (lo erótico) y, como narradora, le da la grafía que la pluma escribe en el espacio fisural de la transición: su apropiación se torna escritura corporal. Dueña y locutora, está siempre a cargo de *su* programa nocturno, nacido de *sus* propios guiones. *Sus* historias, con *su voz*, se diseminan a través del registro radiofónico. El falo desarticulado que representan estas muy gráficas historias, sale del locutorio y busca, en la noche, los orificios auditivos de múltiples y polimorfos cuerpos anónimos. Una vez arribada a su destino, la voz empuja con fuerza; traspasa el tímpano y recorre (escribe) el interior del sistema neural auditivo, hasta llegar al cerebro. Allí, la voz de Marta, cargada de historias, cargada de porno, explosiona y disuelve cuerpos en fluidos y líquidos seminales y vaginales. Al otro lado de la línea aurática, en el locutorio, Marta ejecuta y escribe (registra) especularmente *en* su cuerpo, estas historias-simulacro. Cumplido el vuelo radiofónico en la noche de Barcelona, el simulacro, sin haber dejado nunca de ser virtual, se tornó, por un momento, real.

El juego fascinante de la novela, su desplazamiento hacia el cuarto espacio, consiste precisamente en "representar" la relación pornográfica en un espacio simultánea y especularmente virtual y real (el locutorio). La "representación" que Jaén ofrece es un simulacro de representación que vela y desvela el acto mismo de la representación. Este desplazamiento hacia el cuarto espacio está también presente en la novela de Grandes. En *Lulú*, el desplazamiento se da en el especial discurso masoquista que la impregna y que hace que la representación textual sea también y al mismo tiempo re-presentación y simulacro de una re-presentación. La relación económica entre lo erótico-pornográfico que la novela destaca es una relación basada en el sadomasoquismo.

Hablar de sadismo y/o masoquismo es hablar de nuevo en términos económicos, ya sea aceptando el sadomasoquismo como una entidad —tal como es presentado, sobre todo, por Sigmund Freud—, ya sea considerándolo como construcciones independientes —tal como mayormente es presentado por Gilles Deleuze, para quien el sadismo y el masoquismo «poseen su forma particular e íntegra de desexualización y de resexualización» [86]. *Lulú* se ofrece en primera lectura como una construcción clásica del masoquismo freudiano. Freud, aunque consideraba la posibilidad de una pulsión masoquista originaria o primaria, independiente de la sádica, y a pesar de sus dudas en su propia elaboración, básicamente se decanta por considerar el masoquismo como una pulsión parcial, complementaria del sadismo, y que es «como una reversión del sadismo hacia el yo propio» [87]. Para Freud, por tanto, el masoquismo está revestido de cierta cualidad pasiva que él asocia con "lo femenino" y con la mujer, mientras que el sadismo se cualifica como "activo" y por tanto "masculino". La narradora masoquista que es Lulú/Marisa parece representar esa construcción masculina al adoptar una actitud masoquista y dependiente de Pablo.

Sin embargo, tal como ocurre en *Amorrada al piló*, *Lulú* ofrece también un desplazamiento subversivo hacia un cuarto espacio y una cuarta mirada, que en este caso se acerca a la interpretación que Deleuze ofrece sobre las relaciones entre el sujeto masoquista, recibidor del castigo físico, y el causante directo de este castigo, descrito principalmente por Freud como sádico. Marisa/Lulú, narradora y sujeto masoquista, no respondería entonces simplemente a una situación de victimización pasiva. Por el contrario, Lulú/Marisa, como Marta, es la autora de su construcción discursiva al elegir, controlar y dirigir su propia representación, escenificación y ejecución.

Desde la posición deleuziana, la previa desexualización y posterior resexualización del sádico y del masoquista pasa por el carácter diferente de las relaciones entre el ego (yo) y el superego (superyó) en uno y otro caso. El sádico y el masoquista *nunca* pueden estar en una situación de relación, ya que los dos controlan su propia construcción discursiva que es, además, de signo distinto: humorística para el masoquista, irónica para el sádico. El verdadero sádico nunca aceptaría una víctima masoquista (ya que no es en realidad verdadera víctima), ni el masoquista a un sádico (ya que el masoquista quiere a un "seudo-sádico" como dice Deleuze, que actúe sus fantasías, no a un sádico verdadero). Para Deleuze, el superego del sádico es tan fuerte que llega a expulsar al ego, y con él la imagen materna, al mundo externo. Su ego existe entonces «sólo en el mundo exterior [...] [e]l sádico no posee otro ego que el de sus víctimas» [88]. En el masoquismo, continúa Deleuze, la operación es diferente

---

[86] Gilles Deleuze, *Présentation de Sacher Masoch*, edición española, p. 125.
[87] Sigmund Freud, «Más allá del principio del placer», p. 53.
[88] Gilles Deleuze, *Présentation...*, p. 124.

y no simplemente reversible. Al contrario que en el sádico, aquí es el ego el que triunfa, mientras que el superego es el que queda desplazado fuera. Pero en el masoquismo, a diferencia del sadismo, no hay una operación de negación. El superego desplazado al exterior no es *negado*, sino *desautorizado*: «[E]l superego no es negado, mientras que sí se niega el ego en la operación sádica»[89]. La negación sería una operación del intelecto o del pensamiento; la desautorización sería una reacción de la imaginación[90]. Continuando con Deleuze, la primera operación-construcción (sádica) implica la ironía; la segunda (masoquista), el humor. La ironía es el arte sádico de expulsión del ego; el humor, sin embargo, «no es simplemente lo opuesto a la ironía, sino que tiene su propia función autónoma. El humor es el triunfo del ego sobre el superego»[91].

La construcción deleuziana, distinta de la de Freud, permitiría poner en marcha entonces sendas operaciones de simulacro y representación en el sentido que da Jean Baudrillard a estos términos. La desautorización del superego con la que Deleuze caracteriza el masoquismo es muy similar a la radical «negación del signo como valor» que Baudrillard reclama para el simulacro[92]. En la construcción masoquista de Deleuze se desautoriza al superego al negarle su valor y su poder. A diferencia de la ironía del sádico, dedicada a representar (y a agredir) a un ego externo que el sádico necesita, el humor del masoquista consistiría entonces en simular la existencia exterior de un superego que en realidad "está muerto". El masoquismo escenificaría el simulacro, mientras que el sadismo tiende a la representación. El desplazamiento de *Lulú* sería entonces y sobre todo, el hecho de llevar al terreno del simulacro la construcción discursiva de Deleuze. También *Amorrada al piló* se decanta hacia la primera escenificación, aunque en menor medida, por causa de la menor atención a los temas del sadismo y/o masoquismo.

¿Es entonces *Lulú* un texto erótico-pornográfico que ofrece un masoquismo particular, un masoquismo que iría más allá (o más acá) de la imaginación para instalarse en el territorio del simulacro? Dice Baudrillard: «La simulación cuestiona radicalmente la diferencia entre lo "verdadero" de lo "falso", lo "real" de lo "imaginario"»[93]; pero para Deleuze, la desautorización masoquista y su humor es una reacción de la imaginación, y por tanto no podría propiamente hablarse de simulacro.

---

[89] *Ibíd.*, p. 125.
[90] *Ibíd.*., p. 127
[91] *Ibíd.*, p. 125.
[92] Jean Baudrillard, *Simulacres et simulations*, p. 16.
[93] *Ibíd.*, p. 12.

Lulú, como *Amorrada al piló*, es a la vez un texto amargamente irónico y perversamente humorístico, mostrando en su composición los agujeros "negros" de un tejido roto, de un texto fragmentado. La novela muestra su des/composición al aunar de forma imposible aquella «reacción de la imaginación» de la que habla Deleuze, *al mismo tiempo* que cuestiona las diferencias entre lo "verdadero" y lo "falso", entre lo "real" y lo "imaginario" de la exposición de Baudrillard. Acoge tanto la construcción masoquista del primero, como el simulacro del último ofreciéndose, al menos hasta cierto punto, como simulacro masoquista. La narradora de Grandes, como la de Jaén, no abandona en ningún momento su posición de autoridad. Recrea (desvela) un escenario humorístico en el que se representa una construcción masoquista al mismo tiempo que la vela y por tanto la simula. Grandes, como Jaén, se vale de la pornografía para ofrecer el juego erótico de la seducción, que es el juego del simulacro, de la ocultación y de la desvelación.

Sin embargo, Grandes da en *Las edades de Lulú* un paso más allá del propuesto por Jaén en *Amorrada al piló*. Poseedoras, las dos, al menos en estos textos, del falo desarticulado que el momento transicional bandea de mano en mano, de cuerpo en cuerpo, y de compuesto a compuesto, inscriben ellas también su historia transicional. Pero la Lulú de Grandes, a diferencia de la Marta de Jaén, "entiende" la pluma y se instala, por tanto, junto con ella, convertida en ella, en el espacio justo donde la cuarta mirada se hace posible: en el espacio virtual/especular que marca e inscribe la mirada, la mirada de Lulú, en los cuerpos de los gays que se exponen en el vídeo pornográfico que ella contempla, escena que abre la novela.

La cuarta mirada proporciona el impulso escópico necesario para explosionar categorías y posicionalidades, ofreciendo siempre la virtualidad compuesta del caleidoscopio. Desde allí generada, *Las edades de Lulú* es una novela sádica (y no hay más que recordar los múltiples episodios de la novela que nos presentan a una Lulú despiadada, sobre todo el famoso episodio de "caza" de travestidos en la noche de Madrid). Pero es también un texto masoquista. Es, en definitiva, un texto compuesto y perversamente andrógino (si se quiere, compuesto en género femenino, que prefiere a menudo representarse en una androginia adolescente y cruel), como perversamente andróginas son también Patty, Anarcoma y Mullereta (si se prefiere, compuestas desde el género masculino, que prefiere a menudo la androginia adulta femenino-perversa-carnavalesca). Como ellas, y tal como ha anotado Lou Charnon-Deutsch, Lulú/Marisa «parece quererlo todo, ser a la vez "sujeto y objeto de un placer completo" (*Las edades*, p. 9)»[94]. Y es precisamente este "quererlo todo"; este "entender" que se autorreconoce en el vuelo y revuelo de una pluma abocada a la disolución, el que hermana a Lulú/Marisa en un espacio virtual/real con sus compañeras de recorridos nocturnos. Es cierto que, como dice Charnon-Deutsch, «el haber colocado la escena del vídeo justo al principio de la novela, ésta se instala dentro de la tendencia literaria pornográfica que privilegia la estética visual»[95] (y, podríamos añadir, fálico-patriarcal). Pero Lulú/Marisa —como Mullereta, Anarcona y Patty— por la posición fisural que proporciona la cuarta mirada, desarticula el falo para su uso y consumo.

Como también lo hace Ana Rossetti con *Plumas de España*, texto compuesto, plumero y andrógino que sitúa a su narradora en una posición "intermedia", observadora y escribiente de los revoloteos y andanzas de Patela, el absolutamente fabuloso chico-en-la-mili de pluma travestido. Rossetti, Grandes y Jaén se apropian también de la pluma, la suya. Y, tal como ocurría con Nazario, Almodóvar y Ocaña, escriben desde una cuarta posición.

Como ellos, ellas saltan y caen al agujero negro de la celebración y desencanto transicional, escribiéndose en textos semi o totalmente pornográficos. Ellos y ellas, cuerpos desarticulados, incorporan y representan con la apropiación del falo-pluma-fetiche, una fragmentación corporal que no esquiva la violencia siempre presente en la relación de pornos y grafía. Textos y vidas a la vez celabratorias y desencantadas, son plumas que representan en sus cuerpos y partes la violencia del humor masoquista y la de la ironía sádica. Plumas todas al vuelo, ellas y ellos están dispuestos a la violencia de la ruptura y a la desarticulación. Nunca al consenso.

---

[94] Lou Charnon-Deutsch y Barbara Morris, «Regarding the Pornographic Subject in *Las edades de Lulú*», p. 310.
[95] *Ibid.*

6. CUARTO MONO: LA ESPAÑA INFECTADA. CONCLUSIÓN

> «Y crecerán los monitos y se convertirán en orangutanes vampíricos, agarrados a la nuca del yonki sudoroso».
>
> Eduardo HARO IBARS

LA ESPAÑA ORIENTAL Y CAÑÍ: MASACRE Y SACRIFICIO

Hasta aquí hemos intentado evocar con mayor o menor fortuna el trazo dejado al vuelo por algunas de las plumas de la transición. Desde la celebración al desencanto, hemos intentado convocar a algunos de aquellos personajes que, con trajes de luto o de fiesta, descalzos o con zapatos de tafilete, con capotes o mantillas, con la cara pintada o lavada, formaron y conformaron un momento de la historia de España. Respondiendo a un síndrome de abstinencia, a un Mono, formó la transición un remolino vertiginoso que levantó y aglutinó cientos de partículas dispersas para componer una narrativa y un cuerpo especial que, alado y compuesto de fragmentos, por un momento saltó más allá de géneros, clases y políticas.

No fueron sin embargo este cuerpo ni este momento en absoluto ajenos a ellas. El modo en que la transición española se escribe es inseparable del momento posmoderno, de este presente nuestro que, según Fredric Jameson, corresponde al «estado de transformación del tardocapitalismo»[1]. La transición es, como hemos visto, el momento en que España definitivamente se incorpora al circuito del mercado tardocapitalista. Pero paradójicamente, sin embargo, el mismo estado o espacio posmoderno que efectúa y afirma la inserción de España en el mercado posindustrial, y con ella su re-definición como país plenamente europeo, retoma de forma solapada la inestabilidad de la categoría de "occidentalidad" presente en el curso de la historia cultural española. Luce López-Barralt, por ejemplo, nos recordaba en la introducción a su impresionante estudio sobre las trazas del islamismo en España aquella vieja frase lanzada desde Francia con intención despectiva, «*L'Afrique commence aux Pyrénées*», asimismo como el conocido eslogan publicitario

---

[1] Fredric Jameson, *Postmodernism or, The Cultural Logic of Late Capitalism*, p. 116.

proveniente de la península y promocionado durante el apogeo turístico de los años sesenta, «España es diferente». Y explica:

Estas frases subrayan el hecho de que la "occidentalidad" de España, con su gran carga semita, es altamente cuestionable [...]. La historia de este país —una historia "incómoda" [...] es desde luego diferente, ya que sigue un curso inevitablemente distinto de la historia del resto de Europa en la Edad Media[2].

En una extraña vuelta de tuerca, aunque es la España democrática y posindustrializada (aun teniendo en cuenta su precaria industrialización moderna) la que mejor y más completamente asume en el país una occidentalidad hasta este momento apasionadamente cuestionada, por otro lado reaparece de forma encriptada, y como parte también de un síndrome de ausencia, la fuerte y reprimida carga oriental histórica española. Y curiosamente también, es la particular expresión de la historia narrada por la pluma de la transición la que mayormente asume tal carga (y tal ausencia) en las marcas de sus cuerpos. El retorno de la España "cañí", de la España de toros y panderetas, de castañuelas y pasodobles, vírgenes llorosas y cristos crucificados es evidente en un repaso a toda la iconografía fetichista que acarrea la pluma en su vuelo. Pedro Almodóvar es un excelente ejemplo de ello. Sus películas están plagadas de imágenes-fetiche que tienen como referente esa España del sur a la vez tópica, típica y real: la España de trazos y restos árabes que se ha expresado históricamente a través de las romerías del Rocío, del cante jondo, de la bata de cola, de la mantilla y la peineta, del abanico, de los toros, de los labios rojos y de los rizos negros. La iconografía fetichista presente en los pastiches de Almodóvar, Ocaña, los Costus, Nazario, Almudena Grandes, Ana Rossetti y tantos otras y otros vuelve, como hemos visto, como simulacro de una historia. Pero, al tratarse de una historia reprimida a través de los años, la memoria/imagen del lado oriental vencido de la tradición española vuelve también como lo reprimido retornado.

El proceso que detectamos se ajusta a aquel que hace que aparezcan dentro de lo posmoderno, en palabras de Jameson, «ciertos residuos que de mucho predatan lo moderno mismo y que aparecen ante nosotros como un algo de aquel arcaico "retorno de lo reprimido"»[3]. En el caso español, estos residuos están estrechamente conectados con la "incómoda" y sangrienta historia española que culmina en la guerra civil, y que a su vez es contenido y continente de otros remanentes más anti-

---

² Luce López-Barralt, *Huellas del Islam en la literatura española*, p. 1.
³ Fredric Jameson, *Postmodernism...*, ob. cit., p. 99.

guos relacionados con la radical amputación de la cultura árabe-judía y la consecuente implantación de la totalitaria y totalizante política imperial española a finales del siglo XV.

El franquismo, precisamente, fue uno de los pocos regímenes occidentales del siglo XX (sino el único) que explicitó una base religiosa en la búsqueda de autolegitimización de su formulación política. Las implicaciones que tal diseño tuvo en el cuerpo social español son evidentes. El anacrónico *leitmotiv* aireado una y otra vez por la dictadura —el régimen franquista como último baluarte de la espiritualidad católica, la representación de España como «reserva espiritual de Occidente»— moldeó a varias generaciones de españoles y españolas a través de una política educativa ejercida mayoritariamente hacia la clase media desde los centros religiosos privados [4]. Desde aquellas ahora lejanas escuelas que en los años cuarenta enseñaban las primeras letras a sus pequeños discípulos teniendo en cuenta ante todo la educación nacionalcatólica sexualmente represiva que inspiraba al régimen, hasta la reacción arreligiosa y la fascinante abertura sexual expresada por la sociedad española en el fin del régimen, la expresión cultural de la sexualidad no puede explicarse desligada del tándem ideología y religión puesto en marcha en la política educativa imperante en el franquismo [5].

Un estudio de crítica cultural no puede evadir o sortear las relaciones que el franquismo guarda con la historia religiosa española y las implicaciones que de ello se derivan. Marsha Kinder, siguiendo la teorización propuesta por René Girard en *Violence et le sacré*, señaló ya en su estudio sobre el cine español la estrecha relación existente entre la masacre y lo sagrado presente en la continua y masiva representación de la violencia ofrecida por un gran número de películas españolas. Explica Kinder:

---

[4] Carmen Martín Gaite, en *Usos amorosos de la posguerra española*, recreó muy bien los efectos de la educación nacionalcatólica en la vida cotidiana de las mujeres y jóvenes de los años cuarenta y cincuenta. Para un estudio sobre las prácticas culturales del catolicismo en la preguerra, véase de Frances Lannon, «The Social Praxis and Cultural Politics of Spanish Catholicism», en el volumen *Spanish Cultural Studies*, compilado por Jo Labanyi y Helen Graham. Véanse también, en al mismo volumen, el trabajo de Alicia Alted «Education and Political Control», y de Jo Labanyi «Censorship or the Fear of Mass Culture».

[5] A pesar del fascinante material existente, muy poco se ha trabajado sobre el proyecto educativo (¿?) nacionalcatólico del franquismo implantado en las pobrísimas escuelas de los años cuarenta y cincuenta, y su devastador impacto social. El reportaje de TVE *La escuela del ayer* fue un intento timidísimo en esta dirección, sin atreverse al análisis.

Es difícil imaginar una nación moderna en que las teorías de Girard puedan ser más adecuadamente aplicadas que España, donde la violencia sacrificial ha sido institucionalizada a través del arte nacional del toreo, del renacimiento del neocatolicismo y de la estética fascista, con su continuo ensalzamiento de la sangre y la muerte[6].

Apoyándose también en los dos modelos de violencia presentados por Tzvetan Todorov en *La conquète de l'Amérique* —la precolonial de aquellas sociedades basadas en un modelo sacrificial, tales como la de los aztecas, por ejemplo; y la violencia-masacre generada por las sociedades en la era moderna—, Kinder concluye con Todorov que son los españoles los que «parecen haber inventado (o redescubierto) la masacre»[7]. Kinder, sin embargo, enfatiza algo no desarrollado por el pensador francés y de extrema importancia para entender el tejido político y religioso-espiritual en que se formó la España moderna:

Aunque Todorov anota que los dos modos de violencia fueron operativos en el Siglo de Oro español (la violencia sacrificial en la Inquisición y el genocidio moderno en la conquista de América), [Todorov] no observa que fue precisamente esa dualidad, el simultáneo funcionamiento de primitivismo y modernismo, tanto lo que convirtió a España en la potencia imperial más poderosa de aquel momento histórico como lo que se señaló como elemento destructivo en su devenir histórico, manteniendo a las "dos Españas" en perpetuo conflicto[8].

La violencia sacrificial y la masacre, continuamente presentes en el cuerpo espiritual católico español, se funden y confunden en la formación de España como nación moderna. Ambas interactúan históricamente como texto y subtexto, desplazándose, sustituyéndose e, incluso, desdiferenciándose. Coincidiendo con el encuentro americano, España en los siglos XVI y XVII es una de las primeras potencias occidentales que desarrolla una política de masacre, sin renunciar sin embargo a la representación sacrificial. Fue, al menos en parte, la presencia simultánea del genocidio indiscriminado y masivo junto al selectivo seguido por la Inquisición, la determinación colectiva de la nueva política imperial junto a la aislada locura individualista de los conquistadores resistentes a ella, la expansión militar exterior junto con el recogimiento religioso interior, o en definitiva, la conjunción ominosa entre masacre y sacrificio, lo que

---

[6] Marsha Kinder, *Blood Cinema*, p. 142.
[7] *Ibid.*, p. 144.
[8] *Ibid.*

diferenció a España como espacio político y espiritual en el diseño del mapa de la Europa occidental moderna.

Cuando en nuestro siglo el régimen franquista retoma el estilo del imperio y, en parte, su retórica, reinserta la conjunción ominosa de masacre y sacrificio. La dictadura franquista reclama la violencia sacrificial presente en la historia española y reinstala un sentido misionero, una voluntad de destino y sacrificio, en la masacre que la guerra civil supuso. La fuerte ideología espiritualista presente en el franquismo es, de hecho, la que en parte de nuevo desmarcó a España del proceso seguido por las naciones europeas, acercándola más bien al proceso seguido por el fundamentalismo islámico en el Medio Oriente. Kinder misma nos recuerda, siguiendo el argumento de Stanley Payne, lo siguiente:

Como en la revolución islámica, en el fascismo el fuerte idealismo fue acompañado de violencia. Pero así como en Alemania la violencia fascista se desplegó en el sentido de moderna masacre desarrollado por Todorov (el genocidio como uso purgativo para "purificar" a la nación), en España (que se mantuvo fuera de la segunda guerra mundial y que pasó por diferentes y progresivos estadios de defascistización), hubo una negación de su complicidad con tal masacre, así como hubo también una negación de la Leyenda Negra con la que ésta se asocia. Las implicaciones de masacre se substituyeron con la muerte sacrificial, más compatible con el masoquismo del ritual católico tradicional[9].

Las implicaciones de tal substitución, junto con las derivadas por la permanencia de la masacre como subtexto, son enormes y no pueden ser obviadas en el estudio del fenómeno cultural, político y social que siguió al fin del franquismo. Hasta cierto punto es correcto afirmar que pueden rastrearse casi al detalle en la producción cultural de la posdictadura los ecos y trazos dejados en el aire por la ideología nacionalcatólica del franquismo, y con ella la presencia fantasmática de los remanentes del imperio.

La película de Bigas Luna *Jamón, jamón* (1992) se presenta como uno de los mejores ejemplos de lo dicho, a pesar de no contener ésta ninguna referencia directa al franquismo. La película evita nítidamente explicitación alguna a las prácticas, modos o retóricas del nacionalcatolicismo —y más allá, de la estructura represiva y totalizante de la España "una" del imperio. Y sin embargo, la presencia soterrada de viejas historias, estructuras e ideologías desborda salvaje en forma de simulacro pa-

---

[9] Stanley Payne, «Spanish Fascism», p. 107; Marsha Kinder, *Blood Cinema*, pp. 145-146.

ródico que recorre ahora no las altas esferas y las grandes políticas, sino las bajas y llanas del sexo y del estómago. Siguiendo el camino de celebración perversa aventado por la pluma de la primera transición, Bigas Luna nos cuenta al final del período la historia de una particular gastronomía ferozmente fálica y patriarcal, reflejo de ancestrales y depredadores apetitos.

En la película, tal como nos dice con gracia Augusto M. Torres, «las prostitutas hacen excelentes tortillas de patatas, se come mucho ajo, y hay una pelea a jamones de resonancias goyescas»[10]. Con *Jamón, jamón* Bigas Luna escribe una historia en minúsculas que, generada e identificada con unas raíces propias, se impulsa y estructura como pastiche en la nueva geografía global. Así, *Jamón, jamón*, aun siendo un texto extremadamente local sobre la "esencial masculinidad" española enfatizada una y otra vez en los discursos históricos del franquismo, sobre la virilidad patria y la general depredación histórica nacional, se torna también un texto de resonancia global al utilizar el pastiche como modo de representación. Exponiéndose en una feroz y divertidísima crítica de lo íntimo y local, *Jamón, jamón* es también un texto global, un texto posmoderno que transforma la árida geografía española de los destartalados y polvorientos suburbios urbanos de nuestros días, en terreno de frontera, en geografía del "oeste" dentro de la más ilustre tradición cinematográfica hollywoodense del género del *western*. El mítico *cowboy* del norte representado una y otra vez por John Wayne, Jack Palance y el resto de los muchachos de la gran mitología blanca americana, retorna en sangriento simulacro en el moreno y castizo personaje evocado por Javier Bardem, que, pecho y polla al descubierto, y montado en una kawasaki en lugar de en un caballo, arrostra heroico y solitario mil y una dificultades para establecer su territorio y conseguir con él a su dama en apuros (Penélope Cruz).

Las grandes mitologías de la hispanidad caen una a una, decapitadas por la cámara implacable de Bigas Luna. El Toro con mayúsculas, una de las imágenes-mito de la virilidad más querida por el franquismo, inunda la pantalla en *Jamón, jamón* como animal depauperado y devaluado. Aunque inmenso en su volumen, el toro que nos lanza *Jamón, jamón* es el toro de cartón piedra que fue el logo de Soberano, la marca de brandy español que, como nos decían los anuncios comerciales en los años sesenta y setenta, «es cosa de hombres». Desde *Jamón, jamón*, en los años noventa este "toro" masculino, esa esencia macha de una histo-

---

[10] Augusto M. Torres, *Diccionario del cine español*, p. 259.

ria que fue "cosa de hombres", queda ahora nada más que como esqueleto polvoriento, como recuerdo casi inverosímil de una desfasada y anacrónica herencia cultural que nos desvela, después de tantos años, la verdad de aquel toro invencible: la imagen-silueta del macho (toro) español no es más que latón de pacotilla.

Pero aunque la estructura metálica del toro se encuentra hoy en estado de decrepitud y está dañada por el tiempo y sus inclemencias, el toro de Osborne, sin embargo, se alzó erecto y desafiante durante los largos años del franquismo. Todavía hoy perfectamente visible, esta figura-silueta, estratégicamente emplazada a partir de los años sesenta en cientos y cientos de colinas situadas al lado de las lentas e ineficazes carreteras y vías ferroviarias españolas de aquella época, ha quedado en el imaginario social como emblemática imagen de una época y de una historia tan pasada como ella, pero todavía, como ella, tan presente. A diferencia de los toros atormentados que nos dejó Manuel Gutiérrez Aragón en sus películas en los años de la primera transición (*El corazón del bosque*, por ejemplo), el toro de Bigas Luna al final de ésta —ya consolidada durante los años del gobierno del PSOE la inserción española en el circuito del mercado posindustrial—, es un toro de risa que a nadie asusta con sus decrépitas acometidas. Aunque inmenso, el emblema del brandy Soberano de la casa Osborne, pasa a ser en los años finalísimos de esta transición, una imagen/pastiche, un simulacro histórico.

El retorno de la historia como simulacro representado en la imagen del toro de Osborne se repite en otra específica y emblemática referencia/pastiche en la película: aquélla correspondiente a la escena final en que los dos protagonistas masculinos (el "macho" Javier Bardem y el "enclenque" Jordi Molla) se pelean a garrotazos. La lucha a muerte de los dos hombres jóvenes, además de evocar los duelos de las películas del oeste, evoca inevitablemente la imagen del cuadro de Goya *Duelo a garrotazos*; así como también, en la típica ley de dominó característica de la representación cultural española, evoca ésta la escenografía e historiografía del momento franquista presente en la película de Carlos Saura *Llanto por un bandido* (1965), una biografía del bandolero andaluz José María *El Tempranillo* que también escenifica esta interminable y feroz pelea al garrote de los machos hispánicos. Sustituyendo la gran historia a la que la película de Saura invoca por la pequeña historia, y acoplándose al travestismo geográfico y genérico característico de nuestra era posmoderna, Bigas Luna retrae con su representación-simulacro del garrote los restos, fragmentos y fantasmas de la "incómoda" historia española, de aquella grandiosa épica de los años franquistas. La pelea a garrotazos de *Jamón, jamón* se aleja entonces, aunque la engulle, de la representación de Saura y se hermana con otra representación posmoderna del garrote (del jamón) que nos es bien conocida: la que en *Qué he hecho yo para merecer esto* nos ha dejado Pedro Almodóvar. En un estupendo desplazamiento, Bigas Luna toma prestado de Almodóvar el falo desarticulado, el famoso jamón/garrote que en la película del director manchego pasó a ser arma no del macho excelente y excesivo, sino de su opuesto: el muy común, corriente, anónimo y estresado personaje de señora de hacer faenas representado por Carmen Maura.

En *Jamón, jamón*, texto que aparece una década después de la película de Almodóvar, Luna devuelve por un momento el falo al macho, en un gesto perverso que conoce el resultado de tal gesto. Y el anticipado final para tal préstamo, naturalmente, es el de la muerte. El hueso de jamón (*Qué he hecho yo...*) o el jamón entero (*Jamón, jamón*) sustituyen como pequeña historia al garrote goyesco de la gran historia española; y con él, al tristemente famoso garrote vil utilizado en las ejecuciones capitales en la jurisdicción española moderna hasta la abolición de la pena de muerte en el posfranquismo. El siniestro garrote español, el instrumento de muerte por excelencia dentro del marco del ritual espiritual/sacrificial del aparato franquista, es una imagen recurrente en el cine oposicional de los años de la dictadura, como lo es también en aquel cine que, en los primeros años de la transición, todavía arrastraba en su cuerpo los modos y maneras de un estilo anterior. Desde el *Pascual Duarte* (1975), de Ricardo Franco, con la terrible escena final del agarrotamiento de Duarte, hasta las explícitas imágenes y referencias a la tortura y al garrote presentes en la película *El crimen de Cuenca* (1976), de Pilar Miró, pasando por aquéllas evocadas en los años sesenta por *El verdugo* (1963), de Luis García Berlanga, o por *Llanto por un bandido*, de Carlos Saura, en la posdictadura, el garrote se transmuta de siniestro fetiche a no menos ominoso pastiche[11].

El proceso seguido en este desarrollo macabro encuentra sus raíces cinematográficas muy pronto ya en los primeros años de la dictadura franquista. Es en el cine español de los años cuarenta, y sobre todo en aquellas películas históricas de carácter épico promocionadas por la ofi-

---

[11] Para un estudio de la obra de Saura, véase de Marvin D'Lugo, *Carlos Saura and the Practice of Seeing*. Para un recorrido por la deprimente historia española de ejecución y tortura, véase de Francisco Tomás y Valiente *La tortura en España*. En otra vuelta de tuerca siniestra, Tomás y Valiente fue asesinado por ETA en febrero de 1996 ("ejecutado", según su horrendo comunicado), en su despacho de la Universidad Autónoma de Madrid.

cialidad franquista, donde, tal como explica Kinder, lo que se dramatiza es «la conversión de la masacre histórica en sacrificio religioso»[12]. *Raza* (1941), la película dirigida por José Luis Sáenz de Heredia según guión autobiográfico del propio Franco publicado bajo el seudónimo de Juan de Andrade, y *Los últimos de Filipinas* (1945) de Antonio Román, son ejemplos principales en este sentido. Tal como nos dice Kinder «la moderna masacre que supusieron tanto la guerra civil española *(Raza)* como la colonización de las islas Filipinas *(Los últimos de Filipinas)* se reinscribe simbólicamente como el sacrificio religioso de los dos gloriosos héroes» protagonistas de las películas[13].

Siguiendo con la narración de Kinder el cine oposicional de los años cincuenta y sesenta en España, correspondiente «a la segunda y tercera fase de defasticización», responde a la violencia ideológica y espiritual del franquismo con un estilo «no linear y alegórico desarrollado por su capacidad de hacer posible un comentario político» de otra forma imposible debido a la censura[14].

Pero no es sólo el limitado posibilismo que tal estilo favorece, en cuanto a acción y repercusión política, el único elemento que lo genera o exige. El simbolismo codificado presente en la mayoría de los filmes oposicionales del momento y, como hemos visto anteriormente, sobre todo en los de Carlos Saura, queda engarzado él mismo en el mismo contradictorio tejido histórico español, en la misma paradoja que fusiona y a la vez hace incompatible una "preimperial" representación sacrificial con la realidad de la masacre moderna. La contradicción y desgarro de las dos proposiciones puede verse también, por ejemplo, en el espeluznantemente cómico film de Berlanga, *El verdugo*. La película desmonta con una fría, lúcida y aterradora vis cómica la retórica ritualidad del sacrificio, glorificada y representada sobre todo por *Raza* y por *Los últimos de Filipinas* con el martirio de sus viriles héroes. A la barroca escenificación de tales filmes, en los que el claro-oscuro tan utilizado en la tradición artística española se aplica para subrayar la espiritualidad fascista del nacionalcatolicismo, opone Berlanga una fotografía basada en la gama de los grises. Los gloriosos héroes nacional-católico-imperialistas se sustituyen por un común y corriente españolito, y la condición de soldados míticos de aquéllos por la cotidiana brutalidad de la profe-

---

[12] Marsha Kinder, *Blood Cinema*, p. 150. Y también Jo Labanyi está trabajando en este momento sobre el cine misionero de la primera época franquista.

[13] Marsha Kinder, *Blood Cinema*, pp. 153-154. Sobre la película *Raza*, véase sobre todo el estudio de Kathleen Vernon, «Re-viewing the Spanish Civil War».

[14] Marsha Kinder, *Blood Cinema*, pp. 154-155.

sión de verdugo común de este último. En definitiva, lo que hace la película de Berlanga es desvelar la crueldad presente en el ritualismo sacrificial representada en el cine máximo del Movimiento nacional, al desplazarlo por la anodina, cruel y no menos fatal burocracia del régimen asociada fantasmáticamente a la masacre de la guerra civil [15].

Pero Berlanga, como Saura en *La caza* o en *Llanto por un bandido*, no puede prescindir del sacrificio y de su ritual. Productos estos filmes también del estado de cosas franquista, no disponen de un espacio de denuncia fuera de la violencia, dándose la paradoja de que es únicamente desde el marco del sacrificio desde donde pueden sus textos contestar a aquéllos. Así la masacre de la guerra civil denunciada en *La caza* con la dramatización de la masacre que tiene lugar dentro del propio film, no puede escenificarse más que dentro de la ritualidad de una caza, a su vez alegoría de la caza mortal que supuso la guerra; por su parte, la masacre histórica de los continuos enfrentamientos entre "las dos Españas", queda simbolizada en *Llanto por un bandido* con la escena simbólicamente fraticida en la que Saura reescenifica el cuadro goyesco —y que Bigas Luna retoma en *Jamón, jamón*. Y en *El verdugo* de Berlanga, la fría crudeza funcionaria del aparato policial franquista se contrapone a la barroca y fascista escenografía evocada por el episodio de las turísticas Cuevas del Drach mallorquinas. En este episodio, uno de los más logrados de la película, una pareja de la guardia civil, montada en una barca y deslizándose siniestramente por el lago interior de la cueva principal va en busca del joven verdugo-funcionario (personaje interpretado por Nino Manfredi) para exigirle definitivamente su actuación como tal. La realidad del paseo en barca de la pareja de guardias, al compás del espectáculo de luz y sonido que cuenta con la teatralidad de la música de Wagner y con una iluminación artificial gradual, encuentra su doble en la realidad del viaje del personaje de Manfredi: la de su iniciación como verdugo y continuador de una estructura política y de una dinastía familiar, en la festiva y turística Mallorca de los sesenta.

La tragedia de la muerte, de la masacre que desde la estética fascista ha sido a menudo representada como gran opera neobarroca, muestra

---

[15] La encriptación de la guerra civil y las evocaciones a la brutalidad del régimen franquista pueden entreverse, por ejemplo, en la presentación del personaje de Pepe Isbert —que, como Franco de mayor, tenía un físico pequeño y amable— como un "abuelo" entrañable. El diminuto físico de Isbert y el oficio de verdugo de su personaje remiten fantasmagóricamente a la España franquista y a su Caudillo. De nuevo recordamos las palabras de Freud sobre lo ominoso: aquello que revela lo terrorífico en lo familiar y lo familiar en lo terrorífico.

en *El verdugo* su faceta de opereta degradada pero no por ello menos eficaz en su finalidad. Desde el ritual sacrificial o desde la masacre performativa, los textos oposicionales de la época franquista ni pueden escapar a su tiempo, a su memoria y a su historia, ni pueden eliminar la violencia en que ambos polos se reflejan.

La violenta convivencia de ambos modos de muerte resulta en España siempre en una rotura del cuerpo protagonista, en la fragmentación del sujeto, en la perpetua caída del héroe en la distopía. Es quizá la oposicionalidad simultánea que ambos lenguajes acarrean la que imposibilita a su vez la generación de un tercer lenguaje, un lenguaje formal de la liberación, o al menos de un lenguaje que permita pensar el futuro, que permita expanderse más allá del cargado presente cotidiano. Incapacitado formalmente, tiene por tanto que expresarse a través de los lapsus y fisuras del lenguaje represivo oficial, surgiendo en forma de grito fragmentado.

En este sentido entonces, si el espacio libertario español no puede acceder en este momento más que muy parcialmente a un lenguaje que le permita pensar el futuro, su exuberante y estridente grito se relacionará mejor con la propuesta de Georges Bataille («la violencia es silencio»), que con las de Girard o Todorov. Un grito/silencio que, arropado en los colores de sangre y oro de la bandera española, ancestralmente conecta con la cara oriental de España, precisamente con aquel lado histórico que la narrativa oficial española se ha empecinado en negar, perseguir y reprimir a lo largo de su andadura moderna. Un grito de color y de dolor que se emparenta tanto con el del oficiante oriental que desde el alminar llama a los fieles a la plegaria, como con el grito desgarrado del cante flamenco, tanto con el ritual de muerte escenificado en la corrida de toros como con el revuelo de volantes y palmas del baile flamenco.

LA HISTORIA VISIBLE

Este grito es precisamente lo que la España de la posdictadura se ha dedicado a borrar, quedando la memoria, a lo sumo, como la depositaria de unas imágenes que no son ya más que simulacro. La línea política seguida en la posdictadura, tanto por el gobierno de Felipe González como por la oposición, se afanó en la producción de una renovada imagen histórica del país que dejara a España plenamente insertada de derecho, en el general proceso europeo moderno. Consistente con esta voluntad, los gobiernos de la posdictadura —todos sin excepción, ya desde el centro como desde las periferias autonómicas—, han explicitado, y logrado, la tan ansiada, y largamente negada bajo el franquismo, voluntad de integración económica, política y cultural europea. Después de Franco, España es y se siente, por fin, un país "del todo" europeo y a ello apunta mayoritariamente la producción cultural.

Un repaso a los textos publicados en la España del posfranquismo evidencia una voluntad de construcción de un pasado histórico, dedicado no sólo a no mostrar ninguna de sus lacras sino, más agresivamente, a reconformar este pasado de acuerdo a criterios aceptables desde y para la nueva comunidad europea en la que la España de la posdictadura se está insertando. Dentro de esos criterios, el "lavado de imagen" característico de la España democrática, y promovido en general desde los estamentos oficiales, responde a un proceso de invención cultural. Como dice Eduardo Subirats, «de la noche a la mañana se tuvo que inventar una cultura, partiendo de una tradición rota, con una información muy precaria, en un aislamiento atroz, incluso de lo más cercano, que era Francia» [16].

Instituciones, fundaciones, premios y programas culturales, respondiendo a la necesidad colectiva de renovación histórica, dieron voz y visibilidad al imaginario social y tradujeron en práctica cultural la voluntad europea del país. En la renovada industria cinematográfica, por ejemplo, cineastas que trabajaron en la época de Franco producen, junto a otros nuevos nombres surgidos en el posfranquismo, un cine oficialmente sufragado, dedicado a una revisión de nuestro pasado inmediato o lejano que responda a esta demanda. En cine, como también en literatura, se suceden los títulos en que la preguerra, la guerra civil y la posguerra, las formaciones nacionales de las hasta entonces denominadas regiones, o la España monárquica premoderna, se toman como temas. Desde una guerra civil domesticada y casi divertida (Luis G. Berlanga en *La vaquilla*, por ejemplo), hasta las sofisticadas y elegantes historias de intriga y suspense de Arturo Pérez-Reverte; desde la moderna, ilustrada y avanzada España de la preguerra fabricada por Fernando Trueba en *Belle époque*, hasta las europeizadas sagas catalanas de Antonio Ribas *(La ciutat cremada);* desde los cosmopolitas liberales que aparentemente pululaban la época franquista (Javier Marías en *Corazón tan blanco*, con el personaje del padre del protagonista, curador del museo del Prado) hasta la impre-

---

[16] Eduardo Subirats, en una entrevista concedida a Miquel Riera: «Contra todo simulacro», p. 20.

cisión nacional y geográfica que parece acometer de pronto a muchos de los personajes de las novelas de los ochenta (Antonio Muñoz Molina en *Un invierno en Lisboa*; Soledad Puértolas en *Burdeos*), la mayoría de los textos producidos en la posdictadura nos dejan un abrumador y sofisticado retrato de una España plenamente occidentalizada.

Se trata de productos a menudo extremadamente inteligentes, bien compuestos y altamente entretenidos, y que a menudo, por tanto, se reciben bien en el mercado internacional. No es casualidad que productos culturales tan distintos como *Mujeres al borde de un ataque de nervios* (Pedro Almodóvar, 1988), o la ceremonia de abertura para los Juegos Olímpicos de Barcelona del 92, o la película de Fernando Trueba *Belle époque* (1993), recibieran en su momento el aplauso y reconocimiento de la crítica y público internacional. Desde el *The New York Times* estadounidense al *Le Monde* francés, desde la prensa argentina a la italiana, pasando por muchas y diversas revistas ligeras o del corazón de varios países, estas producciones fueron celebradas como ejemplo del renacimiento cultural, reflejo, o consecuencia, de la España democrática.

Naturalmente, el aprobado general internacional dado a tales producciones culturales (y a otras empresas similares como pueden ser la Exposición Universal de Sevilla del 92, o la película de José Luis Garci, *Volver a empezar*, 1982, ganadora del Óscar a la mejor película de habla no inglesa en 1983, y que marcó en el país la entrada de la década socialista de Felipe González) fue recibido en España en cada momento no sólo con satisfacción sino también con cierto sentimiento de liquidación de un pago atrasado, de cuenta por fin saldada con un «vergonzoso pasado español», y que nos ponía, por fin, en disposición de acceso y relativa competición dentro del mercado internacional. En este sentido, más de veinte años después del fin del régimen franquista, podemos decir que la política cultural oficial de la democracia socialista siguió en España eficaces directrices. Hecho que queda bien señalado, por ejemplo, y siguiendo con el cine, en las dos acciones anunciadas en el Festival de Cine de San Sebastián de 1994. Respondiendo «a la llamada de la Unión Europea a la formación en sus países miembros de grandes grupos de producción de películas», España se agrupa internacionalmente con Polygram y Sogepac para crear una gran empresa de distribución, esfuerzo que se califica en el mismo artículo como complementario «en la estrategia global de despegue del cine español en el marco envolvente de la Unión Europea y el vuelo hacia el largo alcance que requiere la supervivencia de nuestro cine en un mercado mundial libre, antes o des-

pués inevitable y finalmente necesario»[17]. No es tampoco casualidad
que «el cine de animación, que en principio no estará presente en este
marco de producción y distribución, sí lo estará sin embargo en una
producción de Canal+ con dibujos de Mariscal, el diseñador de la mascota de los Juegos Olímpicos de Barcelona de 1992»[18]. La excepción
hecha con Javier Mariscal muestra bien, me parece, lo que está en juego.
Canal+, el canal de gran capital que mejor muestra las nuevas relaciones
económicas intraeuropeas de proyección global, a pesar de la decisión
de no dedicarse a las películas de animación, decide sin embargo distri-
buir una película firmada por Javier Mariscal, uno de los nombres más
involucrados en el espacio cultural en la difusión de la nueva imagen española, y uno también de los más fiel y fervorosamente dotados econó-
micamente por los varios estamentos oficiales del país. Uno de los nombres, en definitiva, que mejor vende y promociona la imagen de la nueva
España integrada en Europa.

La retórica y dirección política que tal comentario explicita no deja,
creo, lugar a dudas, aunque nos pone sin embargo en una difícil brecha.
Por un lado, la proyección pública europea ofrecida por España (desde
la retórica oficial) es inmejorable (o casi): España se sienta por fin con
pleno derecho (aunque eso sí, no en primera fila) en el tren rápido de la
economía global. El producto ofrecido a cambio de tal viaje, es decir, el
precio, en el espacio de la producción simbólica, con el que España ha
pagado tal billete, es también del agrado de todos ya que ofrece de forma continuada esa imagen limpia y saneada de la nueva España de la
que sus ciudadanos se sienten tan satisfechos: España pisa con garbo envuelta en su recién adquirido cuerpo europeo, más alta (la media de al-
tura de los ciudadanos españoles ha crecido varios centímetros en los últimos veinte años), más guapa (para delicia de españoles y españolas, la
modelo catalana Judit Mascó, por ejemplo, recorre las pasarelas internacionales junto a Claudia Schiffer y Cindy Crawford, y Verónica Blume
comparte espacio en el programa estadounidense *Absolutely Fabulous*),
y más, mucho más estéticamente y sexualmente atrevida que la mayoría
como, por ejemplo también, pueden atestiguar las películas de Vicente
Aranda, de espectacular éxito en el mercado europeo.

Por otro lado, sin embargo, el costo económico de tal producto, el
desorbitado precio que tal viaje transnacional costó al imaginario colec-

---

[17] Ángel Fernández-Santos, *El País,* 23 de septiembre de 1994, p. 35.
[18] R. García y A. Inxausti, «Nace un gran proyecto», *El País,* 23 de septiembre de
1994, p. 35.

tivo, no se ha tomado en consideración; es algo que, más allá de una somera y específica traducción monetaria, los españoles y españolas de nuestros días no parecemos, al menos de momento, dispuestos a investigar.

Este estudio se ha propuesto precisamente hacer público, al menos parcialmente, el costo simbólico generado por la nueva democracia española. Partiendo del espacio disciplinario de los estudios literarios y culturales, ha querido establecer un espacio reflexivo que permita atisbar, desvelar aunque sea en parte, los jirones y restos de una desechada y casi "secreta" historia española, jirones que, como fantasma ominoso palpitan como subtexto en el global discurso de la nueva España democrática y europea de los últimos veinte años. Retazos deshilachados que de pronto nos ponen también y de nuevo frente a la compleja y mezclada España que pocos quieren afrontar.

El decidido rechazo de la España de la posdictadura al feo fantasma del pasado (y presente) español no presenta sin embargo, y en contra de lo que pudiera parecer, una ruptura dentro del discurso histórico moderno de aquellas "dos Españas" explicitadas por Miguel de Unamuno. La tradición filológica e historiográfica moderna española ha insistido siempre, para explicarse, en una existencia "partida". En este siglo que ahora termina, desde Miguel de Unamuno y su formulación de la "infrahistoria", pasando por las diferentes historias de España ofrecidas desde la derecha y desde la izquierda y ya desde la península o desde el exilio (Marcelino Menéndez y Pelayo con su *Historia de los heterodoxos españoles*, y siguiendo, al otro lado del espectro y del océano, con Américo Castro y su historia de la España judía, o con Claudio Sánchez-Albornoz con su *Historia de la España musulmana*), los males de España se han intentado explicar como desviación inoportuna de una u otra propuesta. La historia de España se ha empeñado en escribirse siempre de forma partidaria, siempre dándose de frente con esa otredad irritante. De ese modo, si la historia franquista se escribió procediendo con el asesinato ya físico ya simbólico del molesto pasado rojo español, también la historia posfranquista, aunque desde luego de forma no violenta, ejecuta la memoria de los horrores de la guerra y las circunstancias que a ella llevaron o de ella se derivaron. A ambos lados del espectro, y de modo siniestro, el gesto de borradura histórica iniciado en la posguerra española se reproduce a sí mismo en la posdictadura.

En los primeros años del posfranquismo, como en los primeros años de la posguerra, el pasado se torna Cosa impensable porque esa es la única manera en la que España puede reescribir su nueva identidad.

Ambas, las purgas sociales de la dictadura y las reformas políticas de la transición, esconden inevitablemente una ruptura, una fisura inscrita en lo más profundo, hábitat del monstruo en que se ha convertido nuestro pasado histórico. Monstruo, Cosa, fantasma, cadáver o vampiro, el espacio fisural es el espacio de su retirada. Escondido el Monstruo, de pronto su Ausencia nos hizo físicamente evidente nuestra Adicción. El cuerpo nos pedía salvajemente su retorno a la vez que salvajemente también lo reprimía; y aunque el monstruo en sí permaneció retraído y silencioso, secreto, nos cargó con un largo y desgarrado grito de abstinencia representado aquí como el Gran Mono de la transición.

Mono que a su vez se multiplica y diversifica: muchas y diferentes fueron las reacciones a la retirada del monstruo del pasado y muchos y diferentes por tanto son y han sido los monos de la España democrática. "Cosa" impensable e indecible, todos sabíamos, sentíamos su presencia respondiendo a su retirada con síntomas varios. Manuel Gutiérrez Aragón por ejemplo reaccionó a la Ausencia intentando capturar con el ojo de su cámara el monstruo de lo reprimido y acercándose al espacio ocupado por la Cosa con cautela y reverencia, dando al monstruo lo que es del monstruo, nos dejó la película *El corazón del bosque* (1978). Otra cámara, la de Jaime Chávarri, captó su caída con *El desencanto* (1976), mientras que la de Iván Zulueta registra su vuelo con *Arrebato* (1978). También otros y otras, desde géneros y espacios desposeídos, alejados desde luego de soporte económico oficial, escriben su encuentro con la Cosa: desde el cómic *underground,* desde los textos radicalmente gays y violentamente celebratorios de Nazario o desde los perplejos y tiernos de Giménez —situados ambos en las antípodas de las flamantes publicaciones de Mariscal en los años ochenta—, desde los *happenings* musical-teatrales en los que se instalan las rotas canciones y actuaciones/*happening* de Jaume Sisa y de Ocaña, y desde la escritura infectada de heroína y locura de Leopoldo María Panero —tan fuera ésta también de la oficialmente promovida; desde la construcción defensiva de Juan Goytisolo a la narración desesperada de Miguel Espinosa, éstos y otros textos nos hablan casi secretamente de la fétida respiración del monstruo. A él, a ello, se acercaron con irracional desesperación suicida, como la mariposa nocturna a la luz.

Esperpentos deshilachados, barroco pastiche y parientes no tan lejanos en nuestro imaginario tanto de las producciones de Goya o de Valle-Inclán así como de los autos sacramentales y de las hogueras de la España imperial y su franquista descendencia, viven y respiran casi a escondidas como subtexto de nuestra historia. Solamente a veces, emergiendo del agujero negro en que vive, el Monstruo o la Cosa se muestra y se expone en estos textos desgajados, retales de las consecutivas y grandiosas narrativas oficiales. Fugazmente, por un instante se nos desvela el viejo cuerpo doble español: al mismo tiempo uno y vario, vuela arrebatado con Teresa de Ávila o Juan de la Cruz, o desciende al infierno de la Inquisición; se mutila en la expulsión de judíos y árabes y se encorseta en el Imperio de Felipe II; se desangra en guerras civiles y se recompone en sus posguerras.

Monstruo bicéfalo, su naturaleza doble se reveló sobre todo, como hemos visto, en la película de Manuel Gutiérrez Aragón, *Camada negra*. Otro y distinto ejemplo en este sentido en estos años ultimísimos del siglo se encuentra en la novela del conocido escritor y periodista Franciso Umbral, *Madrid, 1940. Memorias de un joven fascista*. En una reseña de la novela aparecida en *El País* en septiembre de 1994, Julio Rodríguez Puértolas acusa a Umbral de plagiar la novela *Checas de Madrid*, escrita en los años cuarenta por Tomás Borrás, de quien el mismo Umbral dice que fue «fino estilista de la Falange, que venía de Valle-Inclán a través de Agustín de Foxá»[19]. Perplejo y dolido, Julio Rodríguez Puértolas, crítico literario y viejo marxista, escribe que «los horrores que en Borrás aparecen atribuidos a los *rojos* en el Madrid y sus alrededores de la guerra civil, en Umbral se achacan a los falangistas [...] a través de qué extraño mecanismo, ideológico o mental, el *terror* de unos es al mismo tiempo el de los otros es algo que no parece fácil de entender»[20].

Esta dificultad de entender simultáneamente las dos caras de la historia de España como partes de un mismo proceso, es precisamente la que yo creo que hay que, de una vez por todas, asumir. Si la historia de España desemboca emblemáticamente en la guerra civil, si el franquismo y el posfranquismo ("oficial") recorren con sus narrativas, grandiosa la una, de pastiche la otra, un parecido camino de borradura y círculo histórico, quizá sea hora de dirigir nuestros ojos hacia dentro, de escuchar el ruido que esta otra historia secreta de España esconde amortiguada en sus entrañas.

Este estudio, ahora en su recta final, ha querido desvelar con sus páginas esa historia alternativa y casi invisible que en los años de la transición ha corrido subterráneamente pegada a una historia "oficial" que tuvo que renunciar al conflicto para escribir (y vivir) una historia viable. Visible sólo en las roturas de la narración general, su "invisibilidad" si-

---

[19] Citado por Rodríguez Puértolas en «Umbral y los fascistas», *El País*, p. 11.
[20] *Ibid.*

gue de cerca a aquel proceso que hace que también permanezca "invisible" en los años de la transición las representaciones de una de las más visibles y aireadas epidemias de nuestra era, la del sida. A diferencia del proceso seguido en Estados Unidos, y a pesar del entorno social, sexual y político que hacen de la España de los ochenta una de las geografías más abiertas, en España, las representaciones culturales del sida, que surge coincidiendo con la llegada al poder del gobierno socialista y se extiende en los años de consolidación democrática característico del segundo tiempo de la transición, son en estos años prácticamente inexistentes.

Su narración secreta, sin embargo, está bien presente en los años transitorios, ya en estado larvario, ya en estado efectivo. Intentar entender el porqué de tal invisibilidad es también, y en parte, entender el especial proceso de encriptación histórica presente en la tradición española. Un proceso que ahora, como proposición final de este estudio y estímulo para principio de otro, quizá sea posible relacionar y teorizar desde el paradigma de lo infeccioso.

LA HISTORIA INVISIBLE: EL CUERPO INFECTADO

La contradicción entre grito y silencio que presenta la pluma en la transición española queda también señalada en la falta de visibilidad que ha tenido el sida no sólo en sus representaciones artísticas, sino también dentro de la configuración social española en las que aquéllas se miran.

En un estudio sobre las representaciones del sida y de la homosexualidad en España y en Cuba entre la década comprendida entre 1983 y 1993, Paul Julian Smith señala la falta de visibilidad cultural de tales representaciones en ambos países. Para el estudio del caso español, Smith toma, entre otros ejemplos, el Pedro Almodóvar último (sobre todo el de *Kika*, 1993), los textos del escritor y rockero Eduardo Haro Ibars (fallecido en 1991) y el de las exposiciones/*happenings* del artista conceptual Pepe Espaliú (fallecido en 1994). Según Smith, tanto la exploración de Almodóvar en *Kika*, como la de Haro Ibars en *Intersecciones* (1991), o la de Espaliú en *Carrying* (1992-1993) —un espectáculo/*happening* de denuncia y llamada a la solidaridad para los afectados por el sida—, están abocadas a «una estética de la desaparición en la que el artista (el sujeto) es representado únicamente en ausencia, por resonantes y enigmáticos restos o remanentes que nos hablan de enferme-dad y mortalidad»[21]. Para Smith, este fenómeno está también estre-chamente relacionado con la encriptación, dentro del paradigma de lo posmoderno, de aquello premoderno que vuelve como lo reprimido re-tornado.

Por otra parte, como escribe Smith, si la visibilidad «está constan-temente inflingida por la sexualidad y la nacionalidad» hay que pre-guntarse hasta qué punto lo está también entonces la invisibilidad[22]. Es decir, preguntarnos si la ausencia general en las representaciones artís-ticas, culturales y sociales, de referencias o explicitaciones a la mortali-dad del sida mismo, es decir, si su "invisibilidad", corresponde tam-bién, o al menos en parte, a la particular tradición cultural que de forma intermitente pero constante recorre España, desde la instaura-ción de la estructura totalizante y totalizadora imperial puesta en mar-cha desde finales del siglo XV, hasta la muerte de Franco. Si ello es así, y si la invisibilidad está, como la visibilidad, infligida por la sexualidad y la nacionalidad, en España el espacio epistemológico silenciado del sida formaría parte entonces de un tejido histórico "invisible" más am-plio. Un tejido-cuerpo de larga tradición e historia que, formado de fragmentos, restos y espectros, propongo teorizar aquí como un "cuer-po infectado".

La "invisibilidad" del "cuerpo infectado" en la historiografía espa-ñola es, por otra parte, sólo parcial, como también lo es la supuesta "in-visibilidad" del sida. Evitadas y silenciadas las posibles representaciones de sus múltiples configuraciones, sus afectos y efectos, son sin embargo perfecta y físicamente visibles, incluso trazables históricamente. En el tráfico de la transición, las representaciones de la experiencia del sida están "ausentes" (o prácticamente ausentes) porque están "ocupadas" de antemano por residuos, fantasmas y remanentes históricos; restos que estaban allí ya *antes* del momento crucial en que el virus mortal se instala en la península, y que simple y mortalmente expanden su cuerpo y su tejido.

En una vuelta a las palabras de Walter Benjamin cuando decía que «las imágenes del pasado que no son reconocidas por el presente como propias, amenazan con desaparecer de forma irremediable»[23], las de-vastadas imágenes del cuerpo infectado, por el contrario, continúan rea-

---

[21] Paul Julian Smith, *Vision Machines*, p. 2.
[22] *Ibid.*
[23] Walter Benjamin, *Illuminations*, p. 255.

pareciendo una y otra vez en la historia española, precisamente porque no son reconocidas como propias por el presente, por cada presente. Y en el presente de la transición, el macrotexto de la infección reaparece en el velado/desvelado tejido de la configuración del sida.

Las virtudes del pájaro solitario (1988), de Juan Goytisolo, es uno de los textos en donde se hace quizá más patente la ocultación/desvelación de lo reprimido que retorna configurado como sida. *Las virtudes* nos habla sin hablar de la problemática y dialéctica de la visibilidad y de la invisibilidad, de la totalización y de la fragmentación, de la positividad (médica o política, por ejemplo) y de la negatividad (médica o social); evoca y escribe, en definitiva, de lo decible, lo indecible y de lo indecidible. Varios críticos se han acercado al ya clásico texto de Goytisolo. Complejo texto de respuesta al misticismo sufí y cristiano, en palabras de Brad Epps, *Las virtudes* es texto «fragmentado y fluctuante» que muestra también en «la contaminación, identificación, y persecución de un grupo de "pájaros raros"» la contaminación provocada por el sida:

Estos pájaros, reunidos en última instancia en una larga y virtuosa entidad más allá de la vida y la muerte, son los pájaros presentes en el poema místico *La asamblea de los pájaros* del persa Farid-ud-Din Attar y del tratado de San Juan de la Cruz *Las propiedades del pájaro solitario*. Al mismo tiempo son los pájaros con pluma de la así llamada subcultura homosexual[24].

A diferencia de acercamientos anteriores a la novela de Goytisolo, por ejemplo los de Luce López-Barralt o de Julio Ortega que no abordan críticamente la velada pero clara explicitación al sida, la lectura de Epps afirma el texto de Goytisolo como inequívoca representación de la experiencia de devastación causada por el virus. Reconociendo la fractura del texto de Goytisolo, que como el sida mismo, «no respeta los supuestamente nítidos límites de la identidad —el sida no es una "enfermedad gay"»—[25], Epps explicita su propósito en estos términos: «Evitando la aversión [a la visibilidad del sida], quiero mostrar cómo el texto de Goytisolo representa el sida y cómo el sida, en representación, es recibido»[26]. Enfatizando la intersección misticismo/homosexualidad, Epps explora las ruinas y esplendores de la alegoría mística y neobarroca de *Las virtudes*. Evoca, toma y recompone las paradojas y conflictos sociopolíticos de hoy día con aquel «transitorio esplendor» del Barroco

---

[24] Brad Epps, «The Ectasy of Disease», p. 361.
[25] *Ibid.*
[26] *Ibid.*, p. 360.

explicitado por Walter Benjamin[27], así como con las "extrañas alianzas" de las que hablaba Michel de Certeau en su estudio sobre el misticismo islámico, aquella alianza que «une el habla "mística" con la "impureza" de la sangre»[28].

Pero a pesar de la evidente relación existente entre la configuración del sida y la configuración de las relaciones sexuales entre varones que mueve al texto de Goytisolo, y con ella la conjunción con el espacio y lenguaje místico, la presencia o experiencia del sida o, si se prefiere, la metáfora de la asunción de la mortalidad del sida que nos ofrece Goytisolo, abraza en *Las virtudes* (así como en sus otros textos relacionados) un texto mucho más amplio que trasciende, aunque no abandona, al contrario, la configuración de estas relaciones sexuales. Un texto por otra parte al que ya Epps mismo apunta con intuición: «Sugeriría que una de las lecturas posibles más vibrantes sería aquella que dejara a la metáfora volar lejos del reino de la historia a la vez que la recogiera en su pasado»[29].

El texto con el que se enlaza Goytisolo es el de un macrocuerpo infectado, de tradición larga, del que el sida en España forma parte. Eso explica también que en España no haya quedado el sida asimilado generalmente a *una* categoría única, ya de identidad, ya médica, a diferencia de lo que ocurre en Estados Unidos donde, al menos dentro de la comunidad blanca anglosajona, la lucha contra el sida se abraza políticamente presentándola como «una enfermedad crónica, pero manejable»[30], que prima y da voz, visibilidad e identidad social al sujeto implicado en relaciones sexuales entre varones. El sida en España, por el contrario, no puede contenerse ni manejarse en los años transicionales desde los territorios discretos reivindicados en las construcciones de identidad. No puede configurarse como enfermedad médicamente aislada, ni puede restringirse tampoco en sus efectos y afectos a una sola categoría, aunque sea ésta una tan importante como la sexual.

Ante la falta de representabilidad cultural y social (política, por tanto) que la configuración del sida ofrece en España en los años ochenta, es fácil explicar tal ausencia como factor cultural que corre parejo del desinterés político que el desencanto de los años posdictatoriales produjeron en el país. Pero entendida esta ausencia como parte de un largo tejido histórico que, además, queda ligado a la "invisibilidad" que he-

---

27 Walter Benjamin, citado por Brad Epps, «The Ectasy of Disease», p. 366.
28 Michel de Certeau, «Mystic Speech», pp. 84-85; Brad Epps, art. cit., p. 362.
29 Brad Epps, art. cit., p. 365.
30 Patton, citado por Brad Epps, p. 384.

mos rastreado en estas páginas, la cultura del sida en España puede entenderse como parte de otra cultura más extensa de lo "infeccioso".
Una cultura que en la península ha acostumbrado a caracterizarse por
su ininteligibilidad política (los místicos, por ejemplo), aunque lo cual
no quiere decir que no pueda o deba ser considerada o explicada dentro
de un contexto político específico. En un ensayo sobre el contagio sexual y la histeria, Diana Fuss explica que aquello que de la histeria le parece notable es precisamente su «ininteligibilidad política» [31], afirmación
que casi al pie de la letra puede tomarse para la configuración de la pluma. Fuss enfatiza el hecho de que, para ella, la importancia de la histeria
descansa precisamente en su resistencia a lecturas de tipo recuperativo.
No quiere decir eso sin embargo, continúa Fuss, que «la histeria se sitúe
fuera de la política sino solamente que el ejercicio de leer el ilegible cuerpo histérico nos fuerza a nosotras a pensar la política de forma distinta» [32].
En una situación similar se coloca el aparentemente ilegible e invisible
"cuerpo-infectado" a lo largo de la tradición cultural española. Como el
cuerpo histérico, el cuerpo infectado español, desde *La Celestina* a
Goya, y desde san Juan y santa Teresa a Goytisolo, se expresa a través de
un cierto número de síntomas. De manera parecida a la mostrada por la
estructura de la histeria, que no obedece a ley ninguna, o que como dice
Fuss, «obedece sólo a la lógica de su ley» [33], podemos decir que el texto
del «cuerpo infectado» siendo como es el sitio de los desposeídos tal
como señala Michel de Certeau en su estudio sobre misticismo y disidencia (o el sitio de aquellos radicalmente poseídos, tal como la connotación místico-cognoscitiva del término *entender* utilizado en España
entre los varones que practican relaciones sexuales entre ellos), se sitúa
también más allá de obediencia a ley alguna [34].
    Es precisamente la capacidad que tiene el cuerpo infectado de si-
tuarse más allá de la obediencia —y por lo tanto la posibilidad de reto
que en este sentido ofrece—, junto con la posibilidad de extender esta
desobediencia por medio del contagio, lo que se torna inadmisible
para el represivo estado terapéutico. Desde las persecuciones a las sec-
tas de iluminados del siglo XVII a la persecución explicitada en forma
conjunta en el estado franquista contra judíos, masones y comunistas,
la disidencia cultural, lingüística, religiosa, política o sexual ha sido

---

[31] Diana Fuss, p. 117.
[32] *Ibid.*
[33] *Ibid.*, p. 131.
[34] Véase el trabajo de Michel de Certeau, «Mystic Speech».

traducida y reprimida siempre en España por el Estado como cuerpo contagioso.

Impregnada por una antigua política imperial fundada en la "pureza de sangre", España, en tanto Estado moderno, ha seguido un camino que históricamente no ha abandonado (quizá no ha podido abandonar) el paradigma de la infección. Este hecho puede explicar en parte el aparentemente contradictorio hecho de que en la posindustrial, liberal y democrática España de la posdictadura, la España de la era del sida que coincide en su aparición históricamente con el gobierno del partido socialista de Felipe González, no haya sido posible no sólo establecer de forma efectiva una política cultural de lucha contra la epidemia, sino incluso generar una conciencia preventiva entre los sectores de riesgo. Paul Julian Smith da una lista de fenómenos de política cultural y social, algunos locales y otros globales, que puedan explicar tal desconexión: desde «la pobreza de recursos de grupos como el ACTUA de Barcelona», moldeado según el grupo estadounidense ACT-UP, a «la exclusión que las representaciones de la muerte han tomado de forma característica en la modernidad y el racionalismo de nuestra era»[35]. Pero todo ello no explica, continúa Smith, ni la ausencia de visibilidad artística de las representaciones del sida en España, ni la falta de visibilidad general de la enfermedad.

Exceptuando a algunos pocos, entre los que se encuentran Alberto Cardín, Eduardo Haro Ibars y Pepe Espaliú (y, en el caso de Haro Ibars, tampoco sus escritos hacen mención explícita del sida, sino que, a la manera de Goytisolo, es éste siempre evocado) la mayoría de los artistas y figuras públicas han sido y son reacias a exponerse en público. Como ejemplo primero, el conocido de Pedro Almodóvar, también citado por Smith, quien rotundamente afirmó en un programa de la popular emisora Antena 3 que «no debe esperarse de las figuras públicas que revelen si están afectadas por el virus del sida»[36].

No hay respuestas inmediatas que expliquen la falta de una política cultural coherente y cohesiva para el sida en España, a menos que tengamos en cuenta su tradición cultural. Como Smith mismo señala, «hay quizá razones históricas que expliquen el silencio e invisibilidad del sida en España»[37]. Hay que añadir ahora que es quizá el impulso que Smith percibe e identifica como una "estrategia fatal", en el sentido de Jean

---

[35] Paul Julian Smith, *Vision Machines*, p. 108.
[36] *Ibid.*, p. 107.
[37] *Ibid.*, p. 123.

Baudrillard, lo que quizá pueda darnos una respuesta, aunque parcial, para la "insuficiencia" española en este terreno. El ominoso "impulso hacia la muerte" continuamente presente en la tradición española puede explicar en parte el porqué le es tan difícil al sector social configurarse en torno a una política de identidad. Sin tener en consideración el factor histórico presente en esa "estrategia fatal" española, es muy difícil responder a la pregunta sobre la falta de visibilidad no sólo del sida, sino también del porqué «no ha habido en la España del posfranquismo, comunidades políticas y sociales que se hayan agrupado en torno a la homosexualidad», o por qué «España ha fracasado en producir este tipo de esfera pública, aun bajo las muy propicias circunstancias ofrecidas [por la extremadamente tolerante y abierta España de los años recientes]»[38].

Quizá nos ayude entonces a entender tales contradicciones el considerar que es la característica infecciosa del sida lo que hace al cuerpo social español tan resistente a la fragmentación del flujo libidinal en territorios discretos. Si en España el sida habla a través de la epistemología de lo sagrado y lo divino, de la infección y de la locura; a través del místico, del mártir, de los rotos y desposeídos; de los muertos, es porque el sida asume la "in-fección", es decir, lo "no-hecho" implicado en el término, y la sigue hasta que "se hace", hasta la muerte. A diferencia por ejemplo de Estados Unidos, donde el sida no se construye culturalmente como "infección" sino como "enfermedad", como *dis-ease*. El sida en Estados Unidos, o mejor dicho, AIDS, es algo contra lo que hay que luchar hasta el restablecimiento de un *ease* anterior que la enfermedad ha roto. En España, por el contrario, la infección se vive como un algo que no se ha completado todavía, un algo que enlaza con ese no-del-todo-hecho que etimológicamente contiene el término "infectado". Y como tal el sida se vive como un *locus* infectado que no nos es históricamente ajeno, un estado fatalmente peculiar que, a pesar o por causa de la muerte, ha proporcionado sin embargo a lo largo de la historia española un espacio ontológico y epistemológico intermedio.

Es precisamente aquello interior "no hecho del todo", la "in-fección", lo que se hace presente en las (escasas) representaciones artísticas del sida en la España transicional. De Goytisolo a Haro Ibars, sus textos exigen una implicación política de distinto orden y, de hecho, situadas más allá de la política. Una que se entiende mejor a sí misma configurada y situada en el "entre" (o en el "dentro") que ofrece la tradición intimista del

---
[38] *Ibid.*

barzaj islámico y del misticismo católico, que en el "fuera" de la política pública seguida por las prácticas culturales americanas de tradición protestante. El cuerpo "sano", totalitario y totalizante, indudablemente empuja al "infectado" hacia los márgenes, forzándolo a la cuarentena. España sabe históricamente de "sitios" y cuarentenas: Desde las limpiezas de los Autos de Fe, a los cuarenta años de "sitio" político y cultural de la dictadura franquista, la "cuarentena" ha sido continuamente experimentada por la disidencia. La infección del sida está íntimamente relacionada con la infección política y cultural y por ello una obra como *La cuarentena* de Goytisolo no puede leerse sin atender a ambas. Ésta, como *Las virtudes* o como *Aproximaciones a Gaudí en Capadocia* o como la anterior *Makbara*, son «escritura infecciosa», como dice Linda Gould Levine, una escritura que se conecta en la historia con la radicalidad mística, y ésta a su vez con la particular, demoledora y encriptada Ausencia de lo judío-árabe en el cuerpo cultural español.

Pero es a su vez desde el "sitio" que la cuarentena ofrece que el cuerpo infectado español puede, quiere y "entiende", cómo reclamar la multiplicidad y diversidad negada en su momento por el totalitario Imperio, hasta las posteriores prácticas totalitarias y represivas neoimperiales (y neocatólicas) del franquismo en nuestro siglo. En el "sitio" al que es confinado, el cuerpo infectado encuentra un cierto tipo de conocimiento —un conocimiento que también es político— que está claramente ligado a la tradición de la mística y del *barzaj*.

La búsqueda de un conocimiento extático —un conocimiento que no es en absoluto pasivo— es por tanto lo más presente en las representaciones españolas artísticas del sida. Está ahí con fuerza en Juan Goytisolo desde *Coto vedado* (1985) y continúa con *Las virtudes* (1988), las *Aproximaciones a Gaudí en Capadocia* (1990) y en *La cuarentena* (1991). En todos estos textos presenta una trangresión sexual y racial intensamente implicada en la (ausente) tradición árabe-judía española, y que está destinada a la fatalidad. Emplazándose Goytisolo mismo dentro de la tradición del pensamiento místico que recoge los textos de san Juan, los de Ibn Arabi y los de Miguel de Molinos, en palabras de Paul Julian Smith «el árabe y el travestí son para Goytisolo agentes ejemplares de una revuelta desconocida contra aquellos sistemas totalitarios que no permiten ni la diferencia cultural ni el desvío sexual»[39].

Es a través de la contaminación que Goytisolo entiende la posibilidad de resistencia a la totalización, así como lo entienden también los re-

---

[39] Paul Julian Smith, «Juan Goytisolo and Baudrillard», p. 37.

presentantes culturales más jóvenes. La infección da agencia a lo extático y lo hace socialmente subversivo. El poder de la infección, aquel que
se puede equiparar a la estrategia de la fatalidad baudrillariana, ha sido
apuntada por Linda Gould Levine en sus escritos sobre Goytisolo. Es-
tableciendo lo que ella llama la «escritura infecciosa» de Goytisolo
como hemos dicho, Levine anota con inteligencia que

la experiencia de adentrarse en el mundo [de Juan Goytisolo] siempre ha supuesto el riesgo de una contaminación feroz. Imágenes espeluznantes de la sífi-
lis, el virus de la rabia, el sida, la peste metafórica y cultural y "el virus contami-
nador del cuerpo" [*Makbara*, 13] ... [trastornan] nuestro concepto de la
realidad y la cultura[40].

Para Goytisolo, como implícitamente también para Eduardo Haro
Ibars, o incluso para Leopoldo María Panero o Nazario que aunque no
se refieren nunca al sida en sus textos están éstos claramente situados
(sitiados) en el sector de riesgo, el *barzaj* islámico y/o el impulso místico
se ofrecen como el solitario, marginal, ilegible *locus* del cuerpo infectado. No extraña pues el paso temático dado por Nazario Luque desde la
cacofonía y revuelo de cuerpos, sexos y sustancias de *Anarcoma* a
la medida estetización oriental que se expresa en una exquisita representación de la muerte y lo sublime en su última obra, *Turandot*, adaptación no de la ópera de Puccini sino de la que le sirvió al músico de fuente de inspiración: la obra de Carlo Gozzi del mismo título, fechada en el
siglo XVII.

Turandot, sin embargo, como *Anarcoma*, habita un espacio cerrado.
Confinado el espacio escénico en el primer libro al palacio imperial de
Turandot, no es este espacio sin embargo demasiado distinto en su cuarentena del público y callejero en que se mueve Anarcoma, la detective-
travestí, siempre limitada por las coordenadas geográficas de las Ramblas de Barcelona. Y ambas encuentran, crean y habitan sus espacios
con similar estado de atención y búsqueda a un cierto tipo de conocimiento "más allá de". La realización estética de ambos textos, aunque
distinta, está también en ambas anclada en una misma tradición. Y así
como los personajes en *Anarcoma* pasean por las Ramblas y en/con sus
cuerpos la misma alucinada (iluminada) "esencia árabe-andaluza" que
en la "vida real" paseaban Ocaña, Camilo, Nazario y los demás amigos,
los personajes de *Turandot* se visten con un ropaje que nace de la fusión
de lo árabe-andaluz con la tradición china:

---

[40] Linda Gould Levine, «La escritura infecciosa de Juan Goytiloso», p. 98.

A la hora de vestir a los personajes de *Turandot* tuve en cuenta toda esta estética de toros y Semana Santa. La obra elegida me fascinaba no sólo por su temática, sino por la posibilidad de recrearme en esta estética china tan cercana a mi concepción barroca[41].

El "vestido" dado a los personajes de *Turandot* se confecciona con las mismas telas y plumas que aquellos dados en sus primeros libros. La ausencia/presencia de Camilo y Ocaña está también viva en las páginas y dibujos de *Turandot*, tanto desde la referencia nominal específica de la introducción, como desde un dibujo elaborado que recrea fantasmáticamente aquellas procesiones y pasos representados por Ocaña y su grupo en los años setenta:

[En *Turandot*] me dediqué a combinar pasos de Macarena y vírgenes del Rocío, mantos y coronas, mantillas, peinetas y trajes de torero, con mantones de Manila, que me sirvieron a la perfección como nexo con los bordados, los adornos y la arquitectura chinos[42].

El vestido, el adorno barroco, la "arquitectura", es precisamente el espacio dado por su marginalidad radical —y por tanto, situado en el paradigma de lo "infeccioso". Turandot, como Anarcoma, vive en un estado de "sitio" que no excluye a la muerte. Es una opción tremenda, si se quiere, pero es *su* opción, y así está abiertamente explicitada. Y aunque puede ser tal gesto ininteligible políticamente, *no* significa que su ilegibilidad política quede fuera de la política. De forma similar al modo descrito por Fuss para el cuerpo histérico, en la era del sida el cuerpo infectado, a través del contagio, transmuta su texto en algo políticamente ilegible y por tanto amenazante. Esa resistencia a lo autoritativo, a la autorización, y por tanto también resistente a la clasificación en identidad o categoría, es evidente en la "escritura infecciosa" de Goytisolo. Una escritura que salta fuera de la autoridad en un gesto o "movida" paralelo a aquél generado desde la locura, desde las relaciones sexuales entre varones y desde la heroína presentes en los escritos de Panero, Espaliú, Ibars y de muchos de los que vivieron y formaron la marginalidad de la transición. Desde Rueda hasta Zulueta y pasando por Almodóvar, los textos plumeros e infectados de la transición abrazan un tipo activo de éxtasis a través de la epistemología del místico, del heroinómano, del esquizofrénico o del "pervertido". Un cuerpo infectado

---

[41] Nazario en la introducción a *Turandot*, «Yo soy así», p. iv.
[42] *Ibid.*

fragmentado, compuesto, que puede alternativa o simultáneamente conformarse como "entendido" o "yonqui", "yonqui" o "esquizofrénico" o cualquier otra combinación que queramos construir (y el personaje de Patela de la novela de Ana Rossetti, *Plumas de España*, viene inmediatamente a la memoria, por ejemplo).

No sorprende encontrarnos entonces con el hecho de que las estadísticas señalen el hábito de compartir agujas hipodérmicas entre los usuarios de drogas de vía intravenosa como la primera causa de transmisión del virus del sida en España. Las cifras citadas son extremadamente altas. En diciembre de 1995, por ejemplo, se afirmaba que de la totalidad de casos de sida declarados en España, el 64,6% correspondía a los usuarios de drogas por vía intravenosa (UDVI), elevándose esta cifra al 75% en las grandes zonas urbanas de Madrid, Barcelona y Valencia[43]. No quiere decir esto sin embargo que, de la totalidad de casos declarados, la mayoría corresponda al sector de usuarios de droga y el resto en gran parte al sector homosexual (masculino). Lo único que estas cifras nos indican es que, en España, alrededor del 25% de los casos de sida declarados *no* son usuarios de drogas por vía intravenosa.

Esta clarificación me parece fundamental porque hace referencia a un proceso interno que, evocando el camino tejido por la jeringuilla cuando, simultáneamente horadando y cosiendo, descarga su lastre mortal entre cuerpo y cuerpo y entre vena y vena, resiste con fuerza la fragmentación del flujo libidinal en territorios discretos —fenómeno por otra parte no sólo español, sino posiblemente también latino, y desde luego mediterráneo y árabe. Muchos de los caídos y sobrevivientes de la movida y premovida españolas no pudieron ni quisieron ser categorizados en uno u otro sentido, ni siquiera en una expresión simultánea que incluyera a las dos categorías (la de aquellos que tienen relaciones sexuales con personas del mismo sexo y/o la de aquellos usuarios de drogas —y específicamente por vía intravenosa). Los escritos de Eduardo Haro Ibars, por ejemplo, no son solamente expresión de una configuración "homosexual", como tampoco se pueden tomar únicamente como expresión de una configuración como "heroinómano". Lo mismo ocurre con el caso de Leopoldo María Panero, que con los suyos rechaza con furia cualquier límite territorial, político o cultural que pudiera restringirlos a las categorías de mental (o sexualmente) enfermo, o sano: calificar la vivencia de Panero como esquizofrenia paranoica producida o estimulada por el uso de la heroína y moldeada por la sexuali-

---

[43] Véase el *Dossier* de *Ajoblanco* sobre las drogas en España.

dad, por ejemplo, no sólo no nos diría nada, sino que nos impediría *entender* el fabuloso vuelo de su pluma. Lo mismo ocurre con los textos cargados de heroína de Iván Zulueta, sobre todo en *Arrebato*, que a su vez borran cualquier posibilidad de intervención categórica en el terreno de las relaciones entre el cuerpo y la droga o entre el cuerpo y otro cuerpo (masculinos ambos), aunque sea precisamente esta borradura de los límites la que haga de pronto esplendorosamente visibles las relaciones entre cuerpo y droga y entre cuerpo y cuerpo. Si la pluma de la transición en la que el virus del sida fatalmente se instala fue como hemos visto, inasible, compuesta, fragmentada y volátil, y expresión y confusión de un Mono, el virus del sida se expresará culturalmente y necesariamente también a través de retazos y fragmentos, representaciones deshilachadas que se hermanan con otro tejido cultural amplio y profundo: el del "cuerpo infectado".

La represión social y política de las múltiples representaciones de este cuerpo han tenido en España una larga y penosa tradición. A partir de la amputación (física y cultural) en el recién construido cuerpo imperial español a finales del siglo XV de árabes y judíos, cualquier tipo de diferencia —fuera ésta entendida como religiosa, sexual, lingüística o racial— ha sido siempre problemática en España. Después de los decretos que señalaron el fin de la diversidad religiosa, cultural y lingüística y que dio como resultado la expulsión de todos aquellos moros y judíos que no se declararan "limpios" y abrazaran la fe cristiana, desde el siglo XVI hasta la muerte del general Franco en 1975 cualquier sistema político o cultural en España habrá de enfrentarse de una manera u otra al trazo dejado por la vertical, monolítica y espiritualmente rígida estructura de la católica España imperial.

A tal formulación puede desde luego dársele la vuelta. Podemos decir que, siguiendo un modelo foucaultiano, fue la particular configuración del represivo imperio español el que a su vez generó en sus entrañas una especie de impulso alucinado, una extraña fuerza que se siente y posiciona siempre ajena y resistente a cualquier tipo de política de unificación, fuera ésta cultural, política, sexual, lingüística o geográfica. Pero que fuera éste el caso, o que fuera el anterior el modelo primado, no importaría ahora demasiado para este estudio, ya que lo que interesa es simplemente retraer un cierto tejido roto por el tiempo, un tenue olor dejado en el aire por una configuración histórica que asume la infección como *locus* vivencial, y a veces de resistencia.

El corpus representacional sumergido de la transición habla "en imágenes silenciosas" que, entre otras, expresan en sus cuerpos con visibles aunque veladas marcas aquellos desechos históricos que "caen" como "caía la Cosa". Aún sin saberlo, pero ya subterráneamente afectados (el virus tiene un período de incubación aproximado de diez años), los textos del primer momento transicional forman un entramado con aquellos que, más tarde, se sabrán infectados: Así, *Mullereta* (1975), *Arrebato* (1978) y *Heroína* (1985), por ejemplo, se enlazan y abrazan fatalmente a través de la "sangre contaminada" con *Las virtudes* (1988) o *Intersecciones* (1991). Los vampiros y/o la sangre desbordante en la película de Zulueta, resumida en el rojo devorador que representa y presenta la imagen virtual del director de cine "Pedro", surge del "punto de fuga" cinematográfico —aquel punto cero situado "fuera" del metraje, el espacio "inexistente/existente" que en el cine *necesariamente* existe y no existe *entre* fotograma y fotograma. La llamada de "Pedro" a su igual "José" (también, como Pedro, director de cine y también, como aquél, heroinómano), su seducción, es una llamada para encontrarse en un espacio virtual de entendimiento completo. El espacio virtual "entre" o "más allá" desde el que se produce la llamada de Pedro a José en *Arrebato* impulsará el proceso que terminará con la vida de este último, así como terminó con la del primero en un "antes" anterior al presente textual de la película.

EL ARREBATO DE IVÁN ZULUETA

Arrebato es sin duda un texto-epitafio, un texto funerario impulsado por una voz espectral grabada en una cinta, la de Pedro, desaparecido en el momento que empieza la película, y que José reproduce en un casete gramofónico. La voz virtual de Pedro, situada en el más allá, en el grado cero de la nueva historia, no tiene en un principio "imagen" a la que sincronizarse y no puede, por tanto, "entenderse" del todo. Para acceder al conocimiento que la voz invoca, José tiene que "revelar" (literalmente y físicamente) el negativo de una película hecha por Pedro. La voz espectral *per se*, así como el revelado en sí de la película de Pedro producirá para José entendimiento ninguno. Solamente el encuentro entre voz e imagen producirá "conocimiento". Pero para que tal entendimiento se produzca o, en términos cinematográficos, para que tal sincronización tenga lugar, ésta debe de realizarse en un espacio imposible: el espacio virtual/conceptual ofrecido por el "punto de fuga" cinematográfico. La obsesión de José por el "punto de fuga" se explicita repetidamente a lo largo la película, representación de la paradoja cinematográfica (y también en la película alegóricamente histórica) de acceder y des/velar algo que a la vez "está" y "no está". En cine el punto de fuga sería y precisamente aquello que espacial, visual y temporalmente *quedaría entre* planos, entre punto de corte y punto de corte. Si el punto de corte se define como el «1) lugar exacto por donde se corta un plano. 2) lugar exacto por donde se corta la película magnética con banda sonora, el punto de fuga es lo que estaría (o lo que *no* estaría) entre dos planos»[44].

La demanda de la voz de Pedro es por tanto imposible ya que exige de José un encuentro situado en un "entre" planos que es necesariamente fatal. Situado fuera de la física óptica, y por tanto cinematográfica, que identifica a José, que hace a José ser lo que es, es un espacio que le está vedado como *experiencia* cognoscitiva. Pero es en este espacio intermedio, este espacio inaccesible y situado "fuera" donde, según la "voz" el conocimiento (el entendimiento), si es posible, se hará posible. José ya sabe eso cuando la película empieza, porque ya ha habido un contacto anterior con Pedro situado en el "antes" de la narración presente. La voz de Pedro, asociado desde la entrada misma a la película a la imagen de un/a vampiro/a, llama y busca a José porque este último es uno de los escogidos, uno de los que ya están en camino de "entender". Un conocimiento que en *Arrebato* borra de nuevo las fronteras de territorios discretos excepto en su contextualización de viaje ascético, de iniciación ritual que tendrá su llegada en la unión/muerte de un entendimiento total. *Arrebato* es un texto autosuficiente. Una experiencia cinematográfica sobre la experiencia cinematográfica, una experiencia sexual sobre la experiencia sexual, una experiencia de la heroína sobre la experiencia de la heroína; y una experiencia cultural de un estado de cosas político sobre la experiencia cultural de este estado de cosas.

Así lo han entendido por ejemplo Vicente-Sánchez Biosca y Carlos Heredero, dos de los poquísimos estudiosos del cine de Zulueta. Texto viscoso, fascinante, recoge en él y con él el momento fisural de la transición. La inquietante afirmación de José sobre su relación con el cine: «no es a mí a quien le gusta el cine, sino al cine a quien le gusto yo» (José en *Arrebato*), establece las peculiares coordenadas en que se sitúa la película como texto. José es "escogido" para una iniciación que él de todas formas "intuye" de antemano. No estamos aquí ante victimización ninguna. Aunque José necesita "ser escogido" es decir, necesita situarse

---

[44] Véase Valentín Fernández-Tubau, *El cine en definiciones*, p. 137.

ante una posición de cierta pasividad para dejarse tomar, *es escogido* porque él mismo se con-forma como sujeto deseable y propicio. José es un tipo maduro que acepta voluntariamente la relación con el vampiro/Pedro/heroína aunque sabe la fatalidad que ello implica. Y la acepta porque el orificio que el vampiro/sexo/jeringuilla deja en su cuerpo es la única abertura que le permitirá dar entrada *en su sangre* a aquel elemento antes extraño a ella que es el que le permitirá (quizá) llegar al límite del placer, a la experiencia místico/cognoscitiva que desea.

La iniciación ritualizada que expone *Arrebato*, la espeluznante y fascinante re-presentación de una pérdida que es en último término el texto, se significa solamente, se "entiende", desde el mismo paradigma de exclusión/inclusión en el que palpitan los otros textos. Como dice apasionadamente Vicente Sánchez-Biosca, «*Arrebato* sólo puede ser devorada desde la guía narrativa que proponen quienes se internan en el relato, pues entre ellos existe un pacto enigmático que mezcla sus sensaciones, recuerdos y mutuos delirios»[45]. El relato no es sencillo. José responde desde la heroína a la voz del ausente Pedro. Una voz que, aislada de Pedro, desconectada, desincronizada, parece borrar más que retraer el pasado de José compartido con Pedro. Pero "entendida" esta voz desde la heroína, ésta le marcará el camino ascético que permitirá la sincronización entre imagen y voz. La unión, sin embargo, sólo puede darse *en* aquel espacio cinematográficamente imposible que José persigue obsesivamente: en el Punto de Fuga. El punto cero, el punto situado *entre* plano y plano, el punto de lo que está y de lo que no está, es el único punto en que el arrebato puede tener lugar, el único desde el que se puede (¿podría?) "volar". El Punto de Fuga es similar al *barzaj* continuamente invocado por Goytisolo. Es el espacio intermedio, el espacio de unión mística de aquellos cuerpos "que entienden" a su manera lo que a la suya entendieron en su momento san Juan y santa Teresa, Miguel de Molinos o Ibn Arabi.

El Punto de Fuga, el arrebato, la heroína o el *barzaj* es el tercer espacio que permite "hacer hablar" o hacer inteligibles el "silencio de las imágenes" que *Arrebato* y los demás textos presentan. *Arrebato* es una más de las múltiples expresiones de aquella baudrillesca "estrategia fatal" señalada por Paul Julian Smith para muchas de las representaciones artísticas españolas de la posdictadura. José no vacila en responder a la llamada fatal de Pedro. No duda en iniciar un recorrido que sabe mortalmente señalado por la heroína, un camino "infectado", porque su

---

[45] Vicente Sánchez-Biosca, *Una cultura de la fragmentación*, p. 81.

búsqueda epistemológica (sexual, mística, histórica, cinematográfica) sólo puede producirse, si se produce, en el espacio intersticio que el punto de "fuga" es capaz de producir. Y a ese arrebato, José no puede acceder más que desde la praxis heroinómana. La heroína, la portadora y transmisora de un elemento extraño al cuerpo "que infecta", será la que permita a través de la configuración infección/conocimiento que José sea uno en el cuerpo de Pedro, y que uno sea su mutuo entendimiento histórico y sexual. Y en *Arrebato*, como en *Las virtudes*, como en *Heroína* y como en *Intersecciones*, el entendimiento final, el encuentro, se produce al vuelo en un espacio intermedio, en la fisura, *barzaj* o espacio místico. Un vuelo que de nuevo evoca aquel otro fatal (terrenalmente fatal) en el que quedó prendido san Juan de la Cruz: «Apártate, Amado, que voy de vuelo».

Algo sin embargo ocurre en este vuelo de la transición. La desazón que expresa Sánchez-Biosca en su descripción de los efectos que *Arrebato* produce en el espectador/a puede expanderse también a los demás textos infectados: «Es un viaje, una locura, al que somos invitados y que nos sobrecoge por su inquietante literalidad, por su tenaz resistencia a la metáfora. En este sentido, la heroína es sustancial a la película»[46]. Biosca sagazmente da de pronto en el clavo con esta afirmación. La literalidad de la heroína *es* sustancial a la película, como lo es también la fatalidad implícita en la búsqueda y relación de los cuerpos. La realidad física de la heroína no "cae" nunca del lado de la metáfora. Pertenece al mundo de lo Real y su anhelo, deseo y/o ausencia serán siempre físicos, siempre literales.

También la realidad mortal del virus del sida cae no del lado de la metáfora sino de lo Real. Ambas consumen al cuerpo, ambas son como vampiros que lo devoran en una experiencia última de fatalidad. Sin embargo, nada hay de trascendente en ello. Como apunta Sánchez-Biosca para *Arrebato*, se trata de una experiencia que «nace de lo cotidiano»[47]. Pero de un aquello cotidiano que se desvela también y a la vez como lo terrorífico, como aquello que sin perder su familiaridad se presenta de pronto como aquello desconocido.

La mirada nuestra a estos textos, como la mirada de estos textos hacia nosotros, es la de una mirada sin piedad. Es una mirada que a la vez implica ex-clusión (para los no iniciados) e inclusión (para los iniciados). No quiere decir ello más, ni menos, de lo que afirma. Los retratos-

---

[46] *Ibid.*
[47] *Ibid.*, p. 77.

vampiro de los pintores Costus nos miran así. El pajarraco de Goytisolo, invitado inadecuado y fatalmente inconveniente en la asamblea de los pájaros, mira así. Así nos mira la *Mullereta* con sus ojos velados por las gafas negras, las mismas o similares gafas desde las que también nos mira "Juan Vampiro", y así miran los seres nocturnos que acompañan al narrador de *Intersecciones*: «Y aquí estoy ahora, en Madrid, también; y siempre me encuentro rondando las ruinas de Nínive y Babilonia, en compañía de bestias de la noche, hienas y chacales y lobos y lechuzas y animales de largas piernas, y endriagos y basiliscos»[48]. Es la mirada sin piedad que sale de la realidad de lo cotidiano. Una mirada última, radical y descorporalizada, que se asemeja muchísimo a aquella cazada por Sánchez-Biosca en el vuelo de *Arrebato*:

El último fotograma [de la película de "Pedro" en *Arrebato*] contiene a Pedro en el póster rodaje realizado por éste. Dicho fotograma, rodeado de otros rojos por doquier [la película se está inundando de rojos conforme la miramos con José] es un orificio que indica a José un lugar de entrada para compartir la experiencia intensa de su compañero y luego desaparecer para siempre. Y con todo, hay otra mirada presente, designada con un cambio de plano, que nos coloca en el animado visor, ese ojo siniestro que engendra una mirada glacial, imperturbable, inexorable, o quizá aliada del mismo delirio; es ahí donde la pasión devoradora se convierte en una verdad demasiado arrebatadora para ser cómoda metáfora y demasiado terrorífica para ser admitida como verdad[49].

Esta mirada glacial última, la radical mirada sin piedad, que Biosca experimenta en *Arrebato* es sin embargo una mirada histórica en el espejo, una mirada de iniciados, que "sabe" y "entiende". Una mirada que es la que en última instancia hace políticamente ininteligible el texto de Zulueta y con él todos aquellos otros textos a él enlazados. Fundidos en esta mirada estos textos se retraen, se esconden, como en su momento se retrajeron y aislaron aquellos otros textos que a lo largo de la historia cultural española han seguido un camino a contrapelo de la "pureza de sangre" imperial.

Si retraemos a la memoria presente las fuertes políticas que hacia la unificación totalizadora siguió España a lo largo de su historia —su obsesión con la "pureza de sangre", las prácticas de limpieza espiritual y política seguidas desde la Inquisición en adelante, así como las otras muchas prácticas represivas y totalizadoras puestas en marcha tanto en la América colonial como en el continente—, quizá haya que empezar a

[48] Eduardo Haro Ibars en *Intersecciones*, p. 132.
[49] Vicente Sánchez-Biosca, *Una cultura de la fragmentación*, p. 82.

pensar que en España, la configuración del sida como enfermedad infecciosa se inserta en una amplia y profunda tradición cultural. Un cuerpo infectado que resite y desequilibra con su presencia las prácticas totalizantes inherentes en la soterrada estructura imperial que, aunque debilitada, todavía respira en la nueva configuración política, y que desde luego alentó con extremada fuerza en su última y siniestra reencarnación nacional-católico-franquista. Si esto es así, sería precisamente la naturaleza *infecciosa* del virus del sida la que en España provoca una resonancia cultural específica que no puede desentenderse del misticismo, y que se traduce en la "invisibilidad" de su configuración.

Las alucinadas páginas de *Intersecciones* (1991) de Eduardo Haro Ibars una y otra vez apuntan hacia ello. Los esperpentos y fantasmas deshilachados, los monstruos acechantes que pululan el texto, son, desde luego, evocaciones fantasmáticas de "aquello" que aunque no es nombrado, nos habla sin embargo con el silencio de sus imágenes. O, como nos ha dicho Paul Julian Smith en un estudio reciente sobre *Intersecciones*, las imágenes que Haro Ibars nos deja en su representación apocalíptica son «imágenes que hablan en silencio» (*Vision Machines*, 146, 148). Imágenes, silencios, espectros y fantasmas que se hermanan tanto con "aquello" evasivamente aludido por Goytisolo con el nombre de "Ben Sida" dado a una de las voces de *Las virtudes*, como con los vampiros mudos y virtuales que acechan, llaman y seducen a "José" (Eusebio Poncela) en la película de Iván Zulueta, *Arrebato*. Formando un tejido especial, cada uno de estos textos se hermana con otro. La imagen masculina que "llama", o seduce, al personaje heroinómano encarnado por Eusebio Poncela desde un "más allá" epistemológico situado *entre* fotograma y fotograma, evoca la vampírica figura de la *Mullereta* de Jorge Rueda, hermanadas ambas en un pacto de sangre; y éstas, a su vez, se buscan y encuentran con la serie de retratos de los Costus agrupados bajo el título de *Saga vampírica*.

LOS VAMPIROS DE COSTUS

Una de las más seductoras escrituras producidas por la movida es aquella que nos ha dejado el tándem de pintores Juan Carrero (1955-1989) y Enrique Naya (1953-1989). Conocidos con el nombre artístico de Costus, mueren prematuramente en el año 1989: Enrique sucumbe al sida el 4 de mayo; y justo un mes después, el 4 de junio, su compañero Juan se suicida.

Desperdigada su obra por las casas de aquellos amigos y amigas que les conocieron, las pinturas de Costus, a diferencia de las de Ocaña, están recientemente entrando en el olimpo de lo consagrado. Despachados —aunque también adulados— en su momento como uno más entre los muchos gestos y pizpiretas de la movida en comentarios como los de Rosa Queralt cuando afirma que «apenas se les puede considerar como pintores» [50], su actual apreciación queda reflejada en la excelente antología que de su obra, bajo el nombre de *Clausura,* organiza en 1992 la Comunidad de Madrid, la Junta de Andalucía y la Fundación Provincial de Cultura de la Diputación de Cádiz.

No entro en este estudio en el análisis de los circuitos y procesos de mercado y cotización que, sobre todo después de su muerte, las obras de Costus han seguido y van, seguramente, a seguir produciendo. Siguiendo el impulso que lo anima, me interesa prestar atención aquí a la peculiar e inusitada escritura política que la "pluma" y pincel de los Costus nos ha dejado. Son sus obras una de las poquísimas surgidas desde el *underground* de la movida en que las referencias a Franco y/o al franquismo quedan literal y visiblemente explicitadas. Y no solamente como anécdota o nota a pie de página, sino como protagonista principal de su escritura, como objeto y sujeto histórico de peso y presencia propia.

Son ellos los únicos que desde el frenético revuelo de plumas de este período, fascinantemente impulsado por una expresión de la sexualidad que encuentra sus raíces en la estética de una generalizada sensibilidad *camp* y/u homosexual, reelaboran ésta para retraer una representación histórica que se está abandonando a su alrededor a toda prisa.

La construcción histórica de Costus, sin embargo, no puede estimarse del todo desde la teorización de la envoltura, del *wrapping*, en el sentido en que aplicábamos este concepto de "cita" histórica. Un repaso a su fascinante obra evidencia que no estamos aquí ante cita ninguna: desde su *Temas de arquitectura nacional y otros monumentos* a *Escenas de la vida cañí*; desde *El chochonismo ilustrado*, que incluyen los impresionantes retratos de doña Carmen Polo, viuda de Franco («Paso trascendental: del Diez Minutos al HOLA», 1978), la de los Reyes Don Juan Carlos y Doña Sofía, y la del propio Franco a caballo y en brazo en alto («Aparición de Franco ante el Sagrado Corazón», 1981) a la *Saga vampírica* (1983-1987); desde *Las gitanas de Marín ("Marinas")* a la impresionante serie de *El Valle de los Caídos* (1980-1987), seguramente

---

[50] En «Costus», *Art Press*, 1981; citado en Costus. *Valle de los Caídos.*

la mejor, la historia de España deja con ellos por un momento de ser cita, simulacro, fantasma o Mono, para presentarse simplemente como realidad plana, presente y cotidiana.

La resituación histórica *en* la superficie invocada por las pinturas de Costus, produce, paradójicamente, una escritura política. Su pincel asume y se inserta en la movida de la pluma, es parte de ella, del mismo gesto colectivo que exige quizá, para su lectura, la reubicación paradigmática de lo político hacia un espacio nomádico, hacia el movimiento de éxodo abogado por el pensador italiano Paolo Virno. Pero si el pincel y la pluma de Nazario, Ocaña o Gallardo, por ejemplo, incorporaban el movimiento en su representación visual, la "movida" de la obra de Costus se ubica en el tránsito de la inmovilidad. La pluma-pincel de Costus retrae desde la estasis, y fija en el lienzo a algunos de los personajes más firmemente anclados en el imaginario del momento político de la transición (doña Carmen Polo de Franco, por ejemplo). Compuestos, inmóviles, sonrientes, estos personajes, que parecen representados en la frontera de lo muerto y lo vivo, del presente y del pasado, parecen también estar a la espera de una resolución (aunque sea ésta una tan trivial como la finalización del retrato). Ligados a su contexto, figuras emergentes del espacio fisural desde donde se retraen, son representación visual en el presente cotidiano de la transición, de un pasado encriptado.

La espera latente que posiciona las figuras y composiciones de Costus forma su genealogía y se reconoce con otras latencias, arrebatos, éxtasis y tránsitos. La obra de Costus, a diferencia por ejemplo de la de Almodóvar —los pintores colaboraron en varias de las primeras películas del cineasta manchego, muy amigo suyo— no es colorista, sino mortuoria. No estamos sin embargo ante un monumento funerario. Al contrario, la inmovilidad que los Costus evocan en sus trabajos es aquella que antecede al asalto, a la acción y al conocimiento. Una congelación de la carne que, de pronto, abrirá sus fauces, y que, como la Mullereta de Rueda, nos enseñará, de otra manera y desde otro espacio, sus afilados y puntiagudos dientes de vampiro.

Entre 1983-1987 Costus realizan la *Saga vampírica.* Los trece retratos que la componen nos miran mudos y distantes desde un espacio indefinido que situamos como espectadores como un "más allá" mortuorio, virtual, y que nada tiene de transcendente. Todos los retratos son de algunos de los que en su momento fueron conocidos participantes del barullo de la movida madrileña. Son retratos cada uno con nombre y apellido implícito, y reconocibles por todos aquellos y aquellas que "entienden" el silencioso código en el que se enlazan.

La marca de la muerte, la marca "invisible" del sida está desde luego ya agazapada en el subtexto de esta serie de retratos. Realizados muchos de ellos en 1983, en un momento tempranísimo de la exposición pública del síndrome de inmunodeficiencia —en España asociada además esta exposición a la política depredadora estadounidense—, se da una negación total, o prácticamente total, de la enfermedad [51]. No podemos sin embargo contemplar ahora estos cuadros sin darnos cuenta de que la marca de la muerte está instalada en ellos más allá de la obviedad del tema que los recoge. No se trata solamente de que varios de los retratados, entre ellos sus autores, no se encuentren ya con nosotros. Individualmente, retrato por retrato, "aquello que no se nombra" puede o no puede estar, como pueden "entender" o "no entender" los individuos que las pinturas recogen. Es la contemplación de estos cuadros *en serie* lo que provoca y hace inescapable la impresión de que las vampíricas figuras que nos miran desde este más allá virtual "saben" ya de "aquello" no más que recién nombrado al otro lado del Atlántico. Todos los retratos nos afectan como imágenes de seres "tocados", infectados por un "algo" fatal a lo que no más que muy precariamente se le adjudicaba entonces un nombre. Pero como "vampiros", como seres cazados y congelados en un perpetuo estado no-del-todo-muerto, forman parte de un grupo especial. Miembros y poseedores de un "conocimiento", son reconocidos por aquellos otros seres que, al otro lado del cuadro, también "conocen" —"saben", "entienden"— de aquello a lo que las imágenes hacen muda referencia. El efecto que provoca la seriación en los cuadros de la *Saga vampírica* de los Costus, es similar al que produce en el cuadro de Velázquez los ojos del papa Inocencio, o la sonrisa de la Mona Lisa en el de Leornardo da Vinci: el de conocimiento, para algunos, de aquello a que los ojos o la sonrisa hacen referencia; y, por tanto, el de re-conocimiento, por parte de la persona que mira el cuadro (los cuadros) de que lo que tiene delante es una imagen fragmentada de sí mismo. O, como decía Leopoldo María Panero en uno de sus versos, el contemplar su «alma, de una imagen atada».

El entendimiento en el silencio de las imágenes de la *Saga vampírica* no se debe a que la serie de retratos haya sido pintada en un momento temprano de la epidemia. Exponerse a la serie es exponerse a la fuerte sensación de que hay un subtexto accesible solamente a los iniciados, efecto por otra parte constante en una tradición artística que en España

---

[51] Óscar Guasch, en *La sociedad rosa*, observó precisamente que se estableció en su tiempo una asociación con la epidemia del sida y la política de Ronald Reagan.

recogen los textos místicos y la conceptualidad barroca. En el caso del sida, el subtexto que le acompaña, el tejido que corre profundo y que se asocia con la infección está presente tanto en el vampiro retratado por Jorge Rueda en un año tan temprano como 1975, antes de que ésta se desvele como un virus determinado, como en el muy tardío de 1992, año en que el artista conceptual Pepe Espaliú empieza la exposición ambulante de su serie escultórica *Carrying*. Lúcidamente estudiada la obra de Espaliú por Paul Julian Smith, hace este crítico referencia precisamente a la cualidad elusiva y "para iniciados" a la que ésta parece continuamente hacer referencia. Y escribe:

No hay duda de que Espaliú es el artista, ensayista e intelectual español que con sus contribuciones más efectivamente y con la mayor autoridad moral ha intervenido en la epidemia del sida; y sin embargo, su obra de madurez es altamente elusiva y enigmática, derivada de una tradición conceptualista que es escasamente accesible a los no-iniciados [52].

La elusividad notada por Smith en la obra de Espaliú, aunque desde luego apoyada en la hermética tradición conceptualista española, es una que desde el paradigma de la "infección" sin embargo se hermana con otras múltiples obras e historias que hablan también desde una larga tradición. Tanto *Carrying* como *Intersecciones*, como *Las virtudes*, o como *Saga vampírica*, *Arrebato* o *Mullereta* son espacios "intersticios" que exponen en el silencio de sus imágenes la fatalidad del sida (las tres primeras) o la fatalidad de un "algo" que está explícitamente relacionado con la infección y con la sangre (los tres últimos). Textos situados en aquel tercer espacio posmoderno al que Fredric Jameson hacía referencia, enlazan (y se enlazan entre sí) con un largo cuerpo textual-cultural que se reconoce a sí mismo en España a través de la sangre "infectada". Retratos como los de Juan *Costus*, titulados con el nombre de *Conde de O*, o el *Juan Vampiro* que firma Enrique *Costus,* se enlazan visualmente con la *Mullereta* de Rueda, hasta el punto de que el *Juan Vampiro* de Enrique *Costus* parece una re-interpretación ominosa del ominoso espectro de Rueda: los dos seres son figuras andróginas, los dos llevan gafas oscuras y los dos sostienen con su mano un recipiente lleno de sangre: "Juan Vampiro" un copa, la "Mullereta" un cenicero. A su vez estos personajes evocan y llaman a su lado a aquellos seres espectrales que afloran en los diversos textos de Eduardo Haro Ibars, Leopoldo María Panero,

---

[52] Paul Julian Smith, *Vision Machines*, p. 114.

Iván Zulueta o Juan Goytisolo, por citar simplemente aquéllos recogidos en este estudio.

Podrá argüirse para tal tipo de exposición lo que precisamente Smith anotó en su estudio de los textos de Goytisolo: que se corre el grave riesgo de «emplazar al sujeto marginal o desviado como el epítome de la rebelión, el anti-héroe de un anti-capitalismo romántico»[53]. Y tiene ese argumento razón. Pero si el "sitio" de la infección al que se recluye el/al cuerpo infectado es el "sitio" tanto de aquéllos radicalmente poseídos como de aquéllos radicalmente desposeídos, a su vez la activa *posesión* del "sitio" como lugar de "entendimiento" que abrazan estos textos, entra en diálogo con parte de las teorizaciones políticas sobre el éxodo expuestas recientemente por el pensador italiano Paolo Virno. Es desde su específica localidad que los "infectados" textos españoles se engranan en la general cultura del desencanto y quedan por tanto hermanados con el gesto "de abandono" y "no pertenencia" característico de las geografías europeas del sur. Partiendo de las teorizaciones nomádicas de hace dos décadas (Deleuze), y de las proposiciones de Toni Negri, de gran impacto en su momento en España, Virno imprime un fuerte sentido político al movimiento de desencanto que, en Italia (y, añado, en España) ha significado culturalmente a una gran mayoría social. Aunque de los autores y artistas "arrebatados" solamente Juan Goytisolo tuvo un claro compromiso político (con el partido comunista), la característica "infecciosa" de sus textos comparten aquel «abandono sin reserva a su propia finitud» señalado por Virno[54].

Según Michael Hardt, «la condición de la política italiana [y, añado, de España] se ha acercado a aquello que Fredric Jameson identifica como característica de la cultura izquierdista estadounidense: una teorización sin movimientos»[55]. De acuerdo con tal proposición, y si «la teoría radical se encuentra ahora desprovista tanto de movimientos políticos coherentes como de aquellos sujetos sociales firmemente consolidados que antes animaban el terreno de las prácticas revolucionarias»[56], en la España desencantada de la posdictadura el "cuerpo infectado" vuelve a abrazar, una vez más, aquello ya conocido de antes por Fernando de Rojas, por María de Zayas, por Ibn Arabi, Miguel de Molinos, san Juan, santa Teresa, Goya, Valle-Inclán, Lorca e incluso Picasso. Escribe Virno:

---

[53] Paul Julian Smith, «Juan Goytisolo and Jean Baudrillard», p. 38.
[54] Paolo Virno, «The Ambivalence of Disenchantment», p. 30.
[55] Michael Hardt, «Introduction: Laboratory Italy», p. 4.
[56] *Ibid.*

El abandono radical a la propia finitud que caracteriza la situación emocional contemporánea [y en la que queda implicada en España la "invisibilidad" del sida y su ausencia de construcciones de pertenencia] demanda que abracemos la finitud como un espacio que no puede ser contemplado "desde fuera", que es irrepresentable y que no puede por tanto trascenderse. El abandono a la finitud queda habitado por un vigoroso *sentido de pertenencia* [...] un "pertenecer" en tanto tal, que no está ya calificado por un específico "pertenecer *a algo*". Es un puro "pertenecer", deprivado de todo 'a', y que promueve por tanto un formidable potencial crítico y transformativo [57].

Es precisamente esta diferencia en el paradigma del "pertenecer" lo que establece la diferencia de la política cultural del sida en España, y por extensión la del "cuerpo infectado". Fiel a su tradición, a su regionalismo, la pluma de la transición se "engancha" en un movimiento de éxodo como el cuerpo se engancha a la heroína, y vuela arrebatado a un "sitio" de pertenencia por otra parte siempre presente en el subterráneo de la historia española. La movida y premovida de la transición son movimientos que se unen al éxodo en los términos de Virno: son marginales "estados de sitio", pertenencias privadas de la pre-posición 'a' que por el contrario caracterizaba y definía aquellos otros "estados de sitio" de los años sesenta y setenta anteriores a la Gran Ausencia del franquismo.

Gran Ausencia que en definitiva hace de nuevo y de pronto otra vez referencia a aquellas "ausencias" encriptadas que en España marcan culturalmente a aquellos y aquellas que "entienden" (en un sentido amplio y profundo) de los que "no entienden". A diferencia de la fuerte "pertenencia a" presente como marcador cultural en los términos ingleses *queer* y *straight* que dependen de un referente ("raro", "desviado" o "derecho"), que necesitan siempre de un referente con el que establecerse, el "entender" español es un vuelo radical que, borrando identidades y categorías, se abandona a la finitud del conocimiento. Inasible como gay o como heroinómana, la pluma de la transición "vuela" al "sitio" donde se encuentra con los otros múltiples, oscuros e ilegibles cuerpos y textos que pululan las fisuras narrativas de la historia española.

En último término, el sida como estado de sitio, como estado de un cuerpo infectado, enlaza en un salto feroz y radical con el presentado por Fernando de Rojas en *La Celestina*, desestabilizante historia de "sitios" alternativos (sexuales, religiosos, lingüísticos, de géneros y de cas-

---

[57] Paolo Virno, «The Ambivalence of Disenchantment», p. 30.

tas). Tejido que se teje desde y dentro de la figura misma de la Celestina como curandera y "bruja", una mujer que *entiende*, que posee el conocimiento "oscuro", y que por tanto no puede ser apresada en categorías. De manera similar a como se mueve el virus del sida, la Celestina se mueve también de forma subterránea y secreta, infiltrando estructuras sociales y alterando mentes, cuerpos y órganos internos. Como el virus, su tráfico está ligado con la sangre, es su objetivo, su espacio y su función. Es como la aguja de la cargada jeringa heroinómana, que al azar pero por demanda, desgarra y cose hímenes, corazones y mentes, cruzando límites y territorios. Y como la aguja, o como falo desarticulado, como flecha perdida o dedo mortal, puede la Celestina "infectar" con sus métodos, sus maneras y sus pociones. Es el instrumento último, la última mediadora, la transmisora última de la muerte/conocimiento.

Como ocurre con la infección del sida, la Celestina puede por otra parte evitarse simplemente con no llamarla. Con no contratar sus servicios, la muerte infecciosa (siempre posible para los que tienen tratos con ella) puede ser fácilmente prevenida. Los dos amantes, Calixto y Melibea, no evitan, sin embargo, su contacto. El que no lo hagan no quiere decir por otra parte que uno y otro estén jugando con la muerte en foma suicida, aun sabiendo que al final del recorrido Melibea se quitará la vida. Ni Calixto ni Melibea *quieren* la muerte. Pero voluntariamente asumen *el riesgo* de la muerte si ello garantiza el *conocimiento* del éxtasis, si ello permite su *entender(se)* aunque sea por poco, por muy poco tiempo. Calixto y Melibea tratarán de evitar la muerte, tratarán de encontrarse en apartados y marginales "sitios" más o menos seguros. Pero la posibilidad de la muerte no les detendrá en su búsqueda de conocimiento mutuo. Y no lo hará porque la posibilidad de "entendimiento", la posibilidad de acceso al más alto estado de conocimiento extático, es accesible sólo para ellos *desde* el encuentro sexual. Y este encuentro pasa *necesariamente* por la Celestina.

No estamos hablando aquí de amor romántico. A lo que nos enfrenta el texto de Rojas es un gesto (amoroso y político) alternativo, a un vuelo hacia el éxtasis, o hacia la promesa del éxtasis, que puede doblarse en muerte. La búsqueda de Calixto y Melibea hacia una unión física que va más allá del bien y el mal, de castas y culturas, puede acometerse sólo asumiendo la "infección" políticamente desestabilizante de la que Celestina es portadora. Y es el cerrado triángulo formado por los dos amantes y la Celestina —la transmisora, la mediadora, la intermediaria— la que política y culturalmente rompe por un momento la hegemónica y totalizante estructura de la España del siglo XVI.

Los dos amantes y su intermediaria forman el triángulo sagrado, el espacio de conocimiento, el "sitio" de pertenencia teórica que no tiene preposición y que sólo a los iniciados es quizá accesible. Un triángulo que se forma en el momento del "salirse" último del cuerpo, en aquella pequeña muerte que es, de pronto, gran muerte. Calixto y Melibea, cuerpos infectados, van y cruzan el tiempo y el espacio en compañía de todos aquellos que en algún momento de la historia de España se internaron y encontraron en el corazón del bosque un claro, una "salida" especial.

Un claro en el bosque, un triángulo del conocimiento que no se presenta como el éxtasis sino como «lo negativo del éxtasis» en palabras de María Zambrano. Un "negativo" que no tiene nada de peyorativo, sino que nos habla del otro lado del espejo . El triángulo que, formado por el cuerpo infectado y volado en el Mono del desencanto, se da cuenta al llegar al final de la dictadura que «de lo que llega falta lo que iba a llegar» como dice Zambrano: «Y para no ser devorado por la nada o por el vacío, haya que hacerlos en uno mismo, haya a lo menos que detenerse, quedar en suspenso, en lo negativo del éxtasis» [58]. Llamada y suspenso al que responde el cuerpo infectado de la transición con un movimiento de éxodo que es su Mono particular y nuestro síndrome colectivo, el íntimo mono del desencanto español. Un cuerpo roto que de pronto, a veinte años de distancia, se nos presenta ante/en el espejo y que, ante nuestra preplejidad, nos increpa con el «me dirás que estoy loco» [59] de Panero al hacernos la última pregunta reflexiva:

Qué es mi alma, preguntas a una imagen atado [60].

Pregunta a la que Goytisolo, en *Las virtudes del pájaro solitario*, responde con un

Abrí la jaula y dejé volar al pájaro.

---

[58] María Zambrano, *Claros del bosque*, pp. 11-13.
[59] Leopoldo María Panero, *El globo rojo*, p. 9.
[60] Leopoldo María Panero en «Réquiem por un poeta», *Contra España y otros poemas no de amor*, p. 12.

OBRAS CITADAS

Abad, Mercedes, *Ligeros libertinajes sabáticos,* Barcelona, Tusquets, 1986.

Abella, Rafael, *La vida cotidiana en España bajo el régimen de Franco,* Barcelona, Argos Vergara, 1985.

Abellán, José Luis, «Meditaciones filosóficas», en *El reto europeo,* Madrid, Trotta, 1994.

Ajoblanco, «Drogas que arrasan», *dossier,* Barcelona (núm. 81, enero de 1996).

Alberich, Enrique, «Diez años de cine español (1972-1982)», en *Dirigido por...* Especial núm. 100, pp. 22-33.

Albiac, Gabriel, *Mayo del 68. Una educación sentimental,* Madrid, Temas de Hoy, 1993.

Aldebarán, Juan, «¿Crisis o cambio de era?», *Triunfo,* núm. 587 (29 de diciembre de 1973), pp. 15-17.

Alfaya, Javier, «Jaime Gil de Biedma: Una poesía humana e impura», en Jaime Gil de Biedma, *Antología poética,* pp. 7-24.

Almodóvar, Pedro, *La flor de mi secreto* (1996), película. Con Juan Echanove.

—, *La ley del deseo* (1986), película. Con Antonio Banderas y Eusebio Poncela.

—, *Matador* (1986), película. Con Carmen Maura.

—, *Mujeres al borde de un ataque de nervios* (1988), película. Con Carmen Maura y Julieta Serrano.

—, *Patty Diphusa,* Barcelona, Anagrama, 1991.

—, *Pepi, Luci, Bom y otras chicas del montón* (1980), película. Con Carmen Maura y Alaska.

—, *Qué he hecho yo para merecer esto* (1983), película. Con Carmen Maura.

—, *Tacones lejanos* (1991), película. Con Victoria Abril, Miguel Bosé y Marisa Paredes.

Alted, Alicia, «Education and Political Control», en Helen Graham y Jo Labanyi (comps.), *Spanish Cultural Studies,* pp. 196-201.

— y Aubert, Paul (comps.), *Triunfo y su época,* Madrid, Casa de Velázquez/Ediciones Pléyades, 1995.

Amell, Samuel (comp.), *Literature, the Arts, and Democracy. Spain in the Eighties,* Londres/Toronto, Associated University Press, 1990.

Aranguren, José Luis, «Por qué nunca más», en Ramón Tamames, *La guerra civil española,* pp. 171-184.

Aranzadi, Juan, «La necro-lógica de ETA», en J. Aranzadi *et al., Auto de Terminación,* pp. 251-262.

—, Juaristi, Jon, y Unzueta, Patxo, *Auto de Terminación*, Madrid, El País/Aguilar, 1994.

Arroyo, Francisco y Usero, Adolfo, *Dossiers*, Madrid, Ediciones de la Torre, 1980.

Artistas en Madrid. Años 80. - Sala de Plaza de España, noviembre de 1992-enero de 1993, Madrid, Comunidad de Madrid/Consejería de Educación y Cultura/Dirección de Patrimonio Cultural, 1993.

Attar, Farid Ud-Din, *La asamblea de los pájaros*.

Atxaga, Bernardo, *Esos cielos*, Barcelona, Ediciones B, 1996.

Aznar, José María y Gámir, Luis, «El Partido Popular como partido de centro», en *España en la nueva Europa*, pp. 253-261.

Azúa, Félix de, *Demasiadas preguntas*, Barcelona, Anagrama, 1994.

Barceló, Miquel, *Desnudo subiendo una escalera* (1981), pintura.

—, *La mirada nutritiva* (1984), pintura.

—, *Map de carn* (1982), pintura.

Bartolomé, José y Cecilia, *Después de...* (1981), película documental.

Bataille, Georges, *L'Érotisme*, París, Éditions de Minuit, 1957.

Baudrillard, Jean, *Simulacres et simulations*, París, Galilée, 1981.

Bellotti, Felice, «Il Manifesto di Verona del Partito Fascista Republicano. Apendix: La Reppublica di Mussolini», en Roger Griffin, *Fascism*.

Benjamin, Walter, *Illuminations*. Editado y con una introducción de Hannah Arendt, Nueva York, Schocken Books, 1969.

—, *Thesis on the Philosophy of History*, t. IX, en *Illuminations*, pp. 257-258.

Bhabha, Homi, *The Location of Culture*, Londres/Nueva York, Routledge, 1994.

—, «Postcolonial Authority and Postmodern Guilt», en Larry Grossberg (comp.), *Cultural Studies*, pp. 56-68.

Bigas Luna, José Juan, *Jamón, jamón* (1992), película. Con Javier Bardem, Jordi Molla y Penélope Cruz.

Bonime-Blanc, Andrea, *Spain's Transition to Democracy*, Boulder/Londres, Westview, 1987.

Borau, José Luis, *Furtivos* (1975), película. Con Lola Gaos y Ovidi Montllor.

Bruni, Luigi, ETA. *Historia política de una lucha armada*, Bilbao, Txalaparta, 1987.

Buckley, Ramón, *La doble transición. Política y literatura en la España de los años setenta*, Madrid, Siglo XXI de España, 1996.

Cacho, Jesús, *Asalto al poder*, Madrid, Temas de Hoy, 1989.

—, *Duelo de titanes*, Madrid, Temas de Hoy, 1989.

—, *La estafeta*, Madrid, Temas de Hoy, 1992.

Camino, Jaime, *La vieja memoria* (1975), película.

Cano, José Luis (comp.), *Lírica española de hoy*, Madrid, Cátedra, 1981.

Caparrós Lera, José María, *El cine español de la democracia. De la muerte de Franco al cambio socialista*, Barcelona, Anthropos, 1992.

Carr, Cinthya, *On Edge. Performance at the End of the Twentieth Century*, Hannover, NH, Wesleyan University, 1993.

Carr, Raymond y Fusi, Juan Pablo, *Spain: Dictatorship to Democracy*, Londres, HarperCollins, 1979.

Castro, Juana, «El camino de Clara y los postmodernos», *Poder y Libertad*, núm. 24 (1994), pp. 60-63.

Cela, Camilo José, *La familia de Pascual Duarte*, Barcelona, Destino, 1942.

Celaya, Gabriel, en José Luis Cano (comp.), *Lírica española de hoy*, Madrid, Cátedra, 1981.

Cernuda, Luis, «Díptico español», en *La realidad y el deseo (1924-1962)*, Madrid, FCE, 1981.

Certeau, Michel de, *L'écriture de l'histoire*, París, Gallimard, 1975; edición inglesa, *The Writing of History*, trad. Tom Conley, Nueva York, Columbia, 1988.

—, «Mystic Speech», en *Heterologies: Discourse on the Other*, trad. Brian Massumi, Minneapolis, University of Minnesota, 1986, pp. 80-100.

Chao, José, *La iglesia en el franquismo*, Madrid, Felmar, 1976.

Charnon-Deutsch, Lou y Morris, Barbara, «Regarding the Pornographic Subject in *Las edades de Lulú*», *Letras Peninsulares*, otoño de 1993/invierno de 1993-1994, pp. 301-319.

Chávarri, Jaime, *El desencanto* (1976), película. Con Felicidad Blanch y Leopoldo María Panero.

Claudín, Víctor, *Sisa*, Madrid, Júcar, 1981.

Clemente, Josep Carles, *Historias de la transición (1973-1981)*, Madrid, Fundamentos, 1994.

Conte, Rafael, «Miguel Espinosa. Un genio fuera de tiempo», *Quimera*, núm. 64 (1987), pp. 36-39.

Corominas, Joan, *Diccionario etimológico de la lengua castellana*, Madrid, Gredos, 1962.

Costus (Juan Carrero y Enrique Naya), *Clausura. Exposición Antológica*, edición-catálogo de la Comunidad de Madrid/Junta de Andalucía/Diputación de Cádiz, 1992.

—, *La marmota universal. Enciclopedia*, Madrid, Imprenta de J. Vicente, 1985.

—, *Valle de los Caídos (1980-1987)*, Madrid, Comunidad de Madrid, 1987.

Cuadernos para el Diálogo, Madrid.

Cuatro direcciones. Fotografía contemporánea española (1970-1990), 2 vols., Madrid, Centro de Arte Reina Sofía/Lunwerg, 1991.

Deixeu el balcó obert...: La fotografia en l'art contemporani espanyol, Barcelona, fundación La Caixa, 1992.

Deleuze, Gilles, *Diferencia y repetición*, trad. Alberto Cardín, Madrid, Júcar, 1988.

—, *Présentation de Sacher Masoch*, París, Minuit, 1967.

Destino, director Néstor Luján, Barcelona.

D'Lugo, Marvin, *Carlos Saura and the Practice of Seeing*, Princeton, Princeton UP, 1992.

Díaz, Elías, *La transición a la democracia*, Madrid, EUDEMA (Universidad Complutense), 1987.

Dixon, Wheeler Winston, *It Looks at You. The Returned Gaze of Cinema*, Albany, State University of Nueva York Press, 1995.

Drac, Ofèlia (seudónimo), *Deu pometes té el pomer*, Barcelona, Tusquets, 1987.

Duverger, Maurice, «La política cero», *Triunfo*, núm. 587 (29 de diciembre de 1973), pp. 16-17.

Epps, Bradley, «The Ectasy of Disease: Mysticism, Metaphore, and AIDS in *Las virtudes del pájaro solitario*», en David Foster y Roberto Reis (comps.), *Bodies and Biases: Representations of Sexualities in Hispanic Literatures and Cultures*, Minneapolis, University of Minnesota, 1996, pp. 359-396.

Equipo Crónica, *Catalogación, obra gráfica y múltiples (1965-1982)*, Bilbao, Museo de Bellas Artes, 1988.

—, *Chile* (1977), serigrafía.

—, *Colección del IVAM*, Granada, Diputación Provincial, área de Cultura, 1990.

—, *El crimen de Cuenca* (1979), carpeta.

—, *El día en que aprendí a escribir con tinta/Pistoleros con sombrero* (1972) (carpeta «Serie negra»), acrílico/lienzo, Valencia, IVAM.

—, *El happening del Conde Orgaz* (1968), serigrafía.

—, *El intruso* (1969), acrílico/lienzo, Valencia, Diputación Provincial.

—, *El último pitillo* (1972) (carpeta «Serie negra»), acrílico/lienzo, Valencia, IVAM.

—, *Guernica*, serigrafía.

—, *Lápices* (1975) (carpeta «Serie negra»), acrílico/lienzo, Madrid, Galería Juana Mordó.

—, *Los impactos* (1972) (carpeta «Serie negra»), acrílico/lienzo, Valencia, IVAM.

Escobar. *Rey de la historieta*, Barcelona, Bruguera, 1986.

Escuela de cada día, la, realización Enrique Hurtado y José A. Calleja, Madrid, TVE, 1993.

España, Ramón de, «La Plaza de Nazario», *El País*, edición Cataluña, 31 de mayo de 1995, p. 14.

«España a comienzos de los noventa», *Revista de Occidente*, núms. 122-123 (julio-agosto de 1991).

España en la nueva Europa. Club Siglo XXI. Ciclo de conferencias (1990-1991), Madrid, Unión Editorial, 1993.

Espinosa, Miguel, *Escuela de mandarines*, Barcelona, Los Libros de la Frontera, 1974.

—, *La fea burguesía*, Madrid, Alfaguara, 1990.

—, *Tríbada. Theologiae Tractatus*, Murcia, Editora Regional, 1986.

Estren, Mark James, *A History of Underground Comics*, Berkeley, Ronin, 1993.

Ezcurra, José Ángel, «Apuntes para una historia», en Alica Alted y Paul Aubert (comps.), *Triunfo y su época*, pp. 43-54.

—, «Crónica de un empeño dificultoso», en Alicia Alted y Paul Aubert (comps.), *Triunfo y su época*, pp. 365-688.

Falcón, Lidia, *Camino sin retorno*, Barcelona, Anthropos, 1992.

—, *Postmodernos*, Madrid, Libertaria/Prodhufi, 1993.

Fernán Gómez, Fernando, *Mi hija Hildegarde* (1977), película.

Fernández-Santos, Ángel, «La gran producción», *El País*, 23 de septiembre de 1994, p. 35.

Fernández-Tubau, Valentín, *El cine en definiciones*, Barcelona, Ixía, 1994.

Ferrater, Gabriel, *Les dones i els dies*, Barcelona, Edicions 62, 1974.

Ferrater Mora, José, *Claudia, mi Claudia*, Madrid, Alianza, 1982.

—, *El juego de la verdad*, Barcelona, Destino, 1988.

Ferrero, Jesús, *Belver Yin*, Barcelona, Plaza y Janés, 1986.

—, *Lady Pepa*, Barcelona, Plaza y Janés, 1988.

Forn, Josep María, *Companys, procès a Catalunya* (1978), película.

Foucault, Michel, *El discurso sobre el poder*, México, Folios, 1984.

Franco, Ricardo, *Después de tantos años* (1994), película. Con Juan Luis, Leopoldo María y Michi Panero.

—, *Los restos del naufragio* (1978), película.

—, *Pascual Duarte* (1975), película.

Freud, Sigmund, *Obras completas*, ordenamiento, comentarios y notas de James Strachey, con la colaboración de Ana Freud, 24 vols., trad. José Luis Etcheverri, Buenos Aires, Amorrortu, 1976.

—, «Fetichismo», *OC*, vol. 21, pp. 141-152.

—, «La negación», *OC*, vol. 19, pp. 249-257.

—, «La represión», *OC*, vol. 14, pp. 135-152.

—, «Lo ominoso», *OC*, vol. 17, pp. 214-251.

—, «Más allá del principio del placer», *OC*, vol. 18, pp. 1-62.

Fusi, Juan Pablo, *El País Vasco. Pluralismo y nacionalidad*, Madrid, Alianza, 1984.

Fuss, Diana, *Identification papers,* Nueva York, Routledge, 1995.

Fuster, Joan, *Contre el nacionalisme espanyol*, Barcelona, Curial, 1994.

Gallardo, *Los sueños del Niñato*, Barcelona, La Cúpula, 1986.

Gallero, José Luis, *Sólo se vive una vez. Esplendor y ruina de la movida madrileña*, Madrid, Ardora, 1991.

Garber, Marjorie, *Vested Interests. Cross-Dressing and Cultural Anxiety*, Londres/Nueva York, Routledge, 1992.

Garci, José Luis, *Volver a empezar* (1982), película.

García, R. y Inxausti, A., «Nace un gran proyecto», *El País*, 23 de septiembre de 1994, p. 35.

García Berlanga, Luis, *El verdugo* (1963). Con Pepe Isbert y Nino Manpedi.

—, *La vaquilla* (1992), película.

García-Alix, Alberto, «De la cresta al desencanto», *ABC Cultural*, núm. 95 (27 de agosto de 1993), p. 14.

García Sevilla, Ferrán, *Muca 23*, 1984, pintura.

Gil de Biedma, Jaime, en Javier Alfaya (comp.), *Antología poética*, Madrid, Alianza, 1981.

—, *Las personas del verbo*, Barcelona, Seix Barral, 1982.

Gillespie, Richard, *The Spanish Socialist Party*, Oxford/Nueva York, OUP, 1989.

Giménez, Carlos, *Barrio*, Madrid, Ediciones de la Torre, 1978.

—, *España, Una...*; *España, Grande...*; *España, Libre!*, 3 vols., Madrid, Ediciones de la Torre, 1978.

—, *Paracuellos. Auxilio Social*, 2 vols., Madrid, Ediciones de la Torre, 1979-1982.

Giménez Rico, Antonio, *Vestida de azul* (1983), película.

Girard, René, *La violence et le scacré*, París, B. Grasset, 1972.

Goytisolo, Juan, *Aproximaciones a Gaudí en Capadocia*, Madrid, Mondadori, 1990.

—, *Argelia en el vendaval*, Madrid, El País/Aguilar, 1997.

—, *Coto vedado*, Barcelona, Círculo de Lectores, 1989.

—, *La cuarentena*, Madrid, Mondadori, 1991.

—, *Las virtudes del pájaro solitario*, Barcelona, Seix y Barral, 1988.

—, *Makbara*, Barcelona, Planeta, 1992.

—, *Paisajes después de la batalla*, Madrid, Espasa-Calpe, 1991.

—, *Señas de identidad*, Barcelona, Grijalbo-Mondadori, 1996.

Graham, Helen y Labanyi, Jo (comps.), *Spanish Cultural Studies*, Oxford University Press, 1995.

Gran Colección TBO, especial coleccionistas, Barcelona, Ediciones B, 1988.

Grandes, Almudena, *Las edades de Lulú*, Barcelona, Tusquets, 1989.

—, *Malena es un nombre de tango*, Barcelona, Tusquets, 1994.

—, *Te llamaré Viernes*, Barcelona, Tusquets, 1991.

Griffin, Roger (comp.), *Fascism*, Oxford/Nueva York, Oxford University Press, 1995.

Grossberg, Lawrence; Nelson, Cary, y Treichler, Paula, *Cultural Studies*, Nueva York/Londres, Routledge, 1992.

Guash, Óscar, *La sociedad rosa*, Barcelona, Anagrama, 1991.

Gubern, Román y Gasca, Luis, *Historia del cine español*, Madrid, Cátedra, 1995.

— y Gasca, Luis, *El discurso del cómic*, Madrid, Cátedra, 1991.

Gunther, Richard; Sarni, Giacomo, y Shabad, Golden, *Spain after Franco. The Making of a Competitive Party System*, Berkeley/Los Ángeles/Londres, University of California, 1988.

Gutiérrez Aragón, Manuel, *Camada negra* (1978), película. Con Ángela Molina.

—, *Demonios en el jardín* (1982), película.

—, *El corazón del bosque* (1978), película.

—, *Habla mudita* (1976), película.

—, *La mitad del cielo* (1986), película.

—, *Maravillas* (1980), película.

—, *Sonámbulos* (1978), película.

Halevi, Gabriel, *Catón*, Madrid, Galería Moriarty, 1991.

Hardt, Michael, «Exposure: Passolini in the Flesh» (artículo manuscrito).

—, «Introduction: Laboratory Italy», en Paolo Virno y Michael Hardt, *Radical Thought in Italy*, pp. 1-10.

Haro Ibars, Eduardo, *Intersecciones*, Madrid, Libertarias, 1991.

Haro Tecglen, Eduardo, *El 68: Las revoluciones imaginarias*, Madrid, El País/Aguilar, 1988.

—, «El odio al fútbol», *El País*, Opinión, 11 de septiembre de 1988, p. 14.

Harvey, David, *The Condition of Postmodernity*, Oxford/Cambridge, Blackwell, 1989.

Harvey, Penelope, *Hybrids of Modernity: Anthropology, the Nation State, and the Universal Exhibition*, Londres/Nueva York, Routledge, 1996.

Heredero, Carlos F., *Iván Zulueta. La vanguardia frente al espejo*, Madrid, Festival de Cine de Alcalá de Henares, 1989.

Hermano Lobo: semanario de humor dentro de lo que cabe, Madrid, Pléyade, 1972-1976.

Hershberg, Eric, «Notes on the Crisis of Communism(s)», artículo manuscrito.

Hoebecke, Lionel y Seisser, Jean, *Mariscal*, París, Centre National des Lettres, 1983.

Holguín, Antonio, *Pedro Almodóvar*, Madrid, Cátedra, 1994.

Hopewell, John, *Out of the Past. Spanish Cinema after Franco*, Londres, British Film Institute, 1986.

Ibarruri, Dolores, *El único camino*, Madrid, Castalia, 1992.

—, *Memorias de Pasionaria*, Barcelona, Planeta, 1985

Jaén, María, *Amorrada al piló*, Barcelona, Columna Edicions, 1986.

—, *Sauna*, Barcelona, Columna Edicions, 1987.

Jameson, Fredric, *Postmodernism or, The Cultural Logic of Late Capitalism*, Durham, Duke University Press, 1991.

—, *The Geopolitical Aesthetic. Cinema and Space in the World System*, Bloomington, Indiana University Press, 1992.

Kinder, Marsha, *Blood Cinema. The Reconstruction of National Identity in Spain*, Berkeley/Los Ángeles/Londres, University of California, 1993.

Kristeva, Julia, *Soleil noir. Dépression et mélancolie*, París, Gallimard, 1987.

La Luna de Madrid, dir. Borja Casani, Madrid.

Labanyi, Jo, «Censorship or the Fear of Mass Culture», en Helen Graham y Jo Labanyi (comps.), *Spanish Cultural Studies*, pp. 207-214.

—, «Postmodernism and the Problem of Cultural Identity», *Spanish Cultural Studies*, pp. 396-406.

Lacan, Jacques, «A Materialist Definition of the Phenomenon of Consciousness». *The Seminars of Jacques Lacan. Book II.* Trad. Dennis Porter, Nueva York/Londres,WW Norton, 1994.

—, *Escritos I*, trad. Tomás Segovia, México, Siglo XXI Editores, 1971.

—, «Desire, Life, and Death», en Jacques Alain Miller (comp.), *The Ethics of*

Psychoanalysis (1950-1960). The Seminars of Jacques Lacan. Book VII, trad. Dennis Porter, Nueva York/Londres, WW Norton, 1992.

—, «The Dream of Irma's Injection», *The Seminars of Jacques Lacan. Book II.* Trad. Dennis Porter, Nueva York/Londres, WW Norton, 1994.

Laforet, Carmen, *Nada*, Barcelona, Destino, 1944.

Lannon, Frances, «The Social Praxis and Cultural Politics of Spanish Catholicism», en Helen Graham y Jo Labanyi (comps.), *Spanish Cultural Studies*, pp. 40-45.

Levine, Linda, «La escritura infecciosa de Juan Goytisolo», *Revista de Estudios Hispánicos,* núm. 28 (1994), pp. 95-110.

—, «Los postmodernos de Lidia Falcón», *Poder y Libertad*, núm. 24 (1994), pp. 42-43.

Lida, David, «Pedro Almodóvar: Cinematador», *Newsweek*, pp. 80-82.

Livingstone, Jenny, *Paris is Burning* (1991), película.

Llamazares, Julio, *La lluvia amarilla*, Barcelona, Planeta, 1996.

—, *Luna de lobos*, Barcelona, Seix Barral, 23ª ed., 1997.

López-Barralt, Luce, *Huellas del Islam en la literatura española: de Juan Ruiz a Juan Goytisolo*, Madrid, Hiperión, 1985.

López Barrios, Francisco, *La nueva canción en castellano*, Gijón, Júcar, 1976.

Lyotard, Jean-François, *La condition postmoderne: rapport sur le savoir*, París, Éditions de Minuit, 1979.

—, «Universal History and Cultural Differences», en *The Lyotard Reader.* Andrew Benjamin (ed.), Oxford, U.K./NY, Blackwell, 1989.

Machado, Antonio, «El Dios ibero», en *Campos de Castilla. Poesía Completa,* Manuel Avar (ed.), Madrid, Espasa Calpe, 1982.

Madrid, José Luis, *Comando Tkikia* (1977), película.

Madrid, Juan, *Las apariencias no engañan*, Madrid, Alfaguara, 1982.

—, *Regalo de la casa*, Madrid, Alfaguara, 1986.

—, *Un beso de amigo*, Madrid, Alfaguara, 1980.

Maginn, Alison, «Exploding Genres: Spain in the Eighties», tesis doctoral, Madison, Wisconsin, 1996.

Mainer, José Carlos, «1975-1985: The Powers of the Past», en Samuel Amell, *Literature, the Arts, and Democracy*, pp. 16-37.

Maliniak, Thierry, *Les espagnols: de la Movida à l'Europe*, París, Centurion, 1990.

Manrique, Diego, «El caso de las misteriosas intersecciones», en *Pop Español*, s/n.

Marías, Javier, *Corazón tan blanco,* Barcelona, Anagrama, 1996.

Martín, Antonio, «La obra nacional de Auxilio Social», en Carlos Giménez, *Paracuellos*, vol. 2, pp. 10-15.

Martín Gaite, Carmen, *El cuarto de atrás*, Barcelona, Destino, 4ª ed., 1989.

—, *Retahílas*, Barcelona, Destino, 2ª ed., 1979.

—, *Usos amorosos de la posguerra española*, Barcelona, Anagrama, 1987.

Martín-Santos, Luis, *Tiempo de silencio*, Barcelona, Seix Barral, 1961.

Marsé, Juan, «Conversación con Agustín Gutiérrez Pérez», *Ajoblanco. Especial literatura*, invierno de 1995, pp. 32-37.

—, *Últimas tardes con Teresa*, Barcelona, Seix Barral, 25ª ed., 1996.

Mascarell, Ferrán, «Apuestas españolas de los catalanes», en Xavier Vidal-Folch, *Los catalanes y el poder*, Madrid, El País/Aguilar, 1994.

McGuigan, Cathleen, «The Barcelona Way», *Newsweek*, 9 de diciembre de 1991, pp. 68-70.

Medem, Julio, *La ardilla roja* (1994), película.

Mendicutti, Eduardo, *Una mala noche la tiene cualquiera*, Barcelona, Tusquets, 1988.

Mendoza, Eduardo, *El laberinto de las aceitunas*, Barcelona, Seix Barral, 1997.

—, *El misterio de la cripta embrujada*, Barcelona, Seix Barral, 1997.

Menéndez y Pelayo, Marcelino, *Historia de los heterodoxos españoles*, Madrid, Victoriano Suárez, 1911-1932.

Merino, José María, *El centro del aire*, Madrid, Alfaguara, 1991.

—, *La orilla oscura*, Madrid, Alfaguara, 1995.

Miguel Espinosa, Congreso, Murcia, Editora Regional, 1994.

Miró, Pilar, *El crimen de Cuenca* (1976), película.

Moix, Llàtzer, *Mariscal*, Barcelona, Anagrama, 1992.

Moix, Terènci, «Presentación para los recién llegados al cómix», en Nazario, *San Reprimondo y Las Piranhas*.

—, *Suspiros de España. La copla y el cine de nuestro recuerdo*, Barcelona, Plaza y Janés, 1993.

Molina Foix, Vicente, «Introducción», en Augusto M. Torres, *Conversaciones con Manuel Gutiérrez Aragón*, Madrid, Fundamentos, 1992.

Montes, Pedro, *La integración a Europa. Del Plan de Estabilización a Maastricht*, Madrid, Trotta, 1993.

Montseny, Federica, *Mis primeros cuarenta años*, Barcelona, Plaza y Janés, 1987.

Mora, Víctor y Fuentes Man, *El Capitán Trueno*, 2 vols., Barcelona, Ediciones B, 1993.

Morán, Gregorio, *El precio de la transición*, Barcelona, Planeta, 1992.

Moreiras-Menor, Cristina, «Juan Goytisolo, FFB y la fundación fantasmal del proyecto autobiográfico contemporáneo español», *MLN*, núm. 11 (1996), pp. 327-345.

Morey, Miguel, *Deseo de ser piel roja*, Madrid, Anagrama, 1994.

Múgica, Enrique, «Otra lectura de la transición», *Temas para el Debate*, núm. 12 (noviembre de 1995), pp. 84-85.

Muñoz Molina, Antonio, *Beatus Ille*, Barcelona, Seix Barral, 10ª ed., 1996.

—, *Un invierno en Lisboa*, Barcelona, Seix Barral, 1990.

Nazario (Nazario Luque), *Anarcoma*, Barcelona, La Cúpula, 1988.

—, «En compañía de Ocaña», *El Europeo*, núm. 49 (primavera de 1994), pp. 22-25.

—, *San Reprimondo y las Piranhas*, Barcelona, Rock Comix (Gaspar Fraga), 1976.

—, *Turandot*, Barcelona, Ediciones B, 1993.

—, «Yo soy así», introducción a *Turandot*, pp. i-iv.

Noortwijk, Annelies, van, «La desaparición paradójica de una revista», en Alicia Alted y Paul Aubert (comps.), *Triunfo y su época*, pp. 75-86.

Olea, Pedro, *Pim, pam, pum, fuego* (1975), película.

Ortiz, Lourdes, *Antes de la batalla*, Barcelona, Planeta, 1992.

—, *Camas*, Madrid, Temas de Hoy, 1989.

—, *Picadura mortal*, Madrid, Alfaguara, 1979.

Otero, Blas de, en José Luis Cano, *Lírica española de hoy*, Madrid, Cátedra, 1981.

Ouka Lele (Bárbara Allende), *Naturaleza viva, naturaleza muerta*, Madrid, Arnao, 1986.

Panero, Leopoldo María, *Contra España y otros poemas no de amor*, Madrid, Libertarias/Prodhufi, 1990.

—, *El globo rojo*, Madrid, Hiperión, 1989.

—, *Heroína y otros poemas*, Madrid, Libertarias/Prodhufi, 1992.

Parreño, José María, *Las guerras civiles*, Madrid, Anaya, 1995.

Paz, Octavio, *El arco y la lira*, Madrid, FCE, 1992.

Payne, Stanley, *The Franco Regime (1936-1975)*, Madison, University of Wisconsin, 1987 [*Franco. El perfil de la Historia*, Madrid, Espasa Calpe, 1993].

Peregil, Francisco, *Camarón de la Isla*, Madrid, El País/Aguilar, 1993.

Pérez Galdós, Benito, *Doña Perfecta*, Madrid, Alianza, 10ª ed., 1996.

Petras, James, «Qué ha pasado en España», *Ajoblanco. Especial Fin de Régimen*, núm. 83 (marzo de 1996), pp. 42-56.

Pons, Ventura, *Ocaña: Retrat intermitent*, 1978, película. Con José Ángel Ocaña.

Pontecorvo, Gilo, *Operación Ogro* (1979), película.

Pop Español, Madrid, Caset, 1991.

Pope, Randolph, «Writing after the Battle: Juan Goytisolo's Renewal», en Samuel Amell (comp.), *Literature, the Arts, and Democracy*, pp. 58-66.

Portabella, Pere, *Informe general sobre algunas cuestiones de interés para una proyección pública* (1977), película.

Prego, Victoria, *Así se hizo la transición*, Barcelona, Plaza y Janés, 1995.

—, *Historia de la transición (1973-1977)*, película documental, 13 cintas, Madrid, Producciones de RTVE, 1993.

Preston, Paul, *Franco. A Biography*, Londres, Harper and Collins, 1993; Nueva York, Basic Books (Harper and Collins), 1994.

—, «La trayectoria política de Franco», *Temas para el Debate*, núm. 12 (noviembre de 1995), pp. 18-22.

—, *The Triunph of Democracy in Spain*, Londres/Nueva York, Methuen, 1986.

— y Smyth, Denis, *Spain, the EEC and NATO*, Londres/Nueva York, Routledge, 1984.

Puértolas, Soledad, *Burdeos,* Barcelona, Anagrama, 1986.

Quimera, Especial Frankfurt 91, núm. 106-107.

«Quince años de la "movida madrileña". De la cresta al desencanto», *ABC Cultural*, núm. 95, 27 de agosto de 1993.

Quintana, Manuel, «Introducción», en Carlos Giménez, *Paracuellos*, vol. 1, pp. 5-13.

Regueiro, Francisco, *Madregilda* (1993), película. Con Juan Echanove.

Renaudet, Isabelle, «Las vías paralelas de oposición al franquismo», en Alicia Alted y Paul Aubert (comps.), *Triunfo y su época*, pp. 113-131.

Ribas, Antoni, *La ciutat cremada* (1976), película.

Rodríguez, Andrés, *Camarón de la Isla. Se rompió el quejío*, Madrid, Nuer, 1992.

Rodríguez Díaz, Ángel, *Transición política y consolidación constitucional de los partidos*, Madrid, Centro de Estudios Constitucionales, 1989.

Rodríguez García, Mercedes, «Miguel Espinosa. Un talante eludido», en Luis Jambrina (coord.), *Diálogo de la lengua. Monográfico Miguel Espinosa*, núm. 2 (1993), pp. 67-82.

Rodríguez Puértolas, Julio, «Umbral y los fascistas», *El País*, Babelia, 10 de septiembre de 1994, p. 11.

Román, Antonio, *Los últimos de Filipinas* (1945), película con Armando Calvo.

Rossetti, Ana, *Alevosías,* Barcelona, Tusquets, 1991.

—, *Indicios vehementes. Poesía (1979-1984),* Madrid, Hiperión, 1985.

—, *Plumas de España*, Barcelona, Seix Barral, 1988.

Rubio, Fanny y Goñi, Juan, «Un millón de títulos: las novelas de la guerra de España», en Ramón Tamames, *La guerra civil española*, pp. 153-169.

Rueda, Jorge, *Mullereta* (1975), fotocomposición.

Sabin, Roger, *Adult Comics. An Introduction*, Londres/Nueva York, Routledge, 1993.

Sáenz de Heredia, José Luis, *Raza,* (1941), película.

Sánchez Albornoz, Claudio, *Historia de la España musulmana*, Barcelona, Lábor, 1945.

Sánchez-Biosca, Vicente, *Una cultura de la fragmentación. Pastiche, relato y cuerpo en el cine y la televisión*, Valencia, Filmoteca de la Generalitat Valenciana, 1995.

Sánchez Soler, Mariano, *Los hijos del 20-N. Historia violenta del fascismo español*, prólogo de Manuel Vázquez Montalbán, Madrid, Temas de Hoy, 1993.

Saura, Carlos, *¡Ay, Carmela!* (1991), película.

—, *La caza* (1965), película. Con Alfredo Mayo.

—, *Llanto por un bandido* (1965), película.

—, *Los ojos vendados* (1978), película.

Savater, Fernando, *Caronte aguarda,* Madrid, Alfaguara, 1981.

Schommer, Alberto, *Máscaras*, Exposición marzo 1985, Madrid, Galería Juana Mordó, 1985.

Sentís, Marta, «Diez años sin Ocaña», *El Europeo*, núm. 49 (primavera de 1994), p. 22.

Serra Rexach, Eduardo, «Droga y sociedad civil», *España ante la nueva Europa*, pp. 177-186.

Sisa, Jaume, *Qualsevol nit pot sortir el sol*, LP, Barcelona, Zeleste/Edigsa, 1975; reedición en CD, Barcelona, 1993.

Smith, Paul Julian, *Vision Machines. Cinema, Literature and Sexuality in Spain and Cuba, (1983-1973),* Londres/Nueva York, Verso, 1996.

—, «Juan Goytisolo and Baudrillard: The Mirror of Production», *Revista de Estudios Hispánicos,* núm. 23.2 (1989), pp. 37-61.

Subirats, Eduardo, «Contra todo simulacro», entrevista con Miquel Riera, *Quimera*, núm. 128 (1994), pp. 19-27.

—, *Después de la lluvia*, Madrid, Temas de Hoy, 1993.

Sur Exprés, dir. Borja Casani, Madrid.

Tamames, Ramón (comp.), *La guerra civil española. Una reflexión moral 50 años después*, Barcelona, Planeta, 1986.

Temas para el Debate. Veinte años después, núm. 12 (noviembre de 1995).

Todorov, Tzvetan, *La conquista de América: el problema del otro,* México, Siglo XXI, 1987.

Tomás y Valiente, Francisco, *La tortura en España*, 2ª ed. aumentada, Barcelona, Ariel, 1994.

Torres, Augusto M., *Conversaciones con Manuel Gutiérrez Aragón,* Madrid, Fundamentos, 1992.

—, *Diccionario del cine español*, Madrid, Espasa Calpe, 1994.

«Transición. Autonomías. Terrorismo. Fuerzas armadas. Entrevista con Adolfo Suárez», en *Revista de Occidente*, núm. 54 (noviembre de 1985).

Triunfo, director José Ángel Ezcurra, Madrid, 1962-1982.

Trueba, Fernando, *Belle époque* (1993), película.

Umbral, Francisco, *Madrid, 1940. Memorias de un joven fascista*, Barcelona, Planeta, 1993.

Uribe, Imanol, *Días contados* (1993), película.

—, *El proceso de Burgos* (1979), película.

—, *La fuga de Segovia* (1981), película.

Vattimo, Giacomo, *La sociedad transparente*, intr. y trad. Teresa Oñate, Barcelona, Paidós, 1990.

—, *The End of Modernity*, trad. John R. Snyder, Baltimore, Johns Hopkins, 1988.

Vázquez Montalbán, Manuel, *Autobiografía de Franco*, Barcelona, Planeta, 7ª ed., 1993.

—, *Crónica sentimental de la transición*, Madrid, Espasa Calpe, 1986.

—, *Los alegres muchachos de Atzavara*, Barcelona, Seix Barral, 1987.

Vega, Pedro, «La oposición política», *Temas para el Debate*, núm. 12 (noviembre de 1995), pp. 70-73.

Vidal, Nuria, *Pedro Almodóvar*, Madrid, ICAA (Ministerio de Cultura), 1988.

Vidal-Folch, Xavier (comp.), *Los catalanes y el poder*, Madrid, El País/Aguilar, 1994.

Vilarós, Teresa M., «Yuxtaposición y fricación: *Tríbada*. *Theologiae Tractatus*, de Miguel Espinosa», *Revista Hispánica Moderna*, núm. 45 (1992), pp. 279-286.

Virilio, Paul, *La machine de visión,* París, Galilée, 1989.

Virno, Paolo, «The Ambivalence of Disenchantment», en Paolo Virno y Michael Hardt, *Radical Thought in Italy. A Potential Politics*.

Virno, Paolo y Hardt, Michael, *Radical Thought in Italy. A Potential Politics*, Minneapolis, University of Minnesotta, 1996.

VV AA, *Autodeterminación de los pueblos. Un reto para Euskadi y Europa*, 2 vols., Bilbao, Colectivo Herria 2000 Eliza, 1985.

VV AA, *España en la nueva Europa. Club Siglo XXI. Ciclo de conferencias 1990-1991*, Madrid, Unión Editorial, 1993.

Willemen, Paul y Pines, Jim, *Questions of Third Cinema*, Londres, BFI Publishing, 1989.

Zambrano, María, *Claros del bosque*, Barcelona, Seix Barral, 4ª ed., 1993.

Zulueta, Iván, *Arrebato* (1978), película. Con Eusebio Poncela.

—, *Pausas de papel. Carteles de cine de Iván Zulueta (1968-1989),* Valencia, Filmoteca Generalitat Valenciana, 1990.

Zorrilla, José Antonio, *A través del viento* (1985), película.

—, «El rey de la movida», novela manuscrita.

SOCIOLOGIA Y POLITICA

ABERCROMBIE, N., y otros—*La tesis de la ideología dominante.* 256 pp.

AGUAYO, S., y BAGLEY, M. (comp.)—*En busca de la seguridad perdida. Aproximaciones a la seguridad nacional mexicana.* 416 pp.

AI CAMP, R.—*La política en México.* 256 pp.

ALABART, A., GARCIA, S. y GINER, S.—*Clase, poder y ciudadanía.* 272 pp.

AMIN, S.—*Dinámica de la crisis global.* 264 pp.

AMIN, S.—*El eurocentrismo: crítica de una ideología.* 232 pp.

ARBOS, X., y GINER, S., *La gobernabilidad. Ciudadanía y democracia en la encrucijada mundial.* 128 pp. (2.ª ed.)

ARTEAGA, E.—*La Constitución mexicana comentada por Maquiavelo.* 218 pp.

BAGU, S.—*Tiempo, realidad social y conocimiento.* 224 pp. (10.ª ed.)

BALTA, P.—*El Gran Magreb. Desde la independencia hasta el año 2000.* 336 pp.

BAMBIRRA, V.—*El capitalismo dependiente latinoamericano.* 192 pp. (10.ª ed.)

BARROSO RIBAL, C.—*¿Para qué sirve la mili? Funciones del servicio militar obligatorio en España.* 350 pp.

BASAÑEZ, M.—*El pulso de los sexenios. Veinte años de crisis en México.* 416 pp.

BASAÑEZ, M.—*La lucha por la hegemonía en México, 1968-1980.* 248 pp. (5.ª ed.)

BENITEZ, R., y otros—*Clases sociales y crisis política en América Latina.* Vol. 2. 456 pp. (3.ª ed.)

BENITEZ, R., y otros—*Las clases sociales en América Latina.* Vol. 1. 460 pp. (8.ª ed.)

BERGQUIST, CH.—*Los trabajadores en la historia latinoamericana. Estudios comparativos de Chile, Argentina, Venezuela y Colombia.* 452 pp.

BERMUDEZ, L.—*Guerra de bajas intensidades. Reagan contra Nicaragua.* 296 pp.

BERRYMAN, P. H.—*Teología de la liberación.* 200 pp.

BETTELHEIM, CH.—*Las luchas de clases en la URSS. Primer período, 1917-1923.* 536 pp. (3.ª ed.)

BETTELHEIM, CH.—*Las luchas de clases en la URSS. Segundo período, 1923-1930.* 592 pp. (2.ª ed.)

BILBAO, A.—*El accidente de trabajo: entre lo negativo y lo irreformable.* 272 pp.

BLOCK DE BEHAR, L.—*El lenguaje de la publicidad.* 216 pp.

BOBBIO, N., y MATTEUCCI, N.—*Diccionario de política.* 2 vols. Nueva edición, revisada y ampliada. Empastado, con estuche. 1.700 pp.

BOURDIEU, P.—*El oficio de sociólogo. Presupuestos epistemológicos.* 372 pp. (3.ª ed.)

CARDOSO, F. H., y FALETTO, E.—*Dependencia y desarrollo en América Latina.* 176 pp. (19.ª ed.)

CASTELLS, L.—*Modernización y dinámica política en la sociedad guipuzcoana de la Restauración, 1876-1916.* Coedición con la Universidad del País Vasco. 538 pp.

CASTRO, F.—*La crisis económica y social del mundo.* 240 pp. (3.ª ed.)

CECEÑA, A. E., y BARREDA, A. (coords.)—*Reducción estratégica y hegemonía mundial.* 544 pp.

CELA CONDE, C. J.—*Capitalismo y campesinado en la isla de Mallorca.* 248 pp.

CERRONI, U.—*Introducción al pensamiento político.* 88 pp.

CERRONI, U.—*Política. Método, teorías, procesos, sujetos, instituciones y categorías.* 192 pp.

CHAMPAGNE, P., y otros—*Iniciación a la práctica sociológica.* 240 pp.

CHOMSKY, N.—*Lo que realmente quiere el tío Sam.* 136 pp.

CLAUDIN, F.—*Eurocomunismo y socialismo.* 212 pp. (5.ª ed.)

CLAUDIN, F.—*La oposición en el «socialismo real».* 400 pp.

CONTRERAS, A. J.—*México, 1940: industrialización y crisis política.* 222 pp. (5.ª ed.)

CORDERA, R., y TELLO, C.—*La desigualdad en México.* 336 pp.

CORDERA, R., y TELLO, C.—*México: el reclamo democrático. Homenaje a Carlos Pereyra*. 496 pp.

CORIAT, B.—*El taller y el cronómetro. Ensayo sobre el taylorismo, el fordismo y la producción en masa*. 216 pp. (9.ª ed.)

CORIAT, B.—*El taller y el robot. Ensayos sobre el fordismo y la producción en masa en la era de la electrónica*. 272 pp. (2.ª ed.)

CORIAT, B.—*Pensar al revés. Trabajo y organización en la empresa japonesa*. 168 pp. (2.ª ed.)

CRUZ, R. DE LA—*Tecnología y poder*. 256 pp.

CYPHER, J. M.—*Estado y capital en México. Política de desarrollo desde 1940*. 280 pp.

DEBRAY, R.—*La guerrilla del Che*. 160 pp. (6.ª ed.)

DENITCH, B.—*Nacionalismo y etnicidad. La trágica muerte de Yugoslavia*. 224 pp.

DIAZ MARTINEZ, C.—*El presente de su futuro. Modelos de autopercepción y de vida entre los adolescentes españoles*. 320 pp.

DOMHOFF, G. W.—*¿Quién gobierna Estados Unidos?* 256 pp. (14.ª ed.)

DORFMAN, A., y MATTELART, A.—*Para leer al pato Donald*. 168 pp. (26.ª ed.)

DUMONT, R.—*Un mundo intolerable*. 286 pp.

DURAND, V. M.—*La construcción de la democracia en México. Movimientos sociales y ciudadanía*. 336 pp.

ELSTER, J.—*Una introducción a Karl Marx*. 224 pp.

ESTEVA, G.—*La batalla en el México rural*. 248 pp. (5.ª ed.)

ETIENNE, B..—*El islamismo radical*. 344 pp.

EVERS, T.—*El Estado en la periferia capitalista*. 232 pp. (3.ª ed.)

FALS BORDA, O.—*Conocimiento y poder popular. Lecciones con campesinos de Nicaragua, México y Colombia*. 180 pp.

FEITO, R.—*Estructura social contemporánea. Las clases sociales en los países industrializados*. 264 pp. (2.ª ed.)

FERNANDEZ BUEY, F., Y RIECHMANN, J.—*Ni tribunos. Ideas y materiales para un programa ecosocialista*. 456 pp.

FOSSAERT, R.—*El mundo en el siglo XXI. Una teoría de los sistemas mundiales*. 464 pp.

FRÖBEL, F., y otros—*La nueva división internacional del trabajo. Paro estructural en los países industrializados e industrialización de los países en desarrollo*. 580 pp.

FROMM, E., y otros—*La sociedad industrial contemporánea*. 224 pp. (14.ª ed.)

GALLINO, L.—*Diccionario de sociología*. Empastado. 1.024 pp.

GARCES, J. E.—*Soberanos e intervenidos. Estrategias globales, americanos y españoles*. 600 pp.

GARRIDO, L. J.—*El partido de la revolución institucionalizada. La formación del nuevo Estado en México (1924-1945)*. 384 pp. (3.ª ed.)

GOMEZ BENITO, C.—*Políticos, burócratas y expertos. Un estudio de la política agraria y la sociología rural en España (1936-1959)*. 392 pp.

GONZALEZ CASANOVA, P.—*Cultura y creación intelectual en América Latina*. 392 pp.

GONZALEZ CASANOVA, P.—*Las elecciones de México*. 392 pp.

GONZALEZ CASANOVA, P., y AGUILAR CAMIN, H.—*México ante la crisis*.
Vol. 1. *Contexto internacional y la crisis económica*. 440 pp.
Vol. 2. *El impacto social y cultural/Las alternativas*. 432 pp.

GONZALEZ SOUZA, L.—*México en la estrategia de Estados Unidos. Enfoques a la luz del TLC y la democracia*. 320 pp.

GORDILLO, G.—*Campesinos al asalto del cielo. De la expropiación estatal a la apropiación campesina*. 288 pp.

GORDON, S.—*Crisis política y guerra en El Salvador*. 352 pp.

GUTIERREZ GARZA, E. (coord.)—*Testimonios de la crisis*.
Vol. 1. *Reestructuración productiva y clase obrera*. 208 pp.
Vol. 2. *La crisis del estado del bienestar*. 224 pp.
Vol. 3. *Austeridad y reconversión*. 240 pp.
Vol. 4. *Los saldos del sexenio (1982-1988)*. 280 pp.

HALLIDAY, J., y McCORMACK, G.—*El nuevo imperialismo japonés.* 360 pp.

HANSEN, R. D.—*La política del desarrollo mexicano.* 352 pp. (15.ª ed.)

HARNECKER, M.—*América Latina: izquierda y crisis actual.* 320 pp.

HARNECKER, M.—*Estudiantes, cristianos e indígenas en la Revolución.* 272 pp.

HERRERA, A. O.—*Ciencia y política en América Latina.* 216 pp. (9.ª ed.)

HERSCHEL, F. J.—*Política económica.* 152 pp.

IBAÑEZ, J.—*Del algoritmo al sujeto. Perspectivas de la investigación social.* 376 pp.

IBAÑEZ, J.—*El regreso del sujeto. La investigación social de segundo orden.* 224 pp.

IBAÑEZ, J.—*Más allá de la sociología. El grupo de discusión: técnica y práctica.* 440 pp. (3.ª ed.)

IBAÑEZ, J.—*Por una sociología de la vida cotidiana.* 328 pp. (2.ª ed.)

INGLEHART, R., y BASAÑEZ, M.—*Convergencia en Norteamérica. Comercio, política y cultura.* 224 pp.

JAUREGUI BERECIARTU, G.—*Contra el Estado-Nación. En torno al «hecho» y la «cuestión» nacional.* 260 pp. (2.ª ed.)

KÖNIG, R.—*La familia en nuestro tiempo. Una comparación intercultural.* 196 pp. (2.ª ed.)

LABASTIDA, J.—*Hegemonía y alternativas políticas en América Latina.* 488 pp.

LABROUSSE, A.—*La droga, el dinero y las armas.* 464 pp.

LACLAU, E.—*Política e ideología en la teoría marxista. Capitalismo, fascismo, populismo.* 244 pp. (3.ª ed.)

LACLAU, E., y MOUFFE, CH.—*Hegemonía y estrategia socialista. Hacia una radicalización de la democracia.* 232 pp.

LAUDY, M.—*Nicaragua ante la Corte Internacional de Justicia de La Haya.* 240 pp.

LAURIN-FRENETTE, N.—*Las teorías funcionalistas de las clases sociales. Sociología e ideología burguesas.* 376 pp. (4.ª ed.)

LEAL BUITRAGO, F.—*Estado y política en Colombia.* 296 pp.

LEFF, E.—*Ecología y capital. Racionalidad ambiental, democracia participativa y desarrollo sustentable.* 440 pp.

LEON, M., y DEERE, C. D. (comps.)—*La mujer y la política agraria en América Latina.* 292 pp.

LOJKINE, J.—*La clase obrera hoy.* 192 pp.

LOMNITZ, L. A. DE—*Cómo sobreviven los marginados.* 232 pp. (12.ª ed.)

LOPEZ VILLAFAÑE, V.—*La formación del sistema político mexicano.* 216 pp.

LOPEZ VILLAFAÑE, V.—*La nueva era del capitalismo. Japón y Estados Unidos en la cuenca del Pacífico, 1945-2000.* 240 pp.

LOWENTHAL, A. F., y BURGESS, K. (comps.)—*La conexión México-California,* 376 pp.

LUKES, S.—*El poder. Un enfoque radical.* 96 pp.

MANDEL, E.—*El poder y el dinero. Contribución a la teoría de la posible extinción del estado.* 368 pp.

MARCOU, L.—*El movimiento comunista internacional después de 1945.* 154 pp.

MARINI, R. M.—*Subdesarrollo y revolución.* 232 pp. (11.ª ed.)

MARTINEZ BORREGO, E.—*Organización de productores y movimiento campesino.* 253 pp.

MATTELART, A.—*Agresión desde el espacio.* 200 pp. (9.ª ed.)

MATTELART, A.—*La comunicación masiva en el proceso de liberación.* 264 pp. (10.ª ed.)

MATTELART, A. y M.—*Los medios de comunicación en tiempos de crisis.* 264 pp. (3.ª ed.)

MAYA, C.—*Ilusiones y agonías de los nietos (teóricos) de Lenin. Crítica de la teoría del capitalismo monopolista de estado.* 200 pp.

MELOSSI, D.—*El Estado del control social. Un estudio sociológico de los conceptos de estado y control social en la conformación de la democracia.* 304 pp.

MICHNICK, A.—*La segunda revolución.* 208 pp.

MIGUELEZ, F., y PRIETO, C.— *Las relaciones laborales en España.* 464 pp. (2ª ed.)

MILIBAND, R.—*El estado en la sociedad capitalista*. 288 pp. (13.ª ed.)
MILIBAND, R.—*Marxismo y política*. 264 pp.
MIRANDA, J. P.—*Comunismo en la Biblia*. 88 pp.
MOGUEL, J., y otros—*Autonomía y nuevos sujetos sociales en el desarrollo rural*. 288 pp.
MORENO, L.—*La federalización de España. Poder político y territorio* 216 pp.
MORRIS, S. D.—*Corrupción y política en el México contemporáneo*. 200 pp.
MOYA, C.—*Sociólogos y sociología*. 304 pp. (8.ª ed.)
NAVARRO, P.—*El holograma social. Una ontología de la socialidad humana*. 416 pp.
NUÑEZ SOTO, O.—*Transición y lucha de clases en Nicaragua, 1979-1986*. 248 pp.
OTERO, L.—*La utopía cubana desde adentro. ¿Adónde va Cuba hoy?* 136 pp.
OVEJERO LUCAS, F.—*Intereses de todos, acciones de cada uno. Crisis del socialismo, ecología y emancipación*. 228 pp.
PARAMIO, L.—*Tras el diluvio. La izquierda ante el fin de siglo*. 272 pp.
PARDINAS, F.—*Metodología y técnicas de investigación en ciencias sociales*. 212 pp. Ilustrado. (28.ª ed.)
PARE, L.—*El proletariado agrícola en México: ¿campesinos sin tierras o proletarios agrícolas?* 256 pp. (6.ª ed.)
PASTOR, R. A.—*El remolino. Política exterior de Estados Unidos hacia América Latina y el Caribe*. 336 pp.
PATULA, J.—*Europa del Este: del estalinismo a la democracia*. 400 pp.
PECAUT, D.—*Crónica de dos décadas de política colombiana (1968-1988)*. 440 pp.
PECAUT, D.—*Orden y violencia: Colombia, 1930-1954*.
  Vol. 1. 556 pp.
  Vol. 2. 258 pp.
PEÑA, S. DE LA—*Capitalismo en cuatro comunidades agrarias*. 168 pp.
PEÑA, S. DE LA—*El antidesarrollo de América Latina*. 216 pp. (10.ª ed.)
PEÑA, S. DE LA—*El modo de producción capitalista. Teoría y método de investigación*. 248 pp. (4.ª ed.)
PEÑA, S. DE LA—*La formación del capitalismo en México*. 248 pp. (12.ª ed.)
PEÑA, S. DE LA, y WILKIE, J.—*La estadística económica en México. Los orígenes*. 216 pp.
PICO, J.—*Los límites de la socialdemocracia europea*. 372 pp.
PICO, J.—*Teorías sobre el Estado del Bienestar*. 164 pp. (2.ª ed.)
PIERRE-CHARLES, G.—*Génesis de la revolución cubana*. 190 pp. (8.ª ed.)
PINO, C., y ARNAU, A.—*Vivir: un juego de insumisión. Hacia una cultura intersubjetiva de la igualdad*. 360 pp.
PORTELLI, H.—*Gramsci y el bloque histórico*. 162 pp. (12.ª ed.)
POULANTZAS, N.—*Estado, poder y socialismo*. 336 pp. (5.ª ed.)
POULANTZAS, N.—*Fascismo y dictadura*. 440 pp. (16.ª ed.)
POULANTZAS, N.—*Hegemonía y dominación en el Estado moderno*.
POULANTZAS, N.—*La crisis de las dictaduras: Portugal, Grecia, España*. 152 pp. (3.ª ed.)
POULANTZAS, N.—*Las clases sociales en el capitalismo actual*. 316 pp. (8.ª ed.)
POULANTZAS, N.—*Poder político y clases sociales en el Estado capitalista*. 471 pp. (23.ª ed.)
POZAS HORCASITAS, R.—*La democracia en blanco. El movimiento médico en México, 1964-1965*. 368 pp.
RECALDE DIEZ, J. R.—*La construcción de las naciones*. 496 pp.
REX, J.—*El conflicto social*. 160 pp.
RODRIGUEZ ARAUJO, O.—*La reforma política y los partidos en México*. 408 pp.
RODRIGUEZ IBAÑEZ, J. E.—*Teoría crítica y sociología*. 192 pp.
ROETT, R. (comp.)—*La liberalización económica y política de México*. 254 pp.
ROETT, R. (comp.)—*México y Estados Unidos: el manejo de la relación*. 344 pp.
ROETT, R. (comp.)—*Relaciones exteriores de México en la década de los noventa*. 343 pp.

ROSA, M., y REILLY, CH. A. (comps.)—*Religión y política en México.* 376 pp.
ROUQUIE, A.—*América Latina. Introducción al Extremo Occidente.* 432 pp.
SALDIVAR, A.—*El ocaso del socialismo.* 176 pp.
SALDIVAR, A.—*Ideología y política del Estado mexicano (1970-1976).* 272 pp. (7.ª ed.)
SANDOVAL, I.—*Las crisis políticas latinoamericanas y el militarismo.* 176 pp. (4.ª ed.)
SIERRA ALVAREZ, J.—*El obrero soñado. Ensayo sobre el paternalismo industrial (1860-1917).* 288 pp.
SILVA MICHELENA, J. A.—*Política y bloques de poder. Crisis en el sistema mundial.* 296 pp. (11.ª ed.)
SILVA MICHELENA, J. A., y SONNTAG, H. R.—*Universidad, dependencia y revolución.*
SONNTAG, H. R., y VALECILLOS, M.—*El Estado en el capitalismo contemporáneo.* 320 pp. (6.ª ed.)
STERNHELL, Z., y otros—*El nacimiento de la ideología fascista.* 432 pp.
SUAREZ GAONA, E.—*¿Legitimación revolucionaria en México? Los presidentes, 1910-1982.* 208 pp.
THERBORN, G.—*Ciencia, clase y sociedad. Sobre la formación de la sociología y del materialismo histórico.* 476 pp.
THERBORN, G.—*¿Cómo domina la clase dominante?* 368 pp. (2.ª ed.)
THERBORN, G.—*La ideología del poder y el poder de la ideología.* 112 pp.
TRUJILLO BOLIO, M. A. (coord.)—*Organización y luchas del movimiento obrero latinoamericano (1978-1987).* 304 pp.
VARGAS, G.—*Más allá del derrumbe. Socialismo y democracia en la crisis de civilización contemporánea.* 152 pp.
VARIOS AUTORES.—*Futuro global. Tiempo de actuar.* 224 pp.
VELLINGA, M.—*Desigualdad, poder y cambio social en Monterrey.* 216 pp.
VELLINGA, M.—*Industrialización, burguesía y clase obrera en México.* 280 pp. (2.ª ed.)
VELLINGA, M. (coord.)—*Democracia y política en América Latina.* 432 pp.
VICENS, J.—*El valor de la salud. Una reflexión sociológica sobre la calidad de vida.* 232 pp.
VINNAI, G.—*El fútbol como ideología.* 152 pp. (2.ª ed.)
WALLERSTEIN, I.—*El capitalismo histórico.* 112 pp.
WEINBAUM, B.—*El curioso noviazgo entre feminismo y socialismo.* 120 pp.
WHEELOCK, J.—*Imperialismo y dictadura.* 280 pp. (6.ª ed.)
WOLTON, D.—*War game. La información y la guerra.* 238 pp.
WRIGHT, E. O., —*Clase, crisis y estado.* 268 pp.
WRIGHT, E. O.—*Clases.* 392 pp.
ZARAGOZA, A. (comp.)—*Pactos sociales, sindicatos y patronal en España.* 192 pp.
ZERMEÑO, S.—*México: una democracia utópica. El movimiento estudiantil del 68.* 360 pp. (5.ª ed.)

LINGÜISTICA Y TEORIA LITERARIA

ANGENOT, M., y otros—*Teoría literaria.* 472 pp.

BAJTIN, M. M.—*Estética de la creación verbal.* 400 pp. (6.ª ed.)

BENVENISTE, E.—*Problemas de lingüística general.*
  Vol. 1. 232 pp. (12.ª ed.)
  Vol. 2. 288 pp. (6.ª ed.)

BRUNEL, P., y CHEVREL, Y. (dirs.)—*Compendio de literatura comparada.* 424 pp.

COHEN, M., y otros—*La escritura y la psicología de los pueblos.* 372 pp.

CHOMSKY, N.—*Estructuras sintácticas.* 236 pp. (8.ª ed.)

CHOMSKY, N.—*Problemas actuales en teoría lingüística. Temas teóricos en gramática generativa.* 224 pp. (3.ª ed.)

CHOMSKY, N.—*Sintáctica y semántica en la gramática generativa.* 256 pp.

DUCROT, O., y TODOROV, T.—*Diccionario enciclopédico de las ciencias del lenguaje.* 424 pp. (11.ª ed.)

EMONDS, J., y otros—*Lingüística y sociedad.* Introducción y notas de A. MANTECA ALONSO-CORTES. 208 pp.

GALAN, F. W.—*Las estructuras históricas. El proyecto de la escuela de Praga (1928-1946).* 296 pp.

GREIMAS, A. J., y FONTANILLE, J.—*Semiótica de las pasiones. De los estados de cosas a los estados de ánimo.* 280 pp.

GUIRAUD, P.—*La semiología.* 136 pp. (12.ª ed.)

HERNANDEZ, G. E.—*La sátira chicana. Un estudio de cultura literaria.* 176 pp.

HERNANDEZ AGUILAR, G. (comp.)—*Figuras y estrategias. En torno a una semiótica de lo visual.* 232 pp

HERNANDEZ PINA, M.ª F.—*Teorías psicosociolingüísticas y su aplicación a la adquisición del español como lengua materna.* 360 pp. (2.ª ed.)

LOPEZ ORNAT, S.—*La adquisición de la lengua española.* 632 pp.

MALMBERG, B.—*Los nuevos caminos de la lingüística.* 264 pp. (16.ª ed.)

OTERO, C. P.—*Introducción a la lingüística transformacional.* 336 pp. (5.ª ed.)

RICOEUR, P.—*Teoría de la interpretación. Discurso y excedente de sentido.* 114 pp.

VAN DIJK, T. A.—*Estructuras y funciones del discurso.* 166 pp. (2.ª ed.)

CRITICA LITERARIA

ARROM, J. J.—*Imaginación del Nuevo Mundo. Diez estudios sobre los inicios de la narrativa hispanoamericana.* 200 pp.

BAKER, E.—*Materiales para escribir Madrid. Literatura y espacio urbano de Moratín a Galdós.* 168 pp.

BARTHES, R.—*Sobre Racine.*

BARTHES, R.—*S/Z.* 232 pp. (7.ª ed.)

BLOCK DE BEHAR, L.—*Al margen de Borges.* 220 pp.

BLOCK DE BEHAR, L.—*Dos medios entre dos medios. Sobre la representación y sus dualidades.* 164 pp.

BLOCK DE BEHAR, L.—*Una palabra propiamente dicha.* 224 pp.

BLOCK DE BEHAR, L.—*Una retórica del silencio. Funciones del lector y procedimientos de la lectura literaria.* 232 pp.

BUCKLEY, R.—*La doble transición. Política y literatura en la España de los años setenta.* 192 pp.

BUTOR, M.—*Retrato hablado de Arthur Rimbaud.*

CAMPRA, R.—*América Latina: la identidad y la máscara.* 232 pp.

CANO BALLESTA, J.—*La poesía española entre pureza y revolución (1920-1936).* 288 pp.

CANO BALLESTA, J.—*Las estrategias de la imaginación. Utopías literarias y retórica política bajo el franquismo.* 240 pp.

CASTAÑAR, F.—*El compromiso en la novela de la II República.* 496 pp.

DALTON, R., y otros—*El intelectual y la sociedad.* 101 pp. (5.ª ed.)

FRA MOLINERO, B.—*La imagen de los negros en el teatro del Siglo de Oro.* 232 pp.

KEEFE UGALDE, S.—*Conversaciones y poemas. La nueva poesía femenina española en castellano.* 320 pp.

LANZ, J. J.—*La luz inextinguible. Ensayos sobre literatura vasca actual.* 144 pp.

MOLHO, M.—*Mitologías. Don Juan. Segismundo.* 280 pp.

NICHOLS, G. C.—*Des/cifrar la diferencia. Narrativa femenina de la España contemporánea.* 184 pp.

OLIVARES, J.—*La poesía amorosa de Francisco de Quevedo. Estudio estético y existencial.* 224 pp.

OLIVARES, J., y BOYCE, E.—*Tras el espejo la musa escribe. Lírica femenina de los Siglos de Oro.* 720 pp.

PEDROSA, J. M., —*Las dos sirenas y otros estudios de literatura tradicional. De la Edad Media al siglo XX.* 440 pp.

RAMA, A.—*Transculturación narrativa en América Latina.* 312 pp. (2.ª ed.)

REDONDO, A.—*Manual de análisis de literatura narrativa. La polifonía textual.* 216 pp.

RICOEUR, P.—*Tiempo y narración.*

   Vol. 1. *Configuración del tiempo en el relato histórico.* 376 pp.

   Vol. 2. *Configuración del tiempo en el relato de ficción.* 264 pp.

SCOLNICOV, H., y HOLLAND, P.—*La obra de teatro fuera de contexto. El traslado de obras de una cultura a otra.* 288 pp.

TODOROV, T.—*Teoría de la literatura de los formalistas rusos.* 240 pp. (4.ª ed.)

VALVERDE, J. M.—*Antonio Machado.* 320 pp. (5.ª ed.)

VILAROS, T. M.—*Galdós: invención de la mujer y poética de la sexualidad. Lectura parcial de* Fortunata y Jacinta. 192 pp.

ZIMIC, S.—*Las* Novelas Ejemplares *de Cervantes.* 440 pp.